MARÇO 2016, ANO 8, VOL. 15, SEMESTRAL

DIREITO DAS SOCIEDADES *em Revista*

DOUTRINA

ALMEDINA

ÍNDICE

ABREVIATURAS

AAVV/VVAA	Autores Vários/Vários Autores
AAFDL	Associação Académica da Faculdade de Direito de Lisboa
ac./acs.	acórdão/acórdãos
ACE	Agrupamento(s) Complementar(es) de Empresas
AEIE	Agrupamento(s) Europeu(s) de Interesse Económico
AG	Die Aktiengesellschaft
AG	Assembleia geral
AktG	Lei alemã sobre as sociedades anónimas e em comandita por acções, de 6 de Setembro de 1965
al.	alínea
ALR	American Law Review
AnnDrComm	Annales de Droit Commercial
AnwBl	Anwaltsblatt
BankLJ	Banking Law Journal
BB	Betriebs-Berater
BBTC	Banca, Borsa e Titoli di Credito
BFD	Boletim da Faculdade de Direito da Universidade de Coimbra
BGHZ	Entscheidungen des Bundesgerichtshofs in Zivilsachen
BMJ	Boletim do Ministério da Justiça
BulJS	Bulletin Joly des Sociétés
CA 2006	Companies Act, de 2006 (Inglaterra)
CadMVM	Cadernos do Mercado dos Valores Mobiliários
CadOD	Cadernos O Direito
CC	Código Civil
CCit	Codigo civil italiano, de 16 de Março de 1942
CCom	Código Comercial

CComf	Novo código de comércio francês (aprovado pela Ordonnance, de 18 de Setembro de 2000)
CEE	Comunidade Económica Europeia
CeImp	Contratto e Impresa
CEJ	Centro de Estudos Judiciários
CES	Cooperativismo e Economía Social
cfr.	confronte
CIRC	Código do Imposto sobre o Rendimento das Pessoas Colectivas
CIRE	Código da Insolvência e da Recuperação de Empresas
CIRS	Código do Imposto sobre o Rendimento das Pessoas Singulares
cit.	citado
CJ	Colectânea de Jurisprudência
CJ-STJ	Colectânea de Jurisprudência Acórdãos do Supremo Tribunal de Justiça
CLR	Columbia Law Review
CP	Código Penal
CPC	Código de Processo Civil
CPen	Código Penal
CPEREF	Código dos Processos Especiais de Recuperação da Empresa e da Falência
CMLRev.	Common Market Law Review
CMVM	Comissão do Mercado de Valores Mobiliários
CódMVM	Código do Mercado de Valores Mobiliários
CorLR	Cornell Law Review
CRCom	Código do Registo Comercial
CRP	Constituição da República Portuguesa
CSC	Código das Sociedades Comerciais
CT/CTrab	Código do Trabalho
CVM	Código dos Valores Mobiliários
DB	Der Betrieb
DFiscB	Droit Fiscalité Belge
DJ	Revista Direito e Justiça
DJCL	Delaware Journal of Corporate Law
Dec.-Lei/DL	Decreto-Lei
DLJ	Duke Law Journal
DG	Diário do Governo
DGCL	Delaware General Corporation Law
DR	Diário da República
DSR	Direito das Sociedades em Revista
ed.	edição
EBOR	European Business Organization Law Review

ECFR	European Company and Financial Law Review
ECJ	European Competition Journal
EIRL	Estabelecimento(s) Individual(ais) de Responsabilidade Limitada
EUA	Estados Unidos da América
EuZW	Europäische Zeistchrift für Wirtschafsrecht
ForI	Forum Iustitiae
ForLR	Fordham Law Review
Giur.Comm.	Giurisprudenza Commerciale
GmbH	Gesellschaft mit beschränkter Haftung (Alemanha)
GmbHG	Lei alemã sobre as sociedades de responsabilidade limitada, de 20 de Abril de 1892
GmbHR	GmbH-Rundschau
GPR	Zeitschrift für das Privatrecht der Europäischen Union
HarvLR	Harvard Law Review
id.	*idem*
IDET	Instituto de Direito das Empresas e do Trabalho
InsO	Insolvenzordnung (lei alemã da insolvência)
IPRax	Praxis des Internationalen Privat- und Verfahrensrechts
JOCE	Jornal Oficial das Comunidades Europeias
JOUE	Jornal Oficial da União Europeia
L.	Lei
LGT	Lei Geral Tributária
LMK	Lindenmaier-Möhring — Kommentierte BGH-Rechtsprechung
LOFTJ	Lei de Organização e Funcionamento dos Tribunais Judiciais
LS	Le Società
LSC	Ley de sociedades de capital (espanhola)
LSGPS	Lei das Sociedades Gestoras de Participações Sociais
LSQ	Lei das Sociedades por Quotas
MBCA	Model Business Corporation Act
MoMiG	Gesetz zur Modernisierung des GmbH-Rechts und zur Bekämpfung von Missbräuchen (Alemanha)
NCRF	Norma contabilística e de relato financeiro
NZG	Neue Zeitschrift für Gesellschaftsrecht
NYBCL	New York Business Corporation Law
n./nn.	nota/notas
n.º	número
OPA	Oferta(s) Pública(s) de Aquisição
OPV	Oferta(s) Pública(s) de Venda
p./pp.	página/páginas
p. ex.	por exemplo

PCG	Principles of Corporate Governance
PMAG	Presidente da mesa da assembleia geral
POC	Plano Oficial de Contabilidade
RabelsZ	Rabels Zeitschrift für ausländisches und internationales Privatrecht
RB	Revista da Banca
RCEJ	Revista de Ciências Empresariais e Jurídicas
RCR	Revista de Concorrência e Regulação
RDC	Rivista di Diritto Civile
RDE	Revista de Direito e Economia
RDES	Revista de Direito e de Estudos Sociais
RDM	Revista de Derecho Mercantil
RdS	Revista de Derecho de Sociedades
RDS	Revista de Direito das Sociedades
RC	Tribunal da Relação de Coimbra
RE	Tribunal da Relação de Évora
reimp.	reimpressão
RevDBB	Revue de Droit Bancaire et de la Bourse
RevE	Revisores e Empresas
RevF	Revista Fisco
RevOD/O Direito	Revista O Direito
RevTOC	Revista dos Técnicos Oficiais de Contas
RG	Tribunal da Relação de Guimarães
RGIT	Regime Geral das Infracções Tributárias
RIDE	Revue Internationale de Droit Economique
RivDCom	Rivista del Diritto Commerciale e del Diritto Generale delle Obbligazioni
RJOIC	Regime Jurídico dos Organismos de Investimento Colectivo
RJUPort	Revista Jurídica da Universidade Portucalense Infante D. Henrique
RL	Tribunal da Relação de Lisboa
RMBCA	Revised Model Business Corporation Act (EUA)
RP	Tribunal da Relação do Porto
reimp.	reimpressão
RFDUL	Revista da Faculdade de Direito da Universidade de Lisboa
RGICSF	Regime Geral das Instituições de Crédito e Sociedades Financeiras
RIDBFDUL	Revista do Instituto de Direito Brasileiro da Faculdade de Direito da Universidade de Lisboa
RIW	Recht der Internationalen Wirtschaft
RJC	Regime Jurídico da Concorrência

RLJ	Revista de Legislação e Jurisprudência
RNPC	Registo Nacional de Pessoas Colectivas
ROA	Revista da Ordem dos Advogados
ROC	Revisor Oficial de Contas
RS	Rivista delle Società
s./ss.	seguinte/seguintes
SA	Sociedade(s) Anónima(s)
SARL	Sociedade de Responsabilidade Limitada (França)
SQ	Sociedade(s) por Quotas
SCE	Sociedade(s) Cooperativa(s) Europeia(s)
SE	Sociedade(s) Europeia(s)
SENC	Sociedade em nome coletivo
SGPS	Sociedade(s) Gestora(s) de Participações Sociais
SNC	Sistema de Normalização Contabilística
SPE	Sociedade(s) Privada(s) Europeia(s)
SRL	Sociedade de Responsabilidade Limitada (Itália)
SROC	Sociedade(s) de Revisores Oficiais de Contas
STJ	Supremo Tribunal de Justiça
SZW	Schweizerische Zeitschrift für Wirtschaftsrecht
tb.	também
TCE	Tratado da Comunidade Europeia
TFUE	Tratado sobre o funcionamento da União Europeia
Themis	Themis – Revista da Faculdade de Direito da Universidade Nova de Lisboa
TJCE	Tribunal de Justiça das Comunidades Europeias
TJUE	Tribunal de Justiça da União Europeia
TRLSA	Lei espanhola sobre as sociedades anónimas (texto refundido aprovado pelo Real Decreto Legislativo 1564/1989, de 22 de Dezembro)
TUF	Testo Unico della Finanza
UCP	Universidade Católica Portuguesa
v.	*vide*
VJud	Vida Judiciária
vol./vols.	volume/volumes
ZGR	Zeitschrift für Unternehmens- und Gesellschaftsrecht
ZHR	Zeitschrift für das gesamte Handelsrecht und Wirtschaftsrecht
ZIP	Zeitschrift für Wirtschaftsrecht

DOUTRINA

Resumo: As pequenas e médias empresas portuguesas são, frequentemente, sociedades por quotas (semelhantes às GmbH do direito alemão) e, em muitos casos, empresas familiares. Alguns dos problemas com que essas sociedades têm que lidar relativamente ao equilíbrio entre família/empresa/propriedade podem ser resolvidos com o correto uso das alternativas legais disponíveis. É a análise de algumas dessas alternativas que pode ser encontrada neste artigo.
Palavras-chave: Governação das sociedades; empresa familiar; pequenas e médias empresas.

Abstract: The portuguese SME is frequently a *sociedade por quotas* (very similar to the German Gesellschaft mit beschränkte Haftung) and, in many cases, a family business. Some of the problems that those companies have to deal with in what concerns the balance between family/enterprise/ownership can be solved by the correct use of the legal alternatives available. It is the analysis of a few of those alternatives that may be found in this article.
Keywords: Corporate governance; family business; small and middle-size enterprises.

ALEXANDRE DE SOVERAL MARTINS*

Governação das empresas familiares em Portugal. Algumas notas sobre as sociedades por quotas[1]

1. Introdução ao tema

A governação das sociedades por quotas de caráter familiar é um tema que deve ser estudado procurando ver em que medida é possível articular três diferentes dimensões: a da Família, a da Empresa Societária e a da Titularidade das Participações. Essa (boa) articulação poderá permitir não só «proteger a empresa para a família», mas também «proteger a empresa perante a família» (Knut Lange).

* Professor da Faculdade de Direito da Universidade de Coimbra
Investigador do Instituto Jurídico da Faculdade de Direito
Trabalho integrado nas atividades do Grupo de Investigação "As PME: promoção da inovação, crescimento e competitividade", do Instituto Jurídico da FDUC, no âmbito do Projeto Desafios Sociais, Incerteza e Direito (UID/DIR/04643/2013)

[1] Texto da conferência proferida pelo autor na Faculdade de Direito da Universidade de Salamanca (Espanha), em 4 de novembro de 2015, no Seminario Internacional *Buen Gobierno de las Pequeñas y Medianas Empresas* (Universidad de Salamanca/Universidade de São Paulo/Universidade Presbiteriana Mackenzie/Universidade de Coimbra/Universidad de los Andes). A presente exposição não contém conselhos ou recomendações, traduzindo apenas o pensamento de quem a subscreve. A análise jurídica de qualquer caso concreto deve ser feita através de acompanhamento especializado. Optou-se por apresentar o texto «corrido» tal como foi utilizado para a conferência referida, prescindindo de notas «de rodapé».

DSR, ano 8, vol. 15 (2015): 13-27

Mas o que é uma sociedade familiar? Para melhor compreendermos o que está em causa, podemos basear-nos no *Final Report of the Expert Group. Overview of Family-Business–Relevant Issues: Research, Networks, Policy Measures and Existing Studies* (2009), em que se considerou que uma empresa é familiar, independentemente do seu tamanho, se «1) The majority of decision-making rights is in the possession of the natural person(s) who established the firm, or in the possession of the natural person(s) who has/have acquired the share capital of the firm, or in the possession of their spouses, parents, child or children's direct heirs. 2) The majority of decision-making rights are indirect or direct. 3) At least one representative of the family or kin is formally involved in the governance of the firm. 4) Listed companies meet the definition of family enterprise if the person who established or acquired the firm (share capital) or their families or descendants possess 25 per cent of the decision-making rights mandated by their share capital».

As sociedades por quotas familiares enfrentam problemas típicos de sociedades familiares e outros que são comuns a qualquer sociedade por quotas. Numa sociedade familiar, à medida que nos afastamos da primeira geração vemos que raramente os vários ramos da família olham para a sociedade com os olhos dos fundadores. Formam-se maiorias e minorias e nem todos os sócios serão gerentes. O afastamento de membros da família de cargos de administração revelará a importância das regras sobre a nomeação dos gerentes. Designadamente, para combater a possibilidade de surgimento de «problemas de agência». O papel dos sócios na tomada de decisões de administração pode ser maior ou menor. Se há sócios da família que não são gerentes, o acesso à informação torna-se ainda mais relevante. Como nem tudo pode ser deixado para os estatutos, os protocolos familiares assumem especial relevo.

Numa resposta a um questionário elaborado no âmbito do projeto de investigação «As PME: promoção da inovação, crescimento e competitividade», desenvolvido no âmbito do Instituto Jurídico da Faculdade de Direito da Universidade de Coimbra, surge escrito que «*Em Portugal as empresas e sócios abusam na prática da "confusão" entre negócios próprios e societários, entre património próprio e societário*». Não custará a aceitar que nas sociedades por quotas familiares isso pode igualmente acontecer, pois os sócios, que são muitas vezes gerentes, olham para a sociedade como a «sua» sociedade e para a empresa como a «sua» empresa, a isso acrescendo que o destino da família está frequentemente muito ligado ao destino da sociedade.

Procuraremos analisar alguns destes problemas nas linhas subsequentes, tendo como objetivo central encontrar alternativas que permitam evitar problemas futuros na vida das sociedades por quotas familiares.

2. A gerência

2.1. Algumas preocupações

No que diz respeito à gerência das sociedades por quotas familiares, o estabelecimento de um *direito especial à gerência* ou de um *direito especial a designar gerente (ou gerentes)* pode ter um relevo considerável. O mesmo se diga quanto à possibilidade de estabelecer um regime de *cooptação* ou de nomeação de *substitutos*.

Os vários ramos da família podem querer que esteja garantida a nomeação de *um gerente por cada ramo*. Isso é possível? E quanto aos *requisitos para se ser gerente*? Basta ser membro da família? E os gerentes devem ser todos membros da família? Qual deve ser a posição do *fundador*? E quando este deixar de ser gerente, o que pode ser feito para tentar garantir a *continuidade* da empresa? Como devem ser *remunerados* os gerentes? E deve haver um regime de *reforma* dos gerentes a cargo da sociedade? O que acontece se por acaso morrem todos os gerentes? Muitas destas interrogações podem ser resolvidas com apoio em soluções que a lei portuguesa contém ou permite.

2.2. Direito especial à gerência e direito a designar gerente

O Código das Sociedades Comerciais (CSC) português admite que o contrato de sociedade atribua um direito especial à gerência. Se o pai (ou avô, ou outro qualquer fundador da sociedade) quer que outros membros da família (os filhos, os netos) adquiram participações na sociedade, pode, no entanto, querer manter-se como gerente da sociedade. É possível estabelecer no contrato de sociedade um direito de o pai sócio *se manter gerente enquanto for titular de quota*. Esse direito especial à gerência confere ao sócio em questão uma tutela acrescida. E julgamos que também será possível, em lugar do direito referido, conferir ao pai sócio-gerente o direito de só ser destituído com justa causa.

O direito especial *a designar gerente* não se confunde com o direito especial à gerência. O sócio que seja titular do direito especial a designar gerente não tem que se designar a si mesmo gerente: pode designar outra pessoa. Esta alternativa pode ser muito útil numa sociedade por quotas familiar. Pense-se, por exemplo, no pai sócio que pretende ter o direito de designar um ou mais gerentes (ou até todos) e que só assim permitirá a entrada de outros membros da família na sociedade. Com efeito, o sócio fundador pode querer permitir essa entrada, mas querer também decidir quem lhe sucederá na gerência.

Tanto os direitos especiais à gerência como os direitos especiais a designar gerentes podem ser utilizados para organizar o exercício do poder para as gerações subsequentes. É, designadamente, possível conceber cláusulas que confiram a conjuntos de sócios (os que compõem os vários ramos da família) um direito a designar um ou mais gerentes. Porém, se a sociedade pertence a dois ramos da família, cada um com 50% dos direitos de voto, a atribuição a cada um desses grupos do direito de designar *o mesmo número de gerentes* pode dar origem a problemas na própria gerência, havendo razões para recear a existência de empates. Há até quem defenda que devem ser proibidas sociedade por quotas 50/50...

O direito especial a designar gerente encontra acolhimento em várias normas do CSC. O art. 246.º, 2, estabelece que se «o contrato social não dispuser diversamente, compete também aos sócios deliberar sobre: a) A designação de gerentes [...]». Logo por aqui se vê que o contrato de sociedade pode dispor diversamente quanto à designação de gerentes. Isso permite muita coisa.

Por sua vez, o art. 252.º, 2, dispõe o seguinte quanto à designação de gerentes: «Os gerentes são designados no contrato de sociedade ou eleitos posteriormente por deliberação dos sócios, se não estiver prevista no contrato outra forma de designação». Entre essas outras formas encontra-se a previsão de um direito especial a designar gerente.

A atribuição de um direito especial à gerência ou a designar gerente deve ter lugar dando atenção ao regime de transmissão dos direitos especiais. Como decorre do art. 24.º, 3, CSC, nas «sociedades por quotas, e salvo estipulação em contrário, os direitos especiais de natureza patrimonial são transmissíveis com a quota respetiva, sendo intransmissíveis os restantes direitos». O direito especial à gerência e o direito a designar gerente não têm natureza patrimonial. Perante a redação do art. 24.º, 3, ficamos a saber que, em regra, não se transmitem com a quota.

Mas poderá o contrato de sociedade estabelecer que se transmitem? Poderá estabelecer-se ali que o direito especial à gerência transmite-se para o filho herdeiro a quem a quota seja atribuída na partilha? E o mesmo vale para o direito especial a designar gerente?

Pensamos que a estipulação em contrário tanto pode dizer respeito aos direitos especiais de natureza patrimonial como aos restantes direitos especiais (embora o ponto seja discutido).

No entanto, quanto ao direito especial à gerência a estipulação no contrato de sociedade no sentido da sua transmissibilidade com a quota está afastada pelo art. 252.º, 4: a gerência não é transmissível por ato entre vivos ou por morte. Nem isoladamente, nem juntamente com a quota.

Note-se, porém, que o direito especial a designar gerente tem consequências para o seu titular. De acordo com o art. 83.º, 1, CSC, o «sócio que, só por si ou juntamente com outros a quem esteja ligado por acordos parassociais, tenha, por força de disposições do contrato de sociedade, o direito de designar gerente sem que todos os sócios deliberem sobre essa designação responde solidariamente com a pessoa por ele designada, sempre que esta for responsável, nos termos desta lei, para com a sociedade ou os sócios e se verifique culpa na escolha da pessoa designada». E embora se trate de uma responsabilidade para com a sociedade ou os sócios, o art. 78.º, 2, também estabelece que sempre «que a sociedade ou os sócios o não façam, os credores sociais podem exercer, nos termos dos artigos 606.º a 609.º do Código Civil, o direito de indemnização de que a sociedade seja titular».

2.3. Cooptação e chamada de substitutos

A cooptação pode ser prevista no contrato de sociedade. Como vimos, o art. 252.º, 2, estabelece que os «gerentes são designados no contrato de sociedade ou eleitos posteriormente por deliberação dos sócios, se não estiver prevista no contrato outra forma de designação». E essa outra forma de designação pode ser a cooptação. A utilidade dessa forma de designação pode residir na possibilidade de os sócios fundadores gerentes (e que integram a primeira geração da família) continuarem a designar outros gerentes.

O controlo da designação dos gerentes pode também decorrer de um regime estatutário de chamada de substitutos por deliberação da gerência. Os próprios substitutos poderão ser previamente designados no exercício de um direito especial clausulado no contrato de sociedade.

2.4. Requisitos para ser gerente

Numa sociedade por quotas familiar pode o contrato de sociedade estabelecer requisitos especiais, que devem estar preenchidos para se poder ser gerente (Raúl Ventura). O caráter familiar da sociedade pode justificar que, para se ser gerente, seja necessário ser *sócio*. Para evitar que qualquer sócio membro da família, só por o ser, aceda à gerência, também pode ser útil que o gerente deva ter uma certa *idade*. O mesmo se diga quanto à exigência de determinadas *qualificações profissionais*, de uma certa *antiguidade* como sócio ou como trabalhador subordinado da sociedade, de *experiên-*

cia em áreas importantes, de *formação académica* considerada relevante ou do conhecimento de *línguas*. Para evitar que um gerente se mantenha no cargo por demasiados anos, pode estabelecer-se uma *duração* para cada mandato e exigir-se que o gerente *não tenha sido reeleito* mais do que um determinado número de vezes. Cada caso é um caso. E, por isso, pode considerar-se umas vezes necessário que existam certas ligações familiares e outras que se verifique uma certa independência.

Se for designado um determinado gerente, pode este ficar obrigado a realizar *formação contínua*, a sujeitar-se a *avaliação* e a *controlo internos*. Para aumentar a preparação dos membros da família que são designados, será por vezes importante impor a *rotação* no exercício de funções.

2.5. Remuneração dos gerentes

Numa outra resposta ao já mencionado questionário elaborado no âmbito do projeto de investigação «As PME: promoção da inovação, crescimento e competitividade» surge escrito que «*Normalmente quem decide a própria remuneração é a gerência e não a assembleia geral de sócios, utilizando critérios de conveniência (salário mínimo, salário de referência para aumentar reforma, etc.)*». «São autoremunerados, fixam eles próprios sem deliberação, e normalmente são sócios. Depois há cláusulas dos estatutos em que preveem que a gerência não é remunerada, por vezes com a cláusula "salvo se deliberado em AG"».

O panorama descrito na referida resposta mostra que nem sempre se tem em conta que o art. 255.º, 1, do CSC obriga a que a remuneração dos gerentes seja *fixada pelos sócios*. Mas não parece afastada a possibilidade de ser criado um órgão que tenha funções de *consulta* sobre a matéria e que esse mesmo órgão esteja sujeito a regras de designação que tomem em conta os laços familiares. O contrato de sociedade pode também estabelecer que o gerente não será remunerado.

2.6. Regime de reforma

O CSC não prevê expressamente a possibilidade de o contrato de sociedade estabelecer um regime de reforma dos gerentes, a cargo da sociedade, ou de atribuir complementos de reforma. Justifica-se, porém, uma aplicação por analogia do disposto no art. 402.º do CSC, que admite aquelas possibilidades quanto aos administradores de sociedades anónimas.

Numa sociedade por quotas familiar os regimes de reforma ou os complementos de reforma podem revelar-se de grande importância, pois poderão permitir que o fundador que até aí era sócio-gerente (p. ex., o pai ou a mãe) se retire para segundo plano com maior tranquilidade.

2.7. Gerente delegado

Nas sociedades anónimas, a delegação chega a surgir apresentada como algo que é visto como desejável, pelo menos, nas sociedades emitentes de ações admitidas à negociação em mercado regulamentado. Assim o parece assumir o *Código de Governo das Sociedades* da CMVM, na versão de 2013, que, no seu par. II.1.1., recomenda: «Dentro dos limites estabelecidos por lei, e salvo por força da reduzida dimensão da sociedade, o conselho de administração deve delegar a administração quotidiana da sociedade, devendo as competências delegadas ser identificadas no relatório anual sobre o Governo da Sociedade». Igual tendência já parecia resultar, p. ex., do *Livro Branco sobre* Corporate Governance *em Portugal* (2006, p. 143).

Nas sociedades por quotas é também possível a delegação. Isso mesmo resulta expressamente do art. 261.°, 2, do CSC, que permite que os «gerentes deleguem nalgum ou nalguns deles competência para determinados negócios ou espécie de negócio». Essa delegação permitirá que os gerentes mais preparados em função da matéria acompanhem de forma adequada o assunto em causa. Por outro lado, os gerentes delegantes podem ter um papel especial no controlo da atuação dos delegados se estiverem sujeitos a requisitos de independência. A forma de designação terá aí um papel a desempenhar.

Será possível conceber um regime em que os sócios fundadores deixam aos membros das gerações mais novas a atuação como gerente delegado, ao mesmo tempo que se garante que um certo número de gerentes não delegados é independente de acordo com os critérios estatutariamente estabelecidos. Veja-se que o art. 261.°, 1, do CSC começa justamente por dizer que é admissível «cláusula do contrato de sociedade que disponha de modo diverso» quanto ao exercício dos poderes dos gerentes.

2.8. Falta de todos os gerentes

Numa sociedade por quotas de caráter familiar a falta de todos os gerentes pode assumir uma feição especialmente dramática. É muito frequente vermos sociedades por quotas que têm apenas um só gerente e que é também sócio. Se esse sócio-gerente morre, vários problemas têm que ser resolvidos.

Até que seja designado um novo gerente o poder não fica necessariamente «na rua». Com efeito, dispõe o art. 253.º, 1, do CSC que, se «faltarem definitivamente todos os gerentes, todos os sócios assumem por força da lei os poderes de gerência, até que sejam designados os gerentes».

Se o sócio-gerente deixa dois ou mais herdeiros, a quota de que era titular fica sujeita, até à partilha, ao regime de contitularidade em comunhão hereditária. O representante comum necessário para o exercício dos direitos inerentes à quota será, em regra, o cabeça-de-casal. Mas não parece adequado que todos os herdeiros, antes da partilha da quota, assumam os poderes de gerência, ou que esses poderes sejam assumidos pelo representante comum. O problema é ainda mais grave se a sociedade em causa só tinha como sócio o que morreu. Isto, naturalmente, ganha especial relevo se não se procede rapidamente à designação de novo gerente.

2.9. Dever de ser gerente?

Numa sociedade por quotas familiar pode existir interesse em estabelecer o dever de um sócio determinado ser gerente. Os sócios fundadores podem querer que os filhos se tornem também sócios, mas estes só o pretendem ser no caso de os fundadores permanecerem gerentes.

O regime das prestações acessórias parece permitir estabelecer uma obrigação acessória que vá ao encontro dessa pretensão. Com efeito, o art. 209.º, 1, CSC tem a seguinte redação: «O contrato de sociedade pode impor a todos ou a alguns sócios a obrigação de efetuarem prestações além das entradas, desde que fixe os elementos essenciais desta obrigação e especifique se as prestações devem ser efetuadas onerosa ou gratuitamente. Quando o conteúdo da obrigação corresponder ao de um contrato típico, aplica-se a regulamentação legal própria desse tipo de contrato».

Para além da obrigação de ser gerente, o preceito reproduzido torna admissível que se estabeleça uma obrigação acessória de um sócio ser prestador de serviços ou de desenvolver outras atividades (inclusivamente subordinadas) para a sociedade, bem como a de não concorrer.

A obrigação acessória transmite-se com a quota. Não será assim se aquela obrigação é relativa a uma prestação infungível (Coutinho de Abreu).

2.10. Negócios entre a sociedade e os gerentes

Numa sociedade familiar em que os sócios são, muitas vezes, também gerentes, os negócios entre estes e a sociedade podem surgir como tentadores. Infelizmente, o CSC não contém para as sociedades por quotas um regime como o que encontramos no art. 397.° para as sociedades anónimas: «1. É proibido à sociedade conceder empréstimos ou crédito a administradores, efetuar pagamentos por conta deles, prestar garantias a obrigações por eles contraídas e facultar-lhes adiantamentos de remunerações superiores a um mês. 2. São nulos os contratos celebrados entre a sociedade e os seus administradores, diretamente ou por pessoa interposta, se não tiverem sido previamente autorizados por deliberação do conselho de administração, na qual o interessado não pode votar, e com o parecer favorável do conselho fiscal ou da comissão de auditoria [...], 5. O disposto nos n.°s 2 [...] não se aplica quando se trate de ato compreendido no próprio comércio da sociedade e nenhuma vantagem especial seja concedida ao contraente administrador». Autores há (Coutinho de Abreu, Soveral Martins) que defendem a aplicação por analogia do referido preceito às sociedades por quotas. Outros, apoiados em Raúl Ventura, invocam o art. 261.° CCiv., que, para o negócio consigo mesmo, dispõe o seguinte: «1. É anulável o negócio celebrado pelo representante consigo mesmo, seja em nome próprio, seja em representação de terceiro, a não ser que o representado tenha especificadamente consentido na celebração, ou que o negócio excluía por sua natureza a possibilidade de um conflito de interesses [...]». No entanto, este último regime é escasso e revela grandes insuficiências.

De qualquer modo, e pedindo emprestadas algumas propostas de Coutinho de Abreu, não se pode esquecer que o negócio celebrado entre o gerente e a sociedade será nulo se viola o fim lucrativo da sociedade, uma vez que, segundo a leitura que preferimos, este fim limita a capacidade de gozo das sociedades comerciais (art. 6.°, 1, CSC, e 980.° CCiv.). Deve também verificar-se se o negócio tem (ou não) um fim comum contrário aos bons costumes, sendo, por isso, nulo (art. 281.° CCiv.). Mesmo não sendo nulo o negócio, pode ser anulável se houver abuso de representação pelos gerentes que atuaram em nome da sociedade (art. 269.° CCiv.).

3. O direito dos sócios à informação

O CSC confere aos sócios das sociedades por quotas um acesso muito amplo à informação. Não há, por isso, um risco de falta de transparência tão elevado como o que podemos encontrar por vezes em sociedades anónimas cotadas.

De acordo com o art. 214.°, 1, do CSC, os «gerentes devem prestar a qualquer sócio que o requeira informação verdadeira, completa e elucidativa sobre a gestão da sociedade e bem assim facultar-lhe na sede social a consulta da respetiva escrituração, livros e documentos [...]».

No entanto, muita coisa pode ser regulada no contrato de sociedade. Lemos no art. 214.º, 2, do CSC que o «direito à informação pode ser regulamentado no contrato de sociedade, contanto que não seja impedido o seu exercício efetivo ou injustificadamente limitado o seu âmbito [...]».

Numa sociedade por quotas familiar, pode justificar-se essa regulamentação se estiver a ser planeada a passagem da titularidade das quotas para a terceira ou quarta geração. Nessa altura poderá existir um maior afastamento dos sócios em relação à sociedade.

4. As competências dos sócios

O art. 246.º, 1, do CSC identifica um conjunto de matérias sobre as quais compete imperativamente aos sócios deliberar. Além disso, aquele preceito também permite que o contrato de sociedade alargue as competências dos sócios. Por sua vez, o art. 246.º, 2, enumera matérias sobre as quais compete aos sócios deliberar se o contrato de sociedade não dispuser diversamente.

Vemos, assim, que a margem de conformação estatutária das competências deliberativas dos sócios é grande. Pode ser útil aumentar essas competências ou reduzi-las consoante se recorre ou não a gerentes que não são sócios. Na primeira geração em que os sócios são também gerentes haverá tendência para deixar para os gerentes maior liberdade. Nas gerações seguintes, é normal que a tendência seja no sentido de recorrer a gerentes não sócios e para restringir a liberdade de atuação destes últimos. Mas é preciso evitar uma excessiva determinação (Hennerkes/May).

5. O voto duplo

Como se lê no art. 250.º, 2, do CSC, é «permitido que o contrato de sociedade atribua, como direito especial, dois votos por cada cêntimo do valor nominal da quota ou quotas de sócios que, no total, não correspondam a mais de 20% do capital». Esta possibilidade permitirá que os fundadores da sociedade familiar abram o capital a outros membros da família ou até a estranhos a esta, mas mantendo uma posição mais forte.

6. O *quorum* deliberativo

Nas sociedades por quotas, se a lei ou contrato de sociedade não dispuserem diversamente, as deliberações dos sócios «consideram-se tomadas se obtiverem a maioria dos votos emitidos, não se considerando como tal as abstenções» (art. 250.°, 3, do CSC). Como o contrato de sociedade pode dispor diversamente, pode exigir maiorias reforçadas, ainda que apenas para certas matérias. Essa exigência tem a vantagem de promover acordos alargados e protege as minorias. Mas, por outro lado, tem como desvantagens a potenciação de impasses e a atribuição, na prática, de direitos de veto.

Por sua vez, a exigência apenas de maioria absoluta (a prevista na lei) pode ter vantagens se a família é titular de quotas que permitem atingir essa maioria e é coesa. Obviamente, os sócios que estão em minoria terão outra leitura das coisas.

A opção a tomar deve ser bem ponderada, pois o art. 259.° estabelece que os «gerentes devem praticar os atos que forem necessários ou convenientes para a realização do objeto social, com respeito pelas deliberações dos sócios».

A decisão relativa ao *quorum* deliberativo deve ser antecedida de um olhar para a forma como as participações estão distribuídas. Numa sociedade em que cada sócio/ramo familiar é titular de quotas que conferem 50% dos votos, a possibilidade de empate existe e deve ser antecipada.

7. Direito especial de veto

O art. 250.°, 3, do CSC permite estabelecer no contrato de sociedade um direito especial de veto a favor de determinado sócio. Pode, nomeadamente, haver interesse em incluir no contrato de sociedade uma cláusula a dispor que a deliberação não se considera tomada se contra ela votar, p. ex., o sócio fundador pai/mãe/avô/avó. Esse direito de veto pode ser estabelecido apenas para certas matérias.

8. Direito aos lucros.

8.1. Direito aos lucros de exercício e art. 217.°

Resulta do art.. 217.°, 1, do CSC que, se não existir diferente cláusula contratual ou «deliberação tomada por maioria de três quartos dos votos correspondentes ao capital social em assembleia geral para o efeito convocada, não pode deixar de ser distribuído aos sócios metade do lucro do exercício que, nos termos desta lei, seja distribuível». Esta é uma norma a que deve ser dada muita atenção na medida em que pode ser decisiva na altura de escolher entre o financiamento da sociedade e a necessidade de garantir a continuidade da empresa, por um lado, e as expetativas de rendimento dos sócios. Os problemas devem ser antecipados e as soluções adotadas devem ser claras para todos os sócios e para toda a família.

O contrato de sociedade que contenha uma cláusula a dispor de forma diferente relativamente ao que resulta do art. 217.º pode ser alterada por deliberação tomada nos termos do art. 265.º, 1: «As deliberações de alteração do contrato só podem ser tomadas por maioria de três quartos dos votos correspondentes ao capital social ou por número ainda mais elevado de votos exigido pelo contrato de sociedade». Como se vê, este último preceito admite uma cláusula que exija um número de votos ainda mais elevado. A utilização destas possibilidades pode garantir mais fortemente que uma parte dos lucros de exercício distribuíveis acabará nos bolsos dos sócios e, portanto, nos bolsos da família. Será, assim, mais fácil pôr o filho a estudar no colégio interno suíço ou comprar o *yacht* que o cônjuge quer...

Na sociedade por quotas familiar de primeira geração em que os sócios são gerentes será mais forte a vontade de garantir o autofinanciamento da sociedade. À medida em que os membros das gerações seguintes se afastam da empresa societária, haverá maior pressão para que os lucros sejam distribuídos. A utilização das várias possibilidades abertas pela lei deve ter lugar de forma cautelosa para se alcançar um equilíbrio entre os interesses concretamente em presença.

8.2. Direito especial aos lucros

As sociedades por quotas estão abrangidas pelo disposto no art. 22.º, 1, do CSC: «Na falta de preceito especial ou convenção em contrário, os sócios participam nos lucros e nas perdas da sociedade segundo a proporção dos valores das respetivas participações no capital».

A possibilidade de se estabelecer um outro critério de repartição dos lucros («Na falta de [...] convenção em contrário») pode ser muito útil numa sociedade por quotas familiar. A atribuição de um direito especial de participação «mais-do-que-proporcional» nos lucros da sociedade fará sentido, por exemplo, para beneficiar um sócio fundador (pai/mãe/avô/avó) e convencê-lo a afastar-se da gerência, passando o testemunho à geração seguinte.

9. Direito especial de utilização de bens sociais? Ou vantagem especial?

Nas sociedades por quotas, o contrato de sociedade pode atribuir aos sócios direitos especiais de natureza patrimonial. Não parecem estar afastados os direitos especiais de utilização de bens sociais (António Menezes Cordeiro). A utilidade desses direitos será evidente se um dos sócios fundadores fez uma entrada em espécie com um bem da família (a casa centenária).

De acordo com o art. 24.º, 3, nas «sociedades por quotas, e salvo estipulação em contrário, os direitos especiais de natureza patrimonial são transmissíveis com a quota respetiva». Também este regime deve ser explorado na redação do contrato de sociedade, pois a utilização do bem pode apenas fazer sentido, no caso concreto, tratando-se do sócio fundador.

Por sua vez, o art. 16.º, 1, estabelece que devem «exarar-se no contrato de sociedade, com indicação dos respetivos beneficiários, as vantagens concedidas a sócios em conexão com a constituição da sociedade [...]». Estas «vantagens especiais» podem ser patrimoniais ou não e podem consistir na utilização de bens da sociedade (Adelaide Menezes Leitão/José Alves de Brito, Elisabete Ramos). Ao contrário dos direitos especiais, as vantagens especiais mantêm-se depois de cessar a qualidade de sócio. Mas, por outro lado, se os direitos especiais podem ser introduzidos no contrato de sociedade após a constituição da sociedade, as vantagens especiais estão relacionadas com essa constituição. O regime das vantagens especiais pode, assim, ser atraente para sociedades por quotas familiares em que os sócios fundadores pretendem assegurar para si aquela utilização de bens sociais, que até podem ter sido da família.

10. Fiscalização da sociedade por terceiros?

As sociedades por quotas constituídas segundo o CSC português não estão obrigadas a ter órgão de fiscalização. Em certos casos, as sociedades por quotas que não tenham conselho fiscal nem fiscal único estão obrigadas a ter um revisor oficial de contas para a revisão de contas.

Nas sociedades por quotas familiares, a existência de um órgão de fiscalização será facilmente vista como desnecessária enquanto a família participa na gestão. Os custos que um órgão de fiscalização representaria são geralmente considerados supérfluos, pois os sócios não identificam problemas de agência nem assimetrias de informação.

No entanto, uma vez atingidas as segunda e terceira gerações os problemas de agência são mais frequentes, pois geralmente nem todos os sócios poderão ser gerentes. A alteração do contrato de sociedade para que seja criado o órgão de fiscalização deve ser devidamente preparada com antecedência, pois tudo será mais difícil depois de surgirem os conflitos.

11. Órgão facultativo «de família»?

O CSC não prevê a possibilidade de existência de um órgão de representação da família na estrutura da sociedade por quotas. Um órgão como esse poderia, por exemplo, ter um papel na escolha de gerentes, ainda que a título meramente consultivo. Não parece que esteja afastada a existência de órgãos não previstos na lei. No entanto, esses órgãos não podem afetar a competência legal de um órgão *necessário* (Coutinho de Abreu; Pedro Maia refere-se, por sua vez, às competências dos órgãos *típicos*).

12. Votar com os pés não é possível...

Os titulares de participações sociais em sociedades por quotas não contam com um verdadeiro mercado que permita o funcionamento da chamada *Wall Street Rule* e o voto *with the feet*. E, no entanto, a saída da sociedade pode tornar-se necessária para o titular da quota.

Mas é possível estabelecer no contrato de sociedade um regime de exoneração. De acordo com o art. 240.º, 1, do CSC, um sócio «pode exonerar-se da sociedade nos casos previstos na lei e no contrato [...]». Em muitos casos, os sócios da sociedade por quotas familiar estarão disponíveis para alcançar um regime que tenha em conta, na medida do possível, as dificuldades que um membro da família sócio eventualmente atravesse. A redação das cláusulas pode ter em conta situações de separação, divórcio, alterações de poder, impasses, mudança de residência, idade, doença, desemprego, etc.. Importante é que não se estabeleça um direito de exoneração por vontade arbitrária do sócio, pois isso é expressamente proibido (art. 240.º, 8).

Como o exercício do direito à exoneração tem como consequência o dever de a sociedade amortizar a quota, adquiri-la ou fazê-la adquirir por sócio ou terceiro (art. 240.º, 3), a sociedade deve tomar as medidas adequadas para que seja possível pagar a eventual contrapartida, acautelando isso mesmo ao longo dos vários exercícios. Pode igualmente fazer sentido incluir no contrato de sociedade uma cláusula que torne livre a cessão de quotas para os casos em que não seja possível a exoneração (art. 229.º, 2).

Dissemos que não existe um verdadeiro mercado de participações sociais para as quotas de uma sociedade por quotas familiar. No entanto, pode ser tornada mais fácil a cessão de quotas a favor de membros da família. Se o contrato de sociedade nada disser, a cessão de quotas só não carece de consentimento da sociedade se a cessão tiver lugar entre cônjuges, entre ascendentes e descendentes ou entre sócios (art. 228.º, 2). Pois bem, o interesse em manter a quota na família pode, por exemplo, levar a incluir no contrato de sociedade uma cláusula que dispense esse consentimento na cessão de quotas a favor de membros da família na linha colateral ou de familiares do cônjuge do sócio.

A exposição já vai longa e não quero que o Professor Carbajo Cascón me diga *por qué no te callas?*

Muchas gracias!

Resumo: **Com este trabalho, pretendemos fazer a análise comparativa das realidades brasileira e portuguesa no que respeita ao recurso à "desconsideração da personalidade jurídica" das sociedades comerciais. Uma vez que existem movimentos e perspectivas de mudança (no espaço jurídico brasileiro, sobretudo a nível jurisprudencial e legislativo; no português, a nível doutrinal), este estudo pretende ainda examinar, criticamente, o cenário evolutivo da figura nos dois países.**
Palavras-chave: **Desconsideração da personalidade jurídica; direito brasileiro e direito português; tutela de credores sociais.**

Abstract: **This paper presents a comparative analysis of Brazilian and Portuguese law in respect to the "piercing of the corporate veil". In light of the latest signs of change (in Brazil at the legislative level and in case law; in Portugal at the level of scholarly debate), this study intends to critically examine the evolution of this legal instrument in both countries.**
Keywords: **Lifting the corporate veil; Brazilian law and Portuguese law; creditor protection.**

MARIA DE FÁTIMA RIBEIRO*

A desconsideração da personalidade jurídica: as realidades brasileira e portuguesa

* Professora da Faculdade de Direito da Universidade Católica Portuguesa

O ensejo de desenvolver esta análise comparativa surgiu na sequência da conferência que proferimos no âmbito do Colóquio Perspectivas de Evolução do Direito Comercial, em Portugal e no Brasil, na Faculdade de Direito da Universidade de Lisboa, no dia 4 de Março de 2015, sob o título "O acórdão do Tribunal da Relação de Guimarães de 5 de Junho de 2014 (proc. n.º 93/13.0YRGMR) e a desconsideração da personalidade jurídica no direito brasileiro, vista desde Portugal – perspectiva jus-societária". O tema era a análise comparativa da evolução da desconsideração da personalidade jurídica em ambos os ordenamentos jurídicos; e, para além de toda a importância de se que reveste esse estudo no plano teórico, o referido acórdão demonstra inequivocamente que ele também tem utilidade prática, ou seja, na aplicação do Direito: *in casu*, estava em causa, nomeadamente, saber se o resultado da acção seria diferente consoante a questão tivesse de ser decidida à luz do direito material português ou à luz do direito material brasileiro[1].

[1] Para o comentário ao referido acórdão, cfr. Maria de Fátima Ribeiro/Rui Pereira Dias,

DSR, ano 8, vol. 15 (2015): 29-57

A necessidade de fazer esta ponderação foi pretexto para uma análise comparativa entre o que decorre do direito material de cada um dos países envolvidos (Portugal e Brasil) relativamente ao recurso à figura da desconsideração da personalidade jurídica, por força do desenvolvimento doutrinal e judicial que tem merecido este mecanismo de tutela dos credores sociais – análise essa que será necessariamente breve, atenta a dimensão pretendida para um trabalho desta natureza.

1. A consagração legal genérica da desconsideração da personalidade jurídica no Brasil: o artigo 50 do Código Civil

No Brasil, e ao contrário do que acontece nos ordenamentos jurídicos europeus, como o português, existe a consagração genérica da desconsideração da personalidade jurídica, no artigo 50 do Código Civil (embora a doutrina já aceitasse pacificamente a figura, cuja fundamentação dogmática assentava essencialmente na fraude à lei e no abuso do direito[2])[3], que determina o seguinte: "[e]m caso de abuso da personalidade jurídica, caracterizado pelo *desvio de finalidade*, ou pela *confusão patrimonial*, pode o juiz decidir, a requerimento da parte, ou do Ministério Público quando lhe couber intervir no processo, que os *efeitos de certas e determinadas relações de obrigações sejam estendidos aos bens particulares dos administradores ou sócios da pessoa jurídica*".

"Desconsideração da personalidade jurídica de sociedade brasileira por tribunal brasileiro, para responsabilização de sócios portugueses. Acórdão do Tribunal da Relação de Guimarães de 5.6.2014, Proc. 93/13", in *Cadernos de Direito Privado*, n.º 49, 2015, 45-65, *passim*.

[2] Cfr. Rubens Requião, "Abuso de direito e fraude através da personalidade jurídica (disregard doctrine)", in *Revista dos Tribunais*, n.º 410, 12-14, São Paulo, 1969; Fábio Konder Comparato, *O Poder de Controle na Sociedade Anônima*, Revista dos Tribunais, São Paulo, 1976 1976 (na edição mais recente, com Calixto Salomão Filho – 6.ª ed., 2014 –, pp. 297 ss.); J. Lamartine Corrêa de Oliveira, *A Dupla Crise da Pessoa Jurídica*, Saraiva, São Paulo, 1979; Luís Roldão de Freitas Gomes, "Noção de pessoa no direito brasileiro. Direitos de personalidade", in *Boletim da Faculdade de Direito da Universidade de Coimbra*, 1993, 319-349, pp. 337 ss.. Note-se que J. Lamartine Corrêa de Oliveira, *A Dupla Crise da Pessoa Jurídica*, cit., pp. 5 ss., descreve, a propósito, uma "dupla crise" da pessoa colectiva: por um lado, são aplicadas a entidades sem personalidade jurídica normas que "só teriam sentido se tais realidades fossem consideradas pessoas jurídicas"; por outro lado, a ordem jurídica – especialmente através da actuação dos tribunais – "desconsiderou o princípio dogmático segundo o qual 'as pessoas jurídicas têm existência distinta da dos seus membros'".

[3] Aprovado pela Lei n.º 10.406, de 10 de Janeiro de 2002, em vigor desde Janeiro de 2003.

Assim sendo, entende-se que a desconsideração da personalidade jurídica implica a "suspensão da eficácia da personalidade jurídica, no caso concreto, por decisão judicial", estendendo-se os efeitos subjectivos do título executivo a um sócio ou administrador da sociedade e fazendo-o responder patrimonialmente pelas obrigações desta – pelo que os seus bens ficam sujeitos à execução, caso os bens da sociedade sejam insuficientes para satisfazer a dívida em causa[4].

A simples leitura desta norma pode gerar no seu intérprete alguma perplexidade. A primeira estranheza é provocada pelo facto de na mesma se dispor, literalmente, que por efeito da desconsideração da personalidade jurídica de uma pessoa colectiva os efeitos de certas e determinadas relações e obrigações se estendem, quer aos bens particulares dos seus sócios, quer aos dos seus administradores. Depois, fundamenta-se inequivocamente a desconsideração da personalidade jurídica no abuso do direito (ela opera apenas *em caso de abuso da personalidade jurídica*), sem especificar se, para o efeito, se requer um abuso subjectivo, ou se basta que ele, objectivamente, exista. Finalmente, enumeram-se (no que aparenta ser uma enumeração taxativa) dois grupos de casos de abuso: desvio de finalidade da pessoa colectiva e confusão patrimonial; ora, o desvio de finalidade é sempre a própria concretização do abuso da pessoa colectiva (pois trata-se de abuso institucional), e a confusão patrimonial não é mais do que uma das vias pelas quais esse abuso pode ser perpetrado. Analisaremos cada um destes pontos à luz da teorização de que o recurso à desconsideração da personalidade jurídica tem sido objecto em Portugal e no espaço europeu.

Pois bem, quanto ao primeiro aspecto, embora alguma da doutrina e da jurisprudência portuguesas tenham já confundido desconsideração da personalidade jurídica com responsabilidade de administradores, é certo que isso é cada vez mais raro e que os contornos das duas figuras aparecem, também cada vez mais, claramente delimitados: se a desconsideração da personalidade jurídica conduz a que se responsabilize o substrato pessoal da sociedade, esse é constituído pelos seus sócios, e nunca, em

[4] Cfr. Ana Frazão, "Desconsideração da personalidade jurídica e tutela de credores", in *Questões de Direito Societário em Portugal e no Brasil*, coord. Fábio Ulhoa Coelho/Maria de Fátima Ribeiro, Almedina, Coimbra, 2012, 479-514, pág. 483, que esclarece que se trata aqui, portanto, de uma responsabilidade patrimonial pela dívida da sociedade, pelo que o devedor continua a ser sempre e só a própria sociedade. Também J. Lamartine Corrêa de Oliveira, *A Dupla Crise da Pessoa Jurídica*, cit., pág. 620, fala em "mera suspensão de eficácia da personalidade jurídica, que continua viva e actuante fora do caso concreto". Por seu turno, Fábio Ulhoa Coelho, *Curso de Direito Comercial. Volume 2. Direito de Empresa. Sociedades*, 14.ª ed., Editora Saraiva, São Paulo, 2013, pp. 52, caracteriza a situação como suspensão episódica da eficácia do ato de constituição da sociedade.

caso algum, pelos seus gerentes ou administradores. Sendo verdade que é frequente que os sócios sejam, simultaneamente, gerentes ou administradores da sociedade[5], não o é menos que deve sempre ser identificada a actuação que justifica a sua responsabilização, por uma ou pela outra via: se o sujeito agiu na condição de sócio, estará em causa a desconsideração; se o fez enquanto gerente ou administrador, o único instituto chamado a tutelar os interesses dos credores sociais (directa ou indirectamente) será a responsabilidade civil.

Em segundo lugar, a norma não toma posição quanto ao tipo de abuso requerido para a aplicação do seu consequente, o que pode suscitar dúvidas: adere-se à fundamentação da personalidade jurídica pela via do abuso (que é uma das vias possíveis), mas seria útil que se previsse se basta o abuso objectivo, ou se se exige a consciência do abuso – matéria que mereceu ampla discussão na doutrina especializada, embora se tenha evoluído no sentido da adopção de critérios objectivos. Na verdade, qualquer construção jurídica que parta da noção de abuso do direito acaba por ser objectivada, centrada no excesso objectivo cometido no exercício do direito (embora sejam sempre relevantes considerações de ordem subjectiva quanto aos casos de violação dos limites impostos pela boa fé e pelos bons costumes; já o limite do "fim social ou económico" do direito representa a consagração de um critério puramente objectivo). De resto, o próprio recurso ao mecanismo da desconsideração da personalidade jurídica ficaria seriamente comprometido pelas dificuldades que pode levantar a prova daquele elemento subjectivo[6].

Finalmente, o abuso a que se refere o artigo 50 é o chamado abuso institucional, ou seja, não se abusa propriamente de um direito subjectivo, mas de um instituto jurídico (a pessoa colectiva), o que se consubstancia no desvio da finalidade para que o mesmo foi criado no ordenamento jurídico. Assim sendo, o desvio da finalidade não constitui grupo de casos de desconsideração, correspondendo antes à própria definição de abuso

[5] Embora não se ignore a existência, nas sociedades ditas de capitais (incluindo as sociedades anónimas), dos chamados sócios empresários. Mas também se identificam, no ordenamento jurídico, meios capazes de assegurar a tutela dos credores sociais relativamente a estes, ou através dos limites impostos à sua actuação, ou pela sua responsabilização enquanto sócios. Em situações limite, eles poderão até ser responsabilizados como administradores ou gerentes de facto. Cfr. Maria de Fátima Ribeiro, "O papel do accionista empresário no governo societário", in *Volume Comemorativo dos 20 Anos da Abreu Advogados*, Colecção Estudos, n.º 3 – Instituto do Conhecimento AB, Almedina, Coimbra, no prelo.

[6] Para uma análise deste ponto, cfr. Maria de Fátima Ribeiro, *A Tutela dos Credores da Sociedade por Quotas e a "Desconsideração da Personalidade Jurídica"*, Almedina, Coimbra, 2009, pp. 103 ss..

de pessoa colectiva. Temos, então, que o único grupo de casos destacado ou especificado pela norma é a "confusão patrimonial", absorvendo a "cláusula geral" do desvio da finalidade – na qual a "confusão patrimonial" se integra – todos os outros casos possíveis[7]. Ora, aqui caberia à lei esclarecer aquilo a que corresponde a confusão patrimonial para que possa recorrer-se à desconsideração da personalidade jurídica; nomeadamente, teria sido útil prever que, para o efeito, é necessário que essa confusão tenha sido prejudicial à sociedade (caso em que, por exemplo, o pagamento pelo sócio de dívidas da sociedade não produziria aquela consequência) e que já não seja possível identificar os actos concretos através dos quais ela ocorreu (pois, nesse caso, as regras jus-societárias relativas à conservação do património da sociedade podem revelar-se capazes de prover a adequada tutela dos credores).

2. A previsível evolução do direito societário brasileiro

Entretanto, cabe trazer à análise a evolução que, previsivelmente, sofrerá esta matéria no estrito domínio das sociedades comerciais no ordenamento jurídico brasileiro. Têm sido desenvolvidos no Brasil dois projectos de Código Comercial, sendo que um deles corre na Câmara dos Deputados e um outro no Senado.

O primeiro, o *Projeto de Lei da Câmara* n.º 1572, de 2011, tem recebido ao longo do tempo inúmeras emendas e sofrido importantes alterações estruturais; recentemente, foi recriada a Comissão Especial destinada a dar parecer ao projecto (a Comissão já tinha no passado analisado o projecto e promovido diversas audiências públicas, mas nunca chegou a emitir parecer e votar a proposta), pelo que se prevê que todo o processo sofra novo impulso. Na sua versão original, a desconsideração da personalidade jurídica encontrava-se regulada nos artigos 128 a 131, ocupando a Secção II do Capítulo II (Da personalidade jurídica) do Título I (Disposições gerais) do Livro II (Das sociedades empresárias) do projecto[8].

[7] Antes da vigência do referido preceito, já J. Lamartine Corrêa de Oliveira, *A Dupla Crise da Pessoa Jurídica*, cit., pp. 611, caminhava no sentido de só reconhecer a necessidade de uma "autêntica técnica desconsiderante" no âmbito dos problemas de responsabilidade no caso da chamada "mistura de negócios e patrimónios". No mesmo sentido, cfr., ainda, Fábio Konder Comparato, *O Poder de Controle na Sociedade Anônima*, cit., pp. 362 ss..

[8] É o seguinte o texto das normas em causa: *Artigo 128*. "Em caso de fraude perpetrada por meio da autonomia patrimonial da sociedade empresária, o juiz poderá ignorar a personalidade jurídica própria desta para imputar a responsabilidade ao sócio ou administrador". *Parágrafo único*. "A confusão patrimonial ou o desvio de finalidade importam a presunção

O segundo é, neste momento, o *Projeto de Lei do Senado* n.º 487, de 2013, que dedica toda uma secção (a Secção II do Capítulo III, que trata da personalidade jurídica) à desconsideração da personalidade jurídica das sociedades. De facto, os artigos 196 a 199 propõem-se regular esta matéria.

Ora, se de um destes projectos vier a resultar o Código Comercial brasileiro, novas questões podem vir a colocar-se ao intérprete. Por comodidade, e porque a base de ambos os textos foi muito semelhante, partiremos, na nossa análise da perspectiva de evolução do direito brasileiro, do texto do *Projeto de Lei do Senado* (que foi sofrendo alterações mais significativas). Retomaremos o *Projeto de Lei da Câmara* depois, para fazer uma breve síntese comparativa.

3. O Projeto de Lei do Senado: *questões e problemas*

3.1. A aplicação às sociedades anónimas

Desde logo, o projecto não regula as sociedades anónimas (único tipo societário excluído), que continuariam a ser regidas pelo disposto na *Lei das Sociedades por Ações*, como resulta expressamente do seu artigo 323. Mas dedica-lhes dois artigos (o artigo 322, que define sucintamente este tipo societário, quase exclusivamente do ponto de vista da limitação da responsabilidade dos respectivos sócios, e o artigo 323), únicos do Capítulo único (*Da sociedade anônima*) do Título III (*Da sociedade por ações*). Ora, o Livro I da Parte especial do projecto intitula-se *Das sociedades* e o seu Título I trata *Das disposições comuns a qualquer sociedade*. É neste Título que se inclui o artigo 184, que esclarece que a sociedade anónima é um dos tipos societários, bem como o Capítulo *Da personalidade jurídica*, no âmbito do qual o artigo 194 determina que a sociedade adquire personalidade jurídica com o arquivamento do acto constitutivo no *Registro Público de Empresas*, e é regulada a desconsideração da personalidade jurídica das

relativa de fraude". *Artigo 129*. "A simples insuficiência de bens no patrimônio da sociedade empresária para a satisfação de direito de credor não autoriza a desconsideração de sua personalidade jurídica". *Artigo 130*. "A imputação de responsabilidade ao sócio ou administrador, em decorrência da desconsideração da personalidade jurídica da sociedade empresária, só poderá ser determinada pelo juiz depois de assegurado o direito à ampla defesa e ao contraditório". *Artigo 131*. "No mesmo ato em que deferir pedido de desconsideração da personalidade jurídica de sociedade empresária, o juiz determinará a comunicação ao distribuidor, com a identificação do sócio ou administrador a quem imputou responsabilidade".

sociedades. Pois bem, a questão que se coloca é a de saber se este regime se aplicaria também à sociedade anónima, continuando ela a ser regulada pela *Lei das Sociedades por Ações*. A ponderação do lugar sistemático destas normas levará, certamente, o intérprete a responder afirmativamente: o Título I da Parte especial aplica-se a todos os tipos societários e inclui a sociedade anónima entre estes. Mas a consideração da *occasio legis* pode conduzir a resposta diversa: contra todas as exigências da boa técnica legislativa, um projecto desta envergadura, que pretende "unificar" a regulação das matérias mercantis, deixa de fora o regime de um dos seus mais significativos institutos, aparentemente por razões de natureza política – terá existido, por parte dos empresários, o receio de que a inclusão desta matéria no projecto pudesse levar a alterações do respectivo regime, e isso terá contribuído significativamente para delimitar o âmbito de intervenção do mesmo. Assim sendo, poderia vir a existir nesta sede fonte de conflito interpretativo, se não fosse o facto de o regime previsto no projecto para a desconsideração da personalidade jurídica poder vir a revelar-se, com toda a certeza, mais favorável aos empresários do que as soluções a que, na sua ausência, os tribunais brasileiros têm sistematicamente chegado[9].

[9] Embora se possa estar a assistir, na actualidade, ao início da inversão desta tendência, pelo menos no que respeita à actuação do Superior Tribunal de Justiça, que recentemente decidiu que o encerramento das actividades da sociedade ou a sua dissolução, ainda que irregulares, não são causas, por si sós, para a desconsideração da personalidade jurídica a que se refere o artigo 50 do Código Civil: "[p]ara a aplicação da teoria maior da desconsideração da personalidade social – adotada pelo Código Civil –, exige-se o dolo das pessoas naturais que estão por trás da sociedade, desvirtuando-lhe os fins institucionais e servindo-se os sócios ou administradores desta para lesar credores ou terceiros. É a intenção ilícita e fraudulenta, portanto, que autoriza, nos termos da teoria adotada pelo CC, a aplicação do instituto em comento. (...) Especificamente em relação à hipótese a que se refere o art. 50 do Código Civil, tratando-se de regra de exceção, de restrição ao princípio da autonomia patrimonial da pessoa jurídica, deve-se restringir a aplicação desse disposto legal a casos extremos, em que a pessoa jurídica tenha sido instrumento para fins fraudulentos, configurado mediante o desvio da finalidade institucional ou a confusão patrimonial. (...) Assim, a ausência de intuito fraudulento afasta o cabimento da desconsideração da personalidade jurídica, ao menos quando se tem o Código Civil como o microssistema legislativo norteador do instituto, a afastar a simples hipótese de encerramento ou dissolução irregular da sociedade como causa bastante para a aplicação do *disregard doctrine*". O texto do acórdão, de 12 de Dezembro de 2014, pode ser consultado in https://ww2.stj.jus.br/processo/pesquisa/?src=1.1.2&aplicacao=processos.ea&tipoPesquisa=tipoPesquisaGenerica&num_registro=201300220444.

3.2. A desconsideração da personalidade jurídica e o artigo 196 do *Projeto de Lei do Senado*

Analisemos, então, o que se estabelece neste projecto. As normas basilares na matéria são os artigos 196 e 197, nos quais se dispõe o seguinte:

> *Artigo 196. Em caso de confusão patrimonial, desvio de finalidade, abuso da forma societária ou de fraude perpetrada por meio da autonomia patrimonial da sociedade, o juiz pode desconsiderar a personalidade jurídica própria desta, mediante requerimento da parte interessada ou do Ministério Público, quando intervier no feito, para imputar a responsabilidade ao sócio ou administrador.*
>
> *§ 1.º Será imputada responsabilidade exclusivamente ao sócio ou administrador que tiver praticado a irregularidade que deu ensejo à desconsideração da personalidade jurídica da sociedade.*
>
> *§ 2.º Em caso de atuação conjunta na realização da irregularidade que deu ensejo à desconsideração da personalidade jurídica da sociedade, a responsabilidade dos envolvidos será solidária.*
>
> *§ 3.º Na hipótese do parágrafo anterior, cada um dos responsabilizados responderá, em regresso, proporcionalmente à respectiva participação na irregularidade que deu ensejo à desconsideração da personalidade jurídica da sociedade.*
>
> *Artigo 197. A simples insuficiência de bens no patrimônio da sociedade para a satisfação de direito de credor não autoriza a desconsideração de sua personalidade jurídica.*

O teor do corpo do proposto artigo 196 é muito próximo daquele do artigo 50 do Código Civil, pelo que ele parece ter sido claramente inspirado nesta norma, da qual se afasta quase imperceptivelmente.

3.2.1. Desconsideração para efeitos de responsabilidade e desconsideração para efeitos de imputação

E, logo, a primeira observação que merece a redacção do artigo 196 do projecto é a de que ela autoriza uma leitura lata (à luz do que já acontece com o texto do artigo 50 do Código Civil): ela parece querer admitir expressamente o recurso à desconsideração da personalidade jurídica, não apenas para a tutela dos interesses dos credores sociais - vertente na qual se têm concentrado quase todas as atenções da doutrina brasileira –, mas também nos casos de desconsideração para efeitos de imputação, ou seja, aqueles casos que que a desconsideração visa imputar a sócios um determinado comportamento "formalmente" adoptado pela sociedade.

Por outras palavras, está em causa a distinção entre desconsideração para efeitos de responsabilidade e desconsideração para efeitos de imputação. Nesta última acepção, a desconsideração constitui um meio de reacção à utilização da sociedade, pelos sócios, para se esquivarem à aplicação de regime jurídico que, de outro modo, lhes seria aplicado – então, a interposição da personalidade jurídica de uma terceira pessoa (a sociedade) poderia, nomeadamente, permitir a fraude à lei. Pense-se, por exemplo, nos casos em que uma pessoa não pode exercer uma determinada actividade, sob pena de estar a violar uma obrigação de não concorrência, e constitui uma sociedade que tem como objecto o exercício da mesma; formalmente, não existe violação da obrigação de não concorrência por parte dessa pessoa; materialmente, e por efeito da desconsideração da personalidade jurídica da sociedade entretanto constituída, é possível imputar-lhe esse exercício e, consequentemente, a violação da obrigação, para o efeito de a sujeitar às respectivas consequências. Em síntese, trata-se de esclarecer que, além do abuso da autonomia patrimonial da sociedade, também o abuso de outras manifestações da personalidade jurídica podem conduzir à sua desconsideração.

Então, seria preferível um texto legal que, de modo estruturado, admitisse o recurso à desconsideração da personalidade jurídica nessas duas vertentes (para efeitos de responsabilização de sócio ou sócios, perante os credores sociais, pelas obrigações da sociedade; e para efeitos de imputação a sócio ou sócios de conhecimentos ou comportamentos da sociedade) – sempre admitindo a hipótese de ela se dar em sentido inverso (como já acontece na redacção do projecto). Depois, eventualmente, o legislador poderá especificar, dentro de cada um desses ramos da desconsideração, grupos de casos, como acontece já com a referência à confusão patrimonial, no âmbito da desconsideração para efeitos de responsabilidade.

3.2.2. A responsabilização dos administradores

Uma segunda observação é a que se refere à manutenção da referência aos administradores como responsáveis pelas dívidas da sociedade por efeito do recurso à desconsideração da personalidade jurídica. Em nosso entender, perdeu-se, com este projecto, a oportunidade de repensar o significado deste mecanismo e as consequências da sua aplicação, delimitando-o convenientemente do recurso à responsabilidade dos membros do órgão de administração para tutela dos interesses da sociedade e, reflexamente, dos seus credores – o que poderia eventualmente passar, com proveito para essa tutela e para a segurança jurídica, pela densificação do regime de responsabilidade dos administradores[10], a exemplo do que acontece noutros ordenamentos jurídicos, nomeadamente no espaço europeu e norte-americano. Aliás, a norma proposta foi justamente criticada pela doutrina brasileira com este fundamento – e lamenta-se que essa crítica não tenha sido considerada[11].

O alcance desta destrinça é mais vasto do que pode, à primeira vista, parecer. Ela reflecte a própria definição dos deveres que impendem sobre sócios, por um lado, e membros do órgão de administração, por outro; torna claro que os deveres que impendem sobre estes últimos têm como primeiro destinatário a sociedade, pelo que a sua violação levará, sempre, à sua responsabilização perante esta, para ressarcimento dos danos causados (a menos que tenha sido violada norma de protecção dos credores sociais, situação na qual se pode justificar o recurso à responsabilidade aquiliana, verificados que estejam todos os pressupostos para a sua aplicação); e esclarece que a privação de eficácia da personalidade jurídica operada pela desconsideração, do ponto de vista técnico-jurídico, apenas pode levar à imputação dos efeitos das relações jurídicas em que seja parte a sociedade àqueles que constituem o seu substracto pessoal, ou seja, os sócios (uma vez que os membros do órgão de administração, enquanto tais, não integram esse substracto; isso só poderá acontecer se eles forem simultaneamente sócios da sociedade cuja personalidade é desconsiderada, mas nesse

[10] E a doutrina brasileira está bem ciente da distinção entre estas duas vias de tutela dos credores sociais. Cfr., nomeadamente, os casos de Marcella Blok, "Desconsideração da personalidade jurídica: uma visão contemporânea", in *Revista de Direito Bancário e do Mercado de Capitais*, n.º 59, 2013, 91-167, pp. 106 ss.; Luiza Rangel de Moraes, "Considerações sobre a teoria da desconsideração da personalidade jurídica e sua aplicação na apuração de responsabilidades dos sócios e administradores de sociedades limitadas e anônimas", in *Revista de Direito Bancário e do Mercado de Capitais*, n.º 25, 2004, 31-48, pp. 42 ss.; Ana Frazão, "Desconsideração da personalidade jurídica e tutela de credores", cit., pp. 485 e 503 ss..

[11] Veja-se o *Estudo sobre o Projeto de Lei n.º 1572/2011, solicitado pela Confederação Nacional das Instituições Financeiras – CNF e pela ANBIMA – Associação Financeira das Entidades dos Mercados Financeiro e de Capitais: Projeto de Novo Código Comercial. Fragilidades e Deficiências*, 2012, da autoria de Nelson Eizirik, disponível in http://www.ibrademp.org.br/UserFiles/P_NE_EstudoProjetoNovoC_digoComercial_01112012_CNF_ANBIMA.pdf, pág. 28. E a resposta de Fábio Ulhoa Coelho, *Contrapontos ao Parecer Sobre o Projeto de Código Comercial*, disponível in http://www.ibrademp.org.br/UserFiles/Contrapontos_ao_Parecer_sobre_Projeto_de_C_digo_Comercial.pdf, contraponto à crítica (54): insiste-se em que a desconsideração da personalidade jurídica leva à imputação de responsabilidade "a quem manipulou fraudulentamente a sociedade empresária cuja autonomia será desconsiderada"; e, tendo sido a manipulação fraudulenta feita pelo administrador, "a responsabilidade formalmente assumida pela sociedade empresária deve ser, depois da desconsideração, imputada ao administrador".

caso a sua responsabilidade pelas obrigações da sociedade decorre estritamente dessa sua condição de sócio, nunca da de administrador).

3.2.3. Os grupos de casos e a fundamentação dogmática

Depois, enumeram-se os "casos" nos quais o juiz poderá desconsiderar a personalidade jurídica da sociedade (o que não poderá fazer oficiosamente, mas apenas a pedido – "mediante requerimento" – de parte ou do Ministério Público): são os de "confusão patrimonial, desvio de finalidade, abuso da forma societária ou de fraude perpetrada por meio da autonomia patrimonial da sociedade". Ora, aqui a letra da lei afasta-se do disposto no artigo 50 do Código Civil; recorde-se que, nesta norma, se diz que a personalidade jurídica de pessoa colectiva pode ser desconsiderada em caso de "abuso da personalidade jurídica, caracterizado pelo desvio de finalidade, ou pela confusão patrimonial"; ou seja, tem de existir abuso da personalidade jurídica que se manifeste no desvio de finalidade ou na confusão patrimonial – e, como já ficou exposto *infra*, o desvio da finalidade não é manifestação do abuso da personalidade jurídica de pessoa colectiva, é a própria essência desse abuso institucional. Pois bem, o teor do artigo 196 do projecto revela-se, neste ponto, ainda menos fiel aos princípios da boa técnica legislativa. Aparentemente, existirão quatro grupos de casos que poderão levar à desconsideração da personalidade jurídica de sociedade comercial, mas aqui três deles constituem o fundamento jurídico da desconsideração: desvio de finalidade, abuso da forma societária e fraude perpetrada por meio da autonomia patrimonial da sociedade são, no domínio da desconsideração para tutela dos credores sociais, uma e a mesma realidade, ou seja, todos constituem explicação do abuso da personalidade jurídica, sem que algum deles constitua grupo de casos autónomo.

Por outras palavras, o projecto pretende fundamentar, do ponto de vista dogmático, a desconsideração da personalidade jurídica no abuso institucional da sociedade ("abuso da forma societária"); e isso mesmo será o "desvio de finalidade", entendido como o desvio relativamente às razões que justificam a personificação da empresa societária, ligadas à função sócio-económica do instituto[12]/[13]; bem como a "fraude perpetrada

[12] Como bem nos dá conta Ana Frazão, "Desconsideração da personalidade jurídica e tutela de credores", cit., pág. 498, "[m]uitas vezes o desvio de finalidade é tratado como uma categoria autónoma diante do abuso de direito, quando, na verdade, é apenas um critério identificador do abuso".

[13] Embora a palavra "finalidade", na ausência de esclarecimento, possa ser lida como

por meio da autonomia patrimonial", que não é mais do que a adaptação das teorias do abuso objectivo ou institucionais da desconsideração à fundamentação da desconsideração para efeitos de responsabilidade (a lesão dos interesses dos credores sociais através da invocação da autonomia patrimonial é o abuso institucional da personalidade jurídica, no que à tutela dos credores sociais diz respeito; simplesmente, a doutrina brasileira distingue claramente a fraude do abuso do direito, através da identificação, na fraude, do *intuito de prejudicar terceiros*, o que não será essencial para que se afirme a existência de abuso[14])[15]. Em síntese, o abuso de um direito existe quando ele é invocado ou exercido para a prossecução de

"fim", o fim lucrativo de toda a sociedade, na acepção de maximização do lucro no património social, aquele que responde perante os respectivos credores; então, os actos contrários ao fim lucrativo, além de nulos, levariam à desconsideração da personalidade jurídica da sociedade, o que não fará muito sentido neste contexto.

[14] Cfr. Ana Frazão, "Desconsideração da personalidade jurídica e tutela de credores", cit., pp. 489 ss... No entanto, a Autora conclui que, *em qualquer caso*, estará necessariamente em causa uma actuação incompatível com os pressupostos e funções da personalidade jurídica, pelo que se trata sempre, no fundo, do abuso institucional através do desvio de finalidade, no qual se contêm, necessariamente, o abuso objectivo e o abuso subjectivo. Por outras palavras, se basta, para que se afirme a desconsideração da personalidade jurídica, que exista abuso objectivo, ela continuará a afirmar-se se o abuso for subjectivo, uma vez que o abuso subjectivo apenas existirá se for de afirmar, simultaneamente, a existência do abuso objectivo – aquele é um *plus* relativamente a este último, que terá de estar sempre presente para que possa falar-se de abuso do instituto. Então, sempre que apenas se requer, para a desconsideração da personalidade jurídica, o abuso objectivo, abrangem-se as hipóteses de abuso objectivo e subjectivo; o inverso é que já não é verdade: se se exige a existência de abuso subjectivo, excluem-se as situações em que apenas se verifique o abuso objectivo, não acompanhado da consciência ou intenção de *distorção da realidade*. E isto mesmo pode ler-se no escrito citado de Ana Frazão, "Desconsideração da personalidade jurídica e tutela de credores", cit., pág. 489: apesar de o artigo 50 não falar expressamente de fraude, tem-se entendido que ela está contida na definição geral de abuso do direito, que abrange a actuação intencional.

[15] Neste ponto, percebe-se que o objectivo do Anteprojecto terá sido a "ampliação do âmbito de aplicação da teria da desconsideração da personalidade jurídica, relativamente ao artigo 50 do Código Civil, de inspiração sabidamente objetivista", como consta do *Relatório Final* da *Comissão de Juristas para Elaboração de Anteprojeto de Código Comercial no Âmbito do Senado Federal*, de 2013, disponível in http://legis.senado.leg.br/mateweb/arquivos/mate-pdf/140989.pdf, pág. 20. Introduzindo-se a referência ao abuso da forma societária e à fraude perpetrada por meio da autonomia patrimonial, ter-se-á tentado dotar a norma de um cunho subjectivista – mas não é evidente que o resultado a que se chega na interpretação da norma proposta seja esse; quanto ao abuso da forma societária, pelas razões já expostas em texto; quanto à fraude, porque é duvidosa a sua autonomia dogmática e, logo, os pressupostos necessários para a afirmação da sua existência. Quanto a este último ponto, cfr. a análise de Maria de Fátima Ribeiro, *A Tutela dos Credores da Sociedade por Quotas e a "Desconsideração da Personalidade Jurídica"*, cit., pp. 164 ss., nota 147.

fins distintos daqueles para os quais o Direito o atribui; no abuso de um instituto, como a sociedade comercial, a sua personalidade jurídica e/ou autonomia patrimonial (que decorre da existência da personalidade) são invocadas ou utilizadas para a obtenção de um resultado que se afasta das finalidades que levaram o Direito a personificar essa pessoa colectiva.

Assim – mais uma vez –, da análise atenta do texto do artigo 196 do projecto decorre que apenas a confusão patrimonial pode ser entendida como específico grupo de casos de desconsideração (a exemplo do que já acontece ao abrigo do artigo 50 do Código Civil). E esse poderá ser, a nosso ver, um ponto muito positivo: no âmbito da vertente da desconsideração para efeitos de responsabilidade, apenas deve constituir grupo de casos a confusão patrimonial, ou, como ele é comummente designado em Portugal, a mistura de patrimónios. Simplesmente, este ponto merece, como se desenvolverá *infra*, uma análise mais detalhada.

No espaço europeu, a tentativa de sistematização do recurso à desconsideração da personalidade jurídica vai sendo, como já se deduz do que fica escrito, distinta desta. Por um lado, ela parte estritamente da elaboração de grupos de casos (secundarizando o papel da sua fundamentação dogmática), pelo facto de neles não se encontrar *o mesmo sinal ou característica jurídica* – o que hipoteca a possibilidade de se encontrar uma *categoria com valor dogmático* e, portanto, de identificar aqui um instituto jurídico[16]. Por outro, a doutrina europeia demonstra maior afinco na sistematização desses grupos de casos, que vão evoluindo à medida que a realidade e o melhor aprofundamento do seu tratamento jurídico o vão solicitando.

O ponto de partida tem sido, desde há muito, a separação clara entre os casos de desconsideração para efeitos de imputação e aqueles outros em que se pretende a tutela dos credores sociais, ou seja, os casos de desconsideração para efeitos de responsabilidade[17].

[16] Colhemos o ensinamento de Orlando de Carvalho, "Negócio jurídico indirecto (teoria geral)", in *Escritos. Páginas de Direito. I*, Almedina, Coimbra, 1998, 31-159, pág. 137.

[17] Cfr. Maria de Fátima Ribeiro, *A Tutela dos Credores da Sociedade por Quotas e a "Desconsideração da Personalidade Jurídica"*, cit., pp. 125 ss., nota 109, e pp. 134 ss. (onde podem ainda colher-se as devidas referências a doutrina nacional e estrangeira). Mas note-se que já J. Lamartine Corrêa de Oliveira, *A Dupla Crise da Pessoa Jurídica*, cit., pp. 282 ss., falava de um sentido amplo e de um sentido estrito da expressão *Durchgriff*. No sentido estrito, *Durchgriff* significaria pôr de lado o princípio da separação entre a pessoa colectiva e os seus membros para fazer o sócio responder pelas dívidas da sociedade (ou vice-versa); ou seja, tartar-se-ia de *Haftungsdurchgriff*. Em sentido amplo, *Durchgriff* incluiria *Haftungsdurchgriff* e os casos em que aquele princípio é posto de lado com o objectivo de atribuir à pessoa colectiva características, atributos ou circunstâncias que se referem aos seus membros e vice-versa, ou seja, *Zurechnungsdurchgriff*.

Além da confusão patrimonial ou mistura de patrimónios, outros grupos de casos têm sido considerados pela doutrina europeia, ao longo do tempo, no âmbito da desconsideração da personalidade jurídica para tutela dos credores da sociedade: o controlo ou domínio da sociedade por um sócio, a subcapitalização e a "descapitalização" – sempre e apenas desde que o património da sociedade não seja suficiente para satisfazer integralmente os credores sociais (pelo que se reveste da maior importância, no estudo destas questões, a sua articulação com a análise do regime de responsabilidade de gerentes e administradores, de direito e de facto, na insolvência da sociedade[18]). Todavia, paulatinamente, todos têm vindo a ser excluídos do leque de casos que justificam o recurso à desconsideração da personalidade jurídica para tutela dos credores sociais[19].

No que respeita ao controlo ou domínio da sociedade por um sócio, a admissibilidade de constituição de sociedades unipessoais teve um papel decisivo, vindo esvaziar de sentido a possibilidade de responsabilização do sócio dominante – pois isso implicaria, necessariamente, que nas sociedades unipessoais não pudesse ser afirmada a limitação da responsabilidade do sócio único[20]. É que, subjacente ao entendimento de que este seria um grupo de casos que justificaria a desconsideração da personalidade jurídica da sociedade, estava a concepção tradicional de sociedade como projecto pluripessoal (reflectida na exigência de *affectio societatis*), arredando-se a possibilidade de este instituto poder ser utilizado para a prossecução de projectos empresariais de uma só pessoa singular. Mas os problemas de tutela de credores das sociedades dominadas por um só sócio devem ser resolvidos com recurso aos mesmos meios de tutela legalmente consagrados[21] – muitos dos quais aplicáveis a sociedades unipessoais e pluripes-

[18] Para mais desenvolvimentos, cfr. Maria de Fátima Ribeiro, "A responsabilidade de gerentes e administradores pela actuação na proximidade da insolvência de sociedade comercial", in *O Direito*, 142.º, 2010, I, 81-128, pp. 126 ss.; *idem*, "A responsabilidade dos administradores na crise da empresa", in *I Congresso Direito das Sociedades em Revista*, Almedina, Coimbra, 2011, 391-413, pp. 391 ss..

[19] Para outras visões, não coincidentes, vejam-se em particular António Menezes Cordeiro, *O levantamento da personalidade coletiva*, cit., pp. 115 ss.; Jorge Manuel Coutinho de Abreu, *Curso de Direito Comercial. Das Sociedades*, Volume II, 5.ª ed., Almedina, Coimbra, 2015, pp. 170 ss..

[20] Apesar de subsistirem, no ordenamento jurídico português, normas que discriminam negativamente a sociedade unipessoal e o seu sócio único; é, nomeadamente, o caso do artigo 270.º-F, n.º 4, do CSC. Cfr. Maria de Fátima Ribeiro, "O âmbito de aplicação do artigo 270.º-F, n.º 4, do CSC e a responsabilidade 'ilimitada' do sócio único", in *Direito das Sociedades em Revista*, ano 1, volume 2, 2009, 201-235, *passim*.

[21] Cfr. a análise de Maria de Fátima Ribeiro, *A Tutela dos Credores da Sociedade por Quotas e a "Desconsideração da Personalidade Jurídica"*, cit., pp. 255 ss..

soais. Porém, a questão subsistirá para as relações de domínio (não total), no âmbito das coligações de sociedades. Aí, sempre defendemos a existência de outros mecanismos de responsabilização da sociedade dominante (nomeadamente, a responsabilidade do sócio controlador, bem como a qualificação da sociedade dominante como administrador de facto, para a sujeitar ao regime de responsabilidade dos administradores, ou a responsabilização do sócio que tenha, através da emissão de voto abusivo, feito aprovar uma deliberação em prejuízo da sociedade)[22] – e temos hoje a companhia de outros autores que analisam o tema[23]. Porém, na doutrina brasileira existe o entendimento de que esse será um dos grupos de casos de desconsideração da personalidade jurídica a merecer desenvolvimento pela jurisprudência[24].

A subcapitalização (material) existe quando os sócios não dotam a sociedade, directa ou indirectamente, dos meios de financiamento necessários para a prossecução da actividade que constitui o seu objecto. Considerar que ela constitui grupo de casos de desconsideração da personalidade jurídica tem implicado a afirmação da existência de um dever de capitalização adequada, dever esse que impenderá sobre os sócios, pelo que a sua violação constituirá ilícito; sendo certo que a doutrina da subcapitalização apenas defende a responsabilização dos sócios que tenham agido com culpa (tendo tido, pelo menos, a consciência de que transferiam o elevado risco da exploração empresarial para os credores sociais), e que o seu discurso deixa clara a exigência de que estes credores não consigam satisfazer-se através do património social (esse é o dano), e que isso decorra da falta de adequada capitalização da sociedade, facilmente se intui que a tutela pretendida se extrai do instituto da responsabilidade civil, ficando afastado o cabimento da invocação da desconsideração da personalidade jurídica[25]. Simplesmente, e em qualquer caso, para afirmar

[22] Cfr. Maria de Fátima Ribeiro, "Responsabilidades nas relações de domínio", in *III Congresso Direito das Sociedades em Revista*, Almedina, Coimbra, 2014, 425-465, pp. 443 ss., desenvolvendo o exposto em 2009 in *A Tutela dos Credores da Sociedade por Quotas e a "Desconsideração da Personalidade Jurídica"*, cit., pp. 258 e 455.

[23] Cfr. Jorge Manuel Coutinho de Abreu, "Responsabilidade civil nas relações de domínio", in *Scientia Iuridica*, Maio-Agosto 2012, tomo LXI, n.º 329, 223-246, *passim*.

[24] Cfr. Asdrubal Franco Nascimbeni, "A aplicação da teoria da desconsideração da personalidade jurídica às sociedades anônimas", in *Revista de Direito Bancário e do Mercado de Capitais*, n.º 61, 2013, 131-189, *passim*.

[25] É, nomeadamente, o caso de Paulo de Tarso Domingues, "Artigo 201.º. Capital social livre", in AAVV, *Código das Sociedades Comerciais em Comentário* (coord. de J. M. Coutinho de Abreu), vol III (arts. 175.º a 245.º), Almedina, Coimbra, 2011, pp. 217 ss.; e de Jorge Manuel Coutinho de Abreu, "Subcapitalização de sociedade e desconsideração da personalidade jurídica", in *Capital Social Livre e Acções sem Valor Nominal* (coord. Maria Miguel Car-

a possibilidade de responsabilização dos sócios com base na subcapitalização da sociedade sempre será necessário que se demonstre que sobre eles impende a obrigação de capitalização adequada. E, não sendo essa obrigação consagrada expressamente no ordenamento jurídico, nem dele decorrendo (antes pelo contrário: as mais recentes intervenções legislativas na matéria, em Portugal, vão no sentido de autorizar a transferência total do risco empresarial e de permitir aos sócios "desinvestir" na sociedade, tudo desde que respeitadas as regras que consagram o ordenado funcionamento organizativo e contabilístico da mesma), não se vê como admitir a sua existência nem, consequentemente, como fundamentar a responsabilização dos sócios[26]. No Brasil, a doutrina começou recentemente a considerar este grupo de casos (uma vez que não existe registo da sua ocorrência nos tribunais superiores), especialmente quando se trate de subcapitalização qualificada e quando esteja em causa a tutela dos chamados "credores fracos" – mas admite serem várias e complexas as questões que se colocam a esse propósito[27].

Depois, a "descapitalização" da sociedade, o grupo de casos mais recentemente criado (e mais rapidamente abandonado pela doutrina e jurisprudência alemãs, que o construíram), será constituído por situações nas quais os sócios desistem do projecto empresarial numa determinada sociedade, normalmente em crise, para o retomarem numa outra, expressamente constituída para o efeito. Também sempre nos manifestámos relutantes em admitir, aqui, a pertinência do recurso à desconsideração para tutela dos credores da primeira sociedade, por variadas razões. Desde logo, porque a doutrina concretizava este grupo de casos através da enumeração de actos que, pela sua natureza, apenas poderiam competir ao

valho/Paulo de Tarso Domingues), Almedina, Coimbra, 2011, 37-41, pág. 40: ao excluir a responsabilidade dos sócios perante aqueles credores "fortes" que "conheciam a situação de subcapitalização e /ou assumiram, com escopo especulativo, os riscos (quando podiam não contratar ou exigir garantias de um ou mais sócios)", por aplicação do disposto no artigo 570.º do Código Civil (culpa do lesado), infere-se que, para o Autor, a responsabilidade dos sócios nestes casos em que defende a "desconsideração" da personalidade jurídica é, afinal, responsabilidade civil.

26 Sobre o tema, cfr. Maria de Fátima Ribeiro, *A Tutela dos Credores da Sociedade por Quotas e a "Desconsideração da Personalidade Jurídica"*, cit., pp. 180 ss., nota 167; *idem*, "O capital social das sociedades por quotas e o problema da subcapitalização material", in *Capital Social Livre e Acções sem Valor Nominal* (coord. Maria Miguel Carvalho/Paulo de Tarso Domingues), Almedina, Coimbra, 2011, 43-84, pp. 50 ss.

27 Cfr. Alexandre Couto Silva, *A Aplicação da Desconsideração da Personalidade Jurídica no Direito Brasileiro – Disregard of the Legal Entity*, 2.ª ed., Forense, Rio de Janeiro, 2009, pp. 271 ss.; Ana Frazão, "Desconsideração da personalidade jurídica e tutela de credores", cit., pp. 501 ss..

órgão de administração da sociedade, e não a sócios – pelo que não se poderia ponderar a sua responsabilização, por esta via. Entretanto, já se passou a entender que, na verdade, a desconsideração só deverá ter lugar quando a actuação em causa pode caber aos sócios enquanto tais, restringindo-se assim drasticamente o alcance deste grupo de casos. Então, diz-se, apenas se justificará a desconsideração pelo facto de os sócios, pretendendo dar seguimento ao projecto de exploração daquela actividade empresarial, em vez de continuarem a investir na empresa societária em dificuldades – dificuldades essas que não decorram, em caso algum, da sua actuação (uma vez que, aí, outros meios de tutela são chamados a intervir) –, a abandonarem à sua sorte para iniciarem outro projecto, em tudo idêntico[28]. Mas ainda nos parece que, aqui, se confundem questões morais ou éticas com questões jurídicas: se pode ser moralmente reprovável que não se continue a "assistir", na crise para a qual não se contribuiu, a empresa societária, quando se tem capacidade para empreender um projecto empresarial novo e semelhante, não se pode encontrar no ordenamento jurídico qualquer norma ou princípio do qual decorra a obrigação de os sócios continuarem a investir na empresa societária, nessa ou noutra situação. Aliás, desentranha-se do mesmo, precisamente, o princípio oposto: a limitação da responsabilidade dos sócios visa permitir-lhes gerir a aversão ao risco (mesmo quando sejam sócios empresários), o que se traduz, também, em conceder-lhes a possibilidade de não responderem com o seu património pessoal pelas dívidas da sociedade, quando esta esteja insolvente (a menos que tenham, de algum modo, provocado ou agravado a insolvência da sociedade, situação na qual podem ser qualificados como gerentes ou administradores de facto, para o efeito de virem a ser responsabilizados nos termos do Código da Insolvência e da Recuperação de Empresas). Afirmar o contrário é pôr em causa os princípios estruturantes do ordenamento jus-societário. Depois, existem ainda questões lógicas que essa doutrina deixa sem resposta: afirma que deveria existir sobretudo desconsideração da personalidade jurídica na situação em que os sócios viessem a investir, de novo, em projecto idêntico – por comparação com todos os casos em que os sócios, apesar de terem meios para apoiar a empresa societária em crise, decidem não o fazer, bem como aqueles em que decidam, além disso, investir em nova empresa societária com outro objecto[29]. Então, o que se está a afirmar é uma limitação ao princípio da livre iniciativa económica: sempre que, ainda que por

[28] Cfr. Jorge Manuel Coutinho de Abreu, *Curso de Direito Comercial. Volume II. Das Sociedades*, 5.ª ed., Almedina, Coimbra, 2015, pp. 170 ss..

[29] Cfr. Jorge Manuel Coutinho de Abreu, últ. ob. cit., pág. 171.

razões que não sejam imputáveis aos sócios, uma empresa societária está em crise, impenderá sobre eles o dever de não investirem em empresa com o mesmo objecto. Mas a afirmação desta limitação a um princípio constitucionalmente consagrado carece de fundamentação adequada, que não se pode bastar com considerações de ordem moral. E ainda ficariam por responder outras questões relevantes, como a de saber se esse suposto dever existiria para sempre, ou apenas durante um determinado período de "nojo"; ou a de apurar se ele deveria impender sobre todos os sócios, ou apenas sobre aqueles que possam ser qualificados como "empresários" (embora nos pareça que, tendo em conta a argumentação dessa doutrina, todos estão abrangidos, independentemente da sua participação no projecto inicial). De qualquer modo, deve afirmar-se que os sócios não podem adoptar comportamentos que ponham em causa o fim da sociedade: a obtenção de lucro. Se o fizerem, existem no ordenamento jurídico inúmeros meios de reacção para tutela do interesse da sociedade e, directa ou indirectamente, dos credores sociais – meios esses que a doutrina da desconsideração insiste em desconsiderar[30]...

Finalmente, a mistura de patrimónios (ou confusão patrimonial) consiste na prática de actos que não respeitam a autonomia patrimonial da sociedade, ou seja, a separação entre o património da sociedade e o património ou os patrimónios do seu sócio, ou dos seus sócios. Contudo, perante a prática de actos que não respeitam a autonomia patrimonial da sociedade não pode afirmar-se, sem mais, que se está perante um caso de desconsideração da personalidade jurídica da sociedade. Tem-se entendido, e bem, que perante actos isolados, identificáveis, existem meios legais que proporcionam a adequada tutela dos interesses da sociedade e dos seus credores (*v.g.*, o recurso aos chamados meios de conservação do capital social, bem como à declaração de nulidade ou à impugnação pauliana de tais actos). Então, é a esses meios de tutela que se deve recorrer[31]. Simplesmente, em determinadas situações, sobretudo quando não exista o respeito pelas regras que impõem a existência de uma contabilidade organizada e transparente (nos chamados casos de "opacidade contabilística"), é impossível, por esses meios, reintegrar o património da sociedade, até porque se ignora o que deve integrá-lo[32]. Aí, a autonomia patrimonial

[30] Para uma análise de alguns desses meios no ordenamento jurídico português, cfr. Maria de Fátima Ribeiro, "Desconsideração da personalidade jurídica e tutela de credores", cit., pp. 543 ss..

[31] Cfr. Maria de Fátima Ribeiro, *A Tutela dos Credores da Sociedade por Quotas e a "Desconsideração da Personalidade Jurídica"*, cit., pp. 262 ss..

[32] Razão pela qual defendemos que se deve inverter o ónus da prova, uma vez que a situação de "opacidade contabilística" foi provocada pela parte contra a qual se invoca a des-

da sociedade deixou de existir, pela actuação do(s) sócio(s), pelo que não lhe(s) deverá ser permitido invocá-la perante os credores sociais; logo, está justificada a desconsideração da personalidade jurídica da sociedade, a fim de se fazer responder pelas obrigações desta o património do(s) seu(s) sócio(s)[33].

Esta enunciação dos casos em que pode ou poderia haver desconsideração da personalidade jurídica não prescinde, naturalmente, da explicitação da mesma, da sua fundamentação dogmática. Na linha proposta pelo *Projeto de Lei do Senado* brasileiro, embora reclamando uma formulação distinta (por nele se confundir fundamentação dogmática com grupos de casos), tratar-se-á de desvio de finalidade, ou seja, de abuso da forma societária ou da autonomia patrimonial da sociedade.

Em conclusão, se se pretendem enumerar grupos de casos de desconsideração da personalidade jurídica para efeitos de responsabilidade, eles poderão ser a confusão patrimonial (como consta, no ordenamento jurídico brasileiro, do artigo 50 do Código Civil e das normas em análise do projecto de Código Comercial), bem como, se assim se entender, o domínio da sociedade por um sócio, a subcapitalização, ou a descapitalização. O *desvio de finalidade*, o *abuso da forma societária* ou a *fraude perpetrada por meio da autonomia patrimonial* não são grupos de casos que justifiquem a aplicação deste mecanismo – constituem meios de a fundamentar[34]. Assim sendo, para que exista desconsideração da personalidade jurídica, nos termos das normas em análise, a verificação de um grupo de casos não é suficiente, devendo cumulativamente verificar-se que por meio dela existiu então *desvio de finalidade, abuso da forma societária* ou *fraude.* Nesta impostação se revê a generalidade da doutrina e jurisprudência europeia sobre o tema, independentemente do maior ou menor alcance e intensidade que a figura da desconsideração acabe por revestir, ou do mais ou menos numeroso grupo de casos que se aceite.

consideração; por outras palavras, deve deslocar-se esse ónus para a esfera da parte que tiver culposamente tornado impossível a prova ao que seria normalmente onerado.

33 E aqui, em nosso entender, de todos aqueles que provocaram a situação de mistura de patrimónios, e ainda dos que nisso consentiram ou que disso retiraram qualquer espécie de benefício.

34 E parece evidente que a doutrina já o identificou, quando afirma que à confusão patrimonial não se reconhece autonomia para o efeito de levar à desconsideração da personalidade jurídica, exigindo-se que exista abuso do direito ou fraude, "levados a cabo por esse meio". Cfr. Marcella Blok, "Desconsideração da personalidade jurídica: uma visão contemporânea", cit., pág. 11; Alexandre Couto Silva, *A Aplicação da Desconsideração da Personalidade Jurídica no Direito Brasileiro*, Forense, Rio de Janeiro, 2011, pág. 489.

Em qualquer caso, é sempre de afirmar a subsidiariedade do recurso à desconsideração da personalidade jurídica. Nos ordenamentos jurídicos onde este mecanismo não encontra consagração legal expressa (ou seja, na generalidade dos ordenamentos), a subsidiariedade impõe-se porque as regras de desenvolvimento do Direito impõem o recurso às soluções legais vigentes que se mostrem aptas a resolver satisfatoriamente o problema da tutela dos credores sociais[35] – apenas na sua ausência, ou insuficiência, será permitido o recurso a um mecanismo que parece corresponder à concretização de princípios gerais de Direito, preenchendo o intérprete ou julgador, por esse meio, uma possível lacuna[36]. Mas também naqueles ordenamentos, como o brasileiro, em que existe previsão legal que determine o recurso à desconsideração da personalidade jurídica pode afirmar-se aquele princípio de subsidiariedade; pois não deve ignorar-se que a responsabilização dos sócios pelas dívidas de uma sociedade "de capitais" constitui um entorse ao princípio da responsabilidade limitada e à autonomia patrimonial das sociedades comerciais (que é consequência da sua personificação jurídica)[37].

3.2.4. As pessoas afectadas pela desconsideração da personalidade jurídica

Determina o §1 do artigo 196 do projecto que "[s]erá imputada responsabilidade exclusivamente ao sócio ou administrador que tiver praticado a irregularidade que deu ensejo à desconsideração da personalidade jurídica da sociedade."

Este esclarecimento é relevante: uma das questões mais complexas no âmbito da análise do recurso à desconsideração da personalidade jurídica tem sido a da determinação daqueles a quem devem ser imputados os

[35] Embora nem sempre a sua aplicação seja a via escolhida pelo intérprete. A este propósito, cfr. os comentários de Maria de Fátima Ribeiro, "Da pertinência do recurso à 'desconsideração da personalidade jurídica' para tutela dos credores sociais", in *Cadernos de Direito Privado*, n.º 27, 2009, 35-56, e "Contrato de franquia (franchising): o recurso à 'desconsideração da personalidade jurídica' para tutela dos interesses do franquiador (Acórdão do Tribunal da Relação do Porto, de 22 de Junho de 2009)", in *Cadernos de Direito Privado*, n.º 35, 2011, 22-40.

[36] Cfr. Maria de Fátima Ribeiro, "Desconsideração da personalidade jurídica e tutela de credores", in *Questões de Direito Societário em Portugal e no Brasil*, (coord. Maria de Fátima Ribeiro/Fábio Ulhoa Coelho), Almedina, Coimbra, 2012, 515-555, pp. 519 ss..

[37] Cfr. Ana Frazão, "Desconsideração da personalidade jurídica e tutela de credores", cit., especialmente pág. 513.

seus efeitos. Dando como assente que a referência aos administradores, nesta sede, não é adequada (pelas razões que se expõem *supra*), o texto da norma proposta merece dois tipos de observações.

Desde logo, é curioso que se detenha na vertente da desconsideração em que é *imputada responsabilidade*, restringindo então o seu âmbito de aplicação, desnecessariamente, aos casos de desconsideração para efeitos de responsabilidade – o seu consequente faz todo o sentido (ou ainda mais sentido) nos casos de desconsideração para efeitos de imputação, pois aí devem imputar-se, nomeadamente, os actos ou conhecimentos apenas àquele sócio que os praticou ou possui, e não aos restantes.

Depois, toma-se uma clara opção em questão que não tem tido resposta consensual: a de saber se por efeito do recurso à desconsideração para efeitos de responsabilidade devem ser chamados a responder perante os credores sociais apenas aqueles sócios que praticaram os factos que justificam a aplicação deste mecanismo, ou também aqueles que os conheceram ou beneficiaram com a prática desses factos – excluída que fica a razoabilidade de se incluírem, nesses efeitos, mesmo aqueles sócios que os ignoravam e em nada foram beneficiados. A verdade é que a doutrina e a jurisprudência alemãs, por exemplo, se têm inclinado para a responsabilização de todos aqueles sócios que não ignoravam a prática dos actos, bem como daqueles que com ela beneficiaram, mas em Portugal não existe consenso. Em nosso entender, justificar-se-ia a extensão dos efeitos da desconsideração a estes sócios, não apenas porque eles de algum modo "participam" na actuação que provocou o recurso à desconsideração, mas até porque o legislador português também os responsabiliza pelos actos praticados antes do registo (numa fase em que, portanto, a sociedade – ainda – não tem personalidade jurídica)[38].

3.3. O artigo 197 do *Projeto de Lei do Senado*

O artigo 197 do projecto tem sido, talvez, o mais controvertido nesta matéria: nele se prevê que "[a] simples insuficiência de bens no patrimônio da sociedade para a satisfação de direito de credor não autoriza a desconsideração de sua personalidade jurídica" – o que, à distância, nos parece que deveria ser evidente e, portanto, não carecer de previsão expressa. Esta tem sido, aliás, a crítica de que esta norma (estritamente dirigida à vertente da desconsideração para efeitos de responsabilidade) é alvo.

[38] Cfr. Maria de Fátima Ribeiro, *A Tutela dos Credores da Sociedade por Quotas e a "Desconsideração da Personalidade Jurídica"*, cit., pp. 343 ss..

Em termos de pura técnica legislativa, essa crítica afigura-se-nos pertinente: se no projecto existe já a previsão de que a sociedade comercial tem personalidade jurídica, dela decorre a sua autonomia patrimonial e, portanto, a insensibilidade dos patrimónios dos sócios relativamente às dívidas da mesma (pelas quais deve responder o património social). Todavia, um dos autores do projecto reclama a pertinência de tal disposição, atenta a realidade que se vive no Brasil, no que respeita à aplicação do mecanismo da desconsideração de sociedade comercial para tutela dos credores sociais; razões didácticas justificariam, então, a sua presença num projecto de Código Comercial, e a *occasio legis* determinaria o seu conteúdo. Será assim?

A resposta a esta questão impõe um estudo, ainda que necessariamente perfunctório, do tratamento que tem merecido este mecanismo no espaço jurídico brasileiro. E deve-se começar por esclarecer que, nesse espaço, a própria elaboração de uma *teoria menor* da desconsideração coloca fortes reservas a quem tente criticar o teor da norma proposta; pois é ou deveria ser impensável que se afirme, como se faz nos termos dessa teoria, que os sócios podem ser chamados a responder pelas dívidas de uma sociedade comercial, desde que o património da sociedade seja insuficiente para a sua satisfação. Porém, a realidade doutrinal e, sobretudo, a prática jurisprudencial brasileira têm demonstrado que, ao arrepio da afirmação da personalidade jurídica das sociedades comerciais, e da limitação da responsabilidade dos seus sócios nos dois tipos societários mais presentes (ou quase os únicos presentes) no panorama económico brasileiro (a exemplo do que acontece no resto do mundo), tem existido a tendência para, sistematicamente, desconsiderar a personalidade jurídica de sociedade comercial pela mera verificação da insuficiência do seu património para satisfazer os credores sociais, com base na aplicação do disposto no artigo 50 do Código Civil – especialmente nos âmbitos fiscal e laboral (já que noutros âmbitos, como o da defesa do consumidor, ou dos crimes ambientais, existem até normas de direito especial que parecem consagrar expressamente essa teoria menor da desconsideração[39])[40].

[39] É o que decorre do artigo 28 §5 do Código de Defesa do Consumidor, bem como do artigo 4 da Lei de Crimes Ambientais – e é nessa acepção que o Superior Tribunal de Justiça tem interpretado e aplicado estas normas, apesar da discordância de boa parte da doutrina. Cfr. Ana Frazão, "Desconsideração da personalidade jurídica e tutela de credores", cit., pág. 491.

[40] Cfr. Marcella Blok, "Desconsideração da personalidade jurídica: uma visão contemporânea", cit., pág. 93. Para o domínio fiscal, cfr. a análise de Tula Wesendonck, "Desconsideração da personalidade jurídica: uma comparação do regime adotado no direito civil e no direito tributário", in *Revista dos Tribunais*, n.º 915, 2012, 353-375, pp. 366 ss.. A Autora

Ora, supostamente, o artigo 50 do Código Civil consagra a teoria maior da desconsideração: nesta acepção, a mera insuficiência patrimonial não basta para que se desconsidere a personalidade jurídica da pessoa colectiva, levando aqueles que integram o substracto pessoal da mesma a responder pelas suas dívidas; ao invés, exige-se que tenha existido, por parte desses membros, o "abuso da personalidade jurídica"[41]. Mas a actuação dos tribunais, embora criticada por significativa parte da doutrina[42], tem levado à aplicação da norma, quando estão em causa sociedades comerciais por cujas obrigações os sócios não respondem, como se ela não exigisse mais, para a aplicação da sua estatuição, do que a insuficiência do património da sociedade para satisfazer os credores sociais – e isto, curiosamente, quer quando está em causa a tutela de credores "fracos", como é o caso dos tra-

salienta o facto de, no âmbito do direito tributário, a desconsideração aparecer relacionada com a dissolução irregular, que constitui causa de responsabilidade dos sócios, por imposição do artigo 134 do Código Tributário Nacional – e haverá dissolução irregular quando existam indícios como o da inexistência de bens penhoráveis no património da sociedade, o abandono da empresa societária, ou a mera cessação da respectiva actividade.

41 Neste sentido, cfr. Ana Frazão, "Desconsideração da personalidade jurídica e tutela de credores", cit., pp. 490 ss..

42 Na interpretação desta norma, a doutrina brasileira debate particularmente a questão de saber se a confusão de patrimónios pode constituir, por si só, fundamento para a desconsideração da personalidade jurídica. Para a generalidade dos autores, a resposta deve ser negativa, uma vez que apenas "aquela [confusão patrimonial] que reflita um abuso na utilização da personificação" pode levar à desconsideração da personalidade jurídica (cfr. Oksandro Gonçalves, *Desconsideração da Personalidade Jurídica*, Juruá, Curitiba, 2004, pp. 80 ss.). Todavia, foi desenvolvida uma teoria menor da desconsideração, nos termos da qual o artigo 50 do Código Civil estabeleceu como pressuposto da desconsideração a mera confusão patrimonial, com o fim de facilitar a tutela dos direitos em causa, uma vez que a prova do uso fraudulento ou abusivo do instituto pode levantar inúmeras dificuldades aos interessados – pelo que estaríamos aqui, então, perante uma presunção, ou uma inversão do ónus da prova. Ora, há muito que parece existir consenso quanto à excessiva recepção da figura pelos tribunais (cfr. José Edwaldo Tavares Borba, *Direito Societário*, 10.ª ed., Renovar, Rio de Janeiro, 2007, pp. 36 ss.), criticando-se a consagração jurisprudencial da teoria menor da desconsideração, que leva à responsabilização de um sócio ou administrador solvente de uma sociedade comercial sempre que o património desta última se revele insuficiente para o cumprimento das suas obrigações, independentemente da ocorrência de quaisquer outros pressupostos (cfr. Fábio Ulhoa Coelho, *Curso de Direito Comercial. Volume 2. Direito de Empresa. Sociedades*, cit., pp. 59 ss.). Outros domínios que têm merecido a análise dos autores são o da compatibilização entre o artigo 50 do Código Civil e as previsões legislativas em que, especificamente e nas mais diversas áreas, o legislador responsabilizou directamente sócios ou administradores da pessoa colectiva (cfr. Thereza Christina Nahas, *Desconsideração da Pessoa Jurídica. Reflexos Civis e Empresariais nas Relações de Trabalho*, Atlas, São Paulo, 2004, pp. 156 ss.; Fábio Ulhoa Coelho, *Curso de Direito Comercial. Volume 2. Direito de Empresa. Sociedades*, cit., pp. 70 ss.).

balhadores, quer quando a mesma se dirige a credores "fortes", como é o caso da administração fiscal.

Assim, a orientação dos tribunais não pode ser exclusivamente justificada, nesta matéria, pela necessidade de proteger especialmente todos aqueles que, suportando no mercado as consequências da transferência do risco empresarial (por intermédio da limitação da responsabilidade dos sócios na exploração da empresa societária), não têm a oportunidade de assegurar a satisfação dos seus créditos, ou a força negocial necessária para o fazer. Este argumento, trazido à colação por alguma da doutrina que analisa a desconsideração da personalidade jurídica[43], nem justificaria, a nosso ver, a adesão a uma teoria menor da desconsideração, uma vez que a personificação das sociedades comerciais (com a consequente existência da autonomia patrimonial das mesmas) e a atribuição, aos sócios, do benefício da responsabilidade limitada têm precisamente a finalidade de permitir que empresários e investidores possam gerir a sua aversão ao risco, externalizando-o[44]. As vantagens que daqui resultam para todos são evidentes: estes instrumentos jurídicos constituem os pilares do desenvolvimento económico[45], pelo que apenas podem ser ultrapassados ou afastados quando a eles se tenha recorrido para a prossecução de finalidades distintas daquelas que justificam a sua existência. Ora, a mera insuficiência patrimonial de uma sociedade, sem que se demonstre que ela ocorre por razões que não se limitem ao funcionamento do mercado e ao risco que isso inevitavelmente comporta, não pode justificar o afastamento da sua personalidade, para o efeito de fazer o património dos sócios responder pelas obrigações sociais, seja perante credores "fortes", seja perante credores "fracos" (que, de resto, também não merecem da ordem jurídica nenhum tratamento especial quando estejam em causa créditos a pessoas singulares; por outras palavras: também os trabalhadores de um empresário que exerça a sua actividade em nome individual apenas têm como

[43] Cfr. a análise de Ana Frazão, "Desconsideração da personalidade jurídica e tutela de credores", cit., pág. 495. A Autora acrescenta que, uma vez que a adopção da teoria menor impede o empresário de gerir a aversão ao risco através da personalidade jurídica da sociedade comercial, ele se verá obrigado a externalizá-lo por outros meios, como o aumento do preço de bens e serviços – em qualquer caso, o empresário irá sempre transferir o risco para o mercado. Mas também existe o perigo de que comece a estar em causa a própria iniciativa empresarial, dada a insegurança gerada. Cfr. Marcella Blok, "Desconsideração da personalidade jurídica: uma visão contemporânea", cit., pág. 93.

[44] Cfr. Maria de Fátima Ribeiro, *A Tutela dos Credores da Sociedade por Quotas e a "Desconsideração da Personalidade Jurídica"*, cit., pp. 58 ss., especialmente nota 67.

[45] Cfr. a análise de Frank H. Easterbrook/Daniel R. Fischel, "Limited liability and the corporation", in *University Chicago Law Review*, 1985, 89-117, *passim*.

garantia dos seus créditos o património desse empresário, igualmente sujeito ao risco de mercado).

Certo é que os tribunais brasileiros, à margem do referido argumento, têm aderido à teoria menor da desconsideração até quando estão em causa credores como o Estado, que dificilmente poderão ser considerados credores "fracos", uma vez que no seu relacionamento com os contribuintes, pessoas singulares ou colectivas, existe sempre uma supra-infra ordenação, reflectida na própria consagração legal de meios que lhe permitem acautelar adequadamente os seus interesses.

Pelo exposto, podemos concordar que, nesta fase, se justifica uma intervenção legislativa "pedagógica", como defende Ulhoa Coelho[46], sob pena de se correr o risco de os tribunais virem a interpretar o texto desta norma do projecto à luz da teoria menor da desconsideração, como já fazem em relação a texto legal semelhante.

3.4. O artigo 198 do *Projeto de Lei do Senado*

O artigo 198 do projecto é, simultaneamente, uma norma de natureza material e processual. Pois nele se dispõe que a desconsideração da personalidade jurídica para efeitos de responsabilidade apenas pode ser *determinada pelo juiz, para qualquer fim, em ação ou incidente próprio*. E esta é a sua vertente material. Mas a previsão legal abrange estritamente os casos de *imputação de responsabilidade ao sócio ou administrador, ou a outra sociedade*; ou seja, os casos de desconsideração para efeitos de responsabilidade – sendo que, a nosso ver, se justificaria que a estatuição da norma fosse aplicável também aos casos de desconsideração para efeitos de imputação.

Depois, impõe-se que o juiz apenas possa imputar essa responsabilidade *ao sócio ou administrador, ou a outra sociedade*, "depois de assegurado o direito à ampla defesa e ao contraditório". Pois bem, esta é a vertente em nosso entender, adjectiva do preceito, uma vez que não se limita a estabelecer a competência do juiz, mas estabelece regras de carácter processual

[46] No já referido texto *Contrapontos ao Parecer Sobre o Projeto de Código Comercial*, disponível in http://www.ibrademp.org.br/UserFiles/Contrapontos_ao_Parecer_sobre_Projeto_de_C_digo_Comercial.pdf, contraponto à crítica (55), onde Ulhoa Coelho responde à crítica de Nelson Eizirik de que a norma é "absolutamente desnecessária", no também já referido *Estudo sobre o Projeto de Lei n.º 1572/2011, solicitado pela Confederação Nacional das Instituições Financeiras – CNF e pela ANBIMA – Associação Financeira das Entidades dos Mercados Financeiro e de Capitais: Projeto de Novo Código Comercial. Fragilidades e Deficiências*, pág. 29.

para a *ação ou incidente próprio*. E, nesta parte, a norma diz mais do que deveria dizer, em nosso entender.

Desde logo, porque o direito à ampla defesa e ao contraditório está constitucionalmente consagrado (no artigo 5, inciso LV, da Constituição da República Federativa do Brasil)[47]. Dir-se-á que, também aqui se justificaria, todavia, a afirmação da função pedagógica da lei[48]. E esse argumento poderia valer, não fosse o facto de estar prestes a entrar em vigor um novo Código de Processo Civil brasileiro, que prevê e regula um incidente próprio para a desconsideração da personalidade jurídica, no âmbito do qual está plenamente assegurado o respeito por esse princípio (e que analisaremos *infra*). Então, por razões ligadas à unidade do sistema jurídico, e ao lugar sistemático das normas, a boa técnica legislativa aconselharia a que fosse eliminada do artigo 198 do projecto a parte da norma que se refere ao direito à ampla defesa e ao contraditório.

3.4.1. A desconsideração da personalidade jurídica e o processo civil

No processo civil brasileiro não existe regulação específica para o incidente da desconsideração da personalidade jurídica, ao contrário do que passará a acontecer: o novo Código de Processo Civil (Lei 13.105/2015, de 17 de Março, que entrará em vigor um ano após a sua publicação) prevê e regula especificamente esse incidente, nos artigos 133 a 137 (consagrando soluções muito próximas daquelas a que já se chegava na prática, embora algumas delas fossem controvertidas[49]), sendo ainda relevantes na matéria

[47] De resto, esta norma foi considerada *inútil* por Nelson Eizirik no seu *Estudo sobre o Projeto de Lei n.º 1572/2011, solicitado pela Confederação Nacional das Instituições Financeiras – CNF e pela ANBIMA – Associação Financeira das Entidades dos Mercados Financeiro e de Capitais: Projeto de Novo Código Comercial. Fragilidades e Deficiências*, pág. 29, com base no facto de "apenas repetir dispositivo já assegurado pela Constituição Federal".

[48] É o entendimento de Fábio Ulhoa Coelho, *Contrapontos ao Parecer Sobre o Projeto de Código Comercial*, , contraponto à crítica (56).

[49] Na verdade, já se admitia que o pedido de desconsideração da personalidade jurídica pudesse ser formulado pela parte ou pelo Ministério Público, originariamente ou incidentalmente (situação na qual se falava de "incidente"), em qualquer fase do processo, em acção declarativa ou executiva (embora a natureza jurídica processual do incidente fosse sempre declarativa, ainda quando o pedido de desconsideração tivesse sido formulado no decurso e no âmbito de processo executivo; cfr. Bruno Garcia Redondo, "Aspectos processuais da desconsideração da personalidade jurídica: breves apontamentos", in *Revista Dialéctica de Direito Processual*, n.º 112, 2012, 16-30 pp. 22 ss.). Simplesmente, não era consensual a qualificação do envolvimento dos sócios e/ou administradores no processo. Podia entender-se existir litisconsórcio passivo (inicial ou ulterior, consoante a fase em

os artigos 674, 790, 792, 795, 932, 1015. Da análise destas normas decorre precisamente que a *ratio* do regime estabelecido é sobretudo a de assegurar o direito à ampla defesa e ao contraditório, como passa a expor-se.

Nos artigos 133 a 137 – que constituem o Capítulo IV (*Do incidente de desconsideração da personalidade jurídica*) do Título III (*Da intervenção de terceiros*) do Livro III (*Dos sujeitos do processo*) do Código – determina-se, em síntese, que o incidente de desconsideração da personalidade jurídica, cujo regime se aplica também às hipóteses de desconsideração inversa, é instaurado a pedido da parte (ou do Ministério Público, nos casos em que lhe couber intervir no processo). Não se prevêem aqui, uma vez que se trata de matéria de direito substantivo, as situações em que pode ser pedida a desconsideração (e ultrapassam-se, assim, as críticas que eram feitas ao Anteprojecto de novo Código de Processo Civil[50]), estabelecendo-se apenas que o pedido *observará os pressupostos previstos na lei* e que *o requerimento deve demonstrar o preenchimento dos pressupostos legais específicos para desconsideração da personalidade jurídica*. Acrescenta o §4 do artigo 795 que

que fosse formulado o pedido); consequentemente, o sócio ou administrador era considerado terceiro até à sua citação para contestar (e nesta fase apenas poderia defender-se com recurso a meios processuais acessíveis a terceiros, como a dedução de embargos de terceiros), passando a ser parte da relação processual depois disso. Mas este entendimento não era pacífico, uma vez que também se entendia na doutrina que os sócios ou administradores seriam sempre terceiros no processo, cabendo o estatuto de parte apenas à sociedade cuja personalidade jurídica se pretendia desconsiderar. Sobre o tema, cfr. Elias Marques de Medeiros Neto, "Breves apontamentos de direito material e processual sobre a desconsideração da personalidade jurídica", in *Revista Dialéctica de Direito Processual*, n.º 99, 2011, 23-31, pp. 29 ss.. Consensual era o entendimento de que ao sócio ou administrador eventualmente afectado pela desconsideração deveria ser assegurado o direito, constitucionalmente consagrado, ao contraditório e à ampla defesa. Cfr. Bruno Garcia Redondo, "Aspectos processuais da desconsideração da personalidade jurídica: breves apontamentos", cit., pp. 25 ss.. Sobre as especificidades processuais do recurso à desconsideração da personalidade jurídica, nos termos em que foi consagrado pelo artigo 50 do Código Civil, cfr. Osmar Vieira da Silva, *Desconsideração da Personalidade Jurídica. Aspectos Processuais*, Renovar, Rio de Janeiro/São Paulo, 2002, especialmente pp. 153 ss..

[50] Em cujo artigo 62 se determinava que o juiz, *em caso de abuso da personalidade jurídica*, poderia decidir desconsiderá-la. As alterações introduzidas entretanto no Anteprojeto, nesta matéria, levaram à aprovação pelo senado Federal, em 2010, de um texto no qual, além deste vício, se introduziu outro: o artigo 77 do Projeto continuava a afirmar que o juiz pode desconsiderar a personalidade jurídica *em caso de abuso da personalidade jurídica*, mas afirmava agora que, em resultado, os efeitos de certas e determinadas obrigações poderiam ser "estendidos aos bens particulares dos administradores ou dos sócios da pessoa jurídica ou aos bens de *empresa do mesmo grupo econômico*". Apenas com o parecer de 2012 de Comissão Especial criada expressamente para se pronunciar sobre o Projeto de Lei o texto proposto foi definitivamente expurgado do seu conteúdo de natureza material.

para a desconsideração da personalidade jurídica é obrigatória a observância deste incidente.

Haverá lugar ao incidente quando a desconsideração não tenha sido requerida na petição inicial, uma vez que, nesse caso, o sócio será citado. Se a desconsideração não foi requerida na petição inicial, o incidente – cuja instauração suspenderá o processo – pode ter lugar em todas as fases do processo, quer em sede de acção declarativa[51], quer de acção executiva.

O artigo 135 estabelece que, instaurado o incidente, "o sócio ou a pessoa jurídica será citado para manifestar-se e requerer as provas cabíveis no prazo de 15 (quinze) dias". Pois bem, se nas normas de direito substantivo brasileiro que regulam a desconsideração da personalidade jurídica se dispõe sempre que ela tem por objectivo responsabilizar os sócios e os administradores da pessoa colectiva, não se percebe que nesta norma não se preveja expressamente que a instauração deste incidente leva, ainda, à citação dos administradores afectados pelo pedido de desconsideração, se for o caso. É certo que o legislador pode ter partido do princípio de que, com a citação da *pessoa jurídica*, os administradores tomam necessariamente conhecimento do pedido, podendo reagir no referido prazo. Porém, além de tecnicamente incorrecta, esta não é uma solução satisfatória no que respeita ao já referido direito à ampla defesa e ao contraditório: é que os administradores actuais, que o são ao tempo da citação da sociedade, podem não ser os mesmos administradores relativamente aos quais se pretende que o pedido de desconsideração produza os seus efeitos – e não pode esquecer-se que a responsabilidade deve ser imputada *exclusivamente ao sócio ou administrador que tiver praticado a irregularidade que deu ensejo à desconsideração da personalidade jurídica da sociedade*, como se esclarece no §1 do artigo 196 do projecto de Código Comercial.

Finalmente, cabe sempre recurso da decisão interlocutória que versar sobre incidente de desconsideração da personalidade jurídica, nos termos do artigo 1015 IV do Código de Processo Civil.

Depois, para tutela dos credores da sociedade, determina o artigo 790 VII que se o pedido de desconsideração for acolhido *são sujeitos à execução os bens do responsável, nos casos de desconsideração da personalidade jurídica;*

[51] O que alguns autores criticam, com o argumento de que o objetivo pretendido com o incidente é o de estender os efeitos subjectivos do título executivo – aliás, a sociedade pode nem vir a ser condenada, ou não estar insolvente. Com este entendimento, cfr. nomeadamente Handel Martins Dias, "Análise crítica do projeto de novo Código de Processo Civil com relação à desconsideração da personalidade jurídica", in *Revista Síntese Direito Empresarial*, n.º 32, 2013, 48-76, pp. 69 ss., para quem só a pessoa jurídica tem legitimidade passiva em acção declarativa, uma vez que foi ela quem assumiu a obrigação perante o credor, não o sócio ou o administrador.

e também que a alienação ou oneração de bens deste será ineficaz em relação ao requerente se havida em *fraude de execução* – e nos casos de desconsideração da personalidade jurídica ela verificar-se-á, nos termos do disposto no §3 do artigo 792, a partir da citação da parte cuja personalidade se pretende desconsiderar.

Acresce ao exposto que ainda será possível que *quem sofre constrição judicial de seus bens por força de desconsideração da personalidade jurídica de cujo incidente não fez parte* seja considerado *terceiro*, para efeitos de inibir ou desfazer "constrição ou ameaça de constrição sobre bens que possua ou sobre os quais tenha um direito incompatível com o ato constritivo", por meio de embargos de terceiro (como resulta da leitura conjugada do corpo do artigo 674 e do seu §2 III). Ou seja, se por qualquer razão aquele cujo património que se pretende fazer responder pelas dívidas da sociedade, em consequência do recurso à desconsideração da personalidade jurídica, não tiver feito parte do incidente aqui descrito, pode deduzir embargos de terceiro, a fim de evitar a produção desses efeitos na sua esfera jurídica.

Conclusão

Isto posto, cabe concluir que existe uma maior probabilidade de um tribunal recorrer à desconsideração da personalidade jurídica à luz do direito material brasileiro do que à luz do direito português. Todavia, pode apenas falar-se em *probabilidade*, em face do casuísmo que, em cada um destes sistemas jurídicos (apesar da existência de regulação expressa no ordenamento brasileiro), caracteriza a aplicação da desconsideração da personalidade jurídica para tutela dos credores sociais.

RESUMO: O presente artigo versa sobre a *ratio legis* da proibição que impende sobre as sociedades anónimas de prestar assistência financeira a um terceiro para que este adquira ou subscreva acções representativas do seu capital e sobre a caracterização da proibição, consequências do seu incumprimento e excepções à mesma, em particular a relativa às instituições financeiras. Dá-se ainda, por fim, especial destaque à aplicação da proibição de assistência financeira às sociedades por quotas.
Palavras-chave: Assistência financeira, ações próprias, capital social.

ABSTRACT: This paper examines the policy reasons of the prohibition imposed to public limited companies from providing financial assistance to third parties for the purpose of the acquisition or subscription of its own shares and the characterization of the prohibition, the consequences of its noncompliance and exceptions thereto, namely that related to financial institutions. Finally, particular emphasis is given to the application of the prohibition of financial assistance to private limited companies.
Keywords: Financial assistance, own shares, share capital.

JESSICA RODRIGUES FERREIRA*

A proibição de assistência financeira para aquisição de ações próprias

1. Introdução

O presente artigo versará sobre a proibição, consagrada no art. 322.º do Código das Sociedades Comerciais[1], que impende sobre as Sociedades Anónimas de conceder empréstimos, prestar garantias ou, por qualquer outra forma, fornecer fundos a um terceiro para que este subscreva ou adquira ações representativas do seu capital social, conduzindo a que seja o próprio património da sociedade cujas ações são adquiridas a suportar ou garantir o respetivo custo de aquisição.

* Advogada estagiária (Cuatrecasas, Gonçalves Pereira)

Propomo-nos, em primeiro lugar, tecer algumas considerações sobre a origem e a evolução histórica da disciplina reguladora da assistência financeira, detendo-nos sobretudo na transposição para o nosso ordenamento

[1] Todos os artigos referidos neste estudo sem menção expressa de diploma legal pertencem ao Código das Sociedades Comerciais, aprovado pelo DL 262/86, de 2.09, na redacção dada pelo DL n.º 26/2015, de 06.02.

DSR, ano 8, vol. 15 (2015): 59-91

jurídico do art. 23.º da Segunda Diretiva[2] e na flexibilização da disciplina da assistência financeira consagrada pela Directiva 2006/68/CE, que, no entanto, não foi incorporada no ordenamento jurídico português. De seguida, debruçar-nos-emos sobre a controversa *ratio* da proibição, para depois concretizar os pressupostos objetivos e subjetivo de que depende a sua aplicação, as exceções legais ao regime e, finalmente, as consequências decorrentes da sua violação. Por último, analisaremos, sem pretensão de chegar a uma resposta absoluta, a controversa questão da aplicação desta proibição às Sociedades por Quotas.

2. Origem e evolução da disciplina reguladora dos negócios de assistência financeira para aquisição de ações próprias

A proibição de assistência financeira, consagrada no art. 322.º, é resultado da transposição para o nosso ordenamento jurídico do art. 23.º da Segunda Diretiva. Com efeito, até à transposição da Diretiva do Capital, a maioria dos ordenamentos jurídicos europeus era omissa quanto a esta matéria, excecionando-se apenas os ordenamentos jurídicos italiano e britânico. Para melhor compreender esta temática e descortinar as razões que lhe estiveram subjacentes, afi gura-se-nos necessário proceder, ainda que de modo sucinto, a uma contextualização história.

2.1. Direito britânico – a fonte primária da proibição

A proibição de assistência fi nanceira para aquisição de ações próprias tem a sua génese no direito britânico, onde foi positivada pela primeira vez na *section 45* do *Companies Act* de 1929[3] para reforçar a proibição de aquisição de ações próprias.[4]/[5]

[2] Diretiva 77/91/CEE, publicada no JO L 026, de 30.01.77. Esta Diretiva foi revogada e substituída pela Diretiva 2012/30/EU do Parlamento Europeu e do Conselho, de 25 de Outubro de 2012, publicada no JO L 315/74, de 14 de Novembro de 2012. Nesta nova Diretiva do Capital, o art. 23.º a que no presente trabalho se faz referência corresponde ao art. 25.º.

[3] *"It shall not be lawful for a company to give, whether directly or indirectly, and whether by means of loan,guarantee, the provision of security or otherwise, any fi nancial assistance for the purpose of or in connection with a purchase made or to be made by any person of any shares in the company"*.[4] A *Comissão Greene* viu-se confrontada com a proliferação de uma prática que tinha ínsi-tos os mesmos riscos que levaram à proibição da aquisição de ações próprias no caso *Trevor vs. Whitworth*: terceiros investidores, interessados na aquisição de uma dada empresa,

Mais tarde, o *Companies Act* de 1948 alargou a proibição à subscrição de ações e à assistência financeira prestada pela sociedade dominada para aquisição de ações da sua dominante, aderiu de forma inequívoca à teoria subjetivista, que coloca a tónica no elemento intencional, e introduziu ao regime duas exceções. Foi esta a norma que inspirou a redação original do art. 23.º da Segunda Diretiva, que absorveu não só o teor da proibição, mas também as suas exceções e a relevância do elemento intencional[6].

A excessiva amplitude com que estava consagrada a proibição e a sua desconformidade com o regime das ações próprias[7] foi alvo de fortes censuras, o que levou o legislador britânico a excluir as *private companies* do

contraíam empréstimos de curto prazo junto de entidades financeiras para comprar, com o crédito obtido, ações da sociedade visada, adquirindo desta forma o seu controlo e a possibilidade de, com recurso aos ativos da sociedade adquirida, reembolsar o empréstimo contraído para a aquisição das ações, acabando, assim, por ser o património da sociedade cujas ações foram adquiridas, e não o do terceiro investidor, a financiar a aquisição. Defenderam os membros da *Comissão Greene* que se impunha, por isso, a proibição de assistência financeira, sob pena de se "deixar entrar pela janela o que se quis evitar que entrasse pela porta". Neste sentido, Alberto Vaquerizo Alonso, *Asistencia Financiera para la adquisición de acciones propias*, 2003, 1.ª edição, Civitas Ediciones, p. 50, Mariana Duarte Silva, "Assistência Financeira no âmbito das sociedades comerciais" – *Revista de Direito das Sociedades* (2010), ano II, Vol. ½, p. 151, Bernardo Abreu Mota, "Proibição de Assistência Financeira – Notas para a sua interpretação e aplicação. Introdução", *Actualidad Jurídica Uría Menéndez*, 12/2005 e Eílis Ferran, *Principles of Corporate Finance Law*, Oxford University, 2008, p. 270.

5 Na génese da proibição encontra-se também o direito italiano, onde a proibição de assistência financeira surgiu como uma extensão da proibição de concessão de empréstimos garantidos por ações da própria sociedade mutuante. Com efeito, tais empréstimos acarretavam sérios riscos para a sociedade, quer porque propiciavam a sua capitalização fictícia, quer porque se os sócios incumprissem a obrigação de restituir a quantia mutuada, a sociedade apenas poderia executar as suas próprias ações. Estes riscos, associados à preocupação de que os empréstimos encobrissem a devolução da entrada aos sócios, levaram a que o art. 144.º do Código de Comércio de 1882 e posteriormente o art. 2358 do *Codice Civile* de 1942, proibisse a assistência financeira. Para maiores desenvolvimentos, cf. Vaquerizo Alonso, *Asistencia financiera...*, p. 69 e 225 e Ricardo Bayona Giménez, "La prohibición de asistencia financiera para la adquisición de acciones propias en las sociedades anónimas", *Revista de Derecho de Sociedades*, 2002, E. Aranzadi, p. 157 e seg.

6 Cf. María de la Sierra Flores Doña, "Adquisición de acciones financiada por la sociedad", *Cuadernos Mercantiles*, 2.ª edição, Editoriales de Derecho Reunidas, S.A., p. 42, Vaquerizo Alonso, *Asistencia financiera...*, p. 58 e seg. e Mariana Silva, "Assistência Financeira...", p. 150.

7 A *Comissão Jenkins* descreveu a proibição como sendo *"an occasional embarrassment to the honest without being a serious inconvenient to the unscrupulous"*. Cf. *"Report of the Company Law Committee"*, disponível em www.takeovers.gov.au/content/Resources/other_resources/Jenkins_Committee.aspx

âmbito de aplicação da proibição em 2006[8]. Tudo indica que teria sido consagrada idêntica solução para as *public companies*[9], não fosse o art. 23.º da Segunda Diretiva, que, aplicando-se-lhes, impediu tal alteração.

2.2. A Segunda Diretiva

Entre as medidas adotadas com o objetivo de estabelecer uma proteção mínima comum a todos os Estados-Membros no que concerne às Sociedades Anónimas, o legislador europeu estatuiu, no art. 23.º da Segunda Diretiva, a proibição de prestar assistência financeira para aquisição de ações próprias.

O teor da proibição, como referido, inspirou-se na *Section* 54 do *Companies Act* de 1948, colocando-se, por isso, a questão de saber se a motivação do legislador europeu terá sido, tal como a do legislador britânico, a de reforçar a proibição de autocarteira para, desta maneira, garantir a conservação do capital social.

Uma análise conjugada do art. 23.º e dos art. 18.º e 19.º leva-nos, contudo, a concluir que a *ratio* das proibições não pode ser idêntica, dada a dualidade de regimes que o legislador europeu consagrou nestas matérias. Assim, enquanto no art. 23.º proibiu de modo absoluto a assistência financeira para aquisição de ações próprias, no que concerne à autocarteira, e não obstante ter estabelecido como princípio, no art. 18.º, a proibição de aquisição de ações próprias, estabeleceu, no art. 19.º, condições verificadas as quais seria lícita tal aquisição. Parece-nos que se a *ratio* das proibições fosse inteiramente coincidente, o legislador europeu se teria bastado, no que concerne à assistência financeira, com a verificação dos requisitos consagrados no art. 19.º, os quais considerou suficientes para eliminar os riscos que a autocarteira comporta, até porque, do ponto de vista da conservação do capital social, a aquisição de ações próprias é mais perniciosa do que a assistência financeira. Assim, e porque não se concebe que uma norma que visa complementar um regime seja mais restritiva do

[8] Já antes o *Companies Act* de 1985 optou por flexibilizar o regime de assistência financeira para as *private companies*, estabelecendo um procedimento – conhecido por *whitewash procedure* – que, se verificado excluía tais empresas do âmbito de aplicação da proibição. Sobre a aplicabilidade do regime em escrutínio às *private companies*, cf. António Serrano Acitores, "Leveredged buyouts: el sistema contractual de las adquisiciones apalancadas de empresas por operadores de capital de riesgo", *Revista Derecho de Sociedades*, Monografia n.º40, Aranzadi, p. 354 e David Kershaw, *Company Law in Context – Text and Materials*, Oxford University, 2009, p. 687.

[9] Neste sentido, Eilís Ferran, *Principles of...*, p. 268 e 275.

que a norma principal, entendemos que a proibição de assistência financeira não pode ser encarada, como no direito britânico, apenas como uma norma complementar do regime das ações próprias. Aliás, se os objetivos da proibição fossem os mesmos, certamente o legislador europeu, ponderando os riscos subjacentes a uma e outra situação, teria consagrado uma proibição mais restritiva para a autocarteira e não para a assistência financeira.

2.3. A Diretiva 2006/68/CE do Parlamento Europeu e do Conselho

Com o objetivo de simplificar a legislação do mercado único e de promover a eficiência e competitividade das empresas, a Comissão lançou, em 1998, a quarta fase do *Simpler Legislaton for the Single Market* ("SLIM"), cuja equipa recomendou, no que à assistência financeira concerne, que *"fosse reduzida a um mínimo prático"*. Em 2002, no âmbito do programa SLIM-Plus, foi reiterada esta necessidade, defendendo-se a admissibilidade da assistência financeira desde que verificados certos requisitos[10][11].

As recomendações dos grupos SLIM e SLIM-Plus estiveram na origem da alteração levada a cabo pela Diretiva 2006/68/CE ao art. 23.º da Segunda Diretiva[12], substituindo a proibição absoluta até então vigente pela admissibilidade condicionada à verificação cumulativa de certos requisitos: 1. Realização da transação sob responsabilidade do órgão de administração, em condições justas de mercado e por um preço justo; 2. Análise da fiabilidade creditícia do terceiro; 3. Aprovação prévia em Assembleia Geral por maioria não inferior a 2/3 dos votos; 4. Apresentação à Assembleia Geral, pela administração, de um relatório de onde constem as razões da operação, o seu interesse, condições e riscos; 5. Não redução, em virtude da assistência financeira, dos ativos líquidos da sociedade para um valor

[10] *"There is a good case for allowing the shareholders meeting to authorize the board for a maximum period of time (e.g. five years) to engage the company in financial assistance within the limits of the distributable reserves"* cf. *"Report of the High Level Group of Company Law Experts on a Modern Regulatory Framework for Company Law in Europe"*, p. 85, disponível em http://ec.europa.eu/internal_market/company/docs/modern/report_en.pdf

[11] Para uma análise mais aprofundada da alteração ao art. 23.º da Segunda Diretiva, cf. Inês Pinto Leite, "Da proibição de assistência financeira – o caso particular dos Leveraged Buy Outs", *Direito das Sociedades em Revista*, Ano 3, Vol. 5, 2011, Almedina, p. 168 a 173 , Bernardo mota, "Proibição de Assistência ... Introdução", p. 109 e 110, e Mariana Silva, "Assistência Financeira...", p. 157 a 162.

[12] O teor dado ao art. 23.º pela Diretiva 2006/68/CE manteve-se, sem alterações, no art. 25.º da Diretiva 2012/30/UE

inferior à soma do capital social e reservas legal ou estatutariamente indisponíveis; 6. Constituição, no passivo do balanço, de uma reserva não distribuível no montante da assistência financeira global.[13]

Não obstante seja louvável a intenção de flexibilizar o regime da assistência financeira, a verdade é que a Diretiva 2006/68/CE ficou bastante aquém dos seus objetivos. Com efeito, a quantidade de pressupostos a que subordinou a sua admissibilidade, aliada à necessidade da sua verificação cumulativa e ao grau de exigência ínsito a cada um dos requisitos tornou este expediente oneroso, rígido, incompatível com a natureza *time-critical* destas operações e desfasado da realidade empresarial[14].

Apesar de a política subjacente à Diretiva 2006/68/2006 estar em consonância com a necessidade de flexibilização propugnada pela doutrina, o legislador português, ao contrário dos seus congéneres, optou por não adotar a solução consagrada para a assistência financeira nesta Diretiva – note-se que a transposição desta solução é facultativa para os Estados Membros –, deixando inalterado o teor original do art. 322.º, resultado da redação dada ao art. 23.º pela Diretiva 77/91/CEE. Desta forma, Portugal acabou por ficar desfasado da tendência europeia, pois não obstante não se auspicie, como referido, que as alterações introduzidas tragam mudanças significativas à *praxis* mercantil, tiveram, pelo menos, o mérito de mudar o rumo da política legislativa e o reconhecimento da desnecessidade de uma proibição absoluta de assistência financeira para aquisição de ações próprias.

3. A *ratio legis* da proibição

O estudo da *ratio* subjacente à proibição de assistência financeira que vigora no direito português tem-se revelado árduo e gerador de inúmeras querelas, sobretudo porque, se encarados isoladamente, os argumentos avançados não são capazes de justificar, *per se*, o caráter absoluto com que foi consagrada, entre nós, a proibição. No entanto, esses mesmos argumentos, quando perspectivados no seu conjunto, serão já aptos, como veremos, a justificar o amplo âmbito da proibição aqui analisada.

[13] Cf. Bernardo Abreu Mota, "Proibição de assistência financeira. Notas para a sua interpretação e aplicação. (Parte II)" *Actualidad Jurídica Uría Menéndez*, 15/2006.

[14] Por exemplo, será muito difícil reunir numa Assembleia Geral 2/3 dos accionistas das Sociedades Anónimas cujo capital esteja disperso, ou, pelo menos, será muito difícil fazê-lo em tempo útil. Também a responsabilização do órgão de administração poderá fazer com que muitas operações benéficas para a sociedade não se realizem, pois dificilmente os administradores quererão assumir pessoalmente tal responsabilidade.

3.1. Reforço do regime das ações próprias e tutela do património social, em particular a salvaguarda do princípio da intangibilidade do capital social

Historicamente, foi este o objetivo primordial da proibição, que nasceu em Inglaterra para fortalecer a proibição de autocarteira, "*contra estratégias equivalentes no plano económico e administrativo*"[15].

Com efeito, a assistência financeira pode conduzir materialmente ao mesmo resultado que se visou evitar com a proibição de aquisição de ações próprias. Pense-se, por exemplo, no caso de uma sociedade que concede um empréstimo a um terceiro para que este adquira as suas ações. Se o terceiro incumprir a obrigação de restituir a quantia mutuada e não tiver outro património que não as ações da sociedade assistente, esta ver-se-á obrigada a executar as suas próprias ações, verificando-se assim um resultado idêntico ao da aquisição de ações próprias por parte da sociedade[16].

Sendo certo que quer na assistência financeira, quer na aquisição de ações próprias, há uma intromissão material da sociedade na negociação e transferência das suas próprias ações, é no entanto inegável que há diferenças fundamentais entre ambos os regimes. Por um lado, na aquisição de ações próprias a sociedade torna-se sócia de si mesma, enquanto na assistência financeira é um terceiro, que age em nome e por conta própria, que se torna sócio e assume o risco do projeto societário. Por outro lado, com a aquisição de ações próprias os bens detidos pela sociedade vão ser substituídos por bens desprovidos de conteúdo económico material, havendo uma redução dos bens afetos à garantia dos terceiros. Diferentemente, no financiamento a terceiros para que estes adquiram ações da sociedade assistente, a relação entre o património e o capital social não sofre alterações *quantitativas*, pois à saída de capital corresponde a entrada de um direito de crédito de valor correspondente (se a assistência tiver sido através de empréstimo ou fornecimento de fundos), ou a mera oneração do mesmo, se a assistência financeira tiver sido prestada sob a

[15] Cf. Maria Victória Rodrigues Vaz Ferreira Rocha, *Aquisição de acções próprias no Código das Sociedades Comerciais*, Coimbra, Almedina, 1994, p. 311

[16] Neste sentido, Paulo de Tarso Domingues, "Proibição de 'Assistência Financeira' no contexto dos mecanismos de proteção dos credores", *AB Instantia – Revista do Instituto do Conhecimento AB*, Outubro 2013, Ano I, n.º2, Almedina, p. 54 e Rita Trabulo, "As Acções Próprias – O Regime da Aquisição de Acções Próprias e a Prestação de Assistência Financeira para a Aquisição de Acções Próprias", *Temas de Direito das Sociedades* (coordenado por Manuel Pita e António Pereira de Almeida), Coimbra, 2011, Coimbra Editora, p. 437.

forma de garantia[17]. O que existe, isso sim, é uma alteração *qualitativa* do património social, na medida em que são substituídos bens efetivos e certos por créditos cuja recuperabilidade se pode revelar duvidosa[18], diminuindo assim as garantias dos terceiros credores, desde logo porque há sempre o *"risco (latente) de aquele crédito não vir a ser liquidado e de se não o conseguir cobrar"*.[19]

Há também autores[20] que defendem que a finalidade da proibição se baseia não na tentativa de evitar fraudes ao regime das ações próprias como um todo, mas tão só ao regime da aquisição e subscrição indireta de ações próprias, previsto no art. 316.º n.º 2 a 6.

Parece-nos que ainda que com diferente grau de gravidade, quer a assistência financeira, quer a aquisição de ações próprias, *podem* lesar o princípio da intangibilidade do capital social[21], pois são os ativos da sociedade

[17] Neste sentido, Mariana Silva, "Assistência Financeira...", p. 175, M.ª Victória Rocha, *Aquisição de acções...*, p. 312 e Margarida Costa Andrade, "Artigo 322.º", in Código das Sociedades Comerciais em Comentário, Vol. IV, 2012, Almedina, Coimbra, p. 450.

[18] Considerando que a assistência financeira tem *"siempre como consecuencia el ingreso en las arcas sociales de un bien de dudosa consistência patrimonial" vide* Vaquerizo Alonso, *Asistencia financiera...*, p. 242.

[19] A expressão é de Tarso Domingues, "Proibição de 'Assistência Financeira'..."56.

[20] Neste sentido, cf. Bernardo Mota, "Proibição de Assistência ... Introdução", p. 111 e Raúl Ventura, "Acções próprias" in *Estudos vários sobre Sociedades Anónimas – Comentário ao Código das Sociedades Comerciais*, 2003, Almedina, Coimbra, p. 378.

[21] O capital social, diz-se, é intangível, pois aos sócios não podem ser atribuídos bens nem valores que sejam necessários à sua cobertura. As razões justificativas deste regime prendem-se sobretudo com a tutela dos credores. Com efeito, em particular nas sociedades responsabilidade limitada, nas quais os sócios não respondem pelas dívidas societárias, visa-se assegurar que – sempre que se distribuam bens aos sócios, com a consequente diminuição do ativo social e redução dos bens afetos ao pagamento dos créditos de terceiros – se mantém no património social um *cushion of assets*, de valor pelo menos idêntico ao capital social. No entanto, esta função de tutela dos credores não é desempenhada eficazmente e pode, inclusive, induzir em erro os agentes económicos: por um lado, a figura do capital social é uma cifra fixa, que pode não ter qualquer adesão à realidade patrimonial da empresa societária, sendo excessiva ou insuficiente e, por outro lado, o princípio da intangibilidade apenas determina que não possam ser distribuídos bens aos sócios se esse valor for necessário para cobrir o capital social, mas não impede que a sociedade contraía dívidas ou que tenha perdas que façam com que o valor do património líquido seja inferior ao capital social. Neste sentido, Paulo de Tarso Domingues, "Capital e Património Sociais, Lucros e Reservas" in *Estudos de Direito das Sociedades*, 11.ª edição, 2013, Almedina, p. 171 e seg. Sobre o princípio da intangibilidade do capital social António Ferrer Correia, *Lições de Direito Comercial*, 1994, p. 333, defende, no mesmo sentido que Tarso Domingues, que este não significa *"que a sociedade esteja obrigada a conservar constantemente no seu activo os valores necessários para assegurar ao capital estatutário a sua integridade. Se assim fosse, a sociedade deveria logicamente dissolver-se todas as vezes que se registassem perdas, todas*

que financiam as novas entradas e não "*apports externos dos acionistas*"[22]. Não nos parece, no entanto, que a tutela da função *garantia*[23] do capital social seja, *per se*, suficiente para justificar o caráter absoluto da proibição consagrada no art. 322.º. Com efeito, embora este argumento seja apto a justificar a proibição quando a assistência é prestada com recurso a reservas indisponíveis ou bens afectos à integridade do capital social, já não a poderá fundamentar quando esta se realize com recurso a reservas disponíveis[24]. Aliás, o próprio legislador, e bem, salvaguardou, quer no regime das ações próprias (art. 317.º, n.º4), quer nas exceções consagradas no art. 322.º, n.º 2, as operações efetuadas com bens que, nos termos dos art. 32.º e 33.º, possam ser distribuídos aos sócios[25]. Além do mais, se fosse esta a única razão de ser da proibição, não se compreenderia que o legislador tivesse tutelado de forma mais intensa a assistência financeira do que a de aquisição de ações próprias, onde os riscos para terceiros são maiores[26]. Por estas razões, a *raison d'être* da proibição, com a amplitude que é entre nós consagrada, não pode ser apenas este princípio, pois se o fosse, para além de se dever admitir a assistência quando realizada com reservas dis-

as vezes que a marcha dos negócios da empresa fosse absorvendo tais somas, que em determinado momento aquele fundo ficasse a descoberto" e que *"os sócios não estão obrigados a cobrir, mediante novas entradas, sob pena de dissolução, todas as perdas sofridas pela sociedade no exercício do seu comércio. Nem a sociedade faz voto de meter em cofre e zelosamente guardar, preservando-o das urgências e apetites do seu giro, as quantias que tenha recebido dos sócios – para só no momento da liquidação, comum ou falimentar, as exibir. Tal não é a função do capital social, nem lei alguma determina coisa tão extravagante. Como já temos dito e repisado, o capital social é simplesmente uma cifra – cifra abaixo da qual o património da empresa não poderá descer em virtude de atribuições aos sócios (enquanto tais, e não enquanto terceiros) de valores de qualquer natureza."*

[22] Neste sentido, cf. M.ª Victória Rocha, *Aquisição de acções*..., p. 312.Eílis Ferran, *Principles of*..., p. 271, descreve esta situação do seguinte modo "*..in these circumstances the appearance of an injection of fresh equity is simply illusory*".

[23] Defendendo que a finalidade primária da proibição *"é a conservação do capital social, evitando a sua diluição ou "desnataçaõ""*, cf. José Diogo Horta Osório, *Da tomada do controlo de Sociedades (Takeovers) por Leveraged Buy-Out e sua Harmonização com o Direito Português*, 2001, Almedina, p. 194. Cf. também, Serrano Acitores, "Leveraged Buy Outs...", *p.* 36, que refere que "*Se busca evitar el prejuicio de los acreedores sociales, que verian cómo la solvencia de la sociedad quedaría mermada, al destinarse una parte de los fondos que posee a una finalidad desligada de su objeto y materializada en un activo que el legislador juzga como ficticio*".

[24] Neste sentido, cf. Eílis Ferran, *Principles of*..., p. 271 e Tarso Domingues, "Proibição de 'Assistência Financeira'...", p. 56, nota 8.

[25] Sobre a distribuição do lucro, cf. Tarso Domingues, "Capital e Património...". p. 206 e seg.

[26] No mesmo sentido, considerando que *"não é normal que uma disposição destinada a evitar a fraude a outro preceito seja mais* severa *que a própria norma tutelada"*, *vide* Carlos Osório de Castro, "A Prestação Gratuita e a Assistência Financeira no Âmbito de uma Relação de Grupo", *Estudos em Homenagem a Miguel Galvão Teles*, vol. II, Coimbra, Almedina, 2012, p. 424.

poníveis, também se deveria ter considerado suficiente a constituição de uma reserva indistribuível, no passivo da sociedade, de valor equivalente ao montante de assistência financeira total. Ressalve-se que aquilo que defendemos não é que a tutela dos terceiros credores não seja visada com a proibição de assistência financeira, aliás, a nosso ver, é este o argumento mais premente que justifica a proibição. Defendemos, isso sim, que este argumento não pode ser o fundamento único e exclusivo da proibição de assistência financeira com a amplitude e rigor que é entre nós consagrada, pois se assim fosse, e para tutelar os riscos dos terceiros credores, teriam suficientes as medidas acabadas de referir, além de não ser justificável que seja consagrada neste âmbito um regime mais restritivo do que naquele que regula a proibição de aquisição de ações próprias.

Argumenta-se, ainda, que a proibição visa proteger o capital social na sua função *financiamento*[27], quer porque à aquisição de ações deve corresponder um investimento que permita "*reunir os meios que permitam o estabelecimento e desenvolvimento das actividades económicas que pela via societária se pretendem exercer*"[28], o que não ocorre quando não há um *apport externo*, quer porque os direitos de crédito que vão substituir os bens reais são de cobrança duvidosa. Parece-nos, também, que pode recorrer-se a este tipo de operações para efectuar uma fraudulenta devolução das entradas aos accionistas, em detrimento das funções associadas ao capital social[29]. Também estes argumentos não dão cabal resposta ao nosso problema, pois se fossem a razão de ser da proibição, ter-se-ia o legislador bastado com proibir a assistência financeira efectuada com bens necessários para a cobertura do capital social e reservas indisponíveis, o que não fez[30]. Além disso, a assistência financeira nem sempre é prejudicial para a sociedade, pois em muitos casos é realizada em condições normais de mercado e no interesse da sociedade e o legislador não cuidou de excecionar estas situações do âmbito de aplicação da proibição[31]. Por fim, o risco de por via da assistência financeira se devolver encapotadamente aos sócios as entradas por estes realizadas não pode constituir a *ratio* da proibição, porquanto os artigos 32.º e 33.º do CSC já proíbem tal devolução.[32]

Para superar as insuficiências do capital social na justificação da proibição absoluta de assistência financeira, há quem defenda que a *ratio* da

[27] Cf. M.ª Victória Rocha, *Aquisição de acções...*, p. 312

[28] Cf. Tarso Domingues, "Capital e Património...". p. 169.

[29] Deste modo, o que o sócio dá à sociedade com uma mão, recebe encapotadamente com a outra.

[30] Neste sentido, Rita Trabulo, "As Acções Próprias...", p. 441.

[31] Pense-se, p.ex., num mútuo oneroso realizado em condições normais de mercado.

[32] Cf. Rita Trabulo, "As Acções Próprias...", p. 439 e 440.

proibição é a tutela património social[33] no seu conjunto *"como centro gerador de riqueza económica"*[34]. Esta posição não merece, contudo, o nosso acolhimento. Com efeito, para além de não haver no direito societário um princípio de tutela do património social[35], restringindo-se a proteção dos credores à intangibilidade do capital social[36], não há qualquer razão que justifique, neste regime, uma proteção mais lata do que é regra, pois o facto da assistência financeira se destinar à aquisição de ações próprias não aumenta o risco normal inerente à concessão de crédito a terceiro[37]. Por fim, se fosse esta a r*atio* da proibição, ter-se-iam de admitir as operações que não fossem prejudiciais para a sociedade, o que não acontece no regime vigente, onde o legislador, presumindo que estas são lesivas, estabelece uma proibição genérica e ex ante de assistência financeira, ignorando o resultado económico que, em concreto, possa ter.[38]

Em suma, não obstante a conservação do capital social seja um argumento pertinente para alicerçar a proibição que nos ocupa, a verdade é que este não é suficiente para justificar a extensão com que a proibição foi consagrada, quer porque para além do limite do capital social não há qualquer expectativa na solidez patrimonial da sociedade por parte de terceiros credores que seja digna de tutela jurídica em detrimento dos eventuais interesses da sociedade e dos acionistas, quer porque isso implicaria uma contradição com o regime das ações próprias, onde, não obstante os maiores riscos para os terceiros credores, não foi estabelecida uma proibição com caráter absoluto.

[33] Considerando que a ratio da norma é *"obviar a um risco para o património societário"*, cf. Osório de Castro, "A Prestação Gratuita…", p. 432.

[34] Cf. Vaquerizo Alonso, *Asistencia financiera…*, P. 262 e 299.

[35] Sobre a distinção entre capital e património sociais, cf. Tarso Domingues, "Capital e Património...". p. 163

[36] *Vide* Pinto Leite, "Da proibição…", p. 138 e 139 e Vaquerizo Alonso, *Asistencia financiera…*, p. 301.

[37] Rita Trabulo, "As Acções Próprias…", p. 436., defende que *"olhando para o caso no qual a sociedade empresta dinheiro a um terceiro para que este adquira ações da própria sociedade, e olhando para um outro caso em que a sociedade empresta dinheiro a um terceiro para adquirir um outro bem estranho à sociedade (…) porque é que se iria concluir que apenas interessa proteger os credores e os minoritários no primeiro caso e não também no segundo, quando também neste deviam merercer proteção? Uma vez que também na segunda situação os credores e minoritários assistem à redução do património da sociedade e da sua solvabilidade, não se deverá concluir que a proibição de assistência financeira é apenas uma regra de protecção daqueles"*

[38] Raúl Ventura, "Acções próprias", considera que *"o interesse dos credores sociais costuma ser limitado à conservação do capital social e como neste caso a proibição das operações financeiras não é limitada ao emprego do dito capital, ou não é esse o interesse protegido ou teríamos nesse caso uma extensão da proteção normal, sem motivo que a justificasse"*.

3.2. Tutela da estrutura societária

Defende-se que o fundamento da proibição é evitar que a sociedade, recorrendo ao seu património, condicione internamente a sua estrutura organizativa[39]. Especificamente, visa-se evitar que os administradores abusem do seu poder de controlo, assistindo financeiramente terceiros minuciosamente escolhidos para, deste modo, manipular o seu sentido de voto e garantir a aprovação das deliberações por si propostas ou a sua continuidade no controlo societário e, ainda, evitar os conflitos de interesse que poderiam surgir entre os administradores (e os acionistas assistidos por estes controlados) e os restantes acionistas, particularmente os minoritários [40]. Não nos parece, contudo, que este argumento possa justificar, por si só, a proibição de assistência financeira, desde logo, porque esta pode ser conveniente para a prossecução de interesses da sociedade, pelo que a sua vedação absoluta e *ex ante* nos parece demasiado violenta. Julgamos, aliás, que para tutelar este interesse a proibição do art. 322.°, além de exagerada, é supérflua, uma vez que o regime geral da anulabilidade das deliberações abusivas (art. 58.°, n.°1, al. b)), aliado à responsabilização dos administradores pelos danos causados à sociedade em virtude da violação do dever de agir de acordo com o interesse social (art. 64.°, n.°1, al. b) e 72.°), permite já evitar a materialização do risco de abuso de poder por parte dos administradores[41]. Quem defende a insuficiência da tutela da estrutura societária para justificar a proibição do art. 322.°, refere que para evitar os riscos de manipulação do sentido de voto dos terceiros assistidos seria suficiente vedar-lhes o exercício do direito de voto, como no regime

[39] P. ex., Serrano Acitores, "Leveraged Buy Outs...", p.367, Costa Andrade, "Artigo 322.°", p. 450, Horta Osório, *Da tomada do controlo...*, p. 195. M.ª Victória Rocha, *Aquisição de acções...*, p. 312, Mariana Silva, "Assistência Financeira...", p. 180 a 183, Pinto Leite, "Da proibição...", p. 139, Eílis Ferran, *Principles of...*, p. 217, Flores Doña, "Adquisición de acciones ...", p. 89 e seg. e Ana carretero Pires, "Prohibición de asistencia financiera: concepto y aplicación a operacioones de adquisición apalancadas", *Anuario Facultad de Derecho – Universidad de Alcalá I*, 2008, p. 412.

[40] Recorde-se que, como explica a teoria da agência, particularmente no que toca ao *moral hazard*, nem sempre o interesse do *principal* e do *agente* são coincidentes, não raras vezes sucedendo que o agente se comporta de modo oportunista e em detrimento dos interesses do principal.

[41] Neste sentido, Rita trabulo, "As Acções Próprias...", p. 433., defende que as *"regras da responsabilidade penal e civil e ainda os próprios deveres inerentes ao cargo de administrador permitem reagir contra estes abusos, independentemente de existir uma norma que proíba a assistência financeira"* .

das ações próprias (art. 324.º, n.º1, al. a)[42]. Não acompanhamos porém, esta solução, uma vez que na assistência fi nanceira a terceiros para aquisição de ações da sociedade assistente, ao contrário do que ocorre na aquisição direta ou indireta de ações próprias, o terceiro atua por em nome próprio e por sua conta, tendo um interesse pessoal na titularidade das ações, que não pode, sem mais, ser suprimido.[43]

Por outro lado, numa perspetiva externa[44] defende-se que a proibição visa evitar que a sociedade recorra à assistência fi nanceira para manipular o valor de mercado das suas ações, induzindo uma procura artificial das mesmas, em detrimento do princípio da livre concorrência dos investidores e, ainda, que visa garantir que a escolha dos investidores seja livre e tomada com base nas reais capacidades da empresa e não em meras especulações. Não pode também ser este o fundamento da proibição do art. 322.º, porque se assim fosse, esta circunscrever-se-ia às sociedades cotadas em bolsa, o que não sucede[45].

3.3. Tutela do princípio da igualdade de tratamento dos acionistas

Por fi m, há quem defenda que a proibição de assistência financeira visa assegurar a igualdade de tratamento dos acionistas[46]. Alegam estes autores que estando a sociedade vinculada a prosseguir o interesse de todos os seus sócios de igual modo, não pode usar os seus ativos para facilitar a compra das suas ações, pois tal implicaria benefi ciar os adquirentes das ações em detrimento dos restantes acionistas, vulnerando não só os seus direitos económicos, mas também os seus direitos políticos. Alegam estes autores que o princípio da igualdade de tratamento dos sócios não dá cabal resposta ao problema que se levanta quando a assistência financeira é prestada a terceiros, uma vez que, não sendo estes acionistas, tal princípio não se aplica, pelo que se tornou necessário consagrar a proibição de

[42] Cf. M.ª Victória Rocha, *Aquisição de acções*..., p. 312 e Tarso Domingues, "Proibição de 'Assistência Financeira'...", p. 55.

[43] *Vide* Pinto Leite, "Da proibição...", p. 140, Rita trabulo, "As Acções Próprias...", p. 434 e Vaquerizo Alonso, *Asistencia fi nanciera*..., p. 321.

[44] P. ex., Serrano Acitores, "Leveraged Buy Outs...", p.367, Costa Andrade, "Artigo 322.º"., p. 450, Eilís Ferran, *Principles of*..., p.270, Rita trabulo, "As Acções Próprias...", p. 441 e Mariana Silva, "Assistência Financeira...", p.181.

[45] Neste sentido, Tarso Domingues "Proibição de 'Assistência Financeira'...", p. 55 e Rita trabulo, "As Acções Próprias..."

[46] Cf. Serrano Acitores, "Leveraged Buy Outs...", p. 367 e Mariana Silva, "Assistência Financeira..", p. 183 a 186

assistência financeira[47]. Não podemos, porém, concordar com esta posição: embora a assistência financeira estabeleça uma relação obrigacional entre a sociedade e o terceiro, o negócio tem uma causa societária, pois o financiamento visa precisamente permitir que o terceiro adquira a qualidade de sócio, pelo que o referido princípio terá aplicação[48], senão diretamente, pelo menos analogicamente.

Mariana Duarte Silva alega, ainda, que o princípio da igualdade de tratamento dos acionistas não é suficiente, pois não é possível à sociedade prestar idêntica assistência financeira a todos os sócios interessados na aquisição de ações, pelo que se tornou necessário consagrar a proibição de assistência financeira. Também não sufragamos este entendimento. Com efeito, as operações de assistência financeira não são intrinsecamente discriminatórias, desde logo porque se podem conceber hipóteses de assistência que beneficiem de igual modo todos os sócios[49] ou preservem, pelo menos, a igualdade de oportunidades entre estes, igualdade de oportunidades esta que nos parece ser o verdadeiro objeto do princípio de igualdade de tratamento, e não o da igualdade de resultados. Refira-se, ainda, que o referido princípio apenas visa combater as desigualdades de tratamento *injustificadas*, não abrangendo aquelas que tenham como causa razões ponderosas que justifiquem o tratamento desigual, pelo que, a ser esta a razão de ser da proibição, deveriam ter sido ressalvadas estas situações, ao invés de consagrar uma proibição de caráter absoluto. Por fim, parece-nos que se fosse esta a única ou principal razão de ser da proibição a sanção mais lógica teria sido a da anulabilidade, e não a da nulidade, como consagrado no art. 322.º n.º 3.

3.4. Uma *ratio* complexa

Dada a insuficiência dos argumentos ora referidos, se considerados isoladamente, para justificar a proibição de assistência financeira, concluímos que a *ratio* subjacente à proibição é complexa, baseada numa *presunção abstracta de lesividade* [50] dos resultados a que a assistência finan-

[47] Cf.. Mariana Silva, "Assistência Financeira...", p. 183 a 186.

[48] Concordando com a aplicação do princípio de igualdade de tratamento dos acionistas à assistência financeira
prestada a terceiros, cf., Vaquerizo Alonso, *Asistencia financiera*..., p. 340 e Pinto Leite, "Da proibição...", p. 140.

[49] Neste sentido, Tarso Domingues, "Proibição de 'Assistência Financeira...", p. 55, nota 6.

[50] A expressão é de Pinto Leite, "Da proibição...", p. 141.

ceira pode conduzir. Assim, considerando que esta pode lesar as várias funções associadas ao capital social, inquinar a composição da estrutura societária, manipular o mercado bolsista, violar direitos dos acionistas e distorcer a realidade patrimonial, administrativa, política e financeira da empresa[51], *"o legislador estabeleceu um regime susceptível de englobar todas essas possibilidades"*[52], por forma a erradicar a danosidade social polimórfica que considerou estar subjacente à assistência financeira [53].

4. Caraterização da proibição

Neste capítulo focar-nos-emos na análise dos requisitos de que depende a aplicação da proibição de assistência financeira, plasmados no art. 322.º: a existência de um negócio de financiamento, a subscrição ou aquisição de ações da sociedade assistente (requisitos objetivos) e o conluio de vontades entre a sociedade assistente e o terceiro assistido (requisito subjetivo).

4.1. Elementos objetivos

4.1.1. Negócio de financiamento

O art. 322.º estabelece que *"uma sociedade não pode conceder empréstimos ou por qualquer forma fornecer fundos ou prestar garantias para que um terceiro*[54] *subscreva ou por outro meio adquira* ações *representativas do seu capital"*.

[51] Neste sentido, Tarso Domingues, "Proibição de 'Assistência Financeira'...", p. 57.

[52] Cf. M.ª Victória Rocha, *Aquisição de acções...*, p. 313.

[53] No mesmo sentido, considerando que *"será esta compreensão global dos riscos (de todos os riscos e de nenhum em particular ou individualmente considerado) associados à operação, que poderá fundamentar o regime da sua proibição"*, *vide* Tarso Domingues, "Proibição de 'Assistência Financeira'...", p. 57.

[54] O conceito de *terceiro* deve abranger, além dos terceiros *stricto sensu*, aqueles que já são acionistas no momento da aquisição de ações e que pretendem reforçar a sua posição de acionista. Neste sentido, Tarso Domingues, "Proibição de 'assistência financeira'...", p. 53, João Labareda, *Direito Societário Português – Algumas Questões*, Quid Iuris, 1998, p. 188, Paulo Olavo da Cunha, *Direito das Sociedades Comerciais*, 5.ª edição, Almedina, p. 435, Carretero Pires, "Prohibición de asistencia...", p..411 e Rita trabulo, "As Acções Próprias...", p. 459.

Ao proibir a concessão de empréstimos[55] pela sociedade a terceiros[56], o legislador pretendeu vedar os negócios pelos quais a sociedade empreste dinheiro ou outra coisa fungível a um terceiro, ficando este obrigado a restituir outro tanto do mesmo género e qualidade.

Quanto à expressão *"ou por outra forma fornecer fundos"*, julgamos que o legislador optou por esta cláusula geral, em vez de exemplificar as ações concretamente abrangidas, para estabelecer um *princípio proibitivo geral*, vedando todos os atos que se consubstanciem na concessão de créditos pela sociedade a terceiros e que, embora não se enquadrem no contrato de mútuo, conduzam ao mesmo resultado económico[57][58], como um *sale and lease back*, renúncia a uma indemnização, satisfação de dívidas do terceiro assistido a outras entidades, descontos, prorrogação do prazo para a exigência de um crédito da sociedade, abertura de crédito, etc.[59] Reserva-se

[55] Cremos que o legislador empregou a expressão "conceder empréstimos", para se referir aos contratos de mútuo, consagrados, entre nós, nos art. 1142.º a 1151.º do Código Civil e aos empréstimos mercantis, regulados nos art. 394.º a 396.º do Código Comercial.

[56] Considerando que *"for a company to lend money to finance the acquisition of its own shares is among the most blatant forms of financial assistance and where there is clear evidence that this has occurred the point is unlikely to be disputed"*, cf. Eilís Ferran, *Principles of*..., p. 283.

[57] Atribuição de bens ou recursos líquidos ao terceiro que lhe permitam, através da sua detenção, obter liquidez.

[58] Afirmando que com a expressão *"conceder empréstimos ou por qualquer forma fornecer fundos"* a letra da lei inculca a semelhança entre o empréstimo e o fornecimento de fundos, i.e., a concessão de um crédito pela sociedade, cf. Raúl Ventura, "Acçõe s próprias", p. 376.

[59] Cf., neste sentido, Costa Andrade, "Artigo 322.º", p. 449, Horta Osório, *Da tomada do controlo*..., p. 198 e 199, Mariana Silva, "Assistência Financeira...", p. 191 a 194, Tarso Domingues, "Proibição de 'Assistência Financeira'...", p. 60 e M.ª Victória Rocha, *Aquisição de acções*..., p. 314. Discordamos, porém, do entendimento de M.ª Victória Rocha – subscrito por Pinto Leite – quando refere que *"a proibição afecta as doações. A quem está proibido o menos perigoso, emprestar, não pode ser permitido o mais perigoso, doar"*. Com efeito, não obstante o efeito prático seja o mesmo – a nulidade da doação – entendemos que na grande generalidade dos casos as doações serão nulas não por aplicação do art. 322.º, n.º3, mas sim por falta de capacidade de gozo, nos termos das disposições conjugadas dos art. 6.º, n.º1 e 2 CSC e 294.º CCiv. Com efeito, sendo o fim da sociedade a obtenção de lucro (art. 980.º CCiv), a realização de liberalidades e outros atos gratuitos que impliquem um puro desvalor para o património societário, não são, à partida, compatíveis com esse fim. Acresce que, não obstante o legislador tenha tido em conta que certas liberalidades tornam mais fácil a obtenção de lucro, isto é, que a finalidade é interesseira, e tenha, por isso, consagrado no art. 6.º, n.º2, a admissibilidade das liberalidades que possam ser consideradas usuais segundo as circunstâncias da época e as condições da sociedade, a verdade é que dificilmente a realização de doações para que terceiros adquiram ações próprias será enquadrável no conceito de *"liberalidades usuais"*, pelo que tais doações serão, quase sempre, nulas por contrárias ao fim da sociedade, nos termos do art. 294.º CCiv e 6.º CSC, e não por aplicação do art. 322.º, n.º3. Admitimos, no entanto, que possam existir

assim aos tribunais o papel de, mediante uma análise casuística, decidir se as operações levadas a cabo conduzem ao mesmo resultado económico que o mútuo e devem ser proibidas ou, pelo contrário, se devem ser admitidas, por não lesarem os interesses protegidos pela norma.[60] Relevante parece-nos ser, em todo caso, a natureza necessariamente económica da operação – dada a utilização da expressão *"fundos"* -, que terá de dotar o terceiro de liquidez.[61]

Quanto à prestação de garantias, afigura-se-nos necessário resolver, em primeiro lugar, uma questão prévia, pois não nos parece que a proibição do art. 322.º seja de aplicar, sem mais, à prestação de toda e qualquer garantia. Com efeito, estabelece o art. 6.º, n.º 3, que são nulas, por contrárias ao fim da sociedade, as garantias reais ou pessoais prestadas a dívidas de outras entidades. Só não será assim se houver um justificado interesse próprio da sociedade garante ou se esta e a sociedade garantida se encontrarem em relação de domínio ou de grupo, caso em que o interesse próprio se presume *júris et de jure*[62]. Salvo melhor entendimento, esta cominação apenas se aplica às garantias prestadas a título gratuito, pois quando sejam onerosas, a sociedade tem capacidade para as conceder, por força do disposto no art. 6.º, n.º 1[63]. Dito isto, entendemos que as garantias gratuitas não justificadas por um interesse próprio da sociedade garante ou não abrangidas por uma relação de domínio ou de grupo serão

doações a terceiros para que estes adquiram ações da sociedade assistente enquadráveis no art. 6.º, n.º2, por não se traduzirem num puro desvalor do património societário e visarem, ainda que indiretamente, a obtenção futura de lucros, como será o caso de uma doação concedida a um terceiro com o objetivo de que este traga para a sociedade uma importante carteira de clientes ou que este venha a melhorar o processo produtivo da sociedade, devido ao seu *know how*. No nosso ponto de vista, nestes casos, e só nestes, é que a nulidade da doação se dará por aplicação da cominação plasmada no art. 322.º, n.º3, pois nos restantes esta resultará da falta de capacidade de gozo da sociedade. Sobre as liberalidades realizadas pela sociedade, cf. por todos, Alexandre Soveral Martins, "Da Personalidade e Capacidade Jurídicas das Sociedades Comerciais", *Estudos de Direito das Sociedades*, 11.ª edição, Almedina, Coimbra, p. 97 a 101.

[60] Neste sentido, Bayona Giménez, "La prohibición..." p. 253.

[61] Neste sentido, Pinto Leite, "Da proibição...", p. 146. A Autora afasta assim do âmbito de aplicação da proibição a mera *"assistência informativa"*, traduzida no auxílio prestado por m uma sociedade a um terceiro para facilitar a aquisição das respectivas ações por parte deste e que se traduza apenas na concessão de informações, ainda que privilegiadas. No mesmo sentido, *vide* Rita Trabulo, "As Acções Próprias...", p. 456.

[62] *Vide* Osório de Castro, "A Prestação Gratuita...", p. 414 e 416. Note-se que o Autor, no que concerne à interpretação do art. 6.º, n.º3, CSC, entende que o mesmo só se aplica às garantias prestadas *"pela sociedade dominante em benefício da sociedade dependente"*.

[63] Sobre a prestação de garantias reais ou pessoais a dívidas de outras entidades, cf. Soveral Martins, "Da Personalidade...", p. 101 e 102 e João Labareda, *Direito Societário...*, *p.* 186 e seg.

nulas, não por força da proibição consagrada no art. 322.º, mas sim por força do disposto no art. 6.º, n.º 1 e 3, isto é, por contrariarem o fim da sociedade. Qual é, então, o âmbito de aplicação da proibição de prestar garantias consagrado no art. 322.º? Parece-nos que será de aplicar tão só às garantias onerosas e àquelas que, ainda que gratuitas, sejam justificadas por um interesse próprio da sociedade ou prestadas no âmbito de sociedades em relação de domínio ou de grupo[64] e tenham como finalidade a aquisição de ações da sociedade garante pelo terceiro garantido. Com efeito, embora nestes casos a sociedade tivesse, em abstracto, capacidade para as prestar, pois acordes com o seu fim, o legislador, entendendo que as garantias prestadas com esta finalidade específica tinham ínsita uma danosidade social polimórfica, veio proibi-las radicalmente no art. 322.º, apesar de superado o crivo estatuído no art. 6.º, n.º 3[65].

Dito isto, passemos à análise da proibição de prestar garantias consagrada no art. 322.º, tendo em mente a definição do âmbito de aplicação deste preceito agora estabelecida.

Tal proibição justifica-se na medida em que a sociedade, embora não conceda diretamente um crédito, pode indireta e potencialmente sacrificar o seu património. Dada a intenção do legislador em reprimir todo tipo de assistência financeira, o termo "*garantias*" deve ser entendido em termos amplos[66], abrangendo não só os contratos típicos de garantias reais e pessoais, como aval, fiança, penhor e hipoteca, mas todos aqueles pelos quais a sociedade assegure o cumprimento de uma obrigação assumida pelo terceiro perante outrem, isto é, aqueles em que o resultado económico seja o mesmo.[67]

Defendemos que a proibição de assistência financeira compreende não só a assistência financeira imediata, mas também a mediata, isto é, o âmbito de aplicação da proibição abrange as garantias prestadas ou o for-

64 Sobre a extensão da proibição da *financial assistance* às hipóteses de relação de grupo ou domínio, *vide*, por todos, Osório de Castro, "A Prestação Gratuita...".

65 Considerando que *"o nível de protecção vai mais além, no artigo 322.º, do que a protecção do escopo lucrativo da sociedade"*, *vide* Rita Trabulo, "As Acções Próprias...", p. 416.

66 *Vide* Vaquerizo Alonso, *Asistencia financiera...*, p.172, Flores Doña, "Adquisición de acciones ...", p.177, Pinto Leite, "Da proibição...", p. 145, M.ª Victória Rocha, *Aquisição de acções...*, p. 314 e Tarso Domingues, "Proibição de 'Assistência Financeira'...", p. 81.

67 Como exemplificado por Vaquerizo Alonso, *Asistencia financiera...*, p. 172, M.ª Victória Rocha, *Aquisição de acções...*, p. 314, Costa Andrade, "Artigo 322.º", p. 449 e Mariana Silva, "Assistência Financeira...", p. 194, estarão abrangidas as letras de favor, o mandato de crédito, o seguro caução, etc.

necimento de fundos a um quarto sujeito, desde que o beneficiário último da assistência seja o terceiro adquirente das ações.[68]

Por outro lado, do espírito da lei decorre que estão proibidos todos os negócios pelos quais se vise facultar liquidez ao terceiro, independentemente do facto do negócio causar ou não prejuízo à sociedade, sendo portanto indiferente se o mesmo é feito ou não em condições normais de mercado.[69]

Por fim, deve entender-se que a norma abrange quer a assistência financeira prévia à aquisição de ações, quer aquela que é prestada posteriormente[70]. Pense-se, por exemplo, no caso de um terceiro que contrai um empréstimo junto de uma entidade financeira para comprar, com o crédito obtido, ações de uma sociedade, e que, após entrar no grémio societário, recorre aos ativos da sociedade para reembolsar o empréstimo que foi previamente por si contraído para a aquisição das ações.[71] Neste caso, o ato de assistência financeira é posterior à aquisição de ações, mas como a sua finalidade precípua foi precisamente permitir ao terceiro a aquisição de ações da sociedade assistente, deve entender-se que está abrangido pelo âmbito de aplicação da proibição.

4.1.2. Aquisição ou subscrição de ações da sociedade assistente

O segundo requisito objetivo traduz-se na aquisição ou subscrição de ações da sociedade assistente. Não nos parece, contudo, que este elemento

[68] Pense-se, por exemplo, na garantia prestada a uma instituição de crédito para que esta aceite financiar o terceiro na aquisição das ações da sociedade garante, em que não obstante a garantia seja prestada a um quarto sujeito, o beneficiário real da mesma é o terceiro. Neste sentido, Flores Doña, "Adquisición de acciones ...", p. 178, Pinto Leite, "Da proibição...", p. 146, Tarso Domingues, "Proibição de 'Assistência Financeira'...", p. 81 e Rita Trabulo, "As Acções Próprias...", p. 459.

[69] Neste sentido, Tarso Domingues, "Proibição de 'Assistência Financeira'...", p. 81 e Pinto Leite, "Da proibição...", p. 147. Em sentido diverso, Rita Trabulo, "As Acções Próprias...", p. 457, escreve que "*já não cairá na proibição da norma reguladora da assistência financeira o caso da celebração de negócios ordinários a preço de mercado, mesmo que desse negócio, o preço recebido pelo terceiro seja aplicado por este na aquisição de acções da sociedade com quem celebrou o primeiro negócio. É importante ter em atenção esta ideia de modo a não cair em excessos proibitivos e assim condenar operações inocentes e completamente justas a nível de mercado*".

[70] Neste sentido, *vide* M.ª Victória Rocha, *Aquisição de acções...*, p. 315, Raúl Ventura, "Acções próprias", p. 377, Tarso Domingues, "Proibição de 'Assistência Financeira'...", p. 63 e Rita Trabulo, "As Acções Próprias...", p. 463.

[71] Foi precisamente esta a prática que levou a *Comissão Greene* a recomendar a proibição de assistência financeira.

seja um verdadeiro pressuposto de aplicação da proibição estatuída no art. 322.º, na medida em o objetivo precípuo da norma não é propriamente evitar o resultado aquisitivo em si, mas sim evitar o negócio de financiamento celebrado com o intuito de o facilitar.[72]

Aplaude-se, no que a este elemento concerne, a inequívoca formulação adotada pelo legislador português – que foi mais além da letra do art. 23.º da Segunda Diretiva, onde apenas se faz menção à aquisição e obviou assim às controvérsias que surgiram noutros ordenamentos jurídicos, como o espanhol – uma vez que quer na aquisição de ações, quer na sua subscrição, se verifica o resultado indesejado que se visou abolir: que o terceiro obtenha ações da sociedade com recurso ao património desta[73]. Assim, a sociedade está proibida de facilitar ao terceiro qualquer modo de acesso à titularidade das suas ações, seja tal aquisição derivada, isto é, fruto da transmissão de ações realizada por um ex-sócio, seja fruto da emissão efetuada pela própria sociedade aquando da sua constituição ou de um aumento de capital (aquisição originária).[74]

4.1.3. Elemento subjetivo

Para que a assistência financeira se subsuma à proibição do art. 322.º, é necessário que tenha sido prestada *para que* o terceiro subscreva ou adquira ações representativas do capital social da sociedade assistente, isto é, exige-se uma vontade comum à sociedade e ao terceiro assistido no sentido de facilitar a este último o acesso à condição de acionista (ou o reforço dessa posição, caso já o seja), devendo, de resto, ser tal finalidade o propósito

[72] *Vide* Vaquerizo Alonso, *Asistencia financiera...*, p. 194 e Pinto Leite, "Da proibição...", p. 148. Em sentido diverso, Rita Trabulo, "As Acções Próprias...", p. 463 defende que "*sob pena de caírem exageros, ao frustrar-se o negócio de aquisição das acções, toda a conjugação de elementos de que estamos aqui a estudar cai por terra, e o encadeamento que constitui o preceito explanado no n.º1 do artigo 322.º CSC parte-se, pois, de facto, temos a prestação de uma garantia a favor de um terceiro, que tinha como fim a aquisição de acções próprias, sem ter havido de facto essa aquisição*", pelo que defende que, nestes casos, a assistência converter-se-á "*num caso de assistência financeira comum*".

[73] Cf.. Pinto Leite, "Da proibição...", p. 148, M.ª Victória Rocha, *Aquisição de acções...*, p. 315 e Mariana Silva, "Assistência Financeira...", p. 195.

[74] Neste sentido, Vaquerizo Alonso, *Asistencia financiera...*, p. 185.

primordial da celebração do contrato de financiamento[75][76]. Não se verificando esta finalidade comum, por exemplo se a sociedade garante um empréstimo contraído pelo terceiro junto de uma instituição de crédito sem saber que com o capital mutuado este pretende adquirir ações representativas do seu capital, ou se a sociedade concede um empréstimo a um seu acionista sem o afetar a uma finalidade específica e este emprega o dinheiro no reforço da sua posição, o negócio é válido, pois não se verifica o elemento subjetivo exigido pela disposição legal.[77] Também nos parece que não será de aplicar proibição do art. 322.º se o negócio de assistência financeira estiver incorporado numa operação mais abrangente, sendo a aquisição de ações por parte do terceiro assistido um resultado meramente incidental.[78]

Este elemento revela ser, no entanto, uma autêntica *diabolica probatio*[79], sobretudo porque, nas mais das vezes, os contraentes não referem expressamente a intenção subjacente ao financiamento, devendo a prova do *animus* ser feita pelos meios normais de interpretação da vontade das partes e pela análise casuística das circunstâncias concomitantes em que se deu a operação.

Um dos elementos a ter em consideração será necessariamente a aproximação temporal entre a operação de financiamento e a subscrição ou aquisição de ações, pois quanto mais próximas forem no tempo, mais

[75] Neste sentido, Vaquerizo Alonso, *Asistencia financiera...*, p. 208 a 219, Costa Andrade, "Artigo 322.º", p. 449, Flores Doña, "Adquisición de acciones...", p. 242 a 247, Bayona Giménez, "La prohibición..." p. 401 e seg., Eílis Ferran, *Principles of...*, p. 291 a 293, Pinto Leite, "Da proibição...", p. 150 e 151, Bernardo Mota, "Proibição de Assistência ... Introdução", p. 109, M.ª Victória Rocha, *Aquisição de acções...*, p. 315, Mariana Silva, "Assistência Financeira...", p. 195 a 198, Raúl Ventura, "Acções próprias", p. 377, Tarso Domingues, "Proibição de 'Assistência Financeira'...", p. 62 e carretero Pires, "Prohibición de asistencia...", p. 416.

[76] O *causal link* já era, de resto, considerado essencial no direito britânico, génese da nossa proibição, onde, como referido por Eílis Ferran, *Principles of...*, p. 291, *"the ban only applies to financial assistance given* for the purpose *of an acquisition"*

[77] *Vide* Tarso Domingues, "Proibição de 'Assistência Financeira'...", p. 62, Pinto Leite, "Da proibição...", p. 151 e M.ª Victória Rocha, *Aquisição de acções...*, p. 315.

[78] Afirmando a *"validade dos negócios de assistência financeira cuja finalidade imediata seja distinta da de facilitar o acesso do beneficiário ao capital da própria sociedade assistente"*, e a consequente não aplicação da referida proibição aos *Leveraged Buy Outs*, cf. Horta Osório, *Da tomada do controlo...*, p. 197. No mesmo sentido, considerando que *"where there are mixed purposes, the financial assistance may be taken outside the scope of the prohibition if that purpose is subsidiary to another 'principal' purpose or is incidental"*, Eílis Ferran, *Principles of...*, p. 293 e 294.

[79] A expressão *"prueba diabólica de intenciones"* é de Bayona Giménez, *La prohibición...*, p. 412

fácil se revelará a prova do nexo causal[80]. Não nos parece, porém, que este elemento seja determinante nem que se deva limitar a proibição a um período temporal pré-definido, devendo ser entendido apenas como mais um indício, pese embora importante, a ser analisado juntamente com os restantes.[81] Por fim, uma palavra para referir que é indiferente que a assistência financeira seja anterior, simultânea ou posterior à aquisição das ações da sociedade assistente pelo terceiro assistido, desde que a primeira se tenha dado com vista à segunda, pois independentemente da ordem cronológica, tal operação estará sempre abrangida pela proibição do art. 322.º.

5. Exceções à proibição de assistência financeira

O n.º2 do art. 322.º, em consonância com o disposto no art. 23.º, n.º 2 da Segunda

Diretiva[82], estabelece que a proibição de assistência financeira não se aplica "às operações *correntes dos bancos ou de outras instituições financeiras, nem às operações efetuadas com vista à aquisição de ações pelo ou para o pessoal da sociedade ou de uma sociedade com ela coligada*". Em qualquer caso, de tais operações "*não pode resultar que o ativo líquido da sociedade se torne inferior ao montante do capital subscrito acrescido das reservas que a lei ou o contrato de sociedade não permitam distribuir*".

5.1. Operações correntes dos bancos ou de outras instituições financeiras

Do ponto de vista *subjetivo*, a exceção não levanta grandes problemas, encontrando

o seu âmbito de aplicação definido, a nosso ver, nos art. 3.º e 6.º do Regime Geral das Instituições de Crédito e Sociedades Financeiras.[83]/[84]

[80] Considerando, inclusive, que caso haja uma clara aproximação temporal entre ambas as operações o elemento subjetivo se presume, cabendo à sociedade ilidir a presunção, cf. Bayona Giménez, *La prohibición...*, p. 417.

[81] Neste sentido, Bayona Giménez, "La prohibición...", p. 415 e 416, Pinto Leite, "Da proibição...", p. 152 e 153 e Mariana Silva, "Assistência Financeira...", p. 195 e 198.

[82] De quem se distanciou, porém, ao não transpor para o nosso ordenamento jurídico a exceção constante do art. 23.º, n.º3, relativa às sociedades de investimento de capital fixo.

[83] Aprovado pelo DR de 298/92, de 31 de Dezembro, disponível em http://www.bportugal.pt/pt-pt/legislacaoenormas

[84] Neste sentido, João Labareda, *Direito Societário...*, *p.* 189.

Já do *ponto de vista objetivo* levantam-se alguns problemas. Para melhor os compreender, é necessário, porém, atentar primeiro na génese desta exceção.

A exceção em escrutínio teve origem no *Companies Act* de 1929, onde se proibia a assistência financeira prestada *"for the purpose of or in connection"* com a aquisição de ações, isto é, proibia-se a assistência quer existisse ou não uma vontade comum ao terceiro e à sociedade em usar os meios desta para financiar a aquisição de ações por aquele. Este *sistema objetivista* gerava onerosos inconvenientes (p.ex. obrigar a sociedade a averiguar o destino dado aos financiamentos concedidos), pelo que, para os evitar, foram excluídas do perímetro de aplicação da proibição as operações efetuadas *por qualquer sociedade* no decurso das suas *operações correntes*.

Com a consagração da *tese subjetivista* em 1948, a exceção perdeu a sua razão de ser. Com efeito, a assistência financeira prestada pela sociedade a terceiros que não tenha como finalidade específica a aquisição de ações da sociedade assistente por parte dos terceiros assistidos passou a deixar de ser abrangida pelo âmbito de aplicação da proibição, pelo que os inconvenientes que se visavam evitar deixaram de se verificar. Por outro lado, a assistência financeira prestada *com a finalidade* de que o terceiro adquira ações próprias da sociedade assistente dificilmente se pode subsumir à noção de *"operações correntes"*.

Dito isto, e considerando a *conceção subjetivista* ínsita ao art. 322.º, entendemos que a exceção relativa às *operações correntes* dos bancos e instituições financeiras é supérflua e desprovida de significado prático, a permanecendo entre nós apenas por um descuido legislativo, decorrente da não adaptação do preceito legal ao espírito subjetivista que passou a pautar a proibição. Com efeito, a ideia de que a exceção é uma *norma de favor* ao sector bancário, dado que a principal atividade deste se consubstancia na realização de operações de financiamento, não merece o nosso acolhimento, porquanto os negócios de financiamento efetuados pelos bancos e outras instituições de crédito no seio das suas *operações correntes* não são, de todo, proibidos pela norma do art. 322.º, nem mesmo quando em virtude do financiamento o terceiro adquire ações próprias da instituição de crédito. A assistência só é proibida quando, entre estes dois negócios, haja uma vontade comum ao banco e ao terceiro assistido em usar os recursos deste para a aquisição das suas ações, e tal operação é, por definição, *extraordinária*, pelo que não excepcionada pelo n.º 2[85]. Pelas mencionadas

[85] Eílis Ferran, *Principles of...*, p. 299 e 300, refere que: *"(...) nothing is protected, except what is consistent with the normal course of its business and is lending which the company ordinarily practices... it is, on the other hand, virtually impossible to see how loans... deliberately made by a*

razões, parece-nos que o n.º2 do art. 322.º, no que concerne às *operações correntes dos bancos e outras instituições financeiras,* não consagra, na realidade, nenhuma verdadeira exceção, limitando-se a confirmar a regra geral, que proíbe a assistência financeira *para* aquisição de ações próprias, visto que esta não é uma *operação corrente dos bancos,* mas deixa incólumes os negócios de atribuições patrimoniais a terceiros – estes sim, incluídos no âmbito das *operações correntes* dos bancos – ainda que com estes fundos os terceiros venham a adquirir ações da sociedade assistente, desde que entre ambos os negócios não exista uma relação causal.[86]

5.2. Operações efetuadas com vista à aquisição de ações pelo ou para o pessoal da sociedade ou de uma sociedade com ela coligada.

O principal problema que esta exceção levanta é saber quem se pode considerar abrangido pela noção de *"pessoal da sociedade".* Em primeiro lugar, entendemos que esta exceção não se deve aplicar aos administradores da sociedade[87], quer porque os art. 397.º, 428.º, n.º4 e 445.º proíbem que a sociedade conceda empréstimos ou crédito aos seus administradores, efetue pagamentos por conta deles ou preste garantias a obrigações por eles contraídas, quer porque um dos objetivos da norma é precisamente evitar abusos de poder por parte destes e o surgimento de conflitos de interesses. Mais duvidoso é, no entanto, saber se a norma apenas se aplica aos trabalhadores ligados à sociedade por um contrato de trabalho ou se abrange também o pessoal ligado à sociedade por um contrato de prestação de serviços[88]. Por fim, e atendendo à *ratio* da excepção, expli-

company for the direct purpose of financing a purchase of its shares could ever be described as made in the ordinary course of business", concluindo que *"it is thus not sufficient that the company's ordinary business involves lending money; the particular loan must also be within the ordinary course of its business and, if it is a loan made specifically to finance an acquisition of its own shares, there is every likelihood that it will fail this test".*

86 Neste sentido, Vaquerizo Alonso, *Asistencia financiera…*, p. 507 a 512, Eílis Ferran, *Principles of…*, p. 299 e 300 e Pinto Leite, "Da proibição…", p. 157. 7

87 No mesmo sentido, Raúl Ventura, "Acções próprias", p. 381, Pinto Leite, "Da proibição…", p. 158 e 159, Flores Doña, "Adquisición de acciones …", p. 307 a 320, Horta Osório, *Da tomada do controlo…*, p. 310 e 311, Bayona Giménez, "La prohibición…", p. 252, Vaquerizo Alonso, *Asistencia financiera…*, p. 524 e 525 e Tarso Domingues, "Proibição de 'Assistência Financeira'…", p. 64. Em sentido oposto, entendendo que os administradores estão abrangidos pela noção de *pessoal,* cf. Mariana Silva, "Assistência Financeira…", p.216 e 217.

88 Entendendo que a exceção só se aplica aos trabalhadores ligados à sociedade por contrato de trabalho subordinado, cf. Horta Osório, *Da tomada do controlo…*, p. 210, João labareda, *Direito Societário…*, p. 188, Rita trabulo, "As Acções Próprias…", p. 471 e M.ª Victória

cada *infra*, parece-nos que a excepção não se aplica aos ex-trabalhadores da sociedade.[89]

Quanto à noção de *"sociedade coligada"* julgamos que abrange todas as modalidades de relacionamento definidas no título VI do CSC[90].

O fundamento desta exceção resulta do fenómeno de *"socialização da empresa"* e do consequente reconhecimento das virtudes da participação dos trabalhadores no capital social das sociedades e no seu processo produtivo.[91]. No entanto, para além de fins de política social, a exceção visa, também, fins macroeconómicos de política empresarial, como o impacto que a detenção pelos trabalhadores de uma fração do risco empresarial tem no aumento da produtividade e competitividade da empresa, já que a remuneração destes passa a depender também da distribuição de dividendos.[92]

5.3. A ressalva do capital social no âmbito das exceções admitidas

Ambas as exceções explanadas estão sujeitas a um limite comum, estabelecido no art. 322.º, n.º2, *in fine*, onde se dispõe que tais operações têm de se realizadas com bens livremente distribuíveis pela sociedade[93], para que se assegure a intangibilidade do capital social[94], sob pena de nulidade (art. 322.º, n.º3). Este limite é, no entanto, ineficaz.

Rocha, *Aquisição de acções...*, p. 317. Em sentido oposto, defendendo a interpretação lata do termo "pessoal" de modo a abranger os contratos de prestação de serviços, de estágio, etc., cf. Mariana Silva, "Assistência Financeira...", p. 213 e 214.

89 No mesmo sentido, Rita trabulo, "As Acções Próprias...", p. 471. Note-se, contudo, que se a assistência financeira for prestada quando existia um vínculo laboral, esta será válida, ainda que no momento em que se aprecia a legalidade da assistência financeira esse mesmo vínculo já não subsista, porquanto *"o ponto relevante é o do momento da prestação da assistência financeira, que para cair no âmbito da segunda excepção mencionada no n.º2 do artigo 322.º CSC, deve ser prestada ao trabalhador enquanto este ainda é trabalhador e tem um vínculo laboral actual com a sociedade"*.

90 Cf. Raúl Ventura, "Acções próprias", p. 381.

91 Cf. Mariana Silva, "Assistência Financeira...", p. 213, Serrano Acitores, "Leveraged Buy Outs...", p. 369 e Flores Doña, "Adquisición de acciones ...", p. 262.

92 Cf. Pinto Leite, "Da proibição...", p. 158 e 159, Flores Doña, "Adquisición de acciones ...", p. 269 e carretero Pires, "Proihibición de asistencia...", p..418.

93 Não afecto à cobertura do capital social e das reservas que a lei ou o contrato de sociedade não permitam distribuir.

94 *Vide* Tarso Domingues, "Proibição de 'Assistência Financeira'...", p. 65, Costa Andrade, "Artigo 322.º", p. 452 e M.ª Victória Rocha, *Aquisição de acções...*, p. 317.

Com efeito, quando a assistência financeira é prestada por concessão de créditos, à saída de fundos corresponde um direito de crédito da sociedade sobre o terceiro assistido, de idêntico valor[95][96]. Perante esta circunstância, parte da doutrina defenda que apenas se deve atender à diminuição patrimonial resultante da concessão de crédito para efeitos de aplicação do limite consagrado no n.º 2 do art. 322.º, desconsiderando-se o direito de crédito que ingressa no ativo[97]. Há, no entanto, quem considere que, mesmo interpretando-se a norma deste modo, esta não é suficiente para proteger a função garantia imputada ao capital social, alegando que para assegurar o escopo proteccionista se deveria constituir, no passivo do balanço, uma reserva não distribuível no montante da assistência financeira global[98]. No entanto, mesmo com este entendimento a norma permanece desprovida de sentido quando a assistência financeira é prestada sob a forma de garantia, caso em que o balanço da sociedade permanece inalterado.[99]

6. Consequências jurídicas decorrentes da violação da proibição

O regime consagrado no art. 23.º da Segunda Diretiva deixou uma grande margem de conformação aos Estados Membros no que toca às consequências decorrentes do incumprimento da proibição[100]. Entre nós, o n.º3 do art. 322.º estabeleceu que *"os contratos ou atos unilaterais da sociedade que violem o disposto no n.º1 ou a parte final do n.º2 são nulos"*.

[95] Neste sentido, cf. Raúl Ventura, "Acções próprias" p. 381 e 382, Mariana Silva, "Assistência Financeira...", p. 218 a 220 e M.ª Victória Rocha, *Aquisição de acções...*, p. 317.

[96] Considerando que *"la condición expuesta no elimina el peligro de que el patrimonio social quede constituido enteramente por créditos frente a los terceros asistidos"*, Bayona Giménez, "La prohibición...", p. 255.

[97] Neste sentido, Raúl Ventura, "Acções próprias" p. 382, Vaquerizo Alonso, *Asistencia financiera...*, p. 529 e Costa Andrade, "Artigo 322.º", p. 452.

[98] Neste sentido, M.ª Victória Rocha, *Aquisição de acções...*, p. 317 e 318 e Tarso Domingues, "Proibição de 'Assistência Financeira'...", p. 65. Este último autor considera que *"não se constituindo uma reserva indisponível de valor idêntico aos fundos adiantados, isto significa que, depois da operação, o valor que no ativo fará de pendant com o capital social poderá ser afinal o crédito da sociedade sobre o terceiro...precisamente um dos resultados que o regime legal visa evitar"*. Em sentido posto, por considerar tal preocupação excessiva, *vide* Raúl Ventura, "Acções próprias", p. 382.

[99] Cf. Mariana Silva, "Assistência Financeira...", p. 218 a.

[100] Neste sentido, Tarso Domingues, "Proibição de 'Assistência Financeira'...", p. 59

A doutrina maioritária tem considerado que esta cominação é demasiado severa[101], sobretudo quando em causa estão negócios neutros ou operações integradas numa estrutura negocial complexa. A par destes argumentos, é usual invocar-se o facto de não ser a nulidade a sanção regra no *"micro-sistema das ações próprias"*[102]. Defendem alguns destes autores, em alternativa aos efeitos jurídicos radicais desta sanção, uma apreciação casuística das operações de assistência financeira, onde se balançassem, no caso concreto, os interesses protegidos pela norma[103].

Não tendo tais considerações tido entre nós acolhimento legal, os negócios de financiamento praticados em violação das normas estatuídas no art. 322.º n.º1 e n.º2 *in fine* são nulos, devendo consequentemente o terceiro restituir à sociedade assistente quaisquer fundos que lhe tenham sido concedidos, nos termos e para os efeitos do disposto no art. 289.º do Código Civil.

Quanto aos atos pelos quais a sociedade obtém os fundos que depois utilizará na assistência financeira, parece-nos que estes não estão feridos pela nulidade estatuída no n.º 3 do art. 322.º.[104]

A questão que maiores dificuldades levanta, no entanto, é a de saber se a nulidade do negócio de assistência financeira *envenenará* também o negócio de aquisição de ações.

Com efeito, se uma análise perfunctória do regime nos levaria a defender a nulidade do negócio de aquisição de ações, na medida em que este e o contrato de financiamento constituem uma *unidade negocial complexa*, havendo entre eles uma interdependência funcional, pelo que a nulidade do primeiro acarretaria a nulidade do segundo[105], uma análise mais profunda desta questão leva-nos a rejeitar a aplicabilidade *geral e abstrata* desta solução, pois nem sempre esta acautelará os interesses em jogo e

[101] P.ex., Tarso Domingues "Proibição de 'Assistência Financeira'...", p. 65, Costa Andrade, "Artigo 322.º", p. 454 e Flores Doña, "Adquisición de acciones...", p. 372.

[102] Cf. Costa Andrade, "Artigo 322.º", p. 454 e Tarso Domingues, "Proibição de 'Assistência Financeira'...", p. 65.

[103] Cf. Pinto Leite, "Da proibição...", p.159 a 161 e Vaquerizo Alonso, *Asistencia financiera...*, p.540 e 541.

[104] *Vide* Raúl Ventura, "Acções próprias", p. 379 e Mariana Silva, "Assistência Financeira...", p. 231.

[105] Neste sentido, Pinto Leite, "Da proibição...", p. 159 a 161 e Vaquerizo Alonso, A*sistencia financiera...*, p. 548, que considera que *"La cuestión relativa a la validez o invalidez de la adquisición realizda por el terceiro habrá de resolverse tomando en consideración la disciplina generalmente aplicable a los negócios coligados cuando concurre en uno de ellos una causa ilícita.... Bajo este aspecto, la nulidad del negocio de adquisición podrá ser declarada cuando se demuestre que la ilicitud derivativa de la causa de la financiacion o de la atribución patrimonial societária resulta indisociable del resultado práctico que se persigue mediante la adquisicion"*.

os interesses dos terceiros de boa fé[106]. Pense-se, por exemplo, no caso de um acionista de uma sociedade que vende a um terceiro as suas ações, assumindo a sociedade a garantia de pagamento do preço. Neste caso, se interpretada a vontade do acionista alienante se chegar à conclusão de que este estaria interessado no negócio, ainda que sem qualquer garantia de pagamento do preço, impor a nulidade do negócio aquisitivo desprotegeria o terceiro alienante de boa fé[107].

Não podemos, porém, ancorar a solução deste problema na solução oposta, que considera que a nulidade apenas deve afectar a operação de assistência financeira, deixando incólume o negócio aquisitivo[108]. Com efeito, ainda que em certos casos esta solução se justifique, pois não seria justo que o terceiro alienante de boa fé tivesse de arcar com a nulidade da venda de ações que fez, por estar a compra inquinada por uma assistência financeira a que ele foi completamente alheio, a verdade é que esta solução não dá, também ela, uma resposta cabal e adequada a todas as situações passíveis de ser abrangidas pelo perímetro de aplicação da proibição. Pense-se, por exemplo, no caso de uma sociedade que garante, através da penhora de um imóvel, um empréstimo contraído por um terceiro junto de um banco para comprar, com o montante mutuado, ações próprias da sociedade garante. Neste caso, se a nulidade apenas abranger a assistência financeira, o banco sairá prejudicado, porquanto terá de cumprir o negócio sem a salvaguarda da garantia que lhe tinha sido prestada, e, por outro lado, a sociedade que atuou ilicitamente sairá beneficiada, pois ficou desonerada da garantia que prestou.[109]

Defendemos, por isso, na esteira de Paulo de Tarso Domingues, que nalguns casos a nulidade do negócio de assistência financeira se alastre ao de aquisição de ações, mas que noutros os efeitos da nulidade se restrinjam

106 Neste sentido, Tarso Domingues, "Proibição de 'Assistência Financeira'...", p. 66 e 67.

107 O exemplo é de Costa Andrade, "Artigo 322.º", p. 455 e é salientado por Tarso Domingues, "Proibição de 'Assistência Financeira'...", p. 67.

108 Tal entendimento é perfilhado por Mariana Silva, "Assistência Financeira...", p. 231, que invocando o princípio do aproveitamento dos negócios jurídicos defende que a assistência financeira não fere o negócio de subscrição ou aquisição de acções. Também Costa Andrade, "Artigo 322.º", p. 455 e 456, parece defender esta solução como regra, afirmando que *"as inseguranças trazidas pela nulidade, o facto de a tendência jus-privatística atual ser a de salvaguardar esta invalidade para casos cada vez mais contados e, ainda, a escolha sancionatória para as ilicitudes na aquisição de ações próprias, sugere-nos que, pelo menos, a sanção de nulidade não se aplique aos casos em que a operação não importa os riscos que justificam a proibição absoluta (...)"*. Esta autora excepciona, no entanto, as situações em que a aplicação desta solução violaria os interesses dos terceiros de boa fé.

109 O exemplo é de Costa Andrade, "Artigo 322.º", p. 455 e é salientado por Tarso Domingues, "Proibição de 'Assistência Financeira'...", p. 67.

ao negócio assistencial, deixando incólume o aquisitivo, dependendo a solução consagrada dos interesses em jogo, do grau de dependência dos negócios em questão e da primordial necessidade de tutelar os interesses dos terceiros de boa fé.[110]

Por fim, no caso de violação da proibição de assistência financeira, os administradores da sociedade assistente poderão ser responsabilizados, quer civilmente, pelos danos causados à sociedade (art. 72.º), seus credores (art. 78.º), sócios e terceiros (art. 79.º), quer penalmente, ficando sujeitos a uma multa até 120 dias, se tiverem atuado dolosamente, nos termos das disposições conjugadas dos art. 510.º e 527.º.[111]

7. Aplicação da proibição de assistência financeira às Sociedades por Quotas?

Dado que a Segunda Diretiva só se aplica às Sociedades Anónimas, o art. 23.º nela consagrado não se aplica às Sociedades por Quotas. Também em Portugal a proibição de assistência financeira não encontra paralelo no regime das Sociedades por Quotas, pelo que se coloca a questão de saber se tal proibição deverá ser aplicada analogicamente a este tipo de sociedades.

Parte da doutrina considera que tal proibição não pode ser aplicada analogicamente às Sociedades por Quotas, defendendo que não tendo a lei coartado a liberdade das Sociedades por Quotas e a sua autonomia privada, não pode o intérprete fazê-lo.[112] Mais, defendem que sendo a norma do art. 322.º uma norma excecional, porque restringe a autonomia privada, que é o princípio geral, não é passível de ser aplicada analogicamente, nos termos do art. 11.º do Código Civil[113]. Parece-nos, contudo, que o art. 11.º não visa proibir de um modo absoluto a aplicação analógica de normas excecionais, mas sim circunscrever a admissibilidade de tal aplicação analógica ao círculo de excecionalidade em que a norma excecional se insere.

110 Cf. Tarso Domingues, "Proibição de 'Assistência Financeira'...", p. 67 e 68.

111 Neste sentido, cf. Tarso Domingues, "Proibição de 'Assistência Financeira', p. 68 e Mariana Silva, "Assistência Financeira...", p. 231 e 232.

112 Neste sentido, Pinto Leite, "Da proibição...", p. 130, Bernardo Mota, "Proibição de Assistência Financeira... Parte II", p. 91, Mariana Silva, "Assistência Financeira..." e Rita trabulo, "As Acções Próprias...", p. 449.

113 Sobre a proibição de aplicação analógica das normas excepcionais, cf. João Baptista Machado, *Introdução ao Direito e ao Discurso Legitimador*, 2004, Almedina, p. 327, que considera que *"não é proibido estender analogicamente a hipótese normativa que prevê um tipo particular de casos a outros casos particulares do mesmo tipo e perfeitamente paralelos ou análogos aos casos previstos na sua própria particularidade"*-

[114] Ora, assim sendo, não nos poderemos bastar com este argumento para afastar a aplicação da proibição de assistência financeira da aquisição de quotas próprias, porquanto também aqui estaríamos perante uma situação excecional. Com efeito, não se proíbe a Sociedade por Quotas de conceder assistência financeira, pelo que a sua autonomia privada permanece, em regra, intacta, sendo apenas proibido que, com recurso à assistência financeira, vise a Sociedade por Quotas facilitar a um terceiro o ingresso no grémio societário ou o reforço da sua posição, caso já seja quotista.

Para alicerçar a não aplicabilidade da proibição do art. 322.º às Sociedades por Quotas, alega ainda a doutrina que, mesmo que a aplicação analógica fosse admissível, esta não teria cabimento, por não existir, no que à assistência financeira concerne, uma verdadeira lacuna, porquanto o legislador remeteu exclusivamente, no art. 220.º, para o regime das ações proprias (art. 324.º), não tendo remetido também para o art. 322.º[115]. Assim, para estes autores, tal silêncio não consubstancia uma autêntica lacuna, passível de ser integrada analogicamente, mas sim uma verdadeira manifestação de vontade do legislador, que terá optado por não aplicar, conscientemente, tal proibição às Sociedades por Quotas[116], tendo portanto tal silêncio um valor declarativo.

Por fim, defende a doutrina que, ainda que houvesse uma lacuna e ainda que fosse plausível a aplicação analógica do art. 322.º no âmbito da excecionalidade, não existem, *in casu*, situações análogas, merecedoras de idêntica solução jurídica, uma vez que as diferenças entre os tipos societá-

[114] Usando este argumento para refutar a alegada impossibilidade de aplicação analógica do art. 322.º, cf. Tarso Domingues, "Proibição de 'Assistência Financeira'...", p. 68 e 69.

[115] Neste sentido, Pinto Leite, "Da proibição...", p. 130, Bernardo Mota, "Proibição de Assistência Financeira... Parte II", p. 91 e 92 e Mariana Silva, "Assistência Financeira...", p. 200. Também o Acórdão do Tribunal da Relação de Coimbra de 03.03.2009, Processo n.º 228/04.4TBILHV.C1, disponível em www.dgsi.pt, entendeu que "*Se nas sociedades por quotas também não é admissível a aquisição pela sociedade das participações sociais a não ser nos casos expressamente previstos na lei – art. 220.º do CSC – neste tipo de sociedades o legislador já não sentiu necessidade de prevenir uma eventual aquisição por simulação subjectiva, não tendo proibido o apoio financeiro da sociedade à aquisição de participações sociais nela própria, como resulta de não ter incluído o art. 322.º do CSC na remissão constante do n.º4 do art. 220.º CSC. A consagração de um regime muito menos restritivo para a aquisição de participações próprias para as sociedades por quotas e a maior dificuldade em realizar uma aquisição simulada neste tipo de sociedades fortemente personalistas, justificam que não tenha sido prevista uma proibição idêntica à estipulada para as sociedades anónimas no art. 322.º do CSC. Por isso, não é defensável a aplicação do disposto neste preceito às sociedades por quotas, por analogia*".

[116] Em sentido oposto, considerando que a falta de remissão legal se ficou a dever a um lapso a que importa pôr cobro, recorrendo à analogia, cf. Olavo da Cunha, *Direito das Sociedades...*, p. 436.

rios, como a maior extensão do direito à informação nas Sociedades por Quotas, a necessidade de consentimento da sociedade na transmissão de quotas, a maior flexibilidade do regime de aquisição de quotas próprias, o âmbito mais alargado das competências da assembleia geral, etc., são de índole a afastar a analogia, por não existir, como exigível, um paralelo inquestionável entre as situações analisadas.

Parece-nos, no entanto que tais argumentos olvidam o essencial: a *raison d'être* da proibição. Com efeito, os riscos[117] de distorção da realidade societária que a assistência financeira visa acautelar verificam-se também nas Sociedades por Quotas, sobretudo no que tange ao controlo societário, à não observância do princípio da igualdade de tratamento dos sócios e, sobretudo à fragilização da garantia patrimonial[118] dos terceiros credores, pelo que qualquer outra solução que não a aplicação analógica da proibição às Sociedades por Quotas será contrária à realização da *Justiça.* Aliás, se a proibição não se aplicasse analogicamente às Sociedades por Quotas, correr-se-ia o risco de que as sociedades, conscientes da proibição que impende sobre as Sociedades Anónimas, se transformassem em Sociedades por Quotas com o intuito de conceder assistência financeira a terceiros para que estes adquirissem as suas próprias quotas, deixando-se assim completamente desabrigados todos os interesses que a proibição visa tutelar, sobretudo os terceiros credores, e permitindo-se, por esta via, a concretização da *danosidade social polimórfica* que a norma visou acautelar.

Em conclusão, como as razões justificativas da regulamentação da proibição de assistência financeira, no caso das Sociedades Anónimas, se aplicam também no caso das Sociedades por Quotas, deve o regime ser aplicado por analogia a este tipo de sociedades.

Entendemos, contudo, que ainda que a proibição se aplique analogicamente às Sociedades por Quotas, os gerentes não devem ser responsabilizados penalmente ao abrigo do art. 510.º, uma vez que não há uma norma expressa que proíba a assistência financeira para aquisição de quotas próprias e o preenchimento analógico do conceito "*em violação da lei*" estabelecido no art. 510.º violaria o princípio *nullum crimen sine lege stricta,* consagrado no art. 29.º, n.º3, da Constituição da República Portuguesa.[119]

117 Ou quase todos eles, porquanto o risco de manipulação do mercado bolsista não se verifica também nas Sociedades por Quotas, visto que estas não estão cotadas em bolsa.

118 Cf. Tarso Domingues, "Proibição de 'Assistência Financeira'..", p.68 e 69.

119 Cf. Tarso Domingues, "Proibição de 'Assistência Financeira'..", p. 68 e 69, Mariana Silva, "Assistência Financeira...", p.200, Olavo da cunha, *Direito das Sociedades...*, p. 436 e Pinto Lei te, "Da proibição...", p. 130.

8. Reflexões finais

Uma vez analisada a proibição de assistência financeira consagrada no art. 322.º, chegou a hora de questionar se tal proibição é deveras justificada e se não será, talvez, demasiado drástica. Não obstante nos pareça fundamental a tutela do capital social, quer na sua vertente produtiva, quer na sua função de garante dos credores sociais e, bem assim, a tutela da estrutura societária a nível interno e externo, a par da tutela do princípio da igualdade de tratamento dos accionistas, parece-nos que a amplitude com que está consagrada a proibição é demasiado excessiva. Não defendemos, advirtamo-lo já, que deva ser admitida incondicionalmente a assistência financeira para aquisição de acções próprias, pois esta comporta, ainda que em certos casos apenas potencialmente, uma *danosidade social polimórfica* que importa acautelar. Parece-nos, isso sim, que a proibição absoluta e *ex ante* de tais operações se revela, em muitos casos, injustificada e excessiva, sobretudo se estiverem em causa operações realizadas aos preços correntes de mercado ou operações mais abrangentes, que prossigam interesses legítimos da sociedade, em que a assistência financeira é meramente incidental. O carácter excessivo da proibição já foi, aliás, reconhecido, por exemplo, no direito britânico, onde a proibição foi abolida para as *private companies*, e, inclusive, no direito europeu, onde, por força das alterações introduzidas pela Diretiva 2006/68/CE, se abandonou o paradigma da proibição absoluta até então consagrada. Com efeito, não obstante nos pareça que os requisitos cumulativos por esta exigidos são demasiado exigentes e trarão poucas alterações à *praxis* societária no que à assistência financeira concerne, teve o mérito de indicar o novo rumo que deve ser seguido quanto a esta temática, novo rumo esse que o legislador português, infelizmente, optou por não seguir, continuando a caminhar por uma via que já se viu ter mais obstáculos do que vantagens.

Por outro lado, parece-nos que o legislador deveria ter sido mais específico ao consagrar as consequências da violação da proibição, sobretudo no que concerne à repercussão ou não da nulidade no negócio aquisitivo de ações da sociedade assistente. Se uma enumeração taxativa dos casos em que tal contaminação aconteceria traria mais segurança jurídica, não nos parece, contudo, que fosse o caminho a seguir, pois deixaria de fora a necessária ponderação casuística dos interesses de terceiros de boa fé que neste caso importa acautelar. Dever-se-iam, isso sim, ter-se consagrado a protecção destes terceiros como princípio orientador da repercussão dos efeitos jurídicos da nulidade no negócio assistencial.

Por fim, parece-nos que, atendendo à solução legal entre nós consagrada, que proíbe de forma absoluta a assistência financeira para aquisição de ações próprias, devido à presunção *iure et de iure* de que esta é lesiva para uma pluralidade de interesses tutelados pelo direito, também os negócios de assistência financeira para aquisição de quotas próprias devem ser proibidos, pois os riscos de distorção da realidade societária que a assistência financeira visa acautelar verificam-se também nas Sociedades por Quotas, sobretudo no que tange ao controlo societário, à não observância do princípio da igualdade de tratamento dos sócios e, sobretudo à fragilização da garantia patrimonial dos credores da Sociedade por Quotas.

Resumo: Este artigo visa proceder a uma análise crítica de algumas alterações introduzidas em 2015 ao regime das obrigações previsto no CSC. Por um lado, pretende enfatizar os aspetos positivos dessas alterações. Por outro lado, propõe realçar alguns temas que, na opinião da Autora, mereceriam reponderação, mas que se mantiveram inalterados.
Palavras-chave: Obrigações; Decreto-Lei n.º 26/2015; Análise crítica; Alterações e benefícios; Aspectos desconsiderados.

Abstract: This article envisages to critically analyse some of the amendments introduced in 2015 on the regime on bonds set out in the Portuguese Securities Code. On the one hand, it intends to emphasise the benefits of such amendments. On the other hand, it seeks to highlight some of the matters that in the Author's view should have been reconsidered but remained unchanged.
Keywords: Bonds; Decree-Law no. 26/2015; Critical review; Amendments and benefits; Disregarded issues.

MARISA LARGUINHO*

Alterações de 2015 ao regime das obrigações no CSC: algumas questões resolvidas e por resolver[1]

Introito

O Decreto-Lei n.º 26/2015, de 6 de fevereiro (doravante, abreviadamente, "DL"), veio introduzir, a par de alterações noutras matérias, um conjunto de modificações ao regime da emissão de obrigações previsto no Código das Sociedades Comerciais (doravante, abreviadamente, "CSC").

* Advogada de PLMJ, nas áreas de Direito Financeiro e Mercado de Capitais

O presente estudo visa proceder a uma análise crítica, necessariamente parcelar e seletiva, de alguns aspetos das alterações legislativas introduzidas pelo DL.

[1] Este texto baseia-se no trabalho final preparado no âmbito do VI Curso de Pós-Graduação em Mercados Financeiros (2015), promovido pelo Instituto de Direito Económico Financeiro e Fiscal (FDL).
As opiniões aqui expressas são emitidas a título pessoal.

Considerações preliminares

No ponto 4. do comunicado do Conselho de Ministros de 18 de dezembro de 2014[2] lê-se que: "*O Conselho de Ministros aprovou alterações (...) ao Código das Sociedades Comerciais (CSC), visando criar um enquadramento mais favorável à recapitalização, reestruturação e renovação do tecido empresarial, com o objetivo de promover a aceleração do crescimento económico e criação de emprego. (...) No que respeita à revisão do Código das Sociedades Comerciais, são promovidas alternativas ao financiamento bancário, alargando as opções de financiamento através de instrumentos híbridos de capital e revendo as regras aplicáveis à emissão de obrigações, como sejam as respeitantes ao limite de emissão e respetivas exceções*".

Por seu turno, do preâmbulo do DL, de destacar os seguintes objetivos almejados pelo legislador:

(i) "*implementar um conjunto de medidas que promovam um contexto alinhado com as melhores práticas internacionais, mais favorável à aprovação de planos de recuperação de empresas, ao financiamento de longo prazo da atividade produtiva e à emissão de instrumentos híbridos de capitalização que facilitem a entrada de investidores que aportem capital e competências adicionais*";

(ii) "*promover alternativas ao financiamento bancário, nomeadamente alargando as opções de financiamento através de instrumentos híbridos de capital e revendo as regras aplicáveis à emissão de obrigações, como sejam as respeitantes ao limite de emissão e respetivas exceções*"; e

(iii) "*relativamente ao regime de obrigações,* [introduzir] *alterações ao respetivo limite de emissão, que fica agora dependente dos níveis de autonomia financeira, bem como à figura do representante comum. Adicionalmente,* [incluir] *uma clarificação sobre possíveis configurações de valores mobiliários representativos de dívida, sem que com tal se pretenda por em causa o princípio da atipicidade dos valores mobiliários*".

O DL foi publicado em Diário da República no dia 6 de fevereiro de 2015, determinando o respetivo artigo 12.º a sua entrada em vigor em 2 de março, primeiro dia útil do mês seguinte ao da sua publicação. De modo a dissipar dúvidas de aplicação da lei no tempo, o artigo 8.º do DL veio, para a matéria que aqui nos ocupa, fixar, no seu n.º 4, que as "*alterações introduzidas pelo presente decreto-lei ao Código das Sociedades Comer-*

[2] Disponível em http://www.portugal.gov.pt/pt/os-ministerios/ministro-da-presidencia-e-dos-assuntos-parlamentares/documentos-oficiais/20141218-cm-comunicado.aspx.

ciais, aprovado pelo Decreto-Lei n.º 262/86, de 2 de setembro, são aplicáveis às emissões (...) de obrigações ocorridas após a sua entrada em vigor". Dito de outro modo, só as emissões de obrigações ocorridas em, ou em momento posterior a, 2 de março de 2015 devem conformar-se com o (ou beneficiar do) regime previsto no DL.

Em face do exposto, estando as normas do DL em plena vigência à época da redação destas páginas, há que analisar esta revisão ao regime jurídico das obrigações no CSC[3], discernindo, na medida do aplicável, se os objetivos enunciados no *supra* mencionado comunicado do Conselho de Ministros e no preâmbulo do DL foram alcançados e/ou em que medida o legislador poderia (deveria?) ter implementado solução diferente, o que faremos, seletivamente, de seguida.

Deixemos, porém, ainda, uma breve nota prévia quanto à natureza jurídica das obrigações[4].

Nos termos do disposto na alínea b) do artigo 1.º do Código dos Valores Mobiliários, aprovado pelo Decreto-Lei n.º 486/99, de 13 de novembro, na sua redação atualizada (doravante, abreviadamente, "Cód.VM"), as obrigações são valores mobiliários[5], donde, por força da alínea a) do n.º 1 do artigo 2.º do mesmo diploma legal, se encontram sujeitas (a par

[3] Independentemente da crítica merecida quanto à inserção sistemática desta figura, já bastante referida na doutrina nacional. *V.*, por todos, Paulo Câmara, *Manual de direito dos Valores Mobiliários*, Almedina, 2009, p. 140.

[4] Para uma introdução ao tema e algumas reflexões, nomeadamente sobre a correspondência, ou não, ao contrato de mútuo, *v.* Pedro Pais de Vasconcelos, «As obrigações no financiamento da empresa», *Problemas do direito das sociedades*, (n.º 1 da coleção) Almedina, 2008, pp. 321 e ss. e Paulo Câmara, *Manual*... cit, p. 141 e ss. e doutrina aí citada.

[5] Representativos de dívida da sociedade emitente, isto é, investem o seu titular numa prestação creditícia sobre a sociedade emitente. Nas obrigações de estrutura mais simples, esse crédito consiste tipicamente no direito ao pagamento de um juro periódico e ao reembolso do capital investido (que corresponderá, na dita estrutura mais simples, ao valor nominal das obrigações), na data de vencimento das obrigações. As obrigações pertencentes a uma mesma emissão atribuem direitos de créditos iguais e constituem situações jurídicas homogéneas, sendo, consequentemente fungíveis entre si. Sobre o conceito de valor mobiliário, *v.*, entre os mais, Amadeu José Ferreira, *Direito dos Valores Mobiliários*, AAFDL, 1997, Carlos Osório de Castro, *Valores Mobiliários: Conceito e Espécies*, Universidade Católica Portuguesa, 1998, J. Oliveira Ascensão, «O novíssimo conceito de valor mobiliário», Direito dos Valores Mobiliários, volume VI, Coimbra Editora, 2006, pp. 139 e ss. Sobre a questão já ultrapassada da tipicidade dos valores mobiliários, *v.* o breve texto de Daniela Baptista «O princípio da tipicidade e os valores mobiliários», *Jornadas – Sociedades Abertas, Valores Mobiliários e Intermediação Financeira*, Almedina, 2007, pp. 87 e ss. Para uma definição sucinta de obrigações e da relação jurídica entre credor obrigacionista e sociedade emitente, *v.*, entre os mais, Nuno Barbosa, *Competência das Assembleias de Obrigacionistas*, Almedina, 2002, p. 61 e ss.

das ofertas públicas que sobre elas se realizem) à disciplina prevista no Cód.VM.

Nessa medida, em termos sintéticos, importa frisar a bipartição inerente ao regime jurídico aplicável às obrigações[6]: *grosso modo*, o regime jus-societário (regras de índole marcadamente societária e, pontualmente, com pendor contratual) encontra-se previsto no CSC enquanto que o regime mobiliário se encontra previsto no Cód.VM. A análise de um dos regimes não dispensa a do outro. Não obstante, atento o objeto do presente estudo, atinemo-nos ao regime do CSC, sem prejuízo das extrapolações estritamente necessárias.

I. Alterações introduzidas pelo DL ao regime das obrigações no CSC

A análise global às alterações introduzidas denota um compromisso de flexibilização do regime da emissão de obrigações no CSC. De facto, certos limites caem por terra, vários requisitos surgem mitigados ou anulados, algumas exceções de relevo são acrescentadas e certas normas cuja imperatividade - limitativa - se discutia (ou mesmo decorria da versão anterior do regime) passam agora a regime supletivo.

A. Legitimidade para emitir

Comecemos, então, pela análise das alterações introduzidas ao artigo 348.º do CSC[7].

Foi aditada uma nova alínea d) ao n.º 2 do artigo 348.º, aumentando assim o leque de exceções à regra de que só as sociedades cujo contrato esteja registado há mais de um ano podem emitir obrigações. É sempre bem-vindo o alargamento de exceções a uma regra infundada[8].

[6] *V.*, por todos, Paulo Câmara, «O regime jurídico das obrigações e a proteção dos credores obrigacionistas», *Direito dos Valores Mobiliários* - Volume IV, Almedina, 2003, pp. 309 e ss.

[7] As normas indicadas ao longo do texto sem indicação expressa do diploma legal a que se referem devem entender-se como preceitos do CSC, salvo se do contexto resultar fonte diversa.

[8] Florbela de Almeida Pires vaticina que esta exigência *"tenderá a desaparecer"* - *v. Código das Sociedades Comerciais Anotado*, Coord. António Menezes Cordeiro, Almedina, 2014, p. 939.

De facto, em nosso entender[9], para além da justificação histórica e de um certo fundamentalismo paternalista desejavelmente substituível por outras vias de proteção, como defenderemos ao longo destas páginas, não se antevê razão para impedir que uma sociedade com registo definitivo há menos de um ano, não possa, como regra, emitir obrigações. Num mercado carente de investimento e de soluções viáveis ao mesmo, a solução deveria passar, a nosso ver, pela aposta na literacia financeira e na implementação de mecanismos que garantam a qualidade de informação e respetiva supervisão e não em proibições gerais, de cuja utilidade, neste caso particular, se duvida.

Ainda assim, a exceção introduzida na alínea d) afigura-se positiva, facilitando a emissão de obrigações pelas assim conhecidas *startups* e espoletando o desejado estímulo ao investimento. O requisito de informação financeira auditada parece-nos um mal menor (suportar os custos inerentes à auditoria) face à impossibilidade de recurso à emissão obrigacionista, em caso de não verificação de alguma das situações das demais alíneas do preceito (por sinal, mais rígidas do que a ora introduzida).

Deixamos, porém, algumas notas quanto a esta nova alínea d): não foi fixado o conteúdo, ainda que mínimo, para a informação financeira a auditar e disponibilizar ao investidor, nem o local da sua disponibilização, tendo sido exigida a independência do auditor sem se estabelecer os respetivos critérios de aferição. Perante estas lacunas, importa cogitar sobre a melhor forma de integração.

Quanto ao conteúdo da informação financeira, estamos em crer que para cumprir o escopo da norma, ela terá de ser a suficiente para respaldar o investidor de um nível de conhecimento suficiente para tomar a sua decisão de investimento, devendo, naturalmente, cumprir os requisitos do artigo 7.º do Cód.VM. Assim, estando perante sociedades recentemente constituídas, parece-nos que essa informação deverá corresponder, pelo menos, às demonstrações financeiras e aos eventuais anexos que se revelem necessários para prestar informação sobre a emitente e a emissão. No que respeita ao local de disponibilização, na falta de disposição específica e se a sociedade emitente não estiver abrangida pela alínea a) do n.º 1 do artigo 244.º do Cód.VM, parece-nos ser de convocar o regime do n.º 2

[9] E não estamos sozinhos. *V.* exemplificativamente, FLORBELA DE ALMEIDA PIRES, cit. p. 939, NUNO BARBOSA, *Código das Sociedades Comerciais em Comentário*, Vol. VI, coord. JORGE MANUEL COUTINHO DE ABREU, Almedina, 2013, *maxime* p. 788 e HUGO MOREDO SANTOS e ORLANDO VOGLER GUINÉ, «Comentário preliminar às alterações introduzidas no regime jurídico das obrigações» *Direito das Sociedades em Revista*, Ano 7, março 2015, volume 13, Almedina, 2015, p. 183.

do artigo 70.º do CSC, nos termos do qual, *"a sociedade deve disponibilizar aos interessados, sem encargos, no respetivo sítio da internet, quando exista, e na sua sede, cópia integral"* da documentação objeto da auditoria. Por fim, no que tange à independência do auditor[10], parece-nos de convocar, por paridade de razão e por coerência sistemática, os critérios previstos no n.º 5 do artigo 414.º.

B. Requisitos da emissão e exceções

Foram igualmente enxertadas alterações relevantes ao artigo 349.º. O "limite" previsto no n.º 1 deste artigo tem a sua inspiração história na Lei das sociedades anónimas de 22 de junho de 1867[11], tendo sofrido alterações ao longo do tempo. Escusado será dizer que um século e meio depois, a realidade mudou substancialmente e com ela a (des)necessidade de um tal limite imperativamente imposto por lei[12].

[10] Sem prejuízo dos deveres de independência no exercício da atividade decorrentes do Estatuto da Ordem dos Revisores Oficiais de Contas (Lei n.º 140/2015, de 7 de setembro) e aqui aplicáveis, visto que a auditoria deve ser feita por auditor registado na Comissão do Mercado de Valores Mobiliários (doravante, abreviadamente, "CMVM"). Para um maior desenvolvimento do conceito de independência, conflito de interesses e responsabilidade civil do auditor, *v.*, respetivamente, Gabriela Figueiredo Dias, «Conflito de interesses em auditoria», *Conflito de interesses no direito societário e financeiro. Um balanço a partir da crise financeira*, Almedina, 2010, pp. 556 e ss. e José Ferreira Gomes, «A responsabilidade civil dos Auditores», *Código das Sociedades Comerciais e Governo das Sociedades*, Almedina, 2008, pp. 343 e ss. e «A fiscalização externa das sociedades comerciais e a independência dos auditores a reforma europeia, a influência norte-americana e a transposição para o direito português», *Cadernos do Mercado de Valores Mobiliários*, 24, Edição especial comemorativa dos 15 anos da CMVM, 2006, pp. 180 e ss.

[11] Estabelecia-se à época: *"As sociedades anonymas, que nos seus estatutos estipulem emissão de obrigações ao portador amortisaveis por sorteio, unicamente podem emittir tais titulos fiduciários com as seguintes condições: (...) Representando a emissão uma somma nominal, que nunca exceda o capital social effectivamente pago (...)"*.

[12] Em 2005, já Pedro Wilton o metaforizara de "escolho", demonstrando a diminuição de apelatividade que o limite do artigo 349.º do CSC, na altura com diferente redação, representava para as empresas no seu estudo. V. «Sobre o artigo 349.º do Código das Sociedades Comerciais – Limite de emissão de obrigações», *Cadernos dos Valores Mobiliários*, n.º 21, agosto de 2005, pp. 14 e ss. Nuno Barbosa desconfia mesmo da sua constitucionalidade, *Código...* cit. p. 790. V. também Paulo Câmara, «O regime...» cit. pp. 320 e ss. Sobre este tema, *v.* ainda, Hugo Moredo Santos e Orlando Vogler Guiné, «Emissões de obrigações: antes, agora e depois», *Direito das Sociedades em Revista*, Ano 5, Vol. 9, 2013, pp.166 e ss. e em particular, p. 172.

Com efeito, as alterações agora inseridas no preceito em análise, ao descolarem o cálculo do rácio de autonomia financeira do montante de capitais próprios, facilitam a emissão de obrigações. Nessa medida, foi dado um passo significativo na apelatividade desta figura com elevado potencial no financiamento empresarial.

Porém, na esteira do anterior regime, em que se aventavam essencialmente funções de garantia (o emitente não poderia, por regra, emitir para lá do limite estabelecido e, consequentemente, assegurar as obrigações decorrentes da emissão – tipicamente, nas obrigações de estrutura mais simples, o pagamento de juros e o reembolso do valor nominal das obrigações na data de vencimento) e de equilíbrio (entre o nível de endividamento através de obrigações e os capitais próprios da sociedade)[13], continuamos a achar que o requisito ora previsto no n.º 1 do artigo 349.º não cumpre qualquer daquelas finalidades. Para além disso, a redação não é perfeita, na medida em que, em atropelo da coerência linguística, a epígrafe do artigo foi mantida, referindo-se a um "limite" que deixou de existir para dar lugar a um requisito.

Ora, tendo em conta que, salvo nos casos excecionais previstos no n.º 4 do artigo 359.º (em que o n.º 1 não se aplica), é necessária a preparação de um balanço ou a utilização de um balanço já elaborado que cumpra determinados parâmetros, designadamente temporais (*v.* n.º 2 do artigo), consideramos estar perante um requisito legal, que embora requerendo um juízo de prognose póstuma (i.e., que após a emissão projetada, o rácio de autonomia financeira se mantém igual ou acima dos 35%), deve necessariamente preceder a emissão e impedi-la, caso se verifique que o resultado do cálculo efetuado não cumpre o previsto no n.º 1 do preceito – ou seja, deixámos de estar perante um limite proibitivo como precedentemente ocorria, para estarmos agora perante um requisito, que, verificando-se, permite a emissão.

Mas o descuido de redação não se ficou por aqui. Inconsistente também, parece-nos ser a redação do n.º 3. Numa primeira leitura, parece ter sido passado um atestado de menoridade ao órgão de fiscalização dos modelos anglo-saxónico e dualista, ou seja, dito de outro modo, indague-se porque é que no modelo latino a competência é do conselho fiscal ou fiscal único e nos outros modelos de governo societário legalmente admitidos, a competência cabe ao revisor oficial de contas (doravante, abreviadamente, "ROC")? Só numa segunda leitura se consegue adivinhar a razão de ser, naquela que nos parece ser a melhor interpretação da norma: é que

[13] Nesse sentido, *v.* por todos, António Silva Dias, *Financiamento de Sociedades por Emissão de Obrigações*, Quid Juris, 2002, p. 113 e ss.

no modelo latino (previsto na alínea a) do n.º 1 do artigo 278.º), o ROC pode fazer parte do órgão de fiscalização (caso seja conselho fiscal, sem ROC externo) ou com ele coincidir (caso seja fiscal único), coisa que não ocorre nos outros modelos de governo previstos no artigo 278.º. Parece-nos que o legislador quis determinar que a competência para o parecer é do ROC, o que faz sentido, atendendo à natureza do mesmo. Assim, apesar da imperfeição da redação, entendemos que a leitura correta é: a competência é do ROC e só será do conselho fiscal quando este incluir um ROC (caso a sociedade tenha fiscal único, este sempre será ROC ou Sociedade de ROC pelo que a questão não se coloca)[14]. Reconhecemos a falta de adesão desta interpretação à letra da lei e logo se verá se a prática aliada ou não à jurisprudência das cautelas a fará vingar. Resta saber ainda, se, nos casos de conselho fiscal com ROC o parecer é válido se emitido pelo ROC. A resposta é, a nosso ver, afirmativa pois que a preposição "ou" utilizada no preceito legal permite essa leitura e a *ratio* do preceito, em nosso entender, não a contraria.

Já se suspeita do que fica dito acima que o nosso entendimento de que o "limite", agora com nova roupagem e apelidado de "requisito", previsto no n.º 1 do artigo 349.º é obsoleto.

Em suma, em nosso entendimento a solução ideal seria: (i) eliminar o requisito do n.º 1 (e consequentemente, dos n.ºs 2 e 3); e (ii) obrigar todas as sociedades emitentes de obrigações, com exceção das emitentes de ações admitidas à negociação em mercado regulamentado, das emitentes de obrigações cujo reembolso seja assegurado por garantias especiais a favor dos obrigacionistas e das emitentes que já apresentem notação de risco da emissão ou do programa de emissão da sociedade por sociedade de notação de risco registada na Autoridade Europeia dos Valores Mobiliários e dos Mercados (ESMA) ou reconhecida como Agência de Notação Externa pelo Banco de Portugal a:

(a) Disponibilizar informação atualizada aos obrigacionistas, com data nunca anterior a seis meses e sempre em cumprimento do artigo 7.º do Cód.VM;
(b) Disponibilizar notação de risco[15].

Este é um daqueles aspetos em que todos beneficiariam com a aproximação substancial entre o direito societário e o direito mobiliário. Bem

[14] V. face à redação anterior do preceito, por todos, Florbela de Almeida Pires, cit. p. 943 e Hugo Moredo Santos e Orlando Vogler Guiné, «Comentário preliminar...», cit. p. 191.

[15] Solução já preconizada por PEDRO WILTON, cit. p. 20 e com a qual concordamos para que o potencial obrigacionista possa ter acesso a uma avaliação externa à sociedade.

sabemos que através da emissão de obrigações – principalmente se tiverem um valor nominal baixo e forem colocadas através de oferta pública – as sociedades emitentes podem chegar até um núcleo mais vasto de investidores face ao que ocorre no financiamento bancário – que é normalmente trazido à colação para efeitos comparativos[16] – e que o nível de proteção adstrito à figura deve ser mais elevado, se e quando estiverem envolvidos investidores não qualificados, na aceção, por exclusão de partes, do artigo 30.º do Cód.VM. Contudo, tal resultado é obtenível, a nosso ver, não com a fixação de um "limite" ou "requisito" estanque e universal mas outrossim assegurando, através de outros mecanismos, como seja, a garantia de acesso a informação de qualidade (artigo 7.º do Cód.VM) para uma decisão de investimento esclarecida.

Portanto, embora a evolução seja salutar, parece-nos que teria sido preferível expurgar o limite do artigo 349.º sem impor um novo requisito (que é, ainda assim, um mal menor, repise-se) e apostar no cumprimento – e eventual acréscimo – dos deveres de informação, em linha com o preceituado no Cód.VM (*maxime* artigo 7.º do Cód.VM), o que, naturalmente, alinharia o regime com as práticas internacionais e promoveria uma via efetivamente alternativa ao financiamento bancário, em conformidade com o propósito do DL.

Não obstante as críticas expostas e visto que a solução que preconizamos só poderá valer de *iure condendo*, enalteça-se que as exceções previstas nas alíneas d) e e) do n.º 4 do artigo 349.º são bem-vindas e permitem uma maior conciliação entre as regras previstas no CSC para a emissão de obrigações e o regime das ofertas de valores mobiliários previstos no Cód. VM, merecendo, por conseguinte, o nosso louvor.

No entanto, a proibição de colocação posterior junto de investidores não qualificados (alínea e) *in fine*), embora se entenda a *ratio* (*grosso modo*, a de não permitir que as obrigações emitidas ao abrigo dessa exceção cheguem até aos investidores não qualificados[17], visto ser esse justamente o critério para a aplicação da exceção), levanta problemas de conformação e exequibilidade: como é que a sociedade emitente pode garantir que as obrigações que emite não chegam, no mercado secundário, ao investidor não qualificado? Saliente-se que o regime paralelo das ofertas particulares previsto no Cód.VM, e bem, se foca e limita ao mercado primário, único que a sociedade emitente pode determinar. Receamos, pois, que o que foi dado com uma mão seja retirado com a outra. Não vemos como se possa

[16] Por vezes sem o rigor exigível, visto que nem sempre são relevadas as diferenças, em particular, quanto aos intervenientes.

[17] Por não se subsumirem a nenhuma das alíneas do n.º1 do artigo 30.º do Cód.VM.

exigir à sociedade emitente mais do que incluir nas condições da emissão – e nos contratos de subscrição com as contrapartes iniciais, incluindo a obrigação de, em caso de alienação, obter do adquirente a adesão àquela obrigação de abstenção de alienação futura a um investidor não qualificado – a não transmissibilidade das obrigações emitidas para investidores não qualificados. Atento o princípio da relatividade dos contratos e apesar desta matéria não caber no âmbito destas breves páginas, não vemos como possa a sociedade emitente ser responsabilizada por danos causados a um eventual investidor não qualificado que adquira obrigações a um investidor qualificado (seja o subscritor primário ou não) nestas condições, i.e. quando estabelecido nas condições da emissão (e no contrato de subscrição, nos termos acima mencionados) a não transmissibilidade a investidores não qualificados e o investidor qualificado o faça em violação das condições da emissão e do contrato[18].

Apesar da bondade das exceções previstas no n.º 4 do artigo 349.º, não deixa de ser de lamentar que o legislador tenha – e bem – mantido a exceção para sociedades emitentes de capital, mas se tenha esquecido das sociedades emitentes de dívida abrangidas pelo artigo 244.º do Cód. VM que, atentos os deveres de informação – fundamental e basilar nesta matéria, na humilde opinião da A. destas páginas – bem justificavam a sua inclusão.

C. Igualdade de tratamento e aumento de encargos

Outra das alterações dignas de nota consta do n.º 9 do artigo 355.º, que permite uma maior flexibilidade, conforme pretendido pelo legislador. Porém, tendo melhorado, vestiu-se de uma redação que pode levantar algumas dificuldades interpretativas e alguns efeitos perniciosos.

Desde logo, a nosso ver, a leitura correta do preceito – bom grado tivesse havido recurso a alíneas – é a seguinte: É vedado à assembleia geral deliberar:

(a) O aumento de encargos dos obrigacionistas, salvo se o mesmo for unanimemente aprovado pelos obrigacionistas titulares das obrigações em questão;

[18] Evidencie-se, no entanto, que estabelecendo o emitente nas condições da emissão a não transmissibilidade a terceiros que sejam investidores não qualificados, é difícil admitir que um investidor não qualificado, de boa fé, tenha legitimidade para exigir o ressarcimento de danos junto do emitente.

(b) A adoção de medidas que impliquem o tratamento desigual dos obrigacionistas.

Embora possa ser criticável[19], a proibição de tratamento desigual parece-nos estar em linha com o princípio subjacente ao artigo 15.º do Cód.VM que impõe, para as sociedades abertas, um princípio de tratamento igual aos titulares dos valores mobiliários por ela emitidos e que pertençam à mesma categoria. Seria difícil conceber que a assembleia geral de obrigacionistas pudesse deliberar o tratamento desigual dos obrigacionistas e depois uma sociedade fechada pudesse e devesse – nos limites do legalmente admissível – cumprir a deliberação e uma sociedade aberta não o pudesse fazer (ou pelo menos, tivesse dúvidas fundadas sobre a exequibilidade legítima de tal deliberação em função do artigo 15.º do Cód.VM[20]).

No que respeita à proibição de aumento de encargos – sem prejuízo da evolução feita – cremos que a opção legislativa ficou um pouco aquém do que poderia ter estabelecido e teria sido profícuo permitir dois aspetos adicionais:

(i) Quórum: A par do que ocorre com a deliberação sobre modificações das condições dos créditos dos obrigacionistas, dever-se-ia ter consagrado a possibilidade de deliberação em segunda data, com quórum deliberativo agravado[21];
(ii) Obrigações próprias e suspensão de votos: o tratamento para este tipo de situações não foi devidamente acautelado e representa uma oportunidade perdida. Uma sociedade que detenha obrigações próprias, se quiser propor e ver aprovado o aumento de encargos tem de alienar as obrigações para almejar obter a unanimidade da aprovação. Ora, pode ocorrer que inexista mercado secundário (ou existindo, não constituir uma alternativa viável), impossibilitando, na prática, o recurso a este expediente. Mau grado, pois, não se

[19] *V.* Hugo Moredo Santos e Orlando Vogler Guiné, «Comentário preliminar...» cit. p. 196.

[20] Naturalmente que uma análise mais aprofundada deste aspeto particular obrigaria a investigar e discernir sobre o que deve ser entendido por tratamento igual para efeitos da imposição do artigo 15.º do Cód.VM e tratamento desigual para efeitos da proibição contida no n.º 9 do artigo 355.º. *V.*, entre os mais, Nuno Barbosa, *Competência...*, p.97 e ss. em que sucintamente caracteriza este o princípio do tratamento igual, como proibição de favorecimentos e arbítrio.

[21] Isto assumindo que, atenta a sensibilidade da matéria, não existe ainda condições no ordenamento jurídico nacional para unificar o tratamento dado ao aumento de encargos com o estatuído para as modificações das condições dos créditos dos obrigacionistas (n.º 7 do artigo 355.º).

ter previsto que, em caso de detenção de obrigações próprias, os votos - suspensos - não são considerados para apuramento do quórum, mas também não são impeditivos da unanimidade exigida, ficando as obrigações próprias sujeitas ao encargo adicional deliberado (coisa diferente, faria com que as obrigações não fossem fungíveis entre si, o que não seria legalmente admissível). Isto, naturalmente, sem prejuízo de ter ido mais longe e permitido a aprovação por maioria, ainda que especialmente agravada, atendendo à natureza da matéria e à necessidade particular de segurança jurídica, visto que, como é sabido, para além de um grande abstencionismo por parte dos obrigacionistas em Portugal - a par do que ocorre com os acionistas - situações haverá em que a necessidade de voto unânime potenciará o abuso de minorias (ainda que por mero desleixo).

D. Representante Comum: profissionalização, designação e responsabilidade

Avançou-se agora com a crescente profissionalização da figura do representante comum dos obrigacionistas (doravante, abreviadamente "RC") através das alterações ao n.º 2 do artigo 357.º. O alargamento do leque de entidades habilitadas a exercer esta função deve ser encarado como algo positivo e alinhado com a prática internacional[22], bem como uniformizador de vários regimes em vigor no nosso ordenamento jurídico, como seja o da titularização de créditos e das obrigações hipotecárias, aprovados respetivamente pelos Decretos-Leis n.ºs 453/99 de 5 de novembro e 59/2006 de 20 de março, nas redações atualizadas. De facto, com o aumento do leque, há a esperança de facilitar quem queira aceitar o cargo, o que, na prática, é por vezes assaz difícil, atento o pesado regime de incompatibilidades e requisitos de independência que, como contraponto foi - ainda mais - aumentado. Neste particular, realçamos apenas, de entre os novos critérios de aferição de independência, o previsto na alínea c) do n.º 4 do artigo 357.º. Na prática, tem sido comum, principalmente em ofertas particulares, que a sociedade de advogados que assessora, nesses casos, o sindicato bancário envolvido na emissão, assuma a função de RC. A introdução dos novos requisitos de independência obsta expressamente

22 Sem prejuízo de, noutros ordenamentos jurídicos, particularmente os de *common law*, o *trustee* estar investido numa panóplia de poderes que não são atribuídos pelo nosso ordenamento jurídico ao RC.

a essa via. Importa, pois, indagar: o RC deve ser independente de quem? Da sociedade emitente ou dos obrigacionistas que assessorou? Face a quê? Aos interesses da sociedade emitente ou aos interesses particulares de algum obrigacionista, caso tenha assessorado vários, ou do obrigacionista que assessorou, caso sejam vários obrigacionistas e só tenha assessorado um ou alguns deles? Admitimos que o legislador tenha procurado evitar que assuma o cargo de RC quem tenha tido relação anterior, no contexto da emissão, quer com a sociedade emitente, quer com qualquer dos obrigacionistas. Embora, aceitemos o princípio como bom, temos dúvidas em aceitar esta suspeição, como princípio regra[23], até porque, numa situação limite em que haja apenas um obrigacionista subscritor e ainda assim se nomeie um RC, parece-nos que o seu assessor estaria bem posicionado para o representar enquanto RC, sem que a sua independência estivesse necessariamente beliscada.

Ainda em matéria de RC, o n.º 2 do artigo 358.º veio dar um importante contributo para uma tarefa difícil que é a da nomeação inicial do RC, a qual passou a ser possível nas condições da emissão. Não deixa de ser curioso que o legislador tão preocupado com a independência do RC permita esta forma de o designar: se estiver em causa uma emissão de retalho através de oferta pública, poderá acontecer que boa parte dos obrigacionistas tenham um RC, para cuja designação não tiveram qualquer contributo. Mal menor, dir-se-á, comparado com a possibilidade de não o ter, sendo certo que se mantiveram os mecanismos de destituição do RC, para o caso de o descontentamento com a designação ser maioritário. Parece-nos também que, em certa medida, esta nova possibilidade veio apontar uma solução para o imbricado processo de designação inicial que muitas vezes contribuiu para questionar a obrigatoriedade de designação de RC[24].

Por sua vez, o n.º 3 do artigo 359.º introduziu clarificações relevantes ao regime da responsabilidade do RC. De facto, em nosso entendimento, era dúbia a possibilidade de limitação – e em que termos – da responsabilidade do RC, pelo que existe agora uma norma habilitadora para o efeito, que criticável ou não, fixou um padrão regra e um regime supletivo (*v.* n.º 4 do mesmo artigo).

[23] Em sentido contrário, *v.* Hugo Moredo Santos e Orlando Vogler Guiné, «Comentário preliminar...» cit. p. 200.

[24] Sobre o tema da obrigatoriedade de designação de RC, *v.* Ana Rita Almeida Campos e Hugo Moredo Santos, «Organização de obrigacionistas: algumas notas para reflexão sobre o representante comum», *Revista de Direito das Sociedades*, Ano III, número 4, Almedina, 2011, pp. 894 e ss.

E. Modalidades das obrigações

Debrucemo-nos agora sobre as mutações introduzidas nas modalidades das obrigações. Desde logo, o artigo 360.º veio beber os ensinamentos da *praxis* decorrentes da aplicação do regime anterior e inclui clarificações de relevo.

Como primeiro ponto, frise-se que é agora indubitável a possibilidade de conjugar modalidades de obrigações. Embora nos parecesse ser essa a melhor leitura do preceito na redação anterior, a segurança jurídica é maior face a esta redação revista, o que merece louvor.

Em acréscimo, e sem tomar grande partido sobre a controvérsia doutrinária existente quanto à natureza jurídica das obrigações perpétuas[25], passou agora a ser claro, nos termos da alínea a) do n.º 2 do artigo 360.º que estas seguem o regime previsto no CSC para as obrigações. Andou bem o legislador ao não entrar na discussão sobre se são ou não obrigações – conforme definição legal do n.º 1 do artigo 348.º – recorrendo ao conceito mais amplo de valores mobiliários representativos de dívida, pois a finalidade – aplicação do regime societário das obrigações – ficou cumprida, permitindo ademais uma maior interpenetração desejável entre o direito societário e o mobiliário.

De notar que o legislador, já na alínea b) do n.º 2 do artigo 360.º, veio ainda dissipar dúvidas quanto à possibilidade de créditos dos acionistas ou terceiros serem convertíveis em obrigações – nada que o primado da liberdade contratual vigente no direito privado não permitisse já por inexistir norma proibitiva, mas a bem da segurança jurídica é positivo que tenha ficado expresso.

Por sua vez, a revogação da alínea e) do n.º 1 do artigo 361.º traduz o espírito liberalizador que se desejou subjacente ao DL. De facto, a nosso ver, o hiato temporal normalmente decorrente entre o pedido de uma aprovação ministerial e a concessão da mesma, não é compaginável com o ritmo do evoluir da atividade económica de uma sociedade comercial.

Na esteira da elisão vinda de enaltecer, o n.º 3 do mesmo artigo veio permitir que as obrigações participantes – *grosso modo*, as obrigações cuja remuneração e/ou reembolso dependa do desempenho da sociedade – tenham outras modalidades para além das que encontram expressa consagração na letra da lei. O voluntarismo legislativo nesta sede é de aplaudir, sendo que a imperfeição da parte final do preceito não deverá contaminar a bondade do mesmo. Dito de outro modo, lê-se na parte final do preceito

25 Em termos sucintos, discute-se se, atenta a quase ausência de reembolso das obrigações, estas deverão ser consideradas obrigações ou valor mobiliário atípico.

DSR, ano 8, vol. 15 (2015): 93-123

"sem prejuízo das regras previstas nos artigos 362.º a 364.º". Ora, os artigos 362.º a 364.º disciplinam as modalidades de obrigações previstas nas alíneas a) e b) do artigo 360.º, a saber as obrigações que reúnam *in casu*, uma das seguintes características:

> *"a) Além de conferirem aos seus titulares o direito a um juro fixo, os habilitem a um juro suplementar ou a um prémio de reembolso, quer fixo quer dependente dos lucros realizados pela sociedade;*
>
> *b) Apresentem juro e plano de reembolso, dependentes e variáveis em função dos lucros".*

É nosso entendimento que o legislador não pretendeu com esta remissão limitar o escopo de liberdade conferida através do novo n.º 3 do artigo 361.º nem alargar inusitadamente o âmbito de aplicação dos artigos 362.º a 364.º, pelo que a disciplina imposta pelos mesmos só deverá considerar-se aplicável quando a modalidade das obrigações participantes incluir uma ou ambas as características referidas nas alíneas a) e b) do artigo 361.º conforme transcritas acima.

Por sua vez, os n.ºs 2 e 3 do artigo 365.º vieram incluir no nosso ordenamento jurídico – ou se se preferir, deixar expresso na letra da lei, dissipando importantes dúvidas práticas – a possibilidade de emissão de obrigações convertíveis em ações ordinárias ou preferenciais, com ou sem voto, bem como obrigações convertíveis noutros valores mobiliários, emitidos ou detidos pela sociedade emitente, incluindo *warrants* autónomos. A nosso ver, esta alteração legislativa é bastante importante. Com efeito, as incertezas vivenciadas na prática ficam agora liminarmente resolvidas. O recurso a obrigações convertíveis tem tido uma importância prática crescente num tecido empresarial deprimido e carente de investimento, nomeadamente por fundos de capital de risco e outros investidores com maior apetência por risco que, começando por querer ser credores (obrigacionistas), veem com bons olhos a possibilidade de se tornarem detentores de capital. É igualmente importante também para as empresas ávidas de investimento, algumas de pendor familiar e avessas, num primeiro momento, à entrada de novos acionistas, visto que têm assim a possibilidade de se familiarizar com essa possibilidade ou de obter uma via de financiamento que poderá não significar necessariamente uma entrada direta no capital da sociedade (como ocorrerá no caso de as obrigações serem convertíveis em ações que não da sociedade emitente)[26].

[26] O mesmo poderia ter sido – poderá ser? – previsto para os *warrants*, se a CMVM entender, na esteira desta alteração legislativa ao regime das obrigações, que é hora de alterar o

Já no que tange ao aditado n.º 5 do artigo 366.º, poder-se-ia interrogar se a opção do legislador de ter permitido que a conversão de obrigações noutros valores mobiliários que não ações (pelo menos da própria emitente) se encontre sujeita a aprovação por maioria simples (salvo maioria qualificada estatutariamente imposta) faz sentido, tendo em conta que para a conversão de obrigações em ações da própria sociedade se exige maioria agravada. E a resposta é afirmativa na medida em que se trata de uma deliberação sem impacto no capital social da sociedade emitente (e, portanto, sem repercussão no equilíbrio das participações acionistas existentes) já que incide sobre outros valores mobiliários que não ações da sociedade emitente. Aliás, não sendo as obrigações convertíveis em ações da própria sociedade emitente, nada impede que seja o órgão de administração, desde que estatutariamente habilitado para o efeito, a deliberar sobre essa matéria, que será mais de gestão do que matéria acionista.

O n.º 6 do artigo 366.º veio, a bem da segurança jurídica, deixar claro que o órgão de administração da sociedade emitente de ações convertíveis em ações da própria sociedade se encontra habilitado para deliberar a emissão de obrigações convertíveis – acrescente-se, em ações da sociedade emitente – até ao limite em que se encontre autorizado para deliberar o aumento do capital social em consequência da conversão. Fez bem, aos nossos olhos, o legislador em esclarecer tanto a existência desta competência em que o órgão de administração se encontra investido, como que a mesma é exercitável independentemente do prazo para a conversão. Com efeito, da aplicação do regime do aumento de capital deliberado pelo órgão de administração resulta que uma tal deliberação fica sujeita a prazo que não pode exceder cinco anos. Donde, a bem da clareza e seguranças jurídicas o legislador – bem – deixou assente no texto da lei que este prazo não se aplica no caso da conversão de obrigações em ações da sociedade emitente.

A alteração ao n.º 1 do artigo 367.º decorre do facto de a letra da lei ter passado a prever expressamente a possibilidade de emissão de obrigações convertíveis em ações de outras sociedades. Para evitar dúvidas – ainda que infundadas, atenta a *ratio* do direito de preferência atribuído aos acionistas nestas circunstâncias, i.e., evitar o efeito de diluição da sua participação social no capital da sociedade emitente -, ficou agora assente que o direito de preferência acionista se limita ao caso de obrigações con-

elenco de ativos subjacentes aos *warrants*, conforme atualmente previstos no artigo 3.º do Regulamento da CMVM n.º 5/2004, na redação atual, aprovado ao abrigo do artigo 3.º do Decreto-Lei n.º 172/99, de 20 de maio, na sua redação atualizada.

vertíveis em ações da própria emitente. Esta redação parece-nos coerente e evita alguma interpretação mais excêntrica e para além da *ratio* da norma.

Andou igualmente bem o legislador ao estabelecer o regime supletivo previsto no ora n.º 3 do artigo 369.º[27]. De facto, fica agora consagrada na letra da lei a solução mais equilibrada e razoável que já deveria ser a conclusão a retirar do regime anterior, na ausência de estipulação específica.

Os artigos 370.º e 371.º constituem um exemplo claro da finalidade do legislador descrita no preâmbulo do DL de implementação de *"medidas que promovam um contexto alinhado com as melhores práticas internacionais,* (...) *que facilitem a entrada de investidores que aportem capital e competências adicionais"*. Efetivamente, a revisão deste artigo flexibilizou um regime desalinhado com a prática internacional que reclamava prazos mais curtos. Assim, as sociedades podem agora tornar mais apelativa a conversão aos olhos dos investidores – nacionais ou internacionais – descontentes com os prazos de conversão vigentes imperativamente no nosso ordenamento jurídico, lançando mão desta faculdade. Naturalmente que se nada for estipulado nas condições da emissão, valerá o regime – ora supletivo – previsto neste normativo do CSC. É, pois, com satisfação que verificamos a implementação de regimes supletivos permitindo um maior equilíbrio entre a liberdade contratual e a proteção dos investidores e do mercado em geral.

Uma nota particular para o n.º 2 do artigo 371.º: antes deste preceito, parecia que o legislador impunha que caso a sociedade emitente de obrigações convertíveis detivesse ações próprias, essas deveriam ser usadas no contexto da conversão em vez de se proceder à emissão de novas ações. Por outras palavras, discutia-se se estaríamos perante uma norma imperativa ou dispositiva, existindo argumentos – válidos – num e noutro sentido (sucintamente, sendo a aquisição de ações próprias excecionalmente permitida, seria legítimo que a interpretação sistemática apontasse no sentido da sua imperatividade, sendo, todavia, admissível posição contrária por se considerar que o regime da aquisição de ações próprias já é suficientemente garantístico da posição acionista, não devendo entender-se que o regime da conversão de obrigações estivesse comprometido com o mesmo fim). Ainda com a mesma finalidade *supra* mencionada, a lei deixou assente a liberdade de escolha, ficando claro que, desta feita, estamos perante uma norma dispositiva (o regime legal é agora inquestionavelmente supletivo).

[27] "Caso não conste das condições da emissão o regime referido no número anterior, as novas ações atribuem direito a dividendos nos mesmos termos das ações da mesma categoria já existentes".

Apesar de as alterações ao artigo 372.º se limitarem à atualização da nomenclatura ora utilizada, nomeadamente por força das alterações introduzidas no nosso ordenamento jurídico pelo Código da Insolvência e Recuperação de Empresas aprovado pelo Decreto-Lei n.º 53/2004, de 18 de março, na sua redação atualizada (doravante, abreviadamente "CIRE"), parece-nos correta a posição do legislador ao ter aproveitado a oportunidade para atualizar a redação do preceito em conformidade (estas alterações só poderão pecar por tardias, considerando as catorze alterações feitas ao CSC entre a aprovação do CIRE e o DL...).

II. Aspetos não resolvidos pelo DL, a repensar pelo legislador

A. RC

Sem prejuízo das alterações positivas relacionadas com o RC e referidas em I. D *supra*, o núcleo de funções atribuídas ao RC não foi alterado em termos substanciais. A bem da aproximação ao padrão internacional, teria sido uma boa oportunidade para repensar esta figura. Bem sabemos que o nosso ordenamento jurídico, de matriz continental, não consagra a figura do *trustee*, com as características típicas de agente fiduciário dos obrigacionistas, que assume, tipicamente, nos ordenamentos jurídicos de matriz anglo-saxónica. Porém, o reforço das suas competências legais e incremento da sua legitimidade poderia facilitar a captação de investidores internacionais acostumados à sua existência.

Não obstante, em abono da verdade se reconheça que o DL permite que esta função, na esteira do princípio da livre prestação de serviços imposto pelo direito da União Europeia, seja desempenhada por "entidade autorizada a prestar serviços de representação de investidores em algum Estado-Membro da União Europeia". Portanto, os bancos internacionais que contam habitualmente com entidades de *trust* especializadas, entre os mais, na representação de interesses comuns dos credores sociais, incluindo, naturalmente, obrigacionistas, passam a estar habilitadas a desempenhar esta função. Talvez por esta via e com recurso a expedientes de índole contratual seja possível uma aproximação de funções e uma maior internacionalização da figura.

É, assim, com curiosidade que aguardamos as eventuais novidades que a prática poderá trazer nesta matéria. Com efeito, atento o primado da liberdade contratual vigente no direito privado, salvo limitação legalmente imposta, nada impede que sejam estipulados poderes de génese contratual adicionais ao RC (dito de outro modo, aditando aos poderes de representação legal previstos no CSC, outros poderes que nesse caso serão de representação voluntária e cujo incumprimento terá uma natureza meramente contratual), que possam permitir uma certa aproximação à figura do *trustee*.

Já noutro prisma, uma nota adicional para salientar um arcaísmo ou se assim não se quiser, uma incongruência: as emissões de obrigações que sejam admitidas à negociação em mercado regulamentado encontram-se dispensadas de registo comercial por força do disposto no n.º 1 do artigo 351.º. Não obstante, o agora n.º 5 do artigo 358.º continua a obrigar ao registo comercial do representante comum, ainda que no contexto de emissão não sujeita a registo comercial. Em termos práticos, numa emissão cujas obrigações sejam admitidas à negociação, quem consultar a certidão comercial da sociedade emitente não augura obter informação sobre a emissão, mas fica a saber que para essa emissão sem reflexo na certidão existe um determinado representante comum...

B. Deliberações em assembleia e remissão fragmentária para as regras de convocação das assembleias de acionistas

O n.º 1 do artigo 355.º, mantido inalterado, continua, por conseguinte, a determinar que "os credores de obrigações podem reunir-se em assembleia de obrigacionistas". Da letra da lei não resulta expressamente a possibilidade de recurso a outras formas de deliberação, como ocorre para as deliberações de acionistas.

Perante isto, muito se tem discutido se se deve admitir as demais formas de deliberação previstas no artigo 54.º, existindo argumentos legítimos em ambos os sentidos[28]. Independentemente da opinião que temos sobre este tema, consideramos que também aqui houve alguma insensibilidade a questões práticas do regime das obrigações previsto no CSC, perdendo-se uma oportunidade de as superar.

Em nosso entender, por várias ordens de razão, mas principalmente por se encontrar assegurada a proteção do obrigacionistas e por razões de racionalidade e economia procedimental, parece-nos defensável que não

[28] *V.* Ana Rita Almeida Campos e Hugo Moredo Santos, cit. p. 898 e Nuno Barbosa, *Código...* cit. p. 825 e ss. Embora por motivos diferentes – como se sabe, na prática, tendencialmente, as assembleias são tudo menos um fórum regado de discussões e "esclarecimentos obtidos na fervura polemizante" -, tendemos a concordar, cautelarmente, com Nuno Barbosa, no sentido de ser dúbia a aceitação de deliberações maioritárias por voto escrito, sob pena de invalidade de tal deliberação face à letra da lei.

obstante a menção a "reunir-se em assembleia", não deverão desconsiderar-se as deliberações unânimes por escrito. Bem sabemos que tais deliberações não são tomadas em assembleia, que parece ter sido o método deliberativo eleito pelo legislador. Todavia, que sentido faz, perante uma deliberação unânime por escrito, convocar uma assembleia para o mesmo fim? Quem teria legitimidade para impugnar esta deliberação sem estar numa situação de *venire contra factum proprium*?

Por outro lado, verificamos que o n.º 2 do mesmo artigo continua a remeter para a convocação da assembleia geral de acionistas, sem nada estabelecer quanto ao seu funcionamento. Muitas são as dificuldades práticas que estas remissões lacunares levantam e, em particular, quando estamos perante sociedades abertas (ou com ações admitidas à negociação[29]), visto que o Cód.VM estabelece algumas especificidades face ao CSC (a título ilustrativo: devem as regras previstas nos artigos 21.º-C e seguintes do Cód.VM aplicar-se no caso de assembleia de obrigacionistas, em matérias como seja, o voto por correspondência, a procuração, o aditamento de pontos e de propostas de deliberação à ordem de trabalhos?). Também aqui apontamos alguma falta de reponderação maturada por parte do legislador. Mesmo que criticável, melhor teria sido a introdução de uma alteração cirúrgica no preceito para estabelecer que a convocação e o funcionamento da assembleia se regem pelas disposições previstas para as assembleias de acionistas, com as alterações necessárias (como seja, exemplificativamente, a presidência da assembleia caber ao RC, quando esteja designado).

C. Regime das obrigações próprias

É com perplexidade que constatamos a inalteração ao regime das obrigações próprias, conforme previsto no artigo 354.º. Com efeito, foi de total indiferença a posição do legislador face a um tema carente de atualização, por variados motivos.

[29] O destinatário destas regras não é uno no Cód.VM. Por exemplo, enquanto que a regra sobre o período mínimo que deve mediar entre a convocação e a realização de uma assembleia previsto no art. 21.º-B do Cód.VM se aplica a sociedades abertas, as regras sobre inclusão de pontos na ordem de trabalhos e propostas de deliberação previstas no artigo 23.º-B aplicam-se se estiverem envolvidas sociedades emitentes de ações admitidas à negociação em mercado regulamentado.

O regime das obrigações próprias remete para o regime de aquisição de ações próprias[30]. Só por razões históricas se consegue compreender esta remissão, já que o Código Comercial proibia, como regime regra, a aquisição de ações próprias e mandava aplicar o mesmo regime às obrigações.

De facto, não conseguimos encontrar fundamento suficiente para equiparar estes dois regimes de modo tão absoluto numa fase em que, embora permaneça um princípio de proibição de aquisição de ações próprias, existe, em acréscimo, um conjunto de exceções, pensadas e com sentido para o caso das ações, mas iníquas quando aplicadas às obrigações: ou seja, inexiste no caso das obrigações (a menos que convertíveis em ações, mas quanto a esse aspeto, teceremos algumas considerações no ponto seguinte, em que abordaremos algumas questões sobre a eventual bifurcação do regime aplicável às obrigações, consoante sejam, *grosso modo*, convertíveis ou não) qualquer das preocupações de proteção de intangibilidade do capital social e posição acionista[31] características das ações, que justificam que, tendo a lei passado a permitir excecionalmente a aquisição de ações próprias, coloque balizas a tais exceções, pelo que se assemelha desapropriada a aplicação do mesmo regime à aquisição de obrigações próprias.

Desta insensibilidade legislativa resulta o desaproveitamento de uma oportunidade para flexibilizar este regime, benéfico para uma sociedade emitente de obrigações (em particular, como instrumento de redução de custos de financiamento), fora das situações de amortização ou conversão, liberalizando essa prerrogativa de gestão de dívida.

Hoje em dia, esta remissão coloca uma série de dificuldades interpretativas e problemas práticos. Desde logo, transpondo o n.º 2 do artigo 317.º, é dúbio qual o limite aplicável à aquisição de obrigações próprias: a que se reporta o limite de 10%? Não nos faz, de todo, sentido que seja ao capital social. A fazer sentido – e só faria se se considerar que na aquisição de obrigações próprias, a sociedade emitente poderá estar a influenciar ilegitimamente a formação de preços das obrigações, pelo que temos muitas dúvidas quanto à bondade deste limite quantitativo – só poderá ter como referencial 10% do montante de cada emissão de obrigações da sociedade emitente[32]. Temos, de facto, muitas dificuldades em defender

[30] Em matéria de aquisição e alienação de ações próprias, *v.*, por todos, Maria Victória Rocha, *Aquisição de ações próprias no Código das Sociedades Comerciais*, Almedina, Coimbra, 1994. Para algumas noções genéricas, *v.* também, Paulo Olavo Cunha, *Direito das Sociedades Comerciais*, (Reimpressão 5.ª Ed.), Almedina, 2015, pp. 431 e ss.

[31] Veja-se a síntese de Nuno Barbosa quanto aos males que a proibição de ações próprias visa evitar, *Código*... cit. p. 810.

[32] Também poderá entender-se que o limite de 10% pode ter como referência o montante global da dívida da sociedade realizada através da emissão de obrigações. No entanto,

perentoriamente uma interpretação desta norma, quando aplicada à aquisição de obrigações próprias, porquanto não atingimos – se a houve! – a sua verdadeira finalidade.

Abordemos ainda um aspeto porventura ambíguo desta remissão para o regime da aquisição de ações próprias: deve entender-se que a remissão operada pelo n.º 1 do artigo 354.º tal como se encontra redigido abrange todo a disciplina prevista na Secção III do Capítulo III do CSC ou outrossim que apenas os preceitos reguladores da aquisição (*maxime*, artigos 316.º a 318.º) se aplicam?

Salvo melhor entendimento, parece-nos que a remissão para o regime das ações próprias (desadequado, como já defendemos) deve, à face da lei vigente, ser aplicada restritivamente, i.e., nos limites do imposto pela letra da lei.

O elemento literal aponta nesse sentido: o n.º 1 do artigo 354.º apenas refere a aquisição de ações próprias e não qualquer outra das suas vicissitudes, incluindo a alienação. Para mais, se toda a Secção III, do Capítulo III se aplicasse, o n.º 2 do mesmo artigo seria inócuo ao estabelecer a suspensão de direitos decorrentes da detenção de obrigações próprias, porquanto esse regime já decorreria da alínea a) do n.º 1 do artigo 324.º.

Se assim é, importa ainda outra questão: e a aquisição e alienação de obrigações próprias, deve entender-se sujeita ao regime previsto nos artigos 319.º e 320.º, isto é, deve ser deliberada pelos acionistas?[33]

Já se antevê que nos inclinamos para a resposta negativa[34], não só por considerarmos que a remissão não abrange esses preceitos, como também

este entendimento tem um risco associado que é o da ultrapassagem do limite de 10% em certas emissões, se a sociedade tiver várias, desde que não seja ultrapassado 10% do total. Ora, assumindo que o objetivo deste preceito é correta e legítima formação de preços das obrigações, parece-nos não ser de perfilhar este último entendimento. Numa situação limite – e improvável, exceto num caso de amortização – em que uma sociedade tenha 10 emissões de 10 milhões de euros, perfazendo o total de 100 milhões de euros, este último entendimento permitiria a aquisição de uma das emissões na sua totalidade. Não há preço formado devidamente nesse caso. Neste sentido, *v.* Nuno Barbosa, *Código...* cit. p. 811 e Florbela de Almeida Pires, cit. p. 956. Em sentido divergente, com uma interpretação mais ampla que compreendemos mas que temos dúvidas em aceitar face à perniciosa remissão e à dificuldade em descortinar o exato propósito da norma, *v.* Hugo Moredo Santos e Orlando Vogler Guiné, «Emissões...» cit. p. 174 e ss.

[33] Em lugar paralelo, *v.* as considerações de Orlando Vogler Guiné, «O financiamento das sociedades por meio de valores mobiliários híbridos (entre as ações e as obrigações)» *I Congresso Direito das Sociedades em Revista*, Almedina, 2011, pp. 90 e 91.

[34] Apesar da prática de algumas sociedades abertas ir no sentido contrário, seguindo, parece-nos um princípio de jurisprudência das cautelas, típico de casos em que a legislação não é clara.

por considerarmos tratar-se de matéria de gestão, só excecionalmente submetida ao escrutínio acionista. Ora, ocorre que, o n.º 1 do artigo 350.º apenas determinou que a emissão de obrigações deva ser sujeita a deliberação acionista (e, ainda assim, sem prejuízo da competência estatutariamente atribuída ao órgão de administração). Não o fez para a aquisição ou alienação de obrigações próprias. Logo, sendo matéria de gestão e verificando-se que a remissão do n.º 1 do artigo 354.º apenas abarca as "circunstâncias" de aquisição, as quais se encontram previstas, salvo melhor entendimento, nos artigos 316.º a 318.º, deverá valer a regra geral prevista no n.º 3 do artigo 373.º, podendo os acionistas deliberar sobre essa matéria apenas a pedido do órgão de administração[35].

O mesmo se dirá para os demais preceitos da Secção III do Capítulo III: de facto, parece-nos que, em matéria de obrigações próprias, os mesmos só poderão ser trazidos à colação em situações em que se conclua pela existência de uma lacuna, a integrar pelo regime previsto no CSC para as ações próprias, conquanto e apenas na medida em que seja o regime mais próximo do bem jurídico a proteger pela norma em falta[36].

Decorre do exposto que somos avessos a uma aplicação analógica ou extensiva acrítica do(s) regime(s) legal(/ais) previsto(s) para as ações às obrigações. Bem sabemos que têm em comum o facto de serem valores mobiliários e que o CSC investe os titulares de obrigações num conjunto de direitos políticos que de certa forma aproxima as duas figuras[37]. Mas esses pontos comuns não justificam uma aproximação em todas as vertentes – se assim fosse, o regime seria uno. Uma posição acionista não é equiparável a uma posição obrigacionista. Não é por acaso que inexiste dever de lançamento de oferta pública (obrigatória, refira-se, não obstante o pleonasmo) de obrigações...

[35] Nesse sentido, *v.* por todos, Nuno Barbosa, *Código*... cit. p. 816.

[36] Em linha com as regras de interpretação e integração de lacunas previstas nos artigos 9.º e 10.º do Código Civil. Parece-nos que Hugo Moredo Santos e Orlando Vogler Guiné, «Emissões...», cit. *maxime* p.176 chegam a esta mesma conclusão, pese embora com uma análise mais circunscrita.

[37] Para uma análise desta e de outras questões, *v.*, por todos, António Silva Dias, cit., em particular, neste ponto, pp. 55 e ss.

D. Regra da deliberação acionista para a emissão

O artigo 350.º determina que a emissão de obrigações deve ser deliberada pelos acionistas, salvo se houver estipulação estatutária em sentido contrário.

A emissão de obrigações de estrutura simples (*grosso modo*, todas as que não sejam convertíveis ou com *warrant*) é uma matéria de gestão[38], a par do que ocorre com outras formas de financiamento, das quais a sociedade pode fazer valer-se para suprir as suas necessidades de financiamento.

Pese embora reconhecendo que a emissão de obrigações tem algumas particularidades que a diferencia face a outras formas de financiamento – é a própria lei que atribui um conjunto de direitos políticos aos obrigacionistas, designadamente através do RC (como seja o direito a assistir às assembleias gerais dos acionistas ou receber e examinar toda a documentação da sociedade, enviada ou tornada patente aos acionistas, nas mesmas condições previstas para estes, seja inclusivamente o direito de se opor à fusão ou à cisão da sociedade emitente), que não postula em benefício de outros credores da sociedade -, a verdade é que, em termos práticos, noutras formas de financiamento, embora por via contratual, os credores obtêm exatamente o mesmo nível de proteção ou próximo dele[39], não nos parecendo que tais prerrogativas legais estabelecidas a favor dos obrigacionistas sejam motivo suficiente para que, por regra, a deliberação de emissão de obrigações esteja sujeita ao escrutínio acionista. Parecer-nos-ia mais adequado que o regime regra fosse exatamente o oposto.

De facto, e este é um aspeto em que não conseguimos deixar de lamentar uma reflexão mais profunda por parte do legislador nacional, existem, a nosso ver, dois grandes grupos de obrigações: as que em caso algum poderão deixar de ser um crédito sobre a entidade emitente (mesmo que a remuneração ou o reembolso estejam ligados com o desempenho da atividade social, como ocorre nas obrigações ditas participantes), i.e., que manterão a sua qualificação como dívida, capital alheio da sociedade, por contraponto às obrigações que poderão ser convertidas em capital, seja obrigações convertíveis, seja obrigações com *warrant* e que, consequen-

[38] Nuno Barbosa também o reconhece, *Código...* cit. p. 796, embora perfilhando entendimento diferente face ao nosso. Adite-se que, parte dos argumentos avançados pela doutrina caíram já por terra, com a supressão dos n.ºs 5 e 6 do artigo 349.º do CSC – *v.* Florbela de Almeida Pires, cit. p. 947.

[39] No elenco exemplificativo anterior, nos contratos de financiamento é típico estabelecer-se obrigações de informação em termos similares aos reconhecidos aos acionistas.

temente poderão deixar de representar um mero crédito para passar a ser crédito acionista, capital próprio da sociedade[40].

Destarte, a nosso ver, são instrumentos de natureza diferente e que se revestem de preocupações diferentes porquanto na primeira situação, o obrigacionista será sempre isso mesmo, o titular de um valor mobiliário representativo de um crédito homogéneo sobre a sociedade, enquanto que, no segundo grupo de situações, o obrigacionista poderá assumir a qualidade de acionista. Parece-nos que as diferenças são suficientemente significativas para dispensar a atenção do legislador na reponderação de um regime que, visando ser uno, se afigura desadequado à disciplina de realidades tão díspares.

Note-se que o legislador inclusivamente já sentiu necessidade de, nalguns pontos, estabelecer regras específicas para as obrigações convertíveis e para as obrigações com *warrant* – os artigos 365.º e seguintes são disso o melhor apanágio. Seria, pois, congruente, que repensasse o regime, de modo a que as normas aplicáveis às obrigações não convertíveis em capital fossem mais flexíveis em todos os seus pontos, incluindo, no que respeita à competência para a deliberação da sua emissão. Assim, o artigo 366.º, aplicável às obrigações convertíveis, manter-se-ia tal como está, sendo o 350.º, aplicável às obrigações não convoláveis em valores mobiliários representativos de capital, alterado para se alinhar com os princípios gerais contidos nos artigos 405.º e n.º 3 do artigo 373.º, segundo os quais, a gestão compete ao órgão de administração, podendo os acionistas deliberar em matérias de gestão, tão-somente e apenas a pedido do órgão de administração.

Já havíamos antevisto no ponto II. C *supra*, que não terminaríamos este breve estudo sem tecer algumas considerações para reflexão sobre a eventual bifurcação entre os regimes aplicáveis às obrigações de estrutura simples (i.e. que *grosso modo* investem o obrigacionista numa posição meramente creditícia, sem prejuízo dos direitos políticos que a lei particularmente lhe reconheça) e as obrigações que podem investir o obrigacionista na qualidade de acionista, a saber, as obrigações convertíveis e as obrigações com *warrant*[41].

[40] Em tema paralelo, sobre valores mobiliários híbridos, *v.* por todos, Orlando Vogler Guiné, «O financiamento...», pp. 77 e ss.

[41] Veja-se a descrição elucidativa de Nuno Barbosa, *Competência...* p. 64 e 66 "as obrigações convertíveis e as obrigações com direito de subscrição de ações *warrant*) oferecem um tipo singular de valores obrigacionais, na medida em que proporcionam ao seu titular a possibilidade de convolar da sua posição de credor para a posição de sócio" e "Tanto o titular de obrigações convertíveis como o titular de obrigações com *warrant* têm o direito potestativo de se tornarem sócios (...)".

De facto, conforme decorre do acabado de enaltecer, parece-nos que esta matéria tem dignidade para ser repensada de modo a que os regimes previstos sejam o mais adequados possível à realidade – e às suas especificidades – que visam disciplinar. E isto é particularmente evidente, parece-nos, no que concerne à competência orgânica para a deliberação de emissão.

E. Proibição geral de emissões concomitantes não subscritas

Os n.ºs 2 e 4 do artigo 350.º encontram-se parcialmente alinhados com o artigo 169.º do Cód.VM, que, disciplinando as ofertas públicas de subscrição de valores mobiliários, impede o lançamento pela mesma sociedade emitente de oferta pública de valores mobiliários do mesmo tipo dos que foram objeto de oferta anterior (ou lançamento de nova série) até ao pagamento da totalidade do preço de subscrição ou colocação em mora dos subscritores remissos e do cumprimento das formalidades necessárias à emissão (ou série) anterior. Temos, contudo, várias dúvidas quanto à *ratio* deste preceito e quanto à bondade da sua amplitude e cremos que, também neste ponto, poderá ter faltado uma ponderação mais profunda no contexto do DL.

Efetivamente, esta proibição geral parecia ter como justificação a tutela da confiança dos credores, como garantia de que emissão posterior não serviria para financiar a anterior[42], nem estabeleceria melhores condições do que a anterior em detrimento dos interesses dos obrigacionistas que as houvessem subscrito.

Parece-nos que esta justificação poderá fazer sentido nas emissões feitas através de oferta pública – e nesse caso, o valor protegido estará acautelado pelo artigo 169.º do Cód.VM – mas não já nas emissões de subscrição particular, em que, do ponto de vista da racionalidade económica e da sustentabilidade financeira da sociedade emitente, poderá fazer todo o sentido ter em curso, concomitantemente, duas emissões diferentes, com subscritores diferentes – em particular, estando a falar-se de investidores qualificados, no contexto de emissões particulares.

Assim sendo, e uma vez que o preceito em causa se manteve inalterado, perfilhamos o entendimento de que o mesmo, até à sua desejável repon-

42 Nas palavras de Adriano Anthero face ao preceito paralelo do Código Comercial, esta proibição seria uma "forma de impedir que a sociedade viva à custa do público, servindo-se de uma nova emissão para pagar os juros de uma outra", *v. Comentário ao Código Commercial Portuguez*, Companhia Portuguesa Editora, 1930, pp. 439 e s.

deração – visto que nos parece inadequado como princípio geral, aplicável quer a ofertas públicas, quer particulares -, deverá ser interpretado restritivamente, em linha com o artigo 169.º do Cód.VM e, por conseguinte, ter-se por aplicável apenas no contexto de ofertas públicas de obrigações[43]. Uma vez mais, seria desejável uma maior e melhor interpenetração entre o direito societário e o mobiliário.

F. Maiorias necessárias para a modificação das condições

O n.º 7 do artigo 355.º não foi alvo de alterações pelo DL, o que é de lamentar na nossa opinião. Desde logo, com exceção da regra geral de deliberação por maioria, prevista na parte inicial do preceito, a redação do artigo é deveras infeliz. Não existe qualquer outro preceito com redação equiparável no CSC, para qualquer outra situação, o que é assaz compreensível, considerando a dificuldade de interpretar corretamente o preceito.

Indo por partes, determina o artigo que as modificações[44] das condições dos créditos dos obrigacionistas devem ser aprovadas "na primeira data fixada, por metade dos votos correspondentes a todos os obrigacionistas e, na segunda data fixada, por dois terços dos votos emitidos".

Fácil é descortinar que a lei estabelece, para a deliberação em primeira data, um quórum constitutivo encapotado: se não estiver presente ou representada "metade dos votos correspondentes a todos os obrigacionistas" (e já nos ateremos ao que consideramos ser o significado desta expressão), não se augurará obter a maioria deliberativa, pelo que a assembleia não poderá validamente deliberar sobre a modificação das condições dos créditos.

Ora bem, uma vez que nos termos do n.º 8 do artigo 355.º "as deliberações tomadas pela assembleia vinculam ausentes ou discordantes", bem se compreende que deva existir um quórum deliberativo agravado. Já temos mais dúvidas em aceitar o quórum constitutivo subjacente ao pre-

[43] Perfilhamos, neste particular, a posição de Florbela de Almeida Pires, cit. p. 949, que restringe a aplicação do n.º 2 do artigo 351.º do CSC às ofertas públicas e defende que se deve equiparar a "realização" prevista na parte final do preceito referido, à colocação em mora dos subscritores faltosos, o que nos parece o melhor entendimento.

[44] Para uma visão mais completa sobre as discussões que giram em torno deste preceito e, particularmente, do que deva entender-se pela expressão modificação, *v.* por todos, Nuno Barbosa, *Competência...*, pp. 176 e ss.

ceito até porque não é imediatamente compreensível o que seja "metade dos votos correspondentes a todos os obrigacionistas".

Face a estas dificuldades e de modo sucinto, estando nós a falar de sociedades comerciais – e, como tal, de capitais e não de pessoas – e de obrigações – valores mobiliários que, como tal, têm entre as suas características a homogeneidade, fungibilidade e abstração – parece-nos que o preceito deve ser entendido como referindo-se às obrigações e não ao seu titular, o obrigacionista. É também indubitável aos nossos olhos que a maioria se afere por referência a cada emissão e não ao total de emissões vigentes para uma determinada sociedade emitente.

Ou seja, por outras palavras, de *iure condito*, para que a assembleia de obrigacionistas possa validamente deliberar a modificação das condições dos créditos em primeira convocação é necessário que esteja presente ou representada metade dos direitos de voto da emissão em causa, isto é, visto que nos termos do n.º 5 do artigo 355.º, a cada obrigação corresponde um voto[45], devem estar presentes ou representados os obrigacionistas (ou obrigacionista[46]) detentores de metade do valor nominal da emissão, e como tal, titular de metade dos votos inerentes às obrigações detidas[47]. A modificação só será aprovada se essa maioria constitutiva votar favoravelmente.

Quid iuris no remoto cenário de todos os obrigacionistas estarem presentes (ou representados) e metade votar favoravelmente e a outra metade votar desfavoravelmente? Tendemos a considerar que não pode ter-se a proposta como aprovada porque, como é sabido, a regra subjacente é a da aprovação por maioria, que, no caso particular das modificações às condições dos créditos, se quis especialmente agravada[48].

[45] Uma vez que o preceito se manteve inalterado, diferentemente do que foi conseguido noutros aspetos, continuará a discutir-se se se trata de uma norma imperativa ou supletiva.

[46] Um obrigacionista que detenha 50% das obrigações que constituem a emissão, se aparecer sozinho e votar favoravelmente, aprova a modificação, mesmo que os restantes 50% das obrigações se encontrem dispersos por um número alargado de obrigacionistas. Por outras palavras, o legislador não pretendeu que 50% dos obrigacionistas estivessem presentes. O que pretendeu, embora de forma imperfeitamente expressa, é que estejam presentes obrigacionistas que detenham / representem metade dos direitos de voto (metade das obrigações, no pressuposto de que a uma obrigação corresponde um voto) de uma emissão.

[47] No mesmo sentido, *v.* Nuno Barbosa, *Competência...*, cit., em particular, pp. 202 e ss. e Florbela de Almeida Pires, cit. p. 960. Uma posição interessante e que teve o mérito de chamar a atenção para a desadequação da norma, é encontrada em Carlos Osório de Castro, cit. p. 141 e ss.

[48] No mesmo sentido, Florbela de Almeida Pires, cit. p. 960.

De iure condendo, cremos que este preceito merece a reponderação do legislador. Veja-se que até para as alterações estatutárias (porventura a situação mais equiparável), o quórum constitutivo é inferior[49]. Naturalmente que entendemos e perfilhamos a exigência de maiorias agravadas, atenta a sensibilidade da matéria em causa e atento o seu efeito extensivo, por se aplicar a discordantes (somos mais sensíveis aos discordantes do que aos ausentes, que em franca parte dos casos, o faz por mera inércia), porém, parece-nos que a solução mais equilibrada passaria por exigir quórum constitutivo inferior (eventualmente, um terço) conjugado com quórum deliberativo agravado (eventualmente dois terços dos votos emitidos).

Algumas notas transversais finais

O legislador reportou-se várias vezes ao que estiver estipulado nas "condições da emissão e nos documentos, registos e inscrições que lhes correspondam" (a título ilustrativo, *v.* alíneas e) e g) do n.º 1 do artigo 360.º e n.º 3 do artigo 361.º), sendo que noutras vezes se reportou apenas às "condições de emissão" (*v.*, a título de exemplo, a alínea b) do n.º 2 do artigo 360.º e o artigo 370.º) e noutros ainda às "condições da emissão" (*v.*, exemplificativamente, o n.º 2 do artigo 358.º, o n.º 3 do artigo 369.º e o n.º 1 do artigo 370.º). Não encontramos fundamento para esta discrepância. Ou bem que se adotava a fórmula completa acima referida, dando relevância – e ênfase – legal aos vários conjuntos de formalidades que envolvem a emissão, ou bem que se optava pela referência às condições de (ou da) emissão sem mais, na medida em que são elas que definem os termos e condições da emissão, sendo os demais documentos e/ou registos, suas decorrências. Parece-nos, pois, que houve aqui uma desatenção sistemática por parte do legislador. Em termos práticos, só antecipamos problemas se, porventura, nos casos em que o legislador se reportou apenas às condições da (ou de) emissão, houver informação que conste de outros "documentos, registos e inscrições que lhes correspondam". Não obstante, parece-nos limitada essa possibilidade, já que, em princípio, pelo menos os registos e as inscrições terão como base as condições da emissão. O mesmo não se pode afirmar tão perentoriamente quanto aos outros documentos...

[49] *V.* n.º 2 do artigo 383.º.

III. Breve apontamento conclusivo

O legislador português parece, desde longa data, olhar com uma certa dose de suspeição para a emissão de obrigações, consentindo situações bem mais críticas, inclusivamente do ponto de vista da proteção do investidor, no nosso ordenamento jurídico[50]. Note-se, por exemplo, o regime do papel comercial, que podendo igualmente chegar até ao investidor não qualificado, mereceu sempre um tratamento mais favorável (nunca foi, por exemplo, sujeito a registo comercial, como continua a ser a emissão de obrigações particular e não admitida à negociação) quando comparado ao enquadramento legal da emissão de obrigações previsto no CSC.

A nosso ver, embora compreendendo as legítimas preocupações do legislador e reconhecendo os passos relevantes dados com as alterações introduzidas pelo DL, cremos que há ainda um longo caminho pela frente no que respeita ao regime da emissão de obrigações, sendo desejável um repensar mais estruturante da figura no nosso ordenamento jurídico.[51].

Nessa medida, se por um lado reputamos de aplaudir algumas alterações introduzidas que efetivamente demonstram o voluntarismo do legislador em cumprir os ensejos vertidos no preâmbulo do DL (e no comunicado do Conselho de Ministros de 18 de dezembro de 2014), de entre as quais destacamos, em jeito de síntese:

(i) (Mau grado a manutenção da regra de registo de contrato de sociedade há mais de um ano), o esforço para facilitar a legitimidade de emissão através da nova alínea d) do n.º 2 do artigo 348.º;

(ii) O aumento do leque de exceções à aplicação do requisito (infundado) previsto no n.º 1 do artigo 349.º; e

(iii) A crescente profissionalização da figura do RC com abertura a entidades autorizadas a prestar serviços de representação de investidores noutro Estado-Membro;

por outro, parece-nos que há algumas reponderações de fundo que continuam por fazer, de entre as quais enaltecemos:

[50] Veja-se o texto de Pedro Wilton, cit. que já em 2005 denotava esta suspeição do legislador.

[51] Como refere – e bem – Nuno Barbosa e é bom que não se olvide, "os empréstimos obrigacionistas constituem um dos mais importantes meios de financiamento das sociedades anónimas" v. *Competência*... cit. p. 60.

(i) A reponderação do regime a aplicar a obrigações não convertíveis por oposição ao regime a aplicar a obrigações convertíveis ou com *warrant*;
(ii) O regime das obrigações próprias; e
(iii) As maiorias necessárias à modificação das condições dos créditos dos obrigacionistas.

À guisa de conclusão diríamos que, em termos globais, o legislador cumpriu parcialmente os seus objetivos, embora sem proceder a uma análise – desejável e necessária – de fundo deste regime, de modo a torná-lo efetivamente uma via apelativa (para as sociedades emitentes e para os potenciais obrigacionistas) e alternativa a outros modos de financiamento.

Conforme ousámos defender ao longo destas páginas, reputamos aconselhável um maior entrosamento entre o direito societário e o direito mobiliário, com uma aposta clara na literacia financeira e no incremento e supervisão do cumprimento dos deveres de informação por parte das sociedades emitentes de valores mobiliários – parece-nos ser esse o caminho a trilhar.

De igual sorte, afigura-se-nos igualmente recomendável uma maior proximidade por parte do legislador aos agentes económicos de modo a sorver os ensinamentos da prática, que certamente contribuirão para a implementação de regras mais realistas, ajustadas e, consequentemente, melhores, para todos.

Resumo: O presente estudo pretende oferecer uma análise e uma reflexão crítica acerca dos motivos que levaram a que as *tracking stocks* – instrumentos financeiros de méritos reconhecidos nos mercados internacionais - sejam inexistentes nos mercados portugueses, pese embora a sua admissibilidade à luz do direito interno.
Palavras-chave: Tracking stocks; ações setoriais; categorias de ações; ações privilegiadas; setor de atividade.

Abstract: This study aims to provide an analysis and a critical reflection upon the reasons that lead to the absence of tracking stocks within Portuguese financial markets notwithstanding the recognition of its virtues by the international markets and the fact they are admissible under Portuguese law.
Keywords: Tracking stocks; targeted stocks; classes of shares; preferential stocks; business unit.

JOANA MAGINA*

Tracking stocks – Uma ausência motivada pelo esquecimento ou pela rejeição?[1]

1. Introdução

As *tracking stocks* podem ser definidas como uma categoria de ações que confere um direito privilegiado aos lucros obtidos por um dado setor de atividade de uma sociedade comercial. São, portanto, um tipo de instrumentos financeiros cuja rendibilidade se encontra intimamente ligada ao desempenho de um setor – previamente delimitado – de uma sociedade anónima ou em comandita por ações, mas que se distingue desta sob diversos pontos de vista. Neste contexto, "distinção" não significa "autonomia": o setor de atividade a cujo desempenho as *tracking stocks* se encontram indexadas não é autónomo do ponto de vista jurídico, organizativo e patrimonial da sociedade em que se insere. Pelo contrário, vive sob o mesmo teto e por isso com ela partilha – e sente como seus – os momentos de prosperidade e de declínio.

* Advogada

[1] O presente texto corresponde, no essencial, a um trecho da dissertação de mestrado em Direito Privado, discutida em março de 2013 na Escola de Direito da Universidade Católica Portuguesa, do Porto, com ligeiras adaptações.

À parte do indiscutível interesse teórico do tema lançado, as *tracking stocks* revelaram-se igualmente cativantes no plano prático. Sucederam-se os exemplos das suas emissões. Discutiram-se os seus contornos jurídicos. Multiplicaram-se as histórias do sucesso do seu desempenho bolsista.

Contudo, simultaneamente, foi crescendo um sentimento de desconfiança quanto à sua subsistência a longo prazo. Registaram-se casos de insucesso. Pairou a dúvida e o descrédito. E, quase repentinamente, estes instrumentos transformaram-se numa espécie em vias de extinção.

O mercado português – cumprindo a sua tradição conservadora – manteve-se alheio a esta história. Nunca assistiu, no plano interno, a emissões semelhantes. E quase nem se interessou, do ponto de vista teórico, pela sua discussão[2].

Com o presente estudo, pretende-se – talvez com alguma ambição – compreender os motivos que ditaram o desfecho da resenha acima exposta. Em concreto, pretende-se esclarecer a razão pela qual este tipo de ações é inexistente em Portugal, questionando, em primeira linha, se tal se prende com o facto de a figura ser incompatível com o nosso ordenamento jurídico.

Com este propósito em mente, iremos centrar a nossa atenção nos contornos e características das *tracking stocks*, no respetivo enquadramento jurídico e nos constrangimentos que o mesmo enfrenta. O estudo concluirá com a enunciação dos motivos que, segundo cremos, poderão limitar o sucesso destes instrumentos nos nossos mercados.

Porém, e antes de avançarmos para nosso estudo, cumpre alertar que nos limitaremos ao perímetro do regime das ações nas sociedades anónimas, descartando, assim, a problemática das sociedades em comandita por ações. Com esta exclusão, acreditamos não perder de vista o âmago do problema. Descansa-nos o residual interesse que este tipo de sociedades desperta nos nossos mercados e o caráter remissivo do seu regime jurídico.

[2] Na literatura portuguesa, até à data, o tratamento aprofundado deste tema pertence, em exclusivo, a Fátima Gomes, *O Direito a Lucros e o Dever de Participar nas Perdas das Sociedades Anónimas*, Almedina, Coimbra 2011, pp. 385 a 420, e *As "tracking stocks" como categoria de acções e a sua compatibilidade com o ordenamento jurídico português*, DSR, Setembro 2010, ano 2, vol. 4, Almedina, Coimbra 2010, pp. 76-113. Contendo referências a este assunto, cfr. José Engrácia Antunes, *Os Instrumentos Financeiros*, Almedina, Coimbra 2009, p. 79 e Paulo Tarso Domingues, *Variações sobre o Capital Social*, Almedina, Coimbra 2009, p. 182, nota 688.

DSR, ano 8, vol. 15 (2015): 125-150

2. As *Tracking Stocks*

2.1. Origem

A origem das *tracking stocks* remonta à década de oitenta do século transato, precisamente, ao ano de 1984, momento em que a *General Motors* adquiriu a empresa *EDS* e atribuiu aos acionistas desta última, como meio de pagamento, ações "GM-E". Estas ações, configuradas como verdadeiras *tracking stocks*, atribuíam aos seus detentores o direito aos dividendos da *EDS* – então sociedade-filha da *General Motors*. O sucesso da emissão destas ações foi tal que a mesma empresa repetiu a emissão de *tracking stocks*, desta vez a propósito da aquisição da *Hughes Aircraft*, em 1985, dando origem às ações "GM-H".

Outro momento relevante na história das *tracking stocks* ocorreu em 1991, quando a empresa *USX* emitiu dois tipos de ações que conferiam aos seus titulares o direito aos dividendos gerados, não por uma empresa sua subsidiária, mas por cada um dos dois setores internos desta empresa – o setor da energia e o setor do ferro.

Desde então, ocorreram cerca de 50 emissões destas ações por parte de empresas cotadas na bolsa norte-americana[3], que repetiram, na maioria das vezes, o historial de sucesso inicial registado por estes instrumentos financeiros[4]. Grande parte destas emissões, historicamente contextualizadas na época da denominada *dotcom bubble*, pretendiam individualizar e atribuir aos detentores de *tracking stocks* os lucros dos setores de informática e de tecnologia das empresas emitentes.

Já na Europa, onde o mercado de capitais assume um relevo incomparavelmente mais ténue do que nos EUA, os exemplos da emissão destas ações têm sido escassos[5]. Não obstante, do ponto de vista legal e teórico muitas têm sido as discussões que tiveram as *tracking stocks* como pano de

[3] Entre as quais se contam a *AT&T*, a *Walt Disney*, a *WorldCom*, a *Sprint Corp.*, a *Liberty Media Corp.*, a *Georgia Pacific*, a *Cablevision Systems Corp.*, a *Electronic Arts*, a *Ralston Purina*, entre muitas outras. Mais recentemente, já em 2015, a *EMC Corp.* procedeu à emissão de *tracking stocks* e a *Liberty Media Corp.* anunciou ser seu propósito transformar as ações ordinárias representativas do seu capital social em três grupos de *tracking stocks*, em operação a concretizar ainda durante o primeiro semestre de 2016.

[4] Este movimento foi também acompanhado pelos mercados Nova Zelandês, Japonês e Australiano, embora numa escala sensivelmente menor.

[5] O exemplo mais mediático registado na Europa foi o da *Alcatel*, quando, a 20 de outubro de 2000, por ocasião da aquisição da *Optotronics*, emitiu as ações "Alcatel O". Embora com menor expressão, foram conhecidos outros exemplos na Alemanha e Reino Unido.

fundo e que levaram, inclusivamente, a que recentes reformas legislativas expressamente admitissem a emissão destas ações[6].

2.2. Noção

As *tracking stocks* – também conhecidas por *alphabet stocks, lettered stocks* ou *targeted stocks*[7] – podem ser definidas como uma categoria de ações que se caracteriza pelo facto de acompanhar (*to track*), do ponto de vista patrimonial, os resultados de um setor de atividade específico (*business unit*), que pode consistir numa divisão interna da sociedade ou numa sociedade por esta controlada[8].

Embora as *tracking stocks* traduzam a existência de uma participação social no capital da sociedade como um todo, e não apenas no setor de referência (que não tem autonomia patrimonial), os direitos patrimoniais que lhes estão adstritos não se reportam à globalidade da atividade económica societária[9] mas apenas ao setor a que foram afetas[10]. São ações que, ao invés de refletirem o resultado de uma empresa como um todo,

[6] Referimo-nos à reforma do ordenamento jurídico italiano operada pelo *Decreto Legislativo 17 Gennaio 2003* (*Riforma organica della disciplina delle società di capitali e società cooperative, in attuazione della legge 3 ottobre 2001, n. 366*), com entrada em vigor a 1 de janeiro de 2004, que expressamente prevê a possibilidade de emissão de *tracking stocks* (designadas por *azioni correlate*). Refira-se, a título de nota, que a referida reforma teve primacialmente em vista a flexibilização e adaptação do ordenamento jurídico italiano ao fenómeno da inovação financeira. *Vd.*, quanto a este tema, Marco Lamandini, *Società di Capitali e Struttura Finanziaria: Spunti per la Riforma*, RDSit, anno 47.º/2002 gennaio-febraio, fascicolo 1.º, Giuffrè Editore, Milano 2002, pp. 139-145; Paola Manes, *Sui "patrimoni destinati ad uno specifico affare" nella riforma del diritto soccietario*, Contratto e Impresa, fasc. 1, Cedam, Padova 2003, pp. 181-210 e Marco Ventoruzzo, *Experiments in Comparative Corporate Law: The Recent Reform and the Dubious Virtues of a Market for Rules in the Absence of Effective Regulatory Competititon*, 2004, http://papers.ssrn.com/sol3/papers.cfm?abstract_id=556601, pp. 114-155.

[7] Também designadas, na Alemanha, por *Spartenaktien* ou *Bereichaktien*, em França, por *actions traçantes* ou *actions setorielles*, em Itália, por *azione correlate* e, entre nós, na designação proposta por Paulo Tarso Domingues (cfr. ob. cit., p. 182, nota 689), como *ações setoriais*. Abster-nos-emos, no presente estudo, de utilizar esta última designação, tendo presente a sua potencial confundibilidade com o recente conceito de *fundos de ações setoriais*.

[8] Cfr. Ludovico G. Bianchi di Giulio, *et al*, *Dalle Tracking Shares alle Azioni Correlate: Brevi Riflessione sull'Esperienza Domestica Italiana*, 2009, http://www.dirittoefinanza.it/public/file/tracking_shares.pdf, p. 1.

[9] Embora, como veremos adiante, possam ser por ela influenciados em sentido negativo.

[10] Cfr. Giuseppe Portale, *Dal capital "assicurato" alle "tracking stocks"*, RDSit, anno 47.º/2002, gennaio-febbraio, fasciculo 1.º, Guiffrè, Milano, p. 164.

apenas refletem (ou tendem a refletir) o resultado de um determinado setor economicamente restrito de uma dada sociedade ou de uma sua sociedade-filha.

As *tracking stocks* têm, portanto, como característica essencial o facto de atribuírem aos seus titulares o direito a uma participação nos lucros produzidos no âmbito exclusivo de um setor de atividade de uma sociedade (que, para o efeito, funciona com uma certa autonomia contabilística), e de um direito à restituição das entradas e à repartição do remanescente patrimonial em caso de liquidação, que poderá tomar por referência o valor do setor em causa.

Valendo os direitos acima referidos como traços essenciais das *tracking stocks*, os restantes direitos sociais atribuídos por estas ações poderão ter conformações diversas. Tal é, nomeadamente, o que ocorre com o direito de voto, em relação ao qual poderão existir soluções distintas, desde a sua exclusão *in totum*, até à sua limitação a assuntos relativos ao setor de atividade de afetação.

Estamos, assim, perante uma participação social com particularidades ao nível dos direitos atribuídos aos respetivos sócios. Por este motivo, e atendendo ao leque de categorias de ações admissíveis no nosso ordenamento jurídico, as *tracking stocks* são passíveis de serem qualificadas como ações especiais[11] e, dentro destas, como ações privilegiadas[12].

[11] A qualificação das ações como especiais obtém-se por contraposição à modalidade de ações ordinárias, tendo por base o critério dos direitos atribuídos ao respetivo titular. Dentro do leque das ações especiais é ainda possível distinguir as ações privilegiadas das ações diminuídas, consubstanciando estas últimas ações que, relativamente às ações ordinárias, só apresentam desvantagens, não proporcionando aos seus titulares o feixe de direitos que a participação na sociedade anónima geralmente proporciona (*vg.* ações de fruição, previstas no artigo 346.º do CSC). Afirmar a existência de modalidades de ações que se distinguem entre si pelo leque de direitos conferidos aos respetivos titulares, pressupõe que a posição de sócio não tenha de ser uniforme. Tal é justamente o que acontece nas sociedades anónimas, onde a lei não impõe que todas as ações tenham um conteúdo idêntico (cfr. artigo 302.º, n.º 1 do CSC). Para uma descrição mais detalhada acerca do elenco das modalidades de ações admissíveis no nosso ordenamento jurídico *vd.*, entre outros, Coutinho de Abreu, *Curso de Direito Comercial*: *Das Sociedades*, Vol. II, Almedina, Coimbra 2007, 2.ª ed., pp. 230 e ss.

[12] São ações privilegiadas ou preferenciais aquelas que conferem aos seus titulares direitos especiais, i.e., "*direitos atribuídos no contrato social a certo(s) sócio(s) ou a titulares de acções de certa categoria conferindo-lhe(s) uma posição social privilegiada que não pode, em princípio, ser suprimida ou limitada sem o consentimento dos respectivos titulares*" (cfr. Coutinho de Abreu, ob. cit., p. 209). No que respeita ao conteúdo das ações privilegiadas, há que atender a que – de acordo com o já citado artigo 302.º, n.º 1 do CSC – inexiste qualquer princípio de tipicidade (ou imposição de um *numerus clausus*). Assim, a lei parece não cingir a possibilidade de criação de ações privilegiadas aos tipos legalmente previstos (como sejam o das ações

Do ponto de vista prático, a emissão de *tracking stocks* por uma dada sociedade traduz-se num mecanismo de reestruturação empresarial, vocacionado para a captação de capital, reorganização e reafectação dos ativos e passivos societários. É um mecanismo que – como veremos – se assume como uma alternativa aos métodos tradicionais dada a peculiaridade das vantagens e desvantagens que proporciona.

2.3. Setor de atividade

No entender de Ludovico G. Bianchi di Giulio e Fernandino Bruno[13], os agentes económicos gozam de grande discricionariedade na definição do setor de referência, de modo a que este possa representar uma qualquer combinação de sociedades controladas, um qualquer segmento geográfico ou até uma linha produtiva de uma sociedade, desde que, em qualquer caso, este segmento seja passível de constituir um centro de imputação de custos e receitas.

A nosso ver, o conceito de setor de atividade aproxima-se do conceito de "unidade económica", previsto na al. b) do n.º 1 e n.º 2 do artigo 124.º do CSC. Consideramos, assim, que o setor de referência deverá constituir uma parcela da sociedade que represente um conjunto de meios organizados, com suficiente autonomia para poder funcionar independentemente no mercado. E isto na medida em que o setor de atividade de referência tem de ser suscetível, *per se*, de gerar lucros e de ter um ativo e passivo autonomizáveis. Em suma, entendemos que o setor terá de conter em si um conjunto de elementos em número e qualidade suficientes para – pelo menos no plano teórico – ser possível com eles constituir (nomeadamente por cisão) uma sociedade com autonomia jurídica e patrimonial face à entidade emitente.

Atento o exposto, concluímos que dois tipos de realidades são subsumíveis ao conceito de setor de atividade: a parcela interna da sociedade que reúna as condições acima referidas e a sociedade-filha da sociedade emitente.

preferenciais sem direito de voto, previstas nos artigos 341.º e ss. do CSC). Quanto à natureza dos direitos que poderão ser atribuídos por este tipo de ações *vd.* Paulo Olavo Cunha, *Os Direitos Especiais nas Sociedades Anónimas: As Acções Privilegiadas*, Almedina, Coimbra 1993, 1.ª ed., p. 14 e *Direito das Sociedades Comerciais*, Almedina, Coimbra 2010, 4.ª ed., p. 380 e Coutinho de Abreu, ob. cit., p. 216.

13 Cfr. ob.cit. pp. 1 e 6.

Quanto à última das modalidades referidas, cremos que a relação existente entre a sociedade emitente e a sociedade que corporiza o setor de referência deverá ser uma relação de grupo que tenha como fundamento o domínio total ou o contrato de subordinação, nos termos dos artigos 488.º e ss. e 493.º e ss. do CSC[14/15]. A não ser assim, dificilmente encontraria arrimo legal a pretensão de definição de políticas comuns, de aproveitamento de sinergias e geração de economias de escala: características indissociáveis das *tracking stocks* enquanto instrumentos financeiros. Cremos, por isso, ser determinante que a sociedade emitente tenha o poder de dar instruções vinculantes ao setor de referência e que tenha sobre ele um controlo equiparável ao que existe quando o setor de atividade consubstancia uma parcela interna da sociedade.

Cumpre ainda alertar que a denominação atribuída às *tracking stocks* será distinta consoante o tipo de setor de atividade a que estas se reportam. Assim, as *tracking stocks* que correspondam a ações da sociedade-mãe que

[14] Levando este raciocínio às últimas consequências, entendemos nada obstar a que a sociedade-filha seja uma sociedade anónima, uma sociedade por quotas, ou mesmo uma sociedade em comandita por ações (cfr. artigo 481.º, n.º 1 do CSC). Já a exigência materializada no proémio do n.º 2 da citada disposição (referente ao local da sede das sociedades coligadas), não parece ser defensável neste contexto. Com efeito, nada impede que uma sociedade com sede em Portugal emita *tracking stocks* com referência a uma sua sociedade-filha com sede no estrangeiro.

[15] Embora com algumas reservas, acreditamos ser de difícil concretização a hipótese de a emissão de *tracking stocks* ocorrer num contexto de relação de grupo que tenha como fundamento o contrato de grupo paritário. Fundamentamos esta convicção no entendimento do conceito da *direção unitária e comum* a que se refere o n.º 1 do art. 492.º do CSC. Com efeito, neste tipo de relação societária, todas as sociedades participam em pé igualdade no órgão comum de direção ou coordenação que venha a ser constituído (cfr. art. 492.º, n.º 4 do CSC), o que as torna simultaneamente sujeitos ativos e passivos do poder de direção. É ainda de realçar o facto de a unidade de direção apenas abranger as matérias de gestão social, e já não as incluídas nas atribuições de outros órgãos societários (como sejam as da assembleia geral) – facto que poderá gerar problemas de gestão da carteira de *tracking stocks*. Por outro lado, não é aplicável a este tipo de relação de grupo o regime especial previsto no artigo 503.º do CSC, de onde resulta que a direção unitária e comum está impedida de emitir instruções prejudiciais ou desvantajosas para qualquer uma das sociedades incluída na relação de grupo. Parece intuitiva a previsão de que esta circunstância prejudicará e dificultará a emissão e a gestão de *tracking stocks*. Assim, e sem prejuízo do aditamento de outros argumentos ao presente rol, cremos que as características da relação de grupo constituída por contrato de grupo paritário não são, em abstrato, capazes de proporcionar um contexto favorável à emissão e gestão de *tracking stocks*, já que não proporcionam à sociedade emitente um poder suficientemente forte sobre o setor de referência. Para uma análise aprofundada ao regime do contrato de grupo paritário cfr. por todos, José Engrácia Antunes, *Os Grupos de Sociedades – Estrutura e Organização Jurídica Plurissocietária*, Almedina, Coimbra 2002, 2.ª edição revista e atualizada, pp. 911 e ss.

incorporam um direito patrimonial privilegiado indexado aos resultados de uma ou mais sociedades-filhas são comummente designadas por *tracking stocks* de primeira geração ou *subsidiary shares*[16]. Já as *tracking stocks* cujo setor de referência corresponda a um setor de atividade interno da sociedade emitente que conserva relativa autonomia, designam-se por *tracking stocks* de segunda geração[17] ou *divisional shares*.

Note-se, porém, que as diferenças entre a escolha de um ou outro tipo de setor não se esgotam por aqui. Na verdade, entendemos que as *subsidiary shares*, porque assentes numa entidade que tem autonomia patrimonial da sociedade emitente, levantam menos problemas práticos do que as *divisional shares*. Para tanto, basta pensar que problemas como os conflitos de interesses e a dificuldade de alocação de custos e despesas a que adiante faremos referência, resultarão francamente minimizados[18].

Compete à sociedade emitente (ou, mais precisamente, aos seus sócios) decidir qual o setor de referência a que as *tracking stocks* estão ligadas.

2.4. Funções

Têm sido várias as funções reconhecidas às *tracking stocks* enquanto mecanismo de reestruturação empresarial. Assim, e ainda que sem pretensões de exaustividade, destacaríamos as seguintes:

(i) Exteriorização do valor de uma atividade que se tende a considerar relativamente desvalorizada pelo mercado, no seio das empresas multifunções (*unlocking of hidden value*)[19]. A emissão de *tracking stocks* sobre um determinador setor de atividade permite pôr em evidência o valor de mercado desse setor, obstando ao fenómeno de "diluição" ou "camuflagem" do seu valor intrínseco pelos restantes setores da sociedade. Neste sentido, é defendido que o tratamento autonomizado do setor da sociedade "des-

[16] Cfr. Ludovico G. Bianchi di Giulio *et al*, ob. cit., p. 1, nota 4.

[17] Assim designadas por apenas haverem surgido em 1991, com a emissão *USX Corporation*.

[18] A mitigação de tais desvantagens deve-se, a nosso ver, ao regime jurídico das relações de grupo bem como ao facto de a sociedade-filha ter, por inerência, uma contabilidade e património separados. Não obstante, refira-se que a probabilidade de ocorrência de conflitos de interesses internos mesmo nesta estrutura societária é grande. Neste sentido, *vd.* considerações *infra* vertidas no ponto (ii) da secção 2.6, aplicáveis à hipótese de as *tracking stocks* consubstanciarem *divisional shares* ou *subsidiary shares*.

[19] Cfr. Thomas J. Chemmanaur e Imants Paeglis, *Why Issue Tracking Stock? Insights from a Comparison with Spin-offs and Carve-outs*, 2000, http://papers.ssrn.com/sol3/papers .cfm?abstract_id=250522, e Ian Giddy, *Tracking Stock*, [s/d], http://pages.stern.nyu.edu/~igiddy/trackingstock.html, p. 1.

tacado" aumenta o valor da cotação bolsista da sociedade, demonstrando que o valor do conjunto é inferior à soma das partes autonomamente consideradas.

(ii) Maximização do lucro para o acionista (*shareholder value enhancement*) que resulta da ficção da separação, dentro de uma empresa multifunções, do seu ramo de atividade atrativo e de rápido crescimento dos restantes negócios sociais, tendo em vista o aumento do valor global da empresa. A implementação de um projeto deste tipo implica a divulgação de informação financeira para cada área separada da sociedade.

(iii) Manutenção do poder dos administradores da sociedade sobre o setor de referência em virtude da não autonomização do setor. Tal consequência vai ao encontro do interesse dos administradores da sociedade emitente que, assim, não se vêm afastados da administração do novo setor de atividade.

(iv) Pode ainda dar-se o caso de a emissão de *tracking stocks* ser realizada com o propósito de servir como moeda de troca (*acquisition currency*) na aquisição de empresas ou na expansão interna da sociedade para uma nova área de negócio. No primeiro caso, permite-se aos acionistas vendedores a continuação do negócio apenas no ramo autonomizado, e não já na sociedade como um todo[20/21]. No segundo, atribui-se aos acionistas que aportam os bens (na qualidade de entradas em espécie) uma remuneração adequada. Esta moeda de troca traduz-se – como vimos – na atribuição de um direito privilegiado aos lucros daquele setor.

2.5. Vantagens

As *tracking stocks* são passíveis de proporcionar diversas vantagens quer à sociedade emitente, quer aos seus sócios, quer ainda aos seus administradores.

Apesar de as vantagens criadas pela emissão de *tracking stocks* se encontrarem estritamente relacionadas com as funções acima elencadas, entendemos serem merecedoras de destaque as seguintes:

[20] Este método é particularmente útil para resolver o *"seller's remorse"*, i.e., a sensação, por parte dos acionistas vendedores, de que as suas ações foram vendidas a um preço abaixo do seu valor real. Cfr. Jeffrey J. Haas, *How Quantum, DJL and Ziff-Davis Are Keeping on Track with "Tracking Stock", Part I*, [s/d], http://papers.ssrn.com/sol3/papers.cfm?abstract_id=223634, p. 5.

[21] Foi justamente esta a situação que ocorreu aquando da venda da *EDS* à *General Motors*, fruto da exigência, por parte de Ross Perot – então presidente da *EDS* – em manter uma participação especial na empresa vendida. Cfr. Jeffrey J. Haas, ob. cit., p. 1.

(i) Permitir a atração do investimento em capital: A emissão de *tracking stocks* e a respetiva subscrição permite a entrada de capitais na sociedade. Estes capitais, que foram investidos em prol de um dado setor da empresa, entram no património da sociedade como um todo. Esta factualidade apresenta, à partida, dois benefícios: por um lado, o facto de a atração do investimento não exigir a criação de uma nova sociedade, nomeadamente através de cisão (tal como ocorre nas operações de *spin-off* e de *equity carve-out*, a que adiante faremos referência[22]) e, como tal, permitir uma poupança de custos; por outro, o facto de, na ótica do sócio investidor, a aquisição das *tracking stocks* consubstanciar um investimento diversificado que, assim, comporta menos riscos[23].

(ii) Satisfação das exigências de investimento diferenciado: As *tracking stocks*, porquanto instrumentos de conformação atípica, fazem uso da flexibilidade permitida pelo nosso ordenamento jurídico. Com tanto, estas ações pretendem ir ao encontro das reais necessidades e da procura do mercado, facto que consubstancia uma vantagem competitiva na atração do investimento.

(iii) Exploração dos benefícios decorrentes das economias de gama: A opção por manter o setor de atividade a que se encontram ligadas as *tracking stocks* dentro da mesma sociedade (isto é, de não se optar pelo seu destacamento com a consequente autonomização jurídica de entidades e separação de patrimónios) prende-se, sobretudo, com o fenómeno das economias de gama: o facto de a produção de um conjunto de produtos por uma única empresa ser feita de forma mais eficiente do que a produção das mesmas quantidades dos mesmos produtos por empresas diferentes[24]. Tal circunstância leva à sinergia e economia de custos e ao aproveitamento de benefícios associados à existência de uma empresa multiactividades, tanto ao nível fiscal como de contabilidade e de gestão, facilidade de financiamento, etc.[25] A emissão de *tracking stocks* pretende, portanto, aproveitar os benefícios decorrentes da economia de gama e utilizá-los como "chamariz" para novos sócios investidores.

(iv) Perpetuação da ligação com o negócio: As *tracking stocks* têm a virtualidade de permitir que os respetivos titulares mantenham a ligação ao negócio do setor. Tal característica assume especial relevância para o sócio

22 *Vd.* secção 2.7.

23 Cfr. Relatório do grupo de trabalho presidido por Réné Barbier de la Serre – *L'Introduction en France d'Actions Traçantes*, 2000, disponível em http://www.amf-france.org/documents/general/344 7_ 1.pdf, doravante abreviadamente designado por "**Relatório COB**", p. 7.

24 Cfr. José Mata, *A Economia da Empresa*, FCG, Lisboa 2010, 6.ª ed., p. 167.

25 Nomeadamente a resultante da desnecessidade de fazer operar uma cisão societária, solução que comportaria um maior consumo de tempo e recursos financeiros.

que, em cumprimento da sua obrigação de entrada, contribuiu com o bem imóvel afeto ao setor de atividade de referência. Assim, este acionista poderá retirar proveitos especificamente produzidos pelo setor para o qual contribuiu. Mas também tem nisto interesse o antigo sócio da sociedade cujas participações sociais foram adquiridas pela sociedade emitente que, deste modo, continua a obter dividendos do setor de atividade de que anteriormente era sócio.

(v) Motivação, atração e fidelização de *stakeholders*: A emissão de *tracking stocks* permite a criação de diversos esquemas de incentivo dirigidos aos *stakeholders*. Assim, e desde logo, a sociedade poderá atribuir *tracking stocks* àquelas pessoas que, na sua ótica, são importantes dentro do setor de atividade relacionado (*vg.*, investidores), de modo que estas possam beneficiar do seu maior desenvolvimento, atuando de forma mais motivada na qualidade de acionistas. No que respeita aos administradores e trabalhadores, a sociedade poderá indexar a respetiva remuneração aos resultados económicos apresentados pelo negócio do setor[26] ou conceder--lhes *tracking stocks*[27]. Em ambos os casos, o fator de incentivo traduz-se na pretensão de aumento do valor das participações sociais (*stockholder value*). Para a sociedade emitente, estes esquemas de incentivo têm ainda a virtualidade de permitir que a performance dos administradores e trabalhadores seja facilmente monitorizada através dos resultados do setor.

(vi) Transparência informativa: Na perspetiva do bom funcionamento dos mercados financeiros, a emissão de *tracking stocks* fornece maior informação financeira ao público sobre o setor de referência, o que permite avaliar melhor os investimentos que se realizam, reduzindo substancialmente a assimetria informativa[28] entre a sociedade e o mercado de capitais[29].

(vii) Meio de defesa anti-OPA hostil: A emissão de *tracking stocks* tem ainda como vantagem o facto de consistir num meio de defesa anti-OPA hostil[30] sobre a sociedade emitente. Tal justifica-se na medida se torna

[26] No que respeita aos trabalhadores da sociedade, este esquema de incentivo apenas poderá ser aplicado parcialmente, na medida em que o artigo 129.º, n.º 1, al. d) do CT impede que dela resulte uma diminuição do valor da sua retribuição.

[27] Ou de *stock options* sobre *tracking stocks*, cfr. Relatório COB, p. 2.

[28] Na medida em que a sociedade fica vinculada a prestar informações financeiras separadas para cada setor de atividade subjacente à emissão de *tracking stocks*.

[29] De acordo com Sabine Langner, *Tracking Stocks*, [s/d], *http://papers.ssrn.com/abstract=302173*, p. 11), a existência de maior informação reduz os custos de análise do produto financeiro e propicia uma valorização mais assertiva deste setor de atividade.

[30] Quanto ao conceito de OPA e do respetivo regime jurídico, cfr. António Menezes Cordeiro, *OPAs obrigatórias: pressupostos e consequências da sua não-realização*, RDS, Ano III (2011) 4, pp. 928-984.

mais difícil a aquisição das ações da empresa do que sucederia se o setor ou o ramo fosse explorado sob a forma de uma sociedade autónoma.

2.6. Desvantagens

Apesar dos inúmeros benefícios potencialmente resultantes da emissão de *tracking stocks*, não são despiciendas as desvantagens que estas acarretam. Vejamos o elenco daquelas que, em nosso entender, se pautam como mais relevantes:

(i) Dificuldade em identificar e/ou individualizar com clareza o setor de atividade e os bens que o compõem: A emissão de *tracking stocks* suscita sérias dificuldades ao nível da determinação do âmbito e limites do setor de atividade em causa, dos bens que o compõem e das dívidas que o oneram. Por outro lado, a emissão destas ações potencia dificuldades na imputação de custos e proveitos gerados pela sociedade emitente. Como facilmente se depreenderá, estes problemas ganham especial relevo quando as *tracking stocks* se encontram indexadas a um setor de atividade interno da sociedade[31].

A resolução do problema descrito terá de passar, inexoravelmente, pela previsão expressa e detalhada[32] dos critérios adotados para identificação dos ativos e passivos que deverão ser imputados ao setor e das fórmulas a aplicar na repartição de créditos e débitos[33]. Na verdade, tais elementos deverão ser detalhados ao ponto de permitirem ficcionar a autonomia patrimonial do setor de atividade face à sociedade emitente. Por outras palavras, no plano societário interno, tudo deverá passar-se como se existissem duas sociedades em vez de uma, fazendo com que, pelo menos idealmente, não sejam suscitadas dúvidas aquando da imputação de custos e receitas ou da identificação do ativo e passivo de cada um dos setores de atividade. Não menosprezando a dificuldade patente na definição destes critérios, acreditamos que o sucesso das *tracking stocks* se encontra intrinsecamente dependente da assertiva determinação destes elementos.

[31] Já assim não será no caso das *subsidiary shares*, caso em que o setor de referência é uma sociedade em relação de grupo com a sociedade emitente, na medida em que, fruto da autonomia patrimonial existente, tais problemas resultarão francamente minimizados.

[32] Nos estatutos da sociedade e/ou no prospeto de emissão das *tracking stocks*. Quanto ao dever de informação a investidores, com relevo neste contexto, cfr. artigos 7.º e 135.º do CVM. Cfr. ainda, para sociedades emitentes de ações admitidas à negociação em bolsa, os artigos 245.º-A e ss do CVM.

[33] Cfr. Giusepe Portale, ob. cit., p. 165.

(ii) Conflitos de interesses internos (*sibling rivarly*): A emissão de *tracking stocks* apresenta como segunda (e talvez mais importante) desvantagem o facto de propiciar o surgimento de conflitos de interesses internos[34]. Estes conflitos têm origem quer no facto de existir um órgão de administração único para a sociedade[35], quer por alguns administradores serem detentores de *tracking stocks* e outros não, quer ainda por entrarem em choque os interesses da sociedade como um todo com os interesses do setor relativo às ações setoriais.

Tais conflitos internos poderão ser despoletados nas mais diversas situações, como sejam a da escolha entre a alocação de custos fixos, meios, recursos ou oportunidades de negócio à atividade setorial ou à atividade geral[36]; a do cálculo dos preços de transferência no caso de vendas internas; a da alienação de bens ou da adoção de medidas de gestão que afetem mais um grupo de acionistas do que outros; as situações de opção de troca de ações de um grupo com outro ou de sucessivo aumento de capital com emissão de ações setoriais ou comuns, entre muitos outros[37].

Ora, se atendermos a que este efeito não se verifica nas sociedades tradicionais que têm ações ordinárias e ações especiais de categoria diversa das *tracking stocks*, facilmente depreendemos que os mecanismos normais não são adequados para tutelar estes conflitos[38].

[34] Para uma perspetiva mais detalhada acerca dos conflitos de interesses em sociedades anónimas, cfr. João Sousa Gião, *Conflitos de Interesses entre Administradores e Accionistas na Sociedade Anónima: Os Negócios com a Sociedade e a Remuneração dos Administradores*, *in*: AAVV "Conflito de Interesses no Direito Societário e Financeiro: Um Balanço a partir da Crise Financeira", Almedina, Coimbra 2010, p. 215 ss.

[35] Referimo-nos, naturalmente, ao caso das *divisional shares*. A coincidência de sujeitos é possível – mas já não é necessária – no caso das *subsidiary shares*, pese embora nestes casos a sociedade-mãe esteja munida do poder de direção e da faculdade de emitir instruções vinculativas à sociedade-filha: fatores que determinam a supremacia da administração da sociedade-mãe sobre a sociedade-filha, aproximando-se, ainda que grosseiramente, da ideia de unicidade.

[36] Cfr. Giusepe Portale, ob. cit., p. 165.

[37] O conjunto dos problemas enumerados chegou a ser motivo para se afirmar que os benefícios proporcionados pelas *tracking stocks* acabariam, a médio/longo prazo, por ser usufruídos pelos restantes setores da sociedade emitente, em detrimento do setor de referência. Tal constatação foi desmentida pelo estudo empírico desenvolvido por Matthew J. Clayton e Yiming Quian (*Wealth Gains from Tracking Stocks: Long-Run Performance and Ex-Date Returns*, 2003, http://papers.ssrn.com/sol3/ papers .cfm?abstract_id=349720, pp. 14 e 15), em que se demonstra inexistirem provas do alegado aproveitamento desleal de benefícios na medida em que, nem as ações setoriais, nem as restantes ações da sociedade, apresentam, ao longo do tempo, uma "performance" inferior ao respetivo *benchmark*.

[38] Esta afirmação pode também ser feita a propósito do ordenamento jurídico dos EUA. Não obstante, os tribunais – numa posição claramente conservadora – têm recusado a

DSR, ano 8, vol. 15 (2015): 125-150

Dever-se-á, portanto, adotar estratégias que evitem estes efeitos. Neste sentido, poder-nos-emos valer da regra de que a gestão da sociedade deve ser feita no interesse geral, embora tal nem sempre corresponda aos interesses dos titulares de *tracking stocks*. Para além disso, e como fomos já deixando antecipar, entendemos ser de elementar importância a previsão de regras claras, estatuariamente definidas, que visem a resolução antecipada destes potenciais conflitos, sendo que a observância destas deveria – pelo menos idealmente – ser controlada por auditores[39].

Como forma de evitar abusos na administração das sociedades que conduzam a um resultado desequilibrado entre acionistas setoriais e os restantes acionistas, poder-se-á recorrer ao princípio do tratamento igualitário dos acionistas, fundamental ao normal funcionamento das sociedades. Não se exclui também a responsabilização dos membros dirigentes, por violação do dever de boa gestão, em benefício de todos os sócios. Em última instância, há que apelar ao dever de lealdade entre acionistas, como forma de correção de possíveis comportamentos de desvio ao fim presente na criação de *tracking stocks*[40].

(iii) Influência negativa proveniente do desempenho dos restantes setores de atividade da sociedade emitente (*siamese twin syndrome*)[41]: O valor das *tracking stocks* sofre a influência negativa da evolução das restantes ações da sociedade. Tal circunstância não é mais do que uma consequência da duplicidade ou multiplicidade de categorias de ações de uma sociedade que se mantém una e que detém um único património. Assim, verificando-se que os resultados da sociedade são muitos negativos por causa imputável a um dado setor de atividade da sociedade, tal circunstância repercutir-se-á, invariavelmente, no ramo de negócio ligado às *tracking stocks*[42].

aplicação de novos critérios para a resolução de conflitos de interesses e, assim, evitado a responsabilização dos administradores por violação do dever de fidelidade. Neste sentido, cfr., por exemplo, o caso Salomon v. Armstrong (do *Chancery Court of Delaware*, http://caselaw.findlaw.com/de-court-of-chancery/1414415.html), relativo a uma ação intentada pelos acionistas detentores de ações GM-H e GM-E contra os administradores da *General Motors*, impugnando uma deliberação de *spin-off* do setor elétrico da sociedade por, alegadamente, a mesma visar prosseguir os interesses dos administradores maioritariamente detentores de ações comuns.

39 Neste sentido, Relatório COB, p. 23.

40 *Idem*.

41 Na terminologia utilizada por Jeffrey J. Haas, ob. cit., p. 6.

42 Tal influência é visível, nomeadamente, no montante dos lucros disponíveis para distribuição aos acionistas detentores de *tracking stocks*, assunto que revisitaremos na subsecção 2.8.1.1.

DSR, ano 8, vol. 15 (2015): 125-150

(iv) Deseconomias de gama: A vantagem do aproveitamento das economias de custos e das sinergias internas a que acima se fez referência tende a ser minimizado pelos custos e despesas que a complexidade das *tracking stocks* gera. Assim, e desde logo, dever-se-á atender ao incremento dos custos contabilísticos[43] resultantes da exigência de separação e maior clareza informativa, bem como aos resultantes da maior complexidade do funcionamento das *tracking stocks* como instrumento de mercado de capitais[44].

(v) Fraca apetecibilidade das *tracking stocks* na ótica do investidor: Os investidores e os mercados de capitais europeus demonstram uma maior apetência para instrumentos simples, claros e tradicionais, dos quais as *tracking stocks* não constituem exemplo. Na ótica do investidor, poderá ainda constituir um fator de desincentivo da aquisição de *tracking stocks* o facto de não estar assegurado que o capital assim injetado se destine a ser investido no setor de referência.

2.7. *Spin-off* e *Equity carve-out*

Retomando a perspetiva da emissão das *trackings stocks* como mecanismo de restruturação empresarial, importa distinguir esta figura de duas outras, entendidas como afins, embora com funções e formas de atuação distintas: as operações de *spin-off* e de *equity carve-out*.

Nas operações de reestruturação tipo *spin-off* opera-se uma cisão-simples[45], por destacamento de parte do ativo da sociedade principal com vista à criação de uma nova sociedade. Com a reestruturação, a nova sociedade ganha autonomia jurídica e patrimonial face à sociedade cindida e os acionistas desta tornam-se acionistas daquela, na mesma proporção de capital que detinham, sem que para o efeito tenham que despender recursos adicionais[46]. A nova sociedade passa, em consequência, a ter um órgão de administração autónomo da sociedade cindida. Esta operação apresenta como ponto de contacto com a emissão de *tracking stocks* o facto

[43] Este incremento de custos será tendencialmente inexistente quanto às *subsidiary shares* porquanto a sociedade-filha detém, por inerência, contabilidade separada.

[44] Neste sentido, Giusepe Portale, ob. cit., p. 165

[45] Que, como tal, deverá respeitar o regime jurídico legalmente previsto (cfr. artigos 118.º, n.º 1, al. a) e 119.º a 125.º, todos do CSC).

[46] Note-se que a perfeita coincidência entre a identidade dos acionistas das sociedades cindida e beneficiária é uma circunstância que apenas se verifica – necessariamente – no momento da constituição da nova sociedade. Após tal momento, os acionistas conservam, nos termos gerais, plena liberdade na alienação das participações sociais detidas.

de a atribuição das novas ações ser, por norma, feita em benefício de acionistas já existentes, numa base proporcional, em atenção à participação por eles detida no capital da sociedade[47]. Contudo, o facto de na operação de *spin-off* não haver perpetuação do setor autonomizado na esfera da sociedade principal, faz com que esta operação não partilhe algumas características das *tracking stocks*, como seja a coincidência necessária dos membros do órgão de administração, a possibilidade de consolidação fiscal e o aproveitamento de sinergias intrassocietárias.

Na reestruturação tipo *equity carve-out* é, também, constituída uma nova sociedade. Contudo, o capital social desta, ao invés de ser reservado aos acionistas da sociedade principal, passa a ser maioritariamente detido pela sociedade principal, que, assim, assegura a influência sobre a tomada de decisões. As participações sociais remanescentes (na experiência estadunidense geralmente correspondentes a até 20% do capital social) são objeto de uma oferta pública inicial (*initial public offering* ou "IPO"), sendo, portanto, oferecidas ao público para subscrição mediante uma contrapartida monetária. Ambas as sociedades permanecem consolidadas para efeitos fiscais. Tanto a operação de *equity carve-out* como a de emissão de *tracking stocks* possibilitam o aproveitamento de sinergias entre a atividade setorial e a atividade geral da sociedade. Por outro lado, a amplitude do direito de voto da sociedade principal na assembleia da sociedade dependente potencia que os membros do órgão de administração de ambas as sociedades sejam coincidentes, aproximando-se, também neste ponto, esta operação da operação de emissão de *tracking stocks*.

Em suma, poder-se-á referir que todas as operações analisadas, embora com mecanismos de atuação diversos, permitem que o mercado valorize, autonomamente, determinado setor de atividade, atribuindo aos acionistas um dividendo cujo valor se encontra indexado ao sucesso desse mesmo setor.

Não obstante esta coincidência finalística, o recurso a cada um destes expedientes não se faz indistintamente. Pelo contrário, a ponderação da aplicabilidade de um mecanismo em detrimento de outro, deverá tomar em consideração os mais diversos fatores. Neste contexto, é comum apontar-se, na experiência estadunidense, uma clara preferência pela operação de *spin-off*, à qual é reconhecido o mérito de superar as desvantagens das *tracking stocks*. As *tracking stocks* passam, generalizadamente, a ser configuradas como uma solução de recurso, cuja aplicabilidade será ponderada

[47] No âmbito das *tracking stocks* esta situação tenderá a acontecer se, em sede de aumento de capital, os acionistas existentes exercerem o direito de preferência na aquisição das *tracking stocks* emitidas.

em segundo plano[48]. A opção pelas *tracking stocks* parece confinada aos casos em que se reconhece prioridade às vantagens de aproveitamento de sinergias e ao desejo de manutenção do controlo sobre o setor autonomizado, sem incorrer em custos elevados de reestruturação. Tal tenderá a acontecer mais frequentemente quando o setor autonomizado for muito relacionado com os restantes setores da sociedade. Outros autores defendem que esta opção está essencialmente relacionada com o desejo de preservação do valor da cotação bolsista da sociedade e com as vantagens decorrentes da consolidação fiscal[49].

2.8. As *Tracking Stocks* no ordenamento jurídico português

Oportunamente concluímos que as *tracking stocks* são passíveis de serem qualificadas como ações especiais privilegiadas[50]. Vimos igualmente que, de acordo com o artigo 302.º, n.º 1 do CSC, inexiste qualquer princípio de tipicidade (ou imposição de um *numerus clausus*) que restrinja quantitativa e qualitativamente o conteúdo dos direitos atribuídos por esta modalidade de ações, sem prejuízo dos limites imperativos da lei.

Não obstante o reconhecimento da liberdade de conformação do conteúdo das ações privilegiadas – legado do princípio da autonomia privada – cumpre agora discutir a admissibilidade, em concreto, das *tracking stocks* no nosso ordenamento jurídico. É justamente tendo em vista a construção desse juízo que partiremos para a análise e estudo das características típicas deste tipo de ações.

2.8.1. As *tracking stocks* enquanto categoria de ações e a conformação admissível à luz do ordenamento jurídico português

As *tracking stocks* caracterizam-se por apresentar um conteúdo irredutível composto por quatro direitos de configuração variável: o direito a dividendos preferenciais (*dividend rights*), o direito ao excedente de liquidação (*liquidation* rights), o direito de voto (*voting rights*) e o direito à saída (*exit or redemption rights*).

48 Cfr. Anna N. Danielova, *Tracking Stocks or Spin-off? Determinants of Choice,* [s/d], http://papers.ssrn.com/sol3/papers.cfm?abstract_id=1018302, p. 3.

49 Neste sentido, Thomas J. Chemmanaur e Imants Paeglis, ob. cit., p. 5. e Julia D'Souza e John Jacob, *Why firms issue targeted stock* in *Journal of Financial Economics*, no. 56, 2000, p. 462.

50 Cfr. secção 2.2 do presente estudo.

2.8.1.1. Direito a dividendos preferenciais

A *pedra de toque* do regime jurídico das *tracking stocks* consiste na atribuição do direito a um dividendo preferencial, indexado aos resultados anuais de um dado setor de atividade de uma sociedade. Em suma, são ações que, embora representativas do capital social da sociedade como um todo, vêm o direito a dividendos ser circunscrito aos resultados obtidos pelo setor de referência, e não (pelo menos até certo ponto) aos resultados obtidos pela sociedade como um todo.

No que respeita à admissibilidade desta característica à luz do nosso ordenamento jurídico, importa frisar que o artigo 22.º, n.º 1 do CSC, em matéria de configuração do conteúdo patrimonial da participação social, indica que *"na falta de preceito especial ou de convenção em contrário, os sócios participam nos lucros e nas perdas da sociedade segundo a proporção dos valores das respetivas participações no capital"*. O cariz vincadamente supletivo desta norma – que latamente autoriza a derrogação à regra nela contida[51] – permite-nos concluir que inexiste, nesta sede, qualquer obstáculo à consagração das *tracking stocks*, pelo que estas conservam plena admissibilidade no nosso direito.

Já no que toca à distribuição de dividendos, sendo as *tracking stocks* ações da sociedade como as demais, há-de aplicar-se também a estas o regime jurídico geral. Significa isto que a atribuição de dividendos aos acionistas detentores de *tracking stocks* e o valor destes dividendos fica dependente da verificação cumulativa de três condições: (i) a de o setor de referência ter obtido lucros distribuíveis num dado exercício; (ii) a de a distribuição de dividendos ter sido validamente deliberada pelos sócios e (iii) a de a globalidade da sociedade ter obtido um resultado líquido (pelo menos) proporcionalmente equivalente ao que foi registado pelo setor de referência[52/53]. Assim, ainda que o setor de referência haja registado um resultado líquido elevado, se os restantes setores da sociedade não houverem acompanhado tal resultado, aos acionistas detentores de *tracking stocks* serão atribuídos dividendos em montante inferior àqueles a que – se o setor de referência fosse uma sociedade autónoma – teriam direito, ou,

[51] Paulo Tarso Domingues (*Código das Sociedades em Comentário*: comentário ao artigo 22.º, Almedina, Coimbra 2010, Vol. I, pp. 364-371, p. 366) defende que a letra da lei autoriza a que se possa concluir que a derrogação da regra possa resultar, quer de uma cláusula do contrato, quer de uma deliberação social – entendimento que por nós é subscrito com algumas reservas.

[52] Cfr. artigo 22.º, n.º 1 e 33.º do CSC.

[53] Também nos EUA *"the dividend is limited to legally available funds"*, cfr. Sabine Langner, ob. cit., p. 4.

no limite, não lhes serão atribuídos quaisquer dividendos. É, portanto, de concluir que em toda e qualquer sociedade (quer esta tenha emitido *tracking stocks*, quer não) a distribuição de dividendos está condicionada pelo efetivo preenchimento dos requisitos legais de que aquela depende[54]. Tendo sido emitidas *tracking stocks*, o pagamento dos respetivos dividendos fica, portanto, sujeito ao risco de lucratividade da entidade emitente, entendida como um todo.

Em suma, e no que toca ao direito a dividendos atribuídos aos acionistas detentores de *tracking stocks*, podemos dizer que o valor global dos dividendos terá, como limite máximo, o que corresponder ao resultado líquido distribuível apurado num dado exercício pelo setor em causa e, como limite mínimo, o resultado líquido distribuível da sociedade, quando este seja proporcionalmente inferior ao obtido pelo setor de referência[55].

Questão distinta é a de saber se, verificando-se que num dado exercício os acionistas setoriais receberam menos do que o dividendo efetivamente proporcionado pelo setor de referência, estes poderão ter direito a, num dos exercícios posteriores, receber a diferença e a cumulá-la com o dividendo proporcionado nesse novo exercício. Trata-se, portanto, de saber se a limitação da repartição do lucro segundo o apuramento global poderá ser contornada mediante o pagamento, nos anos seguintes, dos lucros do setor não pagos em certos anos, de forma retroativa, a partir do lucro de balanço distribuível. Tal solução, porque semelhante à prevista para as ações privilegiadas sem direito de voto[56], parece ser admissível à luz do nosso ordenamento jurídico, desde que seja inserida nos estatutos da sociedade uma cláusula que expressamente confira tal direito.

Note-se, por fim, que a participação nos lucros do setor de referência implica que os demais acionistas da sociedade sejam excluídos da participação nos lucros gerados por esse setor de atividade. Assim, e desde que seja deliberado distribuir os dividendos da sociedade, apenas os titulares de *tracking stocks* terão direito a participar nos lucros gerados pelo setor[57].

54 Cfr. artigos 31.º e ss. do CSC.

55 O que equivale a dizer que o direito a dividendos dos acionistas setoriais nem sempre será, no rigor semântico da palavra, um direito *privilegiado*.

56 Cfr. artigo 342.º, n.º 2 do CSC.

57 A ideia de exclusividade na participação nos lucros do setor pode não ter inteira aplicação. Assim, se, por exemplo, forem emitidas *tracking stocks* que confiram aos seus titulares o direito a receberem 60% dos lucros apurados pelo setor de referência, os restantes 40% pertencerão aos restantes acionistas da sociedade. Neste sentido, Relatório COB, p. 7, onde se afirma serem raras, na experiência estadunidense, as situações em que são emitidas *tracking stocks* representativas de 100% do setor em referência.

2.8.1.2. Direito ao excedente de liquidação

As *tracking stocks* caracterizam-se também pelo facto de atribuírem aos seus titulares um direito preferencial ao saldo excedente da liquidação da sociedade[58], traduzido na afetação prioritária deste saldo ao reembolso das entradas dos titulares de *tracking stocks* e só depois ao das entradas dos demais acionistas. A nosso ver, o nosso ordenamento jurídico não obsta à admissibilidade da atribuição deste direito. No entanto, e para que possa ser reconhecido, necessário é que o mesmo se encontre estatutariamente previsto. A não ser assim, aplicar-se-á o regime supletivo legal, que determina que os acionistas detentores de *tracking stocks* concorrem, em pé de igualdade, com os demais acionistas da sociedade.

Poder-se-á ainda colocar a questão de saber se o referido direito preferencial recai apenas sobre o valor do ativo da sociedade afeto ao setor de referência ou se, pelo contrário, recai sobre o valor de todo o ativo da sociedade. Consideramos, uma vez mais, que o nosso ordenamento jurídico não constitui um obstáculo à consagração deste direito preferencial, desde que estatutariamente previsto. A não ser assim, valerá o regime legal supletivo[59], segundo o qual aos sócios é atribuído um direito à liquidação do ativo global da sociedade[60].

2.8.1.3. Direito de voto

Partindo da experiência estrangeira, poderemos identificar três tipologias de ações em função do direito de voto por elas atribuído:

(i) Ações que conferem um ou mais votos por ação, que permanecem invariáveis durante a emissão[61];

[58] Sendo este entendido como o saldo que resulta da liquidação da sociedade, após se encontrarem pagas as dívidas dos credores sociais (cfr. artigos 147.º, 148.º, 154.º e 156.º do CSC e artigos 48.º, al. a), 49.º, n.º 2, al. a) e 177.º do CIRE).

[59] *Idem.*

[60] Em boa verdade, entendemos que este será, com grande probabilidade, o cenário mais favorável aos acionistas detentores de *tracking stocks*. Com efeito, poder-se-á verificar que o ativo afeto ao setor de referência se encontre, por qualquer razão, onerado ou seja inexistente num dado momento (por exemplo, por os credores sociais o haverem executado). A não diferenciação do património da sociedade nesta matéria assegura aos acionistas setoriais, pelo menos, a expetativa (não jurídica) de lhes ser atribuído qualquer montante aquando da liquidação da sociedade.

[61] São exemplos deste tipo de ações as emitidas pela *General Motors* e pela *Alcatel*.

(ii) Ações que atribuem um direito de voto de quantificação variável, conforme a evolução das cotações das respetivas ações no mercado (*floating voting rights*)[62];

(iii) Ações que não atribuem direito de voto.

Cingindo-nos, por ora, às categorias de ações que conferem direito de voto, cumpre notar que a amplitude deste direito é variável. Assim, e em abstrato, poderemos, por um lado, configurar ações que atribuem este direito em *pleno*, isto é, conferindo aos seus titulares a faculdade de votar em sede de assembleia geral, nos mesmos termos e condições que os acionistas ordinários; ou, por outro, configurar ações que, para além do direito de voto *pleno* em assembleia geral ou em alternativa a ele, atribuam um poder de voto reforçado a estes acionistas em sede de deliberações relativas ao setor da sociedade em referência.

No que respeita à questão da admissibilidade da consagração destes direitos no âmbito do ordenamento jurídico português, entendemos que não levantam problemas as *tracking stocks* que atribuam aos seus titulares um direito de voto *em pleno* em sede de assembleia geral. O mesmo não se poderá dizer acerca das ações que, cumulativamente com este direito, atribuam aos seus titulares um direito de voto reforçado nas deliberações relativas ao setor de referência, na medida em que se assiste, neste caso, a uma colisão frontal com a proibição do voto plural, consagrada no artigo 384.º, n.º 5 do CSC. O mesmo raciocínio é aplicável, em parte, às ações que conferem um direito de voto de quantificação variável, conforme a evolução das respetivas cotações no mercado[63]. Assim, é de concluir pela inadmissibilidade destes dois tipos de ações.

Problema distinto é o que se coloca quanto às *tracking stocks* que atribuem aos seus titulares um direito de voto limitado a determinadas matérias. Uma vez que inexiste, quanto a esta matéria, uma norma legal que – à semelhança do artigo 22.º do CSC – regule expressamente a possibilidade de limitação ou supressão parciais do direito de voto, coloca-se a questão de saber qual a amplitude que a autonomia privada pode assumir nesta sede. Ora, tratando-se de uma questão que o CSC não prevê diretamente, sempre haverá que recorrer "*aos casos análogos e, na sua falta,* (...) [às] *normas do Código Civil sobre o contrato de sociedade no que não seja contrário nem*

[62] Das quais constituem exemplo as *tracking stocks* emitidas pela *USX Corporation* para o setor da energia e do ferro. Este tipo de ações, que atribui igualmente um direito ao excedente de liquidação na proporção da cotação bolsista das ações, tem sido apelidado pela doutrina americana como *targetted stocks* (em oposição às *lettered stocks*, em que a medida destes direitos é previamente fixada).

[63] Quando a respetiva cotação bolsista acarrete a atribuição, a estes acionistas, de um direito de voto proporcionalmente superior ao valor da sua entrada.

aos princípios gerais da presente lei nem aos princípios informadores do direito adotado"[64]. Na verdade, o CSC pronuncia-se acerca desta questão no seu artigo 341.º, a respeito das ações preferenciais sem direito de voto, onde parece admitir que o direito de voto seja suprimido em contrapartida da atribuição de um direito preferencial aos lucros. Tal é o que parece acontecer, embora em moldes diversos, com as *tracking stocks*. Por outro lado, os artigos 21.º, al. b), 379.º, n.º 1 e 384.º, n.º 1 do CSC, remetem expressamente a resolução deste assunto para os estatutos da sociedade. Ora, concluindo pela inexistência de norma imperativa que impeça a referida limitação ou supressão parcial do direito de voto, e verificando que todas as normas relativas a esta matéria remetem a sua resolução para o disposto nos estatutos sociais, somos a concluir que esta hipótese é juridicamente admissível[65].

Refira-se, por fim, que, se as *tracking stocks* fossem configuradas como ações privilegiadas sem direito de voto – situação comum no estrangeiro –, ficaria, à partida, justificada a sua admissibilidade porque apoiada nos normativos constantes dos artigos 341.º e ss. e 22.º do CSC.

Em suma, entendemos serem conformes ao nosso ordenamento jurídico as *tracking stocks* que, alternativamente, (i) confiram um direito de voto *em pleno*; (ii) confiram um direito de voto limitado a determinadas matérias e (iii) suprimam "por completo" este direito[66], mas nunca as que confiram um direito de voto proporcionalmente superior ao valor da entrada efetivamente realizada pelo sócio, dada a aludida proibição do voto plural.

2.8.1.4. Direito à saída

A constatação da complexidade destes instrumentos financeiros e da incerteza quanto ao seu desempenho, conduziu, desde cedo, à criação de mecanismos tendentes a salvaguardar os interesses dos potenciais titulares de *tracking stocks*.

Referimo-nos, nomeadamente, à hipótese de o setor de referência não ter registado o desempenho esperado e, assim, não obter resultados capa-

64 Cfr. artigo 2.º do CSC.

65 Parecendo concluir no mesmo sentido, embora com fundamentação legal diversa, Fátima Gomes, *As "tracking stocks"*... ob. cit., pp. 105 e ss.

66 As aspas justificam-se na medida em que tal supressão jamais poderá pôr em causa o direito de voto em sede de assembleia especial, nos termos do disposto no artigo 389.º do CSC.

zes de proporcionar aos acionistas setoriais o direito a dividendos durante um determinado período de tempo; à hipótese de, não obstante o setor haja obtido resultados, estes não serem passíveis de distribuição aos acionistas setoriais devido a limitações legais de distribuição de dividendos; ou ainda à hipótese de o ativo afeto ao setor ou uma parte substancial dele se haver perdido[67].

Perante a verificação de situações equivalentes ou análogas às acima elencadas (e que levariam, com grande probabilidade, a que os acionistas setoriais tentassem, desesperadamente, vender as suas ações), é comum recorrer-se a mecanismos de reaquisição forçada das *tracking stocks*[68]. Em contrapartida desta reaquisição, os acionistas setoriais receberão (i) ações ordinárias da sociedade emitente; (ii) *tracking stocks* de outro ramo de atividade; ou (iii) dinheiro[69], conforme o que se encontre contratualmente previsto[70], sendo qualquer uma destas hipóteses conforme ao ordenamento jurídico português.

2.9. Balanço previsional sobre o desempenho no mercado português

Ao longo da presente exposição, pudemos constatar que, do ponto de vista legal, os nossos mercados permitem acolher as *tracking stocks*. Não existem, assim, limitações de maior ordem que impeçam que esta figura seja "transposta" entre nós com contornos que se assemelham ao modelo estadunidense. Por outro lado, não nos parece que o nosso regime jurídico – não obstante a sua acentuada rigidez – possa agravar as desvantagens destes instrumentos financeiros[71].

Assim, e por exclusão de partes, concluímos que a introdução das *tracking stocks* no mercado português apenas enfrenta um obstáculo (que não é de somenos): a postura dos investidores e dos agentes de mercado.

[67] Cfr. Relatório COB, p. 3.

[68] Que, naturalmente, deverão estar devidamente previstos nos estatutos da sociedade emitente ou no prospeto de emissão das *tracking stocks*.

[69] Hipótese que corresponde, justamente, à aquisição, pela sociedade, de ações próprias e que, como tal, deverá respeitar os limites previstos no artigo 316.º e ss. do CSC.

[70] Cfr. Relatório COB, p. 3.

[71] Atendendo à enorme proximidade entre o sistema jurídico português e germânico, apropriamo-nos, neste aspeto, das conclusões de York Schnorbus a propósito da predisposição do ordenamento jurídico germânico para acolher o modelo estadunidense das *tracking stocks*. Cfr. *Tracking Stock in Germany: Is German Corporate Law Flexible Enough to Adopt American Financial Innovations?*, 2001, https://www.law.upenn.edu/journals/jil/articles/volume22/issue3/Schnorbus22U.Pa.J.Int'lEcon.L.541(2001).pdf).

Com efeito, o perfil dos investidores portugueses, porque marcadamente conservador e avesso ao risco, demonstra uma clara preferência por instrumentos mais simples, seguros e, consequentemente, de menor rendibilidade[72]. Acresce a este fator a falta de experiência dos investidores e do mercado em geral em relação a *tracking stocks* e instrumentos análogos, assim como – com indelével reforço do possível sentimento de desconfiança – a informação disponível acerca do insucesso generalizado que as *tracking stocks* registaram no mercado estadunidense. Enfim, são circunstâncias que, pelo menos num momento inicial, poderão ditar que as *tracking stocks* não sejam corretamente valoradas no contexto bolsista. Se é verdade que se deverá promover uma formação contínua dos mercados para a plena compreensão dos benefícios inerentes às *tracking stocks*, jamais se descarta a possibilidade de estes instrumentos enfrentarem uma atitude com deficit de otimismo, em que sobrelevem as suas desvantagens e limitações. Assim, as empresas que pretendam emitir este tipo de instrumentos financeiros deverão, em primeira linha, ponderar sob que condições e termos a emissão de *tracking stocks* poderá obter uma resposta favorável do mercado.

Não obstante, atendendo a que, numa escala mundial, as empresas procuram métodos de maximização do valor do seu capital, as *tracking stocks* parecem consubstanciar uma ferramenta altamente atrativa. A sua apropriada utilização poderá fornecer aos mercados uma via alternativa de maximização do valor acionista num contexto de multiactividade societária, consubstanciar um incentivo à eficiência da administração das sociedades, traduzir-se num novo modelo de "moeda de troca" na aquisição de participações sociais, ou até representar uma via eficaz para a captação de capital sem necessidade de recurso ao financiamento bancário. Em suma, aderimos à expressão: *"Letter stock is not always appropriate, but given the right set of circumstances it's a terrific structure"*[73].

O momento de viragem parece, pois, depender da conjugação de múltiplos fatores (até hoje desconhecidos) que, na ótica da entidade emissora, consubstanciem o momento ótimo para a emissão destes instrumentos.

[72] Neste sentido, *Estudo CMVM 3/2009: O Perfil do Investidor Particular Português*, http://www.cmvm.pt/CMVM/Estudos/Em%20Arquivo/Documents/EstudoCMVM0320093.pdf, p. 19.

[73] Cfr. D'Souza Jacob, ob. cit., p. 460.

DSR, ano 8, vol. 15 (2015): 125-150

3. Conclusão

As *tracking stocks* são um mecanismo de reestruturação empresarial que proporciona muitos dos benefícios associados à criação de novas entidades jurídicas (nomeadamente resultantes de operações de *spin-offs* e *equity carve-outs*) preservando, simultaneamente, as vantagens decorrentes da unidade e consolidação de meios numa mesma entidade.

A razão de ser dos benefícios e vantagens a que acima aludimos prende-se, desde logo, com a específica estrutura deste tipo de ações: o facto de consubstanciarem ações representativas do capital social de uma sociedade mas apenas conferirem o direito a um dividendo proporcionado por um dado setor de atividade desta.

Neste tipo de instrumentos financeiros, benefícios exclusivos são confrontados com riscos únicos. Assim – não sendo exaustivos –, a virtualidade que se reconhece a estes instrumentos financeiros de permitir a maximização do valor da sociedade emitente (e, consequentemente, do valor da cotação bolsista das suas ações) por darem a conhecer aos mercados, de forma autonomizada, o valor real de um dado setor de atividade é contrabalançada pelo facto de o valor das *tracking stocks* ser vulnerável ao desempenho dos restantes setores de atividade da sociedade emitente. Por outro lado, se se reconhece como certo o facto de as *trackings stocks* permitirem uma eficaz gestão de meios e de poupança de custos mediante o aproveitamento de sinergias intrassocietárias, não deixa de se reconhecer como menos exato que a implementação de *tracking stocks* aumenta a complexidade da estrutura de capital social típica de uma sociedade, potenciando o surgimento de conflitos de interesses internos.

Assumimos e justificámos no presente estudo que o sistema jurídico nacional não constitui um entrave ao acolhimento deste tipo de instrumentos financeiros. Pelo contrário, foi o caráter conservador e avesso ao risco dos mercados e dos investidores e a experiência negativa registada em mercados estrangeiros que nos levaram a justificar a ausência destes instrumentos no mercado nacional. Mas se o atual contexto económico-financeiro pode, na ótica dos mais conservadores, representar uma barreira à adoção das *tracking stocks*, também ele poderá, na ótica dos seus contrários, representar uma oportunidade para o pioneirismo na emissão destas ações, na medida em que representa um mecanismo alternativo de poupança de custos e de criação de valor.

A chave para o sucesso destas ações parece, portanto, radicar no modo e termos da sua emissão: o sucesso das *tracking stocks* será tanto maior quanto maior for a possibilidade de usufruir das suas vantagens e quanto menor for o realce conferido às suas desvantagens. Reconhecemos, em abstrato, capacidade para atingir estes resultados às sociedades que, congregando vários setores de atividade relacionados, acreditem que o valor real de algum ou de alguns dos seus setores com potencial de crescimento não está a ser corretamente reconhecido pelo mercado.

Resumo: A igualdade de tratamento dos sócios é reconhecida enquanto princípio fundamental em Direito Societário. No entanto, estudos baseados na experiência têm vindo a demonstrar a existência de certos proveitos, direta ou indiretamente decorrentes da atividade da sociedade, que não são partilhados por todos os sócios. Esses proveitos beneficiam exclusivamente o sócio ou sócios que detêm o controlo da sociedade. A estas desigualdades que frequentemente se verificam é dado o nome de Benefícios Privados do Controlo.
Palavras-chave: Benefícios Privados do Controlo; Teoria da Agência; Prémio de Controlo; Estrutura dos Mercados Acionistas.

Abstract: Equal treatment of shareholders is deemed a basic principle of Corporate Law. However, empirical studies have evidenced the existence of certain advantages, directly or indirectly resulting from the activity of a company, which are not shared with all its shareholders. Such advantages exclusively accrue to the shareholder or shareholders which exercise control over the company. Those common disparities are named Private Benefits of Control.
Keywords: Private Benefits of Control; Agency Theory; Control Premium; Equity Markets' Structure.

MIGUEL E. CANCELA DE ABREU*

Private benefits of control – Do aproveitamento pessoal do controlo societário

* Advogado

I. Introdução

Em Direito Societário, é reconhecida a igualdade de tratamento dos sócios enquanto princípio fundamental. Princípio a verificar, em particular, em todos os atos da vida da sociedade que se relacionem com os respetivos sócios ou que tenham implicação na sua esfera jurídica[1].

Ao contrário do que acontece noutras ordens jurídicas, como é o caso do Direito alemão, este princípio não se encontra consagrado de forma autónoma na nossa Lei. Ainda assim, a sua existência afigura-se pacífica e disso são prova certos preceitos que, de forma mais ou menos direta, lhe fazem alusão. Veja-se, a título de exemplo, o artigo 321.º (*igualdade de tratamento dos acionistas*) do CSC, relativo às aquisições e alienações de

[1] Paulo Olavo Cunha, *Direito das Sociedades Comerciais*, 5.ª ed., Almedina, 2012, pp. 116-118 e 276-278.

DSR, ano 8, vol. 15 (2015): 151-195

ações próprias por uma sociedade anónima (SA) e ainda, relativamente a sociedades abertas, os artigos 15.º, 112.º e 197.º do CVM[2/3].

Com exceção das sociedades de sócio único, onde problemas desta ordem obviamente não surgem, o igual tratamento afere-se em relação à proporção da participação social e não à pessoa do sócio. Assim, participações sociais (que sejam compostas por ações da mesma categoria, no caso das SA[4]) que representem percentagens diferentes do capital da sociedade participarão, p. ex., nos seus lucros e perdas nessa mesma proporção – artigo 22.º n.º 1 do CSC –, salvo preceito especial ou convenção em contrário[5].

Será tendencialmente assim numa sociedade com o capital disperso, em que as participações sejam detidas por um mais ou menos vasto número de sócios, estando o poder último de condução da vida da sociedade bem repartido por uma multiplicidade de decisores. Como veremos, tal poderá não se verificar nos casos em que existe um desequilíbrio acentuado na dimensão das participações, *maxime* quando exista uma participação de controlo na sociedade.

Estudos baseados na experiência têm vindo a demonstrar a existência de certos proveitos, direta ou indiretamente advenientes da atividade da sociedade, que não são partilhados por todos os sócios. Esses proveitos beneficiam exclusivamente o sócio ou sócios que detêm o controlo da sociedade[6]. A estas desigualdades que frequentemente existem entre os

[2] *Ibidem;* Paulo Câmara, *Manual de Direito dos Valores Mobiliários*, 2.ª ed., Almedina, 2011, pp. 554-555 e 647-650.

[3] A este propósito, dispõe o artigo 46.º da Diretiva 2012/30/UE do Parlamento Europeu e do Conselho de 25 de outubro de 2012 o seguinte: "*Para a aplicação da presente diretiva, as legislações dos Estados-Membros devem garantir um tratamento igual aos acionistas que se encontrem em condições idênticas.*"

[4] Artigo 302.º n.º 2 do CSC.

[5] É neste pressuposto que são tomadas muitas decisões de investimento e que assentam algumas das mais tradicionais teorias económicas, como a Teoria do Portfólio (*Portfolio Theory*) – que sugere que os investidores devem diversificar a sua carteira de ativos, detendo apenas uma pequena percentagem de ações de uma determinada empresa – e o modelo Modigliani & Miller – que sugere que a estrutura de capital (*debt/equity*) de uma empresa é irrelevante para o seu valor. Neste sentido, Michael J. Barclay e Clifford G. Holderness – *Private Benefits from Control of Public Corporations*, in *Journal of Financial Economics 25* (1989) pp. 371-395, e Rafael La Porta, *et. al.*, *Investor protection and corporate governance*, in *Journal of Financial Economics* 58, 2000, pp. 3-27. Para uma explicação pormenorizada destas teorias *v.* Richard A. Brealey, Stewart C. Myers e Alan J. Marcus, *Fundamentals of Corporate Finance*, 5th ed., pp. 279 e ss. e 396 e ss..

[6] Ao longo deste estudo designaremos por "sócio controlador" (na forma singular) quer o sócio que, sendo pessoa singular ou coletiva, seja representado por uma única entidade, quer o conjunto de sócios que pela sua proximidade, que pode ter origem, p. ex., em laços

sócios de uma mesma sociedade é dado o nome de **Benefícios Privados do Controlo** (BPC)[7].

* * *

Neste trabalho procuraremos expor uma sólida base teórica dos BPC, visando em primeiro lugar fixar a terminologia e o conceito, demonstrar a sua existência e algumas formas que podem assumir. Faremos corresponder os BPC ao valor do controlo e argumentaremos que o prémio de controlo não fornece uma estimativa dos mesmos, embora os reflita. Exporemos ainda as formas normalmente utilizadas para estimar o valor dos BPC.

Identificamos os BPC como relevante problema de *Corporate Governance*, apesar de não lhes ter sido dada até agora, em nossa opinião, a devida atenção. De facto, na sequência da exposição que faremos sobre a influência das famílias jurídicas na concentração do capital acionista dos diversos países, estranhamos que muito pouco tenha sido escrito sobre este tema em Portugal, tendo em conta a sua importância no nosso mercado[8].

Neste sentido, faremos uma breve análise das características do mercado acionista português, na perspetiva que ao nosso estudo diz respeito, e analisaremos o teor daquelas que consideramos serem as normas do nosso ordenamento jurídico que mais limitam os BPC, bem como a sua oportunidade, tendo em consideração a posição adotada.

Concluiremos o presente estudo com um breve sumário da visão professada sobre o tema, embora afirmando que o interesse que se lhe reconhece merece um estudo mais aprofundado que não caberia na necessária economia deste texto.

familiares, afetivos ou até num acordo parassocial (art. 17.º do CSC) ou relação de grupo (art. 488.º e ss. do CSC), se comportem de forma análoga.

[7] A propósito da terminologia adotada no presente estudo para exprimir esta realidade *v.* o ponto 1. do capítulo II *infra*.

[8] Os recentes e impressionantes desenvolvimentos da fisionomia do mercado de capitais português vieram, a nosso ver, tornar notória a incontornabilidade do presente tema para o estudo do *Corporate Governance* moderno. Com efeito, cremos que o problema objeto do presente estudo ganhará agora alguma da visibilidade que consideramos ser-lhe devida.

II. Teoria dos Benefícios Privados do Controlo

1. Terminologia e Delimitação do Conceito

(i) Terminologia utilizada

A expressão Benefícios Privados do Controlo corresponde a uma tradução puramente literal da expressão originária em inglês *"Private Benefits of Control"*, uma vez que esta teoria teve origem (ou, pelo menos, foi celebrizada) nos EUA[9]. Devemos dizer que não concordamos com esta tradução, razão pela qual mantivemos no título deste trabalho a expressão inglesa. Nos sistemas de direito societário anglo-saxónicos o vocábulo *"private"* é comummente usado para qualificar as sociedades enquanto fechadas, por contraposição a *"public"*, significando sociedades abertas (*"public companies"*). Assim, a palavra *"private"* estará associada a algo que não está livremente acessível a todos, porque diversamente, se o estivesse, seria *"public"*[10].

À luz do nosso direito, o vocábulo "privado" é em geral utilizado por contraposição a "público", que significa "do Estado". P. ex., empresas públicas não são sociedades abertas, mas empresas *"criadas e controladas por entidades jurídicas públicas"*[11]. Assim, consideramos que a tradução da palavra *"private"* para "privados" não é completamente feliz, nem ajuda a elucidar quanto ao que se pretende tratar. A sua substituição por "privativos" talvez pudesse ser mais adequada, na medida em que nos reportamos aos benefícios que são privativos (exclusivos) de apenas uma parte do capital social, pertencente ao sócio que detém o controlo efetivo da sociedade.

Também a tradução de *"benefits"* para "benefícios" se nos afigura desadequada. Como se compreenderá a propósito da delimitação do conceito que se faz *infra*, a tradução mais fiel ao significado da palavra *"benefits"*

[9] Também é feita nestes moldes a tradução para português do Brasil, ficando *"benefícios privados de controle"*, e para Castelhano, ficando *"beneficios privados del control"*. Em português, apesar de ser geralmente traduzido para "benefícios privados de controlo", preferiremos utilizar o determinante "do", que melhor define que os benefícios são aproveitados por parte do controlo da sociedade. Também utiliza a expressão desta forma Ana Perestrelo de Oliveira – *Grupos de Sociedades e Deveres de Lealdade – Por um Critério Unitário de Solução do "Conflito do Grupo"*, Almedina, 2012, §494 e ss..

[10] Paulo Câmara, cit., pp. 501 e ss..

[11] Diogo Freitas do Amaral, *Curso de Direito Administrativo*, vol. I, 3.ª ed., Almedina, 2008, p. 392.

corresponderá à palavra "proveitos", exprimindo o comportamento ativo de uma parte no sentido do aproveitamento de determinada situação.

Com efeito, a tradução da expressão "*private benefits* [*of control*]" deveria aproximar-se da expressão linguística tradicional "aproveitamento pessoal [do controlo]", razão pela qual a integrámos no subtítulo deste estudo.

Ainda assim, e feita esta importante ressalva, por razões de harmonização com as referências já feitas a este tema em português e para obviar a uma eventual perda da identidade do tema do presente trabalho com a bibliografia já existente, utilizaremos a expressão Benefícios Privados do Controlo ao longo de todo o trabalho.

(ii) Delimitação do conceito

Não existe uma definição rígida geralmente utilizada de BPC. Isto deve-se à multiplicidade de formas que pode assumir, dependendo apenas da criatividade e sofisticação de quem deles se aproveita. Assim, adotamos uma (necessariamente) ampla definição de BPC enquanto *vantagens desproporcionadas obtidas pelos sócios que detêm o controlo da sociedade, pelo exercício do seu poder de direção, que não são aproveitadas pelos demais sócios*.

Os benefícios privados contrapõem-se, em primeira mão, aos benefícios partilhados, isto é, aqueles que aproveitam a todos os sócios e cujo eventual acréscimo resulta de uma superior gestão e monitorização da sociedade[12]. Estes benefícios são aqueles que se traduzem no retorno para os acionistas, quer através de dividendos, quer pela valorização da empresa, que se reflete nas suas participações na respetiva proporção. Os benefícios partilhados obviamente não levantam problemas a este nível, pois a igualdade entre sócios é respeitada.

* * *

Neste estudo, concentrar-nos-emos apenas na análise dos problemas nas SA, uma vez que é nestas que a extração de benefícios privados mais se faz notar[13]. As sociedades por quotas (SQ) e as SA consideradas fechadas

[12] Clifford G. Holderness, *A Survey of Blockholders and Corporate Control*, FRBNY, *Economic Policy Review*, Abril de 2003, p.51.

[13] Ao longo deste estudo, utilizaremos o termo "extração" para designar a forma geral de obtenção de benefícios privados pelo sócio controlador. Ressalvamos, porém, que este termo pode, em certas situações, não ser o mais adequado para descrever a atuação daquele sócio. Imagine-se, p. ex., as hipóteses da criação de um complexo esquema visando a obtenção de BPC (caso em que os benefícios serão construídos e não meramente extraídos), ou da simples receção dos benefícios, por efeito exclusivo da atividade

(tendo frequentemente limitações à livre transmissibilidade das participações) têm um pendor mais subjetivo, pessoal e familiar[14]. Nestas, como se compreende, a extração de benefícios privados afigura-se menos relevante, quer porque são estes os tipos societários utilizados pela grande maioria das PME, onde a escala dos BPC que podem ser extraídos é mais reduzida, quer porque neste tipo de sociedades em geral os sócios têm uma relação mais próxima, o que constitui a principal razão da sua exclusão deste estudo.

É, portanto, nas SA, *maxime* nas sociedades com ações admitidas à negociação em mercado regulamentado, que a extração de BPC mais importa. Nestas sociedades, como à partida não existem limitações à transmissibilidade das participações sociais, nos termos do artigo 328.º n.º 1 do CSC, verifica-se uma maior impessoalidade na relação entre os sócios, impessoalidade essa que tende a aumentar com a dispersão do capital por um maior número de acionistas e que atinge o expoente máximo em sociedades cotadas.

(iii) Tunneling

O conceito de "*tunneling*" é frequentemente utilizado para significar a extração de valor à custa do acionista minoritário[15/16]. Este conceito foi originado para significar um conjunto de escândalos financeiros ocorridos na República Checa, durante a década de 1990, caracterizados por práticas conducentes à diminuição do valor económico das empresas em prejuízo dos acionistas minoritários. É metaforicamente definido como a subtração de ativos da empresa através de um túnel subterrâneo[17]. Está, portanto, proximamente relacionado com os BPC, encontrando neles uma ampla área de coincidência. Há até quem os defina como BPC de natureza pecu-

do órgão de gestão da sociedade (caso em que não serão extraídos, mas meramente recebidos). Feita esta ressalva, utilizaremos o termo "extração" quer por uma questão de ordem prática, quer no sentido do alinhamento com os autores estrangeiros que utilizam o termo "*extraction*".

[14] Paulo Olavo Cunha, cit., pp. 60-63.

[15] Para significar, em sentido amplo, esta subtração da esfera económica dos sócios que não detêm o controlo da sociedade, é comum na doutrina empregar-se a palavra "expropriação" (*expropriation*). De forma obviar a uma potencial confusão com a conotação jurídico-publicista deste termo, evitaremos a sua utilização ao longo de todo este estudo.

[16] Apesar de não ignorarmos que quem se encontra nesta situação pode não ser um sócio minoritário, p. ex. por deter uma grande participação de ações sem direito de voto, por uma questão de prática, utilizaremos a palavra "minoritários" para significar aqueles acionistas que não detêm o controlo da sociedade.

[17] Simon Johnson, *et. al.*, *Tunneling*, in *American Economic Review*, Vol. 90, pp. 22-27.

niária[18]. Os BPC que estudamos abarcam uma realidade mais abrangente do que o estrito conceito de *tunneling*, pelo que este não será utilizado na nossa análise.

(iv) Relação com a Teoria da Agência

A Teoria da Agência é amplamente reconhecida como problema central de *Corporate Governance*[19]. Apesar de ter implicações em muitos outros campos, é neste ramo do direito que assume maior protagonismo. Tem por base uma "relação de agência", segundo a qual uma entidade, que ocupa o lugar de *principal*, delega responsabilidades noutra, que ocupa a posição de *agente*, para que este atue em nome do primeiro. Numa analogia com uma empresa, o principal será tipicamente o acionista e o agente o gestor (*manager*).

O "problema de agência" é assim um problema de incentivos. No caso da relação entre acionistas e gestores, enquanto os acionistas procuram retirar lucros da sociedade de que são proprietários, os gestores, *maxime* os administradores, têm interesses pessoais que consistem em retirar o maior benefício para si próprios da atividade económica da sociedade. Assim, na falta de um esquema de incentivos adequado, os administradores serão facilmente levados a adotar comportamentos oportunistas que se revelam prejudiciais para os acionistas.

Exemplos destas práticas poderão passar pela simples consunção de recursos da empresa em proveito próprio, como é o caso das despesas com viagens, carro (ou outro meio de transporte) da empresa ou alojamento excessivamente dispendioso, ou de familiares e amigos, empregando-os na empresa. Mas podem também traduzir-se em esquemas de manipulação do mercado mais ou menos complexos, tais como provocar um crescimento da empresa (*bias toward growth*) ou causar um acréscimo das vendas para além do ponto eficiente, para aumentar os seus prémios remuneratórios que frequentemente se centram no volume de negócios. Poderão ainda criar uma onda especulativa de forma a causar a subida o preço de mercado das ações, valorizando aquelas que têm opção de adquirir a preço fixo abaixo do preço de mercado (*stock options*).

[18] Olaf Ehrhardt e Eric Nowak, *Private Benefits and Minority Shareholder Expropriation (or What Exactly are Private Benefits of Control?)*, in *EFA 2003 Annual Conference Paper No. 809*, 2003.

[19] Michael C. Jensen, *Agency Costs of Free-Cash-Flow, Corporate Finance, and Takeovers*, in *American Economics Review*, Vol. 76, 1986, pp. 323-329.

Este problema de agência pode ser resolvido com esquemas de alinhamento de incentivos, como p. ex. contratos melhor "desenhados", que prevejam um maior número de cenários possíveis, e complexos esquemas remuneratórios dos gestores que promovam a eficiência. Como se sabe, os contratos são sempre incompletos e a sua extensibilidade é ilimitada, dada a impossibilidade prática de prever todas as situações que podem ocorrer. Um contrato muito extenso acarretará muitos custos, primeiro na sua elaboração e depois na sua aplicação. A decisão central passará por uma ponderação entre os custos que acarreta a extração de valor pelos administradores e a elaboração e aplicação de contratos complexos.

É neste pressuposto que se compreende a relação entre a Teoria da Agência e os BPC. A extração de valor praticada pela administração que é paradigmática dos problemas de agência, é mais comum em sociedades de capital disperso, em que cada sócio tem relativamente pouco poder na administração e é mais difícil exercer uma monitorização (*monitoring*) e uma pressão significativa sobre a administração.

Em empresas com o capital mais concentrado, a administração é significativamente mais próxima do sócio controlador, uma vez que este tem o poder de determinar a sua composição, sendo os cargos de topo muito frequentemente ocupados por estes ou por membros da família que detém o controlo. Nestes casos, a proximidade faz com que o controlo da administração seja geralmente mais eficiente e os incentivos estejam, à partida, muito alinhados, uma vez que as pessoas dos administradores e controladores frequentemente até são as mesmas, existindo uma vontade una de criar valor para a empresa a médio/longo prazo.

Se, num caso de concentração acionista, os problemas de comportamento oportunista da administração são pouco relevantes, numa empresa com esta característica outro problema parece importar: a possibilidade de extração de benefícios privados pelo sócio controlador. É, assim, possível enquadrar a doutrina dos BPC num problema de agência, diferente do paradigmático em *Corporate Governance*, em que o lugar de agente é ocupado pelo sócio controlador e o de principal pelos restantes sócios. Com efeito, vários autores partem da Teoria da Agência para enquadrar o problema dos BPC. Não obstante, porque esta teoria está tradicionalmente associada aos problemas da relação entre acionistas e gestores e porque a mesma não vislumbra, por si só, uma solução para o problema que aqui estudamos, não nos será compensatório utilizá-la como ponto de partida na nossa análise.

> *"Embora os grandes investidores possam ser muito eficientes a resolver o problema de agência, podem também ineficientemente redistribuir a riqueza dos pequenos para si próprios"*[20].

Conforme se verá, os mercados anglo-saxónicos são caracterizados por uma maior dispersão do capital, onde os problemas tradicionais de agência (relação entre acionistas e gestores) são mais patentes, não assumindo o problema dos BPC tanta relevância como a que assume p. ex. nos países da Europa Continental. Assim, não se compreende a razão pela qual a grande atenção a este problema seja dada por estudos realizados nos EUA.

2. Parmalat: um caso paradigmático de Benefícios Privados do Controlo[21]

Em Itália, na década 1960, Calisto Tanzi herdou um pequeno negócio de família e incutiu-lhe um crescimento vertiginoso. Em 1989, quando as suas ações foram admitidas à negociação em mercado regulamentado, a Partmalat Finanziaria geria participações sociais de um grupo de 58 empresas. As vendas dispararam, quase atingindo os $10 mil milhões.

A família Tanzi mantinha o controlo do grupo empresarial, através de uma *holding* e procurou diversificar o negócio (que até então se cingia praticamente aos laticínios), financiando-se com dívida. As contas da empresa sempre haviam demonstrado elevados montantes de caixa.

O grupo colapsou no final de 2003 quando, após várias tentativas de refinanciar a sua dívida, a Parmalat informou que não iria reembolsar obrigações que estavam quase na maturidade. Este facto causou a descida da notação de risco da empresa para lixo (*junk*) e o consequente colapso do preço das ações.

Tomou-se depois conhecimento da inexistência de elevados montantes de capital que estavam refletidos nas demonstrações contabilísticas do grupo, que a família havia desviado avultadas quantias para fins desconhecidos e que, através de pagamentos exagerados na aquisição ou despesas em ativos, haviam sido transferidos montantes exorbitantes para outros negócios da família. As técnicas fraudulentas consistiram em simples deturpações da contabilidade e falsificações de documentos.

20 Andrei Shleifer e Robert W. Vishny, *A survey of corporate governance*, in *Journal of Finance* 52, 1997, 737-783.

21 Luca Enriques e Paolo Volpin – *Corporate Governance Reforms in Continental Europe*, in *Journal of Economic Perspectives*, Vol. 21, No. 1, pp. 117-140, *Winter* 2007.

Este desvio de elevados montantes de capital é exemplo claro de BPC que, como podemos observar, se enquadram na definição acima apresentada. Apesar de ser um caso extremo, é bastante elucidativo da facilidade com que a parte controladora subtrai elevados montantes aos demais sócios de uma sociedade, mesmo estando esta sujeita à melhor fiscalização (auditores, investidores e reguladores do mercado). Embora este caso se reporte a práticas obviamente criminosas, como veremos, a extração de BPC não é sequer necessariamente ilegal.

3. Tipos de benefícios e o controlo como elemento necessário

(i) Tipos de benefícios privados do controlo

Atendendo à posição de controlador e suas implicações, cabe fazer uma prévia distinção entre benefícios e custos privados do controlo.

Custos privados do controlo são todas as desvantagens, que advêm para o sócio controlador da sociedade, que não são partilhadas pelos demais sócios. São exemplos destas desvantagens[22]: o custo de não diversificação, que faz com que a carteira de ativos do agente económico perca valor por estar mais sujeita ao risco de mercado de uma só empresa[23]; os riscos de reputação, pela eventual responsabilidade por decisões empresariais erradas, e de ser acionado (judicialmente) por negligência na gestão; os encargos com a maior monitorização (*monitoring*) da atividade da empresa; e os custos inerentes ao maior envolvimento na gestão e nas decisões empresariais.

Por sua vez, nos BPC, como se depreende da ampla definição apresentada, enquadram-se todos os tipos de vantagens desproporcionadas que possam advir para um sócio controlador por efeito dessa sua qualidade[24]. Não é possível, portanto, fazer uma listagem exaustiva, uma vez que os tipos de benefícios privados passíveis de serem extraídos assumirão tantas formas como aquelas que o controlador for capaz de idealizar. Importa

[22] Alexander Dyck e Luigi Zingales – *Private Benefits of Control: an International Comparison*, in *National Bureau of Economic Research*, 2002; Barclay e Holderness, cit., pp. 371-395.

[23] É este o sentido da Teoria do Portfólio referida na n. 5.

[24] No sentido da possibilidade de aproveitamento por uma sociedade "dominante" da sociedade "dominada" por formas que não as tradicionalmente pressupostas pela lei, designadamente no âmbito dos chamados grupos de facto, através da instrumentalização da sociedade "dominada", *v.* Orlando Dinis Vogler Guiné, *A responsabilização solidária nas relações de domínio qualificado – uma primeira noção sobre o seu critério e limites*, in *Separata da ROA*, Ano 66, I – Lisboa, Janeiro 2006, pp. 299-300.

no entanto referir que, com veremos, os BPC não são necessariamente prejudiciais para os acionistas que não detêm o controlo da sociedade. Alguns são-lhes simplesmente indiferentes, não tendo impacto na sua riqueza. Serão, no entanto, aqueles benefícios que são extraídos "à custa" dos sócios minoritários, tendo nestes um impacto patrimonial negativo, que maior atenção merecem (cfr. p. 180).

A extração de BPC pode assumir assim inúmeras formas[25]: pode constituir um autêntico roubo de recursos da empresa; um valor meramente psicológico do controlo; um conjunto de vantagens (indiretamente) resultantes da nomeação de familiares e pessoas próximas para cargos de administração, nomeadamente para presidência do conselho de administração[26]; a atribuição de remunerações, gratificações, prémios e privilégios (*perquisites*) excessivos aos gestores de topo; a aquisição de informação privilegiada ou tomada de conhecimento de oportunidades de negócio a explorar for fora da empresa; sinergias de produção beneficiando o controlador; diluição dos interesses dos minoritários pela emissão de ações a preço inferior ao de mercado, a subscrever pelo controlador ou por membros da administração; o próprio prémio de controlo; ou todo o tipo de negócios com partes relacionadas. Estes dois últimos exemplos merecem, pela sua importância prática, um apontamento adicional.

O prémio de controlo é o preço superior ao do mercado pago ao sócio controlador por um adquirente do seu bloco de ações. Como veremos (cfr. p. 167), este prémio reflete (não só, mas também) os BPC e traduz-se, para o alienante, na compensação pelos benefícios que o controlador deixará de obter por efeito da alienação[27].

Os negócios com partes relacionadas são o meio de extração de BPC com maior relevância prática, que pode assumir diversas formas. Estes negócios podem p. ex. constituir transferências fraudulentas ou negócios simulados de ativos da sociedade para o poder do controlador. Podem também consistir na manipulação de margens nos preços de transferência,

[25] Tatiana Nenova, *The value of corporate voting rights and control: A cross-country analysis*, in *Journal of Financial Economics* 68, 2003, pp. 325-351; Dyck e Zingales, cit. pp. 7 e ss.; Barclay e Holderness, cit., pp. 371-395; La Porta, *et. al.*, *Investor...*, pp. 4 e ss..

[26] Note-se que a faculdade de determinar a composição do Conselho de Administração, por si só, não configura um BPC mas tão só um (simples) benefício do controlo. Com efeito, esta é uma faculdade que resulta *ex lege*, por força da existência de uma posição de controlo, não preenchendo o requisito da "desproporcionalidade" constante da nossa definição de BPC (cfr. p. 155).

[27] José Ferreira Gomes, *Conflitos de interesses entre acionistas nos negócios celebrados entre a sociedade e o seu acionista controlador*, in *Conflito de interesses no direito societário e financeiro*, AAVV, Almedina, 2010 pp. 75-213.

tanto no fornecimento como na aquisição de bens ou serviços ao controlador[28]. Qualquer negócio realizado com o controlador ou com parte que com este esteja relacionada (cfr. n. 6), tanto pode ser um meio de extração de BPC, como ser vantajoso para a empresa em questão face às condições normais do mercado, dependendo das circunstâncias do caso concreto.

Pela sua diversidade, facilmente se compreende que a extração de BPC pode ser agrupada por várias categorias. Podem ser, p. ex., subdivididos em benefícios que resultam de transações financeiras (p. ex. diluição da participação dos restantes acionistas por emissão de ações a preço preferencial) e naqueles que resultam de mecanismos operacionais (p. ex. negócios com partes relacionadas)[29]. Podem também ser subdivididos em benefícios pecuniários (p. ex. a remuneração exagerada dos administradores ou preços de transferência desvantajosos para a empresa) e não pecuniários (p. ex. sinergias de produção)[30]. Há ainda quem os subdivida entre aqueles que são obtidos através do exercício do poder de direção sobre a sociedade, os que resultam da venda do controlo e os resultantes do *freezing out* dos acionistas minoritários.[31] Acresce também a hipótese de subdivisão entre benefícios privados extraídos à custa dos minoritários (*extracted private benefits*) e aqueles que são criados independentemente de custos para os restantes sócios (*independently crated private benefits*)[32].

Pacces considera a divisão dos BPC em *idiosyncratic, distortionary* e *diversionary*[33]. Este autor qualifica os benefícios *idiosyncratic* como as quase-rendas (*quasi-rents*) auferidas pelo controlador como compensação pelo seu empreendedorismo, isto é, pelos investimentos especificamente feitos na empresa e não palpáveis pelos restantes acionistas, como p. ex. o bom aproveitamento, por fora da empresa, de oportunidades de negócio

[28] *"Economistas podem legitimamente discordar sobre qual é o "justo" preço de transferência de um certo ativo ou produto. Este facto faz com que possa ser difícil ou impossível fazer prova em tribunal de pequenos desvios ao preço de transferência "justo". Se estes pequenos desvios forem aplicados a transações de grande volume, podem facilmente gerar benefícios privados substanciais. Da mesma forma, é fácil discordar sobre quem é o melhor fornecedor de um ativo ou produto quando se trata de considerações sobre a relação entre a qualidade e o preço."*- Dyck e Zingales, cit., p.7.

[29] José Ferreira Gomes, *Conflitos...*, pp. 81-82.

[30] Barclay e Holderness, cit., pp. 371-395.

[31] Ana Perestrelo de Oliveira, cit., n. 1147.

[32] *Ibidem*; Jens Dammann, *Corporate Ostracism – Freezing Out Controlling Shareholders*, in *The Journal of Corporation Law*, vol. 33:3, 2009, pp. 682-744.

[33] Alessio M. Pacces, *Control Matters: Law and Economics of Private Benefits of Control*, European *Corporate Governance Institute – Law Working Paper No. 131/2009*, 2009. Optámos por manter a terminologia original utilizada por este autor, na língua inglesa, uma vez que a sua tradução acarretaria uma indesejável perda de rigor conceptual.

de que este teve conhecimento devido à posição que ocupa na mesma. Os benefícios *distortionary* serão caracterizados pela gestão ineficiente dos recursos da empresa, p. ex. através da consunção dos seus ativos, patente no caso dos privilégios excessivos da administração. Os benefícios *diversionary* serão aqueles que configurarão situações de infidelidade patrimonial[34], ou seja, o desvio por qualquer forma de recursos da empresa. Os dois últimos terão a natureza de rendas (*rents*). As rendas serão recompensas que o controlador extrai devido às obrigações ou incumbências que tem na empresa, enquanto as quase-rendas serão recompensas pela sua inventividade. Adiante daremos nota da importância prática desta classificação (cfr. p. 180).

Depois de procederem às referidas categorizações, os vários autores baseiam nelas as soluções que defendem para a problemática dos BPC, que adiante discutiremos. Mais do que adotar uma das referidas categorizações, importa, por enquanto, reter que os BPC podem ser obtidos de formas muito variadas, sendo também muito diverso o impacto que podem ter no património dos sócios que não detêm o controlo da empresa.

Facilmente se compreende que, tendo em conta a exemplificação feita, o controlo acionista implique geralmente benefícios e custos. Assim, só será rentável para o sócio mantê-lo se a diferença entre os primeiros e os segundos se mostrar positiva. Esta é, como veremos, a explicação que professamos para o valor que é dado ao controlo. Se, porém, a diferença for negativa, *i.e.*, os custos forem superiores aos benefícios, não se justificará o sócio manter intacto o bloco controlador. Assim, como apenas conseguiria vender o bloco com desconto face ao preço de mercado, poderá ser vantajoso para o sócio desconjuntar o bloco[35].

(v) O controlo como requisito prévio

Um pressuposto para a existência de BPC é a concentração acionista. Sem ela não haverá a possibilidade de um sócio, exercendo o seu poder de influência, obter benefícios que só ao próprio aproveitem. Entendem-se por participações sociais de controlo as *"frações do capital da empresa societária suscetíveis de atribuir ao seu titular um poder jurídico de controlo sobre o respetivo governo e órgãos sociais"*[36]. O controlo será, portanto a *"pro-*

[34] *"Diversionary private benefits account for 'stealing' in its broadest characterization"*, *Ibidem* p. 14.

[35] Barclay e Holderness, cit., pp. 380-383.

[36] José Engrácia Antunes, *A empresa como objecto de negócios – "Asset Deals" versus "Share Deals"*, in *ROA*, ISSN 0870-8118. Vol. 2/3, n.º 68, 2008, p. 724.

priedade de poder de voto suficiente para tomar as decisões importantes para a sociedade"[37].

Considera-se normalmente que o controlo de uma sociedade é exercido pelo sócio que detém 50% do seu capital social e os inerentes direitos de voto da sociedade, acrescidos de um voto, uma vez que esta percentagem é aquela que lhe dá, na maior parte das matérias, o poder decisivo. Em muitas situações, no entanto, o controlo pode ser obtido com percentagens diferentes do capital social. Nuns casos, um sócio pode ser detentor de mais de 50% do capital e não controlar a sociedade, p. ex., numa SA, quando exista um teto estatutário do voto que implique que não possam ser contados os seus votos acima de um determinado limite, nos termos do artigo 384.º n.º 2 al, b)[38]. Noutros casos, um sócio pode obter o controlo da sociedade detendo uma percentagem do capital social inferior a 50%, p. ex., também numa SA, quando uma parte do capital social da empresa seja composta por ações preferenciais sem voto, nos termos do artigo 341.º e ss. do CSC. Num caso destes, uma participação que seja inferior a 50% do capital pode corresponder ainda assim a mais de 50% dos direitos de voto da sociedade[39/40].

Detendo uma participação de controlo, o sócio, votando sempre com a maioria absoluta dos votos, decidirá sobre a generalidade das matérias e controlará o seu órgão de gestão, incluindo a sua designação e destituição[41].

Só assim não acontece nos casos em que se requer, no contrato de sociedade ou na própria lei, maioria qualificada, unanimidade ou aprovação por um determinado sócio[42]. Este é, p. ex., o caso da alteração do contrato de sociedade que, nas SA, requer a aprovação por dois terços do capital presente na assembleia geral (artigos 386.º n.º 3 e 383.º n.º 2 do CSC). Assim, o controlo pode ter maior ou menor força, dependendo da

[37] Tatiana Nenova, cit., p. 329.

[38] Paulo Olavo Cunha, cit., pp. 342-343.

[39] *Ibidem*, pp. 406-410.

[40] *"Esta diferença é importante, uma vez que as ações preferenciais limitam ou impedem o direito a voto, conferindo aos acionistas detentores de ações ordinárias um controlo superior à sua quota do capital da empresa. Esta prática pode limitar a capacidade dos acionistas minoritários de influenciar o processo de decisão e agravar o risco de expropriação do valor criado."* – José Paulo Esperança, Ana Sousa, Elisabete Soares, Ivo Pereira, *Corporate Governance no Espaço Lusófono*, Texto, 2011 p. 238.

[41] Para as SA, esta regra está consagrada no artigo 386.º n.º 1 do CSC. A maioria que o artigo refere é a maioria simples, mas só detendo a maioria absoluta dos votos o sócio pode assegurar, em qualquer circunstância, a aprovação de uma determinada deliberação.

[42] Paulo Olavo Cunha, cit., pp. 614-615.

quantidade de votos que se detém e que, no limite corresponderá à totalidade dos votos (podendo decidir por unanimidade).

É por esta razão que os BPC tendencialmente só se verificam em sociedades onde existe um sócio controlador (ou vários, atuando conjuntamente, eventualmente através de acordo parassocial)[43]. É sempre com a ajuda da administração que o controlador consegue retirar vantagens que não aproveitam aos demais sócios e, portanto, essa possibilidade depende do seu poder sobre o órgão executivo[44]. Nos casos em que os estatutos permitam que a gestão corrente da sociedade seja delegada num ou mais administradores ou numa comissão executiva (art. 407.º n.º 3 do CSC), é essencialmente sobre estes que o sócio controlador necessitará de fazer incidir a sua influência[45].

(vi) O valor económico intrínseco do controlo e o prémio de controlo

Hanouna, Sarin e Shapiro[46] caracterizam a detenção de ações de uma empresa como sendo composta por três elementos de valor: *asset value* (valor dos ativos), enquanto direito a uma percentagem proporcional da riqueza líquida da empresa, *income value* (valor dos resultados), enquanto direito a uma percentagem proporcional das distribuições (de lucros) operadas pela empresa; e *control value* (valor do controlo), enquanto direito a uma participação proporcional na gestão da empresa[47]. Esta tripartição

[43] Em virtude da recente tendência de entrada de *players* estrangeiros no mercado português através da aquisição de participações minoritárias (e, portanto, não controladoras) em grandes empresas, temos vindo a ponderar a hipótese da existência de BPC nestes casos. Com efeito, o poderio económico da generalidade desses *players* em face das dificuldades de financiamento das empresas portuguesas, pode gerar, a nosso ver, uma fragilidade na independência e isenção da sua administração. Tratando-se de uma tendência recente, não existem ainda evidências claras de práticas neste sentido, pelo não nos é possível afirmar, para já, que o controlo não é requisito dos BPC nestes casos.

[44] Para uma discussão sobre a eventualidade da ingerência direta dos acionistas nas competências de gestão tendencialmente reservadas ao órgão de administração da sociedade, *v.* Eduardo Sáragga Leal, *O poder de gestão dos acionistas nas sociedades anónimas* in *DSR*, ano 5, vol. 9, 2013, pp. 247 e ss..

[45] Sobre esta delegação da gestão corrente da sociedade, nomeadamente quanto ao dever de vigilância geral (e sintético) que recai nos restantes membros do conselho de administração, *v.* Alexandre de Soveral Martins, *Administradores delegados e comissões executivas – algumas considerações*, IDET Cadernos n.º 7, Almedina, 2011.

[46] Paul Hanouna, *et. al.*, *Value of Corporate Control: Some International Evidence*, Working Paper No. 01-4, USC Marshall School of Business, 2001.

[47] Neste sentido *v.* tb. Nuno André da Costa Ribeiro, *O efeito-controle no prémio pago em tomadas de posições accionistas*, texto policopiado, Tese de Mestrado em Ciências Empresariais, Finanças, FEUP, 2006, pp. 10 e ss..

professa que a participação na gestão da empresa tem um valor intrínseco autónomo dos restantes, valor esse que não é diretamente patrimonial, mas que parece ter um importante significado económico.

Assim, para um determinado acionista que ocupe a posição de controlador, o seu bloco valerá tendencialmente mais do que a simples soma das ações valorizadas a preços de mercado. A diferença entre o valor do bloco controlador e o valor agregado do preço de mercado das ações que o compõem exprime o valor intrínseco do controlo[48].

Por sua vez, o valor do controlo será a expressão do valor económico que o controlador pode obter, que não obteria caso não ocupasse essa posição. Serão assim benefícios que apenas a si aproveitam, e não aos demais sócios. O valor do controlo traduz, por isso, os **Benefícios Privados do Controlo**.

Este valor intrínseco do controlo é, no entanto, difícil de estimar. Tende a revelar-se apenas quando se verifica uma transação de que resulte a transferência do controlo. Num caso como este, é frequente, como veremos, observar-se o pagamento, ao alienante do bloco de ações, de um *prémio de controlo*, isto é, um montante superior ao normal valor de mercado das ações.

Se assumíssemos que o controlo não tinha valor autónomo, então não havia justificação para que este transacionasse a um preço superior ao preço de mercado das ações. Para que o adquirente do controlo esteja disposto a pagar um prémio que pode, em certos casos, chegar perto dos 50% do valor de mercado da empresa[49], é necessário que o controlo lhe traga um valor acrescentado pelo menos correspondente[50].

Existem várias teorias sobre as justificações do prémio de controlo[51]. Barclay e Holderness[52] procuram justificá-lo ponderando três hipóteses:

a) Hipótese dos benefícios privados – hipótese segundo a qual o prémio de controlo reflete benefícios privados líquidos antecipados, ou seja, a compensação do alienante pelos BPC que deixa de aproveitar por efeito da alienação.

[48] Se se observarem, no entanto, custos privados do controlo superiores aos respetivos benefícios, o bloco de controlo terá valor negativo.

[49] Nenova, cit., pp. 325-351.

[50] *"Existem também fortes indícios de que o controlo é valorizado, o que não seria o caso se os controladores (gestores ou acionistas) recebessem os mesmos benefícios que os outros investidores"* – Hanouna, *et. al.*, cit. p. 4.

[51] Para uma outra teoria sobre as razões económicas para o prémio de controlo, mas cujo enquadramento não nos parece adequado, uma vez que todas as três explicações que apresenta aparentam reportar-se a diversos tipos de BPC, *v.* Hanouna, *et. al.*, cit..

[52] Barclay e Holderness, cit., pp. 380-383.

b) Hipótese da maior informação – hipótese segundo a qual os prémios podem refletir simplesmente a maior informação das partes em questão sobre a empresa objeto do negócio (*rational Bayesian updating*). Tal implicaria que o preço de mercado das ações subisse quando fosse pago um prémio e baixasse quando o bloco fosse transacionado abaixo do preço de mercado (com desconto), o que não se verifica na prática, segundo o teste que estes autores apresentam. Mais, se fosse mesmo esta a razão, o novo controlador teria uma taxa de retorno do seu investimento apenas proveniente dos fluxos de caixa que acresceriam proporcionalmente para todos os acionistas, o que não acontece segundo o mesmo teste destes autores.
c) Hipótese do pagamento excessivo – hipótese segundo a qual o adquirente apenas paga em excesso, face ao valor de mercado da empresa. Uma das versões desta teoria defende que, como sucede num leilão, o licitante vencedor é aquele que tem a informação mais otimista. Esta hipótese não é igualmente credível uma vez que num caso de transação de um bloco acionista existe em geral uma cuidada avaliação do preço de mercado das ações.

Não se pode, no entanto, afirmar que o valor do prémio de controlo se cinge à possibilidade de extrair BPC. Imagine-se, p. ex., o caso comum da aquisição do controlo para substituição dos membros do órgão de administração por elementos mais capazes, que trarão futuros benefícios que aproveitarão à generalidade dos acionistas. Na prática, cada caso concreto terá as suas especificidades e as razões que levam ao pagamento de um prémio de controlo podem ser muito particulares do caso. Mais, a amplitude da definição de BPC que atrás se identificou também não permite fazer um juízo desta ordem em abstrato[53].

É defensável, porém, que os BPC representam geralmente uma parte importante (se não a mais importante) do montante do prémio pago. Isto porque, como veremos, a limitação dos BPC leva a quedas significativas do prémio pago numa transferência do controlo.

Pode, ainda retirar-se uma importante conclusão face à existência de um prémio de controlo: o prémio mínimo que o alienante está disposto a aceitar em troca da sua participação corresponderá ao valor que o controlo tem para si, pelo que os BPC que este extrai serão iguais ou inferiores

[53] *"(...) o prémio pago na aquisição de uma fracção de capital, ou numa tentativa de* takeover, *reflecte algo mais que apenas o controlo, podendo corresponder a uma compensação por uma variedade de factores, incluindo o controlo."* – Nuno Ribeiro, cit., p. 32.

ao prémio de controlo recebido[54]. Por sua vez, o prémio máximo que o adquirente estará disposto a pagar não deverá ultrapassar o valor que irá obter pela detenção da participação de controlo.

Dyck e Zingales[55] estabelecem, neste sentido, que países onde a extração de BPC é maior são aqueles onde a estrutura de propriedade é tipicamente mais concentrada e que é nestes países que o prémio de controlo pago é mais elevado, pelo que a maior incidência de BPC encontra-se, como veremos, nos países de *civil law*, grupo onde Portugal se insere.

Isto significa que, nos casos em que não existam BPC, os blocos controladores sejam tendencialmente transacionados ao preço de mercado e, quando existam custos privados do controlo, os blocos serão transacionados "com desconto" face ao preço de mercado[56].

Os autores de referência expõem ainda as seguintes conclusões que, por se alicerçarem em certos pressupostos, serão sempre questionáveis, mas que se mostram úteis para a compreensão da dimensão dos BPC e a sua influência no prémio pago, em cada caso[57/58]:

- Acima do ponto de controlo, resultarão menos benefícios acrescidos para o controlador, uma vez que, já dominando a administração, quanto maior for o seu bloco acionista, maiores serão os custos empresariais que terá de suportar comparados com os BPC que extrai. E quanto mais reduzida a proporção dos demais acionistas, menor será a importância passível de extração[59].
- Tanto a dimensão como a natureza dos BPC a extrair dependem do facto de o adquirente ser um particular ou uma empresa. Quando é um particular, em geral passa a ocupar também um cargo de topo na administração e tende a pagar-se um melhor salário do que em empresas equivalentes com uma estrutura de capital difusa. Mais, os

54 *"Se, de outro modo, o detentores dos grandes blocos de ações utilizarem o seu poder de voto para assegurar benefícios indisponíveis para os restantes acionistas, os blocos serão transacionados com um prémio em relação ao preço de mercado"* – Barclay e Holderness, cit., p. 372.

55 Dyck e Zingales cit..

56 Barclay e Holderness, cit., pp. 371-395.

57 *Ibidem*.

58 Para uma abordagem detida sobre as aquisições tendentes à obtenção do controlo e os problemas de agência que daí emergem relativamente aos acionistas minoritários e à administração da sociedade visada, *v.* Paul Davies e Klaus Hopt, *Control Transactions*, in *The Anatomy of Corporate Law – A Comparative and Functional Approach*, Oxford University Press, 2004.

59 Igor Filatotchev e Tomasz Mickiewicz, *Ownership Concentration, 'Private Benefits of Control' and Debt Financing*, in *Working Paper no. 4*, Centre for the Study of Economic and Social Change in Europe, UCL, 2001, p. 8.

particulares tendem a valorizar mais a oportunidade de abusar de privilégios (*perquisites*) a que tenham acesso por força do seu cargo. As empresas, por sua vez, atribuem mais valor ao acesso à tecnologia da sociedade detida para beneficiar de sinergias e economias de escala para o seu negócio.

- O prémio pago pelo adquirente aumenta a uma taxa crescente (exponencialmente) com a dispersão do restante capital da empresa, *i.e.*, quanto maior a dispersão do capital entre os restantes acionistas, maior o valor do controlo para o adquirente e, assim, o prémio que está disposto a pagar.
- O valor do prémio aumenta a uma taxa decrescente com o tamanho da empresa. É certo que, quanto maior é a empresa, maior é o potencial de extração de BPC, devido ao efeito da escala. No entanto, os custos privados do controlo aumentam a uma escala progressiva com o tamanho da empresa, uma vez que aumenta a fiscalização (*monitoring*) por analistas, organismos reguladores e investidores no mercado. A litigância relacionada com a concorrência (*antitrust*) é também nestas empresas mais provável de ocorrer, quando o controlo pertence a uma entidade que opere numa indústria relacionada com a da detida.
- O montante dos prémios pagos tende a aumentar com o montante de caixa e valores mobiliários transacionáveis na empresa ao tempo da transação, porque a maior liquidez facilita os investimentos do novo controlador, assim como a atribuição ao próprio do compensações e privilégios avultados.
- Quando a empresa está a enfrentar dificuldades financeiras os prémios pagos tendem a ser menores, uma vez que os benefícios privados diminuem, ou os custos aumentam (ou ambos), com a necessidade de despender mais recursos controlando e participando na gestão. Mais, nestes casos, a litigância contra a empresa tende a aumentar, existindo maior probabilidade de os controladores virem a ser pessoalmente responsabilizados.
- O prémio pago é mais elevado em transações de controlo onde o adquirente e o adquirido são de países diferentes. No entanto, o prémio pago em transações que não implicam a transferência de controlo é comparativamente maior, o que indica que a detenção do controlo tem menos valor em transações internacionais.
- Existe ainda uma discordância quanto ao efeito do aumento da dívida na estrutura de capital da empresa detida. Enquanto alguns autores argumentam no sentido de que o aumento da dívida diminui

a possibilidade de extração de BPC[60] devido à maior monitorização externa, outros consideram que a maior dívida provoca o aumento daquela possibilidade, uma vez que a administração (portanto, o controlador), não tendo de se financiar no mercado acionista, tem facilidade em manter o controlo[61].

Compreendemos assim a dificuldade encontrada, a cada momento, para avaliar o controlo. Não podendo considerar-se que o prémio de controlo corresponde ao valor intrínseco do controlo e, portanto, dos BPC, cabe então referir as fórmulas elaboradas com o propósito de o estimar. Note-se que a exatidão destas fórmulas é muito contestada e que a pretensa mensuração de BPC feita nos vários estudos se baseia em métodos meramente indiciários.

(vii) Formas de cálculo dos Benefícios Privados do Controlo

Toda a prova de BPC é indiciária e, portanto, indireta, não existindo uma forma de fazer prova objetiva do seu valor. Pode considerar-se que existem quatro áreas de pesquisa que contribuem para uma estimativa do valor dos BPC e, portanto, do controlo[62].

1. O prémio pago como estimativa do controlo

Esta corrente considera que existe uma equivalência entre o prémio pago numa aquisição do controlo e o valor do próprio controlo. Como referimos anteriormente (*supra*, p. 167), apesar de refletir o controlo, o prémio pago é frequentemente composto por outros elementos, que fazem com que o seu valor divirja do valor intrínseco do controlo. Assim, esta medida não pode ser tida como viável.

2. Análise do prémio de voto pago pela aquisição de "*dual class shares*"[63]

Este modelo parte da premissa de que um acionista, que deseja alcançar o controlo da empresa, está disposto a pagar aos minoritários um valor superior ao preço de mercado das ações pela aquisição do seu poder de voto, valor que constitui um prémio que pode ir até ao montante que o primeiro espera obter pela detenção do bloco controlador.

60 Jensen, cit., pp. 323-329.

61 Barclay e Holderness, cit., pp. 371-395.

62 Hanouna, *et. al.*, cit., p. 9 e ss.. Estes autores expõem apenas uma tripartição destas áreas de pesquisa, mas acrescentam um novo modelo de cálculo, que também aqui exporemos: diferença entre transações maioritária e minoritária.

63 Nenova, cit., p. 329.

Assim, a fórmula consiste no apuramento da diferença de preço entre ações *dual-class*, *i.e.*, pertencentes a duas categorias distintas. Não é porém aplicável a quaisquer duas categorias de ações. A diferença entre estas terá por base o voto, ou seja, uma das categorias terá voto duplo e a outra apenas voto singular, mantendo ambas o mesmo direito aos dividendos. A diferença (positiva) entre uma ação de voto duplo e uma ação de voto singular, o chamado prémio de voto, corresponderá ao valor proporcional que o controlo tem para o adquirente. O voto será mais valioso quando for decisivo para o adquirente obter o controlo.

A grande desvantagem que, à partida, se aponta a este método é o facto de muitos países não permitirem categorias de ações com voto duplo e, mesmo quando permitem, poucas empresas as utilizam, sendo estreita a base de incidência deste método[64].

Mais, Portugal é um dos países em que não são permitidas ações com voto duplo, nos termos do artigo 384.º n.º 5 do CSC, pelo que este método seria inaplicável a qualquer empresa portuguesa.

3. Diferença entre transações maioritária e minoritária[65]

Este método parte da diferença entre o preço pago pela aquisição de uma posição maioritária e de uma posição minoritária. Apenas são consideradas maioritárias as posições dos acionistas que, antes da transação, detinham uma fração do capital social inferior a 30% e que, depois da transação, detêm uma fração superior a 50%. São consideradas minoritárias as transações que, antes da transação, detinham uma fração do capital social inferior a 30% e que, depois da transação, detêm uma fração inferior a 50%.

A diferença entre os preços pagos por transações maioritárias face às minoritárias representará o valor que o controlo tem para os adquirentes e, assim, os seus BPC.

Este método parte do pressuposto que uma participação inferior a 30% do capital não detém o controlo e que uma participação superior a 50% do capital já o detém, o que, como referimos (*supra*, p. 164), não é necessariamente esse o caso.

64 Dyck e Zingales, cit. p. 9.

65 Paul Hanouna, *et. al.*, cit.. Neste estudo, os autores utilizam um conceito de "prémio de controlo" correspondente ao conceito que utilizamos para designar apenas "controlo", uma vez que, como referimos anteriormente, as suas explicações para a existência de um prémio de controlo reconduzem-se todas, na nossa opinião, a BPC.

4. Diferença entre o preço de transferência de grandes blocos de ações e o valor de mercado pós-anúncio[66]

Esta corrente parte do pressuposto que o potencial adquirente de um bloco de controlo, quando procede à negociação do seu preço, avalia duas vertentes do valor.

A primeira vertente do valor é essencialmente composta, durante a vida da sociedade, pela distribuição de lucros, que aproveita a todos os acionistas na proporção das suas participações. Estes lucros, distribuíveis sob a forma de dividendos, estão, à partida, refletidos no preço de mercado da ação. Este preço de mercado pode, por sua vez, aumentar ou diminuir após o anúncio da transação, por antecipação dos efeitos da mudança da gestão ou simplesmente porque certa informação é revelada (incluindo, p. ex., o preço de transmissão do bloco). Após esta reação, o preço de mercado das ações deverá refletir os benefícios (partilhados) que se espera que venham a aproveitar a todos os acionistas na proporção das suas participações.

A segunda vertente do valor exprime os BPC que o potencial adquirente espera poder extrair uma vez que detenha o controlo da empresa.

Como se referiu, a diferença entre o preço pago pelo bloco de controlo e o preço de mercado das ações (antes do anúncio da transação) é representado pelo prémio de controlo. Defendeu-se também que o prémio de controlo inclui mais do que apenas o valor do controlo. Então, a diferença entre o preço pago pelo bloco de controlo e o preço das ações depois do anúncio da transação representará exclusivamente o valor dos benefícios que só ao controlador aproveitam e, portanto, o valor do controlo.

Dos quatro métodos apresentados, este método parece-nos o mais adequado, dada a razoabilidade das premissas em que se baseia. No entanto, a assunção de que o preço pós-anúncio reflete os benefícios aproveitados por todos os acionistas, na proporção da sua participação, parece-nos que só será possível num mercado perfeito, em que a informação e as expetativas dos investidores sejam iguais. As assimetrias de informação e de expetativas dos investidores que naturalmente se verificam no mercado não parecem permitir que o preço pós-anúncio reflita, de forma exata e fiel, o valor dos benefícios que de facto aproveitarão à generalidade dos acionistas.

* * *

Não cabe no objeto e na economia deste estudo proceder a qualquer tentativa de cálculo ou estimativa dos BPC, embora tenhamos considerado

[66] Barclay e Holderness, cit., pp. 371-395; Dyck e Zingales, cit. pp. 1-2.

importante a exposição das formas alternativas para o fazer. Conforme argumentámos, os métodos são apenas indicativos e todos têm desvantagens, pelo que não consideramos que seja possível fazer uma estimativa fiel em abstrato da extração de BPC no caso português, aquele que mais nos interessa.

4. Estrutura dos mercados acionistas

(i) "Famílias" jurídicas

Existe uma grande diferença na estrutura do mercado acionista de país para país. Tanto observamos países com uma estrutura muito dispersa, *i.e.* com o capital acionista das suas empresas diluído por um elevado número de sócios, como países com uma estrutura de capital marcadamente mais concentrada, onde tende a existir uma posição de controlo por uma das partes. Exemplos dos primeiros são os mercados de génese anglo-saxónica e, portanto, os países de *common law*. Exemplos dos segundos são os países da europa continental e os países cujo sistema jurídico neles teve origem, portanto, os países de *civil law*[67].

Alguma doutrina divide as chamadas "famílias jurídicas" em quatro tipos: *common law* (origem inglesa), *civil law* francesa, *civil law* germânica e *civil law* escandinava[68]. Para estes autores, integram um destes tipos todos os países onde Inglaterra, França e Alemanha tenham tido influência direta ou indireta, através da cultura ou da colonização. Esta quadripartição é de rigor discutível e sem dúvida demasiado simplista. Para além de apenas tomar em consideração parte dos continentes europeu e americano, enquadra na "família francesa" ordenamentos jurídicos que parecem ter-se desenvolvido em paralelo com o francês ou que têm igualmente uma marcada influência germânica (como é o estádio atual ordenamento jurídico português). Em termos gerais, dada a génese comum dos ordenamentos jurídicos da Europa continental (portanto, de *civil law*), podemos considerar que estes se enquadram a montante numa grande família jurídica romano-germânica[69].

[67] Para uma distinção entre *Common Law* e *Civil Law* *v.* José de Oliveira Ascensão, *O Direito – introdução e teoria geral*, 13.º ed. refundida, 2005, p. 153 e ss..

[68] La Porta, *et. al.*, *Investor...*, p. 8. A divisão tradicional era feita em apenas três famílias: a inglesa, a francesa e a germânica. Este autor considera que a família de *civil law* escandinava hoje ganhou autonomia, tendo formado uma tradição própria.

[69] A referida doutrina alicerça-se na quadripartição das "famílias jurídicas" retirando das respetivas características conclusões como as que expomos *infra*. Pelas razões indicadas,

A diferença do grau de dispersão acionista entre países de *common law* e de *civil law* é frequentemente atribuída ao grau de proteção do investidor[70] na respetiva ordem jurídica[71]. Isto porque quanto mais direitos forem efetivamente reconhecidos ao investidor comum (que representa, as mais das vezes, o sócio minoritário), menor importância económica terá o controlo, como veremos. Assim, em mercados em que a proteção do investidor é elevada, o capital acionista tende a ser mais disperso e se, por sua vez, não existe sócio controlador, não há tendencialmente lugar à extração de BPC[72].

Esta diferença estrutural é normalmente atribuída ao facto de nos sistemas de *common law*, tradicionalmente, as decisões judiciais basearem-se em orientações criadas pelos próprios juízes, alicerçados no precedente e nos princípios gerais como o dever de confiança ou a justiça, regulando as situações ainda que não exista lei geral e abstrata anterior. Inversamente, nos sistemas de *civil law*, os juízes não têm tipicamente tanta flexibilidade para intervir segundo a equidade na autonomia privada, a não ser em contratos que sejam manifestamente desequilibrados, não sendo a lei anterior capaz de proteger adequadamente os sócios minoritários contra os abusos da maioria[73].

não adotaremos essa quadripartição no presente estudo.

[70] É comum utilizar-se o termo "investidor" para significar aquele que "aposta" em valores mobiliários admitidos à negociação em mercado regulamentado. No entanto, com o termo "investidor" pretendemos aqui abranger um grupo mais alargado de agentes económicos, compreendendo aqueles que são acionistas minoritários de sociedades não cotadas em bolsa.

[71] Parte da doutrina atribui esta diferença a fatores de índole moral e cultural embora, como se verá, acreditemos na força decisiva das normas legais na modelação do mercado – Coffee, John, 2001. *"Do Norms Matter? A Cross-country Examination of Private Benefits of Control,"* mimeo, *Columbia University Law School.*

[72] Há ainda quem defenda que a dispersão acionista, de que é paradigmático o caso norte-americano, se deve essencialmente ao facto de neste caso as empresas terem tido, originalmente, de enfrentar um mercado que pela sua grandeza reclamava grande concentração de meios, o que potenciaria a criação de imperiosas empresas de capital acentuadamente disperso. Embora reconheçamos que este pode ser um fator potenciador da dispersão do capital acionista, a existência de mercados acionistas de dimensão e origem semelhantes entre si mas com fisionomias marcadamente distintas e de mercados de dimensão reduzida com capital acionista tendencialmente disperso, leva-nos a considerar que aquele não é um fator determinante da dispersão do capital acionista.

[73] La Porta, *et. al.*, *Investor...*, pp. 3-27. Este autor considera, no entanto, que esta perspetiva está incompleta, pois parte do princípio de que os juízes tendem a proteger os minoritários, o que pode não se verificar. Considera assim necessária uma análise política e histórica, nos seguintes termos: em Inglaterra os tribunais deixaram de estar sob a alçada da coroa, passando a estar mais dependentes do parlamento, e começaram a desta forma a

Pelo exposto, e com base nas ideias que se seguem, pode considerar-se que nos países de *civil law* o controlo é mais valioso, devido à maior possibilidade de extração de BPC.

Algumas conclusões baseadas na experiência têm sido apresentadas em diversos estudos, conclusões essas que melhor ajudam a ilustrar as diferenças entre a concentração de capital que caracteriza os mercados de países de *common law* e de países de *civil law*[74]:

- O valor dos blocos de controlo é de, em média, 4,5% da capitalização de mercado de uma empresa num país de *common law* e ronda os 25,4% em certos países de *civil law*.
- É mais frequente em países de *common law* a existência de regras que versam sobre igual tratamento de categorias de ações ou de sócios maioritários e minoritários, como p. ex. a obrigação de distribuição rateada do prémio de controlo ou de ofertas públicas obrigatórias acima dum certo limite. Disposições deste tipo podem aumentar os custos de lançamento de uma oferta ao ponto de a tornar inviável, ainda que esta pudesse ser benéfica para os acionistas que não detêm o controlo.
- Podem ser usadas pelos controladores certas disposições estatutárias com vista à concentração do controlo. Estas cláusulas são mais frequentes nos países escandinavos de *civil law* e nos países de *common law* do que, p. ex., nos países de *civil law* do sul da Europa.
- Os países de *common law* têm os melhores índices de proteção dos investidores (tipicamente os acionistas minoritários). Nos países de *civil law* do sul da Europa estes índices são os mais baixos e é geralmente nestes países que o sistema judicial é menos eficiente. Os países de *civil law* do norte da Europa têm os mais eficientes sistemas judiciais[75].
- Esta eficácia do sistema judicial é, a par do papel do regulador, uma componente fundamental da eficácia do Direito. Em conformidade, será nos países de *civil law* do norte da Europa que se registam maiores níveis de eficácia, sendo também forte nos países de *common law*.

proteger mais os *landlords*, que nele estavam representados, e portanto a propriedade individual contra o poder centralizado. Esta proteção terá depois evoluído para a proteção dos investidores. Em França e na Alemanha a força do parlamento era menor e o Estado tendeu a concentrar mais o poder sobre os financeiros. Para este autor, os estados de *civil law* são geralmente mais intervencionistas do que os de *common law*, daí resultando a menor proteção do investidor.

74 Nenova, cit., pp. 327-344.

75 La Porta, *et. al.*, *Investor...*, pp. 8-9.

Os mais fracos níveis de eficácia do Direito registam-se nos países de *civil law* do sul da Europa[76].

(viii) Configuração do mercado português

Portugal é, como é sabido, um país de *civil law*, enquadrável na referida família do Direito de origem romano-germânica e, portanto, como veremos de seguida, um país caracterizado por uma significativa concentração acionista[77].

Esta concentração acionista é potenciada pela ainda limitada proteção do acionista minoritário, que tem por efeito a facilidade de extração de BPC. O seguinte gráfico é elucidativo da elevada concentração de capital acionista em Portugal, embora cingindo-se a sociedades cotadas em bolsa.

Relevância das Posições de Domínio

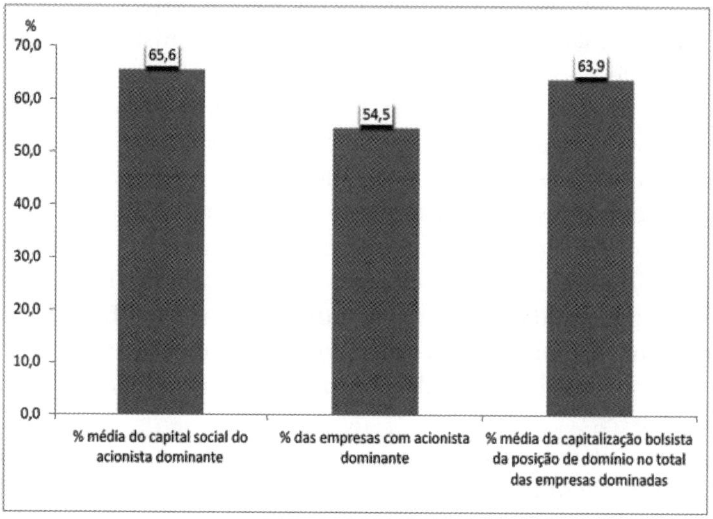

Fonte: CMVM – Relatório Anual sobre o Governo das Sociedades Cotadas em Portugal 2012.

76 Rafael La Porta, Florencio Lopez-de-Silanes, Andrei Shleifer e Robert W. Vishny, *Law and Finance*, in *Journal of Political Economy*, 1998, Vol. 106, p. 1141.

77 La Porta, *et. al.*, *Law...*, pp. 1113-1155. Este autor enquadra o ordenamento jurídico português na chamada "família francesa". Ora, não obstante as claríssimas e tradicionais influências do ordenamento jurídico francês no desenvolvimento do Direito português contemporâneo (nomeadamente do Direito Público), são também evidentes as influências que nele tem Direito germânico (p. ex. no Direito Civil). Com efeito, e também pelas razões *supra* expostas (cfr. p. 173), não corroboramos aquele entendimento.

Deste gráfico se retira que "*em 24 sociedades* [das 44 sociedades de direito nacional com ações cotadas à data na Euronext Lisbon que foram analisadas] *uma pessoa física ou jurídica exercia domínio nos termos do artigo 21.º do Código dos Valores Mobiliários (controlava pelo menos 50% dos direitos de voto). Estas 54,5% das empresas representavam 35,0% da capitalização acionista total, donde se conclui que as posições dominantes existiam maioritariamente em empresas de menor dimensão* [entre as cotadas]"[78].

É de notar que, atendendo agora a dados de 2009, das 49 empresas cotadas no mercado regulamentado *Euronext Lisbon*, apenas 12 eram consideradas sociedades de capital disperso[79]. José Paulo Esperança, entre outros autores[80], evidencia que em Portugal existe uma correlação negativa significativa entre a concentração da propriedade e a dimensão das empresas. Mais, evidencia que destas mesmas 49 empresas, 13 possuíam um presidente executivo que era simultaneamente acionista controlador, ou membro da família que ocupa essa posição. Identifica assim que, em Portugal, o tecido empresarial é largamente dominado por famílias. Acrescenta ainda que, conforme defendemos *supra*, esta concentração pode contribuir para o alinhamento dos interesses de gestores e acionistas, embora possa fazer surgir conflitos entre os acionistas com controlo e minoritários, que são os BPC, objeto do nosso estudo.

La Porta, entre outros autores[81], examina a concentração acionista nas maiores empresas cotadas de 49 países e encontra uma forte correlação negativa entre a concentração acionista e a qualidade da proteção dos investidores, ou seja, os sócios minoritários. No seu estudo, este autor apura as participações dos três maiores acionistas das dez maiores empresas privadas de cada um dos países analisados, demonstrando que, em Portugal, estas representam em média 52% do capital, sendo o indicador de 54% na média dos países de *civil law* que considera serem de origem francesa (e que corresponderão, grosso modo, aos países do sul da Europa mas também a países da América latina) e 34% nos países de *civil law* que considera serem de origem germânica (que corresponderão aos países do centro/norte da Europa)[82].

[78] CMVM – Relatório Anual sobre o Governo das Sociedades Cotadas em Portugal 2012.

[79] José Paulo Esperança, *et. al.*, cit., pp. 236-244. Estes autores partem da definição de capital disperso utilizada em La Porta, *et. al., Law...*, pp. 1113– 1155, obra em que é considerado que uma empresa não tem sócio controlador quando a maior participação, direta ou indireta, no seu capital é inferior a 20%.

[80] José Paulo Esperança, *et. al*, cit., pp. 236-244.

[81] La Porta, Florencio *et. al., Law...*, pp. 1113 – 1155.

[82] Apesar de os países de *common law* de origem inglesa não serem aqueles em que este indicador é, em média, mais baixo, devido, segundo cremos, a questões culturais e sociais

Conforme pretendemos expor, o mercado português é assim caracterizado por uma elevada concentração acionista num reduzido número de sócios. Esta concentração representa muitas vezes a existência de uma posição de controlo, que propicia a extração de BPC à custa dos restantes sócios, fazendo de Portugal um exemplo claro da existência deste tipo de práticas. Isto significa, tendo em conta o exposto, que Portugal apresenta um baixo índice de proteção dos investidores.

5. Oportunidade, âmbito e forma de limitar os Benefícios Privados do Controlo

(i) Oportunidade e âmbito da limitação

A teoria tradicional de análise económica do Direito (*Law & Economics*) sustentava que não era necessária a proteção jurídica do investidor, uma vez que partia do pressuposto de que as relações económicas eram estabelecidas entre agentes sofisticados que teriam interesse em alinhar as suas vontades e vincular-se contra abusos através da celebração de contratos. A prática demonstra que este liberalismo pode potenciar a criação de situações de acentuada iniquidade. A extração de valor pelo controlador aos minoritários é um caso paradigmático.

Tendo como base toda a exposição que antecede, importa agora questionar até que ponto é importante que sejam desenvolvidos esforços no sentido de limitar a extração de BPC e qual o alcance e a forma mais viável para o fazer. Óbvio será, desde logo, que o investimento na empresa por parte dos acionistas que não detêm o controlo da sociedade deverá ser protegido e, portanto, as formas mais alarmantes de extração de benefícios privados, como p. ex. os negócios com partes relacionadas que sejam prejudiciais para a sociedade, deverão ser combatidos. A questão central é assim a de saber se todo o tipo de benefícios privados, incluindo aqueles que em nada prejudicam os sócios minoritários, deverão ser limitados.

Vários autores têm relacionado a limitação dos BPC através da maior proteção do investidor com o desenvolvimento económico. P. ex., La Porta, entre outros autores[83], defende que esta proteção do investidor será relevante a três níveis:

dos países asiáticos ainda em desenvolvimento, o Reino Unido e os E.U.A. apresentam os valores mais baixos de entre os países ocidentais com, respetivamente, 19% e 20%.

83 La Porta, *et. al.*, *Investor...*, pp. 3-27.

4. Padrões de propriedade das sociedades – quando a proteção do investidor é maior, o controlo tem menor valor intrínseco, pois a possibilidade de extração de BPC é mais reduzida. Assim, será menos vantajoso para o controlador manter o seu bloco de ações intacto, sendo deste modo favorecida a dispersão do capital.
5. Desenvolvimento dos mercados financeiros – a proteção do investidor encorajará assim o desenvolvimento dos mercados financeiros pois os investidores, uma vez protegidos da extração de valor, estarão dispostos a pagar mais pelos valores mobiliários emitidos. Estas considerações aplicar-se-ão quer aos acionistas, quer aos restantes investidores que subscrevam, p. ex., obrigações. Este autor demonstra que nos países onde a proteção do investidor é mais elevada, o mercado de ações é mais valioso.
6. Alocação de recursos reais – efeito nos mercados financeiros pode provocar uma enorme aceleração do crescimento económico de três formas[84]: (i) aprimorar a utilização das poupanças; (ii) canalizar estas poupanças para o investimento real; e (iii) se os agentes financeiros exercem algum controlo sobre as decisões de investimento dos gestores da empresa, o desenvolvimento financeiro permite a fluência do capital para os meios mais produtivos e, portanto, aumenta a eficiência da alocação de recursos.

Não é, no entanto, pacífica a relação entre a maior proteção do investidor e o desenvolvimento económico. Dyck e Zingales[85] consideram que, embora seja verdade que a maior proteção do investidor potencia o desenvolvimento do mercado de capitais, tal não implica necessariamente uma maior eficiência económica. Isto porque, em primeiro lugar, uma vez que o acionista controlador possa, p. ex., explorar de forma privada oportunidades noutras linhas de negócio de que tenha conhecimento, em virtude da sua participação na empresa, estas podem revelar-se valiosas para a economia, mas que nenhum valor acrescentariam à empresa. Em segundo lugar, a existência de BPC pode potenciar a aquisição desta empresa por um agente económico que lhe traga valor acrescentado, que de outra forma não a adquiriria.

Assim cabe discutir qual a amplitude desejável da limitação de BPC. Partindo da anteriormente apresentada categorização dos BPC em *idiosyn-*

[84] Citando T. Beck, R. Levine, e N. Loayza, *Finance and the sources of growth*, in *Journal of Financial Economics 58*, pp. 261-300.
[85] Dyck e Zingales, cit., p.8.

cratic, distortionary e *diversionary* (*supra*, p. 162), Pacces[86] considera que os primeiros representam a recompensa pelo empreendedorismo do controlador, uma vez que o premeiam pelos seus investimentos específicos e inobserváveis na empresa. A sua limitação, através da proteção fundamentalista do investidor limitará o empreendedorismo e fará com que o controlador de uma empresa fique relutante em se financiar no mercado acionista. Mais, a eventual existência de uma regra de repartição do prémio de controlo poderá também desencorajar o empreendedorismo do controlador, uma vez que condicionará a possibilidade de este ser recompensado *a posteriori*. Condicionará ainda a escolha eficiente da estrutura de capital e as aquisições da empresa que se demonstrariam valiosas para todos os sócios.

A extração de BPC *idiosyncratic* poderá, assim, ser eficiente, uma vez que encoraja o empreendedorismo do sócio que detém o controlo. Desta forma se pode defender a importância da existência de um sócio controlador e da separação entre os chamados direitos residuais de controlo e a propriedade da empresa.

Pode assim concluir-se que não deverão ser limitados os BPC *idiosyncratic*. Ao contrário dos BPC *distortionary* e *diversionary*, que implicam a diminuição do valor do investimento dos restantes sócios, aqueles são-lhes indiferentes.

Em geral, os BPC *idiosyncratic* não terão valor económico intrínseco, sendo representados muitas vezes pelo mero valor psicológico do controlo, mas passarão a ter valor de mercado no caso de uma aquisição em que seja pago um prémio de controlo. Desde que a proteção do investidor contra a extração de BPC *distortionary* e *diversionary* seja efetiva, é este valor próprio do controlo, diferente do valor da propriedade da empresa (que a todos aproveita), que deverá ser preservado. Os BPC não representam assim um problema de ineficiência, apenas uma questão distribucional[87/88].

(ix) *Forma da limitação*

Cabe, nesta sequência, saber quais os elementos relevantes na limitação de BPC. Estes podem, segundo La Porta, categorizar-se em fatores: jurídico e funcional[89].

[86] Pacces, cit., pp. 10 e ss.

[87] *Ibidem*; Dyck e Zingales, cit., pp. 8 e 25.

[88] La Porta, mesmo defendendo a relação entre a maior proteção do investidor e o desenvolvimento económico, reconhece a falibilidade da teoria, uma vez que existem países ricos em que o mercado de ações é muito concentrado – La Porta, *Law*..., pp. 1113- 1155.

[89] La Porta, *Investor*..., pp. 3-27.

O fator jurídico é aquele que incide sobre a alteração das normas, a sua aplicabilidade e o sistema judicial de um país. A limitação dos benefícios passa pela eficácia (*enforcement*) do Direito, *i.e.* a sua aplicação prática efetiva, pelas normas sobre transparência, *standards* contabilísticos e proteção das minorias e ainda pelas normas sobre ofertas públicas (e ofertas obrigatórias) [90].

O fator funcional, por sua vez, não depende da vontade de conformação do legislador e baseia-se em mudanças descentralizadas e baseadas no mercado. Consiste na possibilidade de as empresas adotarem mecanismos "*opt-in*", *i.e.*, enveredar pela aplicação de regimes normativos (optativos) mais tutelares do investidor do que a lei imperativa, transmitindo-lhe confiança no investimento, assumindo o compromisso de superiores padrões de transparência e um leque mais alargado de direitos do investidor[91].

Apesar dos diversos mecanismos possíveis, e ainda que todos possam contribuir para uma melhor Governação Societária, é através do desenvolvimento do fator jurídico que se limita a extração de BPC. Só com um Direito efetivamente protetor e com a necessária segurança jurídica os investidores estarão dispostos a financiar as empresas, *maxime*, através do mercado de ações[92]. A eficácia dos restantes mecanismos não dependerá da livre conformação legislativa, pelo que, por si só, não resolverão problemas de extração de BPC à custa de minoritários em países em que isto represente um verdadeiro problema.

[90] Nenova, cit., pp. 325-351.

[91] Vários autores categorizam paralelamente outros mecanismos a que chamam extra-jurídicos, como os seguintes: (i) concorrência no mercado – a existência de um mercado mais concorrencial limita os BPC pois torna mais verificáveis os preços de transferência praticados e faz com que as distorções a este nível comprometam a sobrevivência da empresa; (ii) pressão da opinião pública – o desvio dos recursos da empresa pelo controlador pode afetar negativamente a sua reputação, podendo ser uma ferramenta quer dos ativistas quer do regulador; (iii) policiamento interno através de normas morais – o controlador pode dar maior ou menor importância às normas morais (iv) pressões internas dos trabalhadores – os trabalhadores da empresa estão bem posicionados para se insurgirem contra práticas abusivas, no entanto podem não ter acesso à informação necessária ou podem simplesmente estar alinhados com as práticas do controlador; (v) monitorização da administração fiscal – partilha com os minoritários o objetivo de controlar as receitas da empresa e de obter uma percentagem delas, p. ex. através do controlo dos preços de transferência. Embora estes autores lhes atribuam muita importância, consideramos que, como a sua formulação e eficácia não pode ser livremente moldada pelo legislador (exceto a monitorização pela administração fiscal), não poderão ser considerados mecanismos viáveis de limitação dos BPC.

[92] La Porta, *Investor...*, pp. 3-27.

III. Benefícios Privados do Controlo no Ordenamento Jurídico Português

Foi referido que em Portugal a estrutura de capital é muito concentrada e que esse facto comprova a existência de uma ampla margem de BPC. Faremos agora uma necessariamente breve análise da forma como o ordenamento jurídico português influencia a extração de BPC. Não abordaremos as normas penais que poderão ser aplicáveis aos casos mais gravosos de extração de BPC, nem analisaremos os deveres dos administradores, apesar de poderem ser relevantes nos casos em que a extração de BPC conta com colaboração da administração, pois não assumem uma relevância central para a nossa análise.

(i) Deveres de lealdade dos sócios[93]

Apesar de, diversamente do que sucede com os administradores[94], não existir uma disposição legal específica de um dever geral de lealdade dos sócios para com a sociedade e com os restantes sócios, enquanto dever de promoção do interesse social, alguma doutrina considera que este dever existe na nossa ordem jurídica. Para a mesma doutrina, esta será uma das vertentes que o dever de lealdade em Direito Societário pode assumir, manifestando-se no *status* dos sócios, que consiste numa posição complexa que implica uma série de direitos e deveres, por efeito da sua participação na sociedade[95].

A referida doutrina, que admite a existência deste dever de lealdade, argumenta que ele se manifesta no artigo 242.º n.º 1 do CSC, embora no regime das SQ, a propósito da exclusão judicial de sócios da sociedade[96/97]. Segundo esta disposição, pode ser decretada pelo tribunal a exclusão da sociedade de um sócio que, através do seu *"comportamento desleal ou gravemente perturbador do funcionamento da sociedade, lhe tenha causado ou possa vir a causar-lhe prejuízos relevantes"*[98].

93 Ana Perestrelo de Oliveira, cit., §494 e ss.

94 Artigo 64.º n.º 1 al. b) do CSC.

95 António Menezes Cordeiro, *A lealdade no Direito das Sociedades*, in *ROA*, ISSN 0870-8118. Vol. 3, n.º 66, 2006, pp. e 1033 e ss..

96 Pedro Pais de Vasconcelos, *A participação social nas sociedades comerciais*, Almedina, 2005, p. 304.

97 No sentido da possibilidade de aplicação desta norma a SA, embora sem a relacionar com um dever de lealdade, *v.* Jorge Manuel Coutinho de Abreu, AAVV, *Código das Sociedades Comerciais em Comentário*, Vol. III, Almedina, 2011, pp. 583-590.

98 No sentido da inexistência de um dever de lealdade dos sócios, pode argumentar-se que deste preceito não se retira uma obrigação de proceder (de forma ativa) segundo um

Nestes termos, a admitir-se a sua existência, este dever de lealdade pode constituir um fator fortemente condicionante dos BPC *distortionary* e *diversionary*, uma vez que estes implicam prejuízos (mais ou menos relevantes consoante o caso concreto) para a sociedade e, portanto, para os restantes sócios, pela diminuição dos lucros em que estes podem participar. Estes termos não serão impeditivos dos BPC *idiosyncratic*, aqueles cuja existência considerámos eficiente, uma vez que não são prejudiciais para os restantes sócios.

Pela especial importância dos deveres de lealdade no direito das sociedades, estes manifestam-se, mais ou menos diretamente, nalguns dos preceitos que se seguem.

(x) Vantagens de fundador[99]

O CSC não veda a possibilidade de, por efeito da constituição da sociedade, serem atribuídas vantagens especiais[100], de carácter fundamentalmente patrimonial, aos sócios fundadores, apenas determinando que a atribuição dessas vantagens deverá constar do contrato de sociedade (n.º 1 do artigo 16.º), sob pena de ineficácia (n.º 2). Com o registo do contrato, estas vantagens consideram-se assumidas pela sociedade (al. a) do n.º 1 do artigo 19.º)

Também no regime da constituição de sociedade com apelo à subscrição pública, se determina a divulgação, no projeto apresentado ao público, da atribuição de qualquer vantagem de fundador (al. b) do n.º 6 do artigo 279.º do CSC). Prevê-se ainda neste regime, diversamente do que sucede no artigo 16.º, que a vantagem em causa não pode ser outra que não a atribuição de uma fração de, no máximo, um décimo dos lucros líquidos da sociedade, por um período que não exceda um terço da duração da mesma e nunca superior a cinco anos (n.º 8).

Apesar de estes regimes se aplicarem independentemente de os sócios em causa virem a deter o controlo da sociedade, certo é que um sócio que se disponha a entrar com uma elevada percentagem do capital pode utilizar a sua força negocial para assegurar vantagens especiais. Enquadrar-se-ão, nesse caso, na definição de BPC embora, diversamente dos exemplos que vimos, estejam "oficializados" no contrato de sociedade.

critério de lealdade, mas um mero dever, de alcance mais restrito, de não adotar condutas desleais.

[99] Paulo Olavo Cunha, cit., pp. 159, 198-199 e 244-248.

[100] Que não se confundem com os direitos especiais do artigo 24.º. Jorge Coutinho de Abreu, cit., vol. I, 2010, pp. 282-283.

(xi) Proibição de voto e anulação de deliberações sociais

Quando uma deliberação verse sobre qualquer relação, estabelecida ou a estabelecer, entre a sociedade e um acionista, que não esteja relacionada com o contrato de sociedade, o acionista em causa não poderá votar (artigo 384.º n.º 6 al. d) do CSC). Se, ainda assim, o sócio votar nessa deliberação, esta será anulável, por vício de conteúdo[101] (al. a) do n.º 1 do artigo 58.º).

Estabelece ainda o artigo 58.º n.º 1 al. b) do CSC a anulabilidade das deliberações abusivas, *i.e.*, das deliberações dos sócios que (sem violar disposições específicas da lei ou dos estatutos) sejam passíveis de, prejudicando a sociedade, satisfazer o propósito de um deles, ou conferir vantagens especiais ao próprio ou a terceiros, ou sejam simplesmente prejudiciais para a sociedade ou para os restantes sócios (deliberações *emulativas*)[102]. Sendo exigida a existência de prejuízos, esta disposição impede apenas a extração de BPC *distortionary* e *diversionary*, permanecendo salvaguardados os *idiosyncratic*.

No entanto, apenas em alguns casos estas normas terão por efeito evitar a extração de BPC, uma vez que a gestão corrente das atividades da sociedade, em que os negócios com o controlador em regra se incluem, compete ao conselho de administração da sociedade (artigo 405.º n.º 1 do CSC).

(xii) Negócios da sociedade com o sócio controlador[103/104]

Como já foi referido, é nos negócios celebrados entre o sócio controlador e a sociedade que mais frequentemente se verifica a extração de BPC. Não existe, no Direito Português, uma norma que preveja a apreciação da

[101] Jorge Coutinho de Abreu, cit., Vol. I, 2010, pp. 669-683.

[102] *Ibidem*. Para este autor, dado que *"o dano relevante não é o de todo qualquer sócio"*, apenas daquele(s) que *"não votaram com os propósitos citados. Sendo assim, seria preferível ou bastante que a norma em apreço fizesse referência apenas ao prejuízo de sócios (minoritários)."* Cfr. p. 679.

[103] Jorge Coutinho de Abreu, *Negócios entre a sociedade e partes relacionadas (administradores, sócios) – sumário às vezes desenvolvido* in *DSR*, ano 5, vol. 9, 2013, pp. 13 e ss..

[104] José Ferreira Gomes, *Conflitos...*, pp. 75-213. Para uma visão comparatística do regime dos negócios com o sócio controlador, nomeadamente focando aspetos do Direito norte-americano, japonês e de alguns países europeus, e para uma abordagem do ponto de vista de possíveis soluções para estas situações, *v.* Gerard Hertig, *et. al.*, *Related Party Transactions*, in *The Anatomy of Corporate Law – A Comparative and Functional Approach*, Oxford University Press, 2004.

generalidade destes negócios, quer pela administração, quer pelos restantes sócios[105].

Apenas se prevê no artigo 397.º n.º 2 do CSC que "*são nulos os contratos celebrados entre a sociedade e os seus administradores, diretamente ou por interposta pessoa, se não tiverem sido previamente autorizados por deliberação do conselho de administração, no qual o interessado não pode votar, e com parecer favorável do conselho fiscal ou da comissão da auditoria*". Nos termos do n.º 4 do mesmo artigo, o conselho de administração deve especificar no seu relatório anual as autorizações que tenha concedido neste âmbito e o relatório do conselho fiscal ou da comissão de auditoria deve mencionar os respetivos pareceres. Porém, estes preceitos não se aplicam quando se trate de ato "*compreendido no próprio comércio da sociedade e nenhuma vantagem especial seja concedida ao contraente administrador*" (n.º 5)[106].

Apesar de esta norma ser eventualmente extensível a contratos celebrados entre a sociedade e terceiros representados pelo mesmo administrador ou que tenham administradores comuns, não poderá considerar-se a sua aplicação aos contratos celebrados entre a sociedade e o controlador, uma vez que "*o grau de insegurança jurídica sobrepõe-se às razões justificativas*" de uma eventual aplicação desta solução[107]. Esta será, por ventura, a grande falha do Direito Português quanto à limitação da extração de BPC à custa dos acionistas minoritários, pelo que seria aconselhável uma alteração legislativa naquele sentido. No entanto não será também desejável que o poder de aprovação seja alocado aos sócios minoritários, o que seria um mecanismo desajustado, uma vez que estariam a intervir demasiado na gestão corrente da empresa[108].

[105] Apenas quanto ao regime das quase entradas existe a aprovação pela AG e apreciação por um ROC da aquisição de bens a um sócio (artigo 29.º). *Ibidem*.

[106] *Ibidem*. Este autor critica a discricionariedade trazida por esta solução, uma vez que é ao administrador interessado que cabe avaliar se o negócio cabe no comércio da sociedade e se lhe é conferida alguma vantagem especial.

[107] *Ibidem*.

[108] Jorge Coutinho de Abreu, *Negócios*..., p. 25 dá um contributo para a introdução de algumas limitações a este tipo de práticas, no sentido da obrigatoriedade de os negócios acima de certo valor entre a sociedade e partes relacionadas serem autorizados previamente, salvo quando realizados nos termos das cláusulas contratuais gerais, competido a autorização (i) ao órgão de administração (quando colegial), com parecer favorável do órgão fiscalizador (se existir), ou (ii) à AG, sob proposta do órgão de administração e parecer favorável do órgão fiscalizador (se existir), consoante o valor dos negócios em causa.

(xiii) Aquisição de bens a acionistas[109]

De entre os negócios que podem ser celebrados com sócios, o CSC apenas versa sobre aqueles que consistem na aquisição de bens a acionistas, eventualmente por ser nestes que mais facilmente se podem criar situações de grande prejuízo para a sociedade.

Neste sentido, estabelece o artigo 29.º que a aquisição de bens a acionistas, efetuada antes ou nos dois anos seguintes à constituição da sociedade ou a aumento de capital, deve ser perviamente aprovada em assembleia geral (para além da verificação dos requisitos dos n.ºs 3 e 4), sob pena de ineficácia, sempre que, cumulativamente, (i) a contraparte seja, direta ou indiretamente, um sócio fundador ou pessoa que se torne sócia durante aquele prazo; (ii) a contraprestação paga àquele acionista exceda, naquele período, 10% do capital social; e (iii) o contrato seja concluído antes do termo daquele prazo. Para além destes requisitos, excluem-se ainda as aquisições feitas em bolsa ou em processo judicial executivo, ou que estejam compreendidas no objeto da sociedade.

Este mecanismo parece ser muito eficaz no que se refere à limitação dos BPC que podem resultar daqueles negócios de aquisição de bens a acionistas, sujeitando o valor dos bens à verificação por parte de um ROC e impedindo o sócio interessado de votar na respetiva assembleia geral (n.º 3 do artigo 29.º). No entanto, pela exigência dos requisitos cumulativos, quanto ao período de celebração dos contratos e quanto à sua contraparte, se compreende que este artigo tem âmbito de aplicação reduzido, destinando-se essencialmente a evitar as entradas em espécie dissimuladas, contornando o artigo 28.º[110].

Nestes termos, apenas nos negócios abrangidos por aquele artigo estarão os sócios minoritários devidamente acautelados nos casos em que o sócio controlador celebre contratos com a sociedade em prejuízo da mesma, obtendo desta forma um benefício privado.

(xiv) Responsabilidade do sócio controlador por influência exercida sobre membro da administração[111]

Nos termos do artigo 83.º n.º 4 do CSC, o sócio controlador que, utilizando a influência que tem sobre a administração por força do seu poder de destituição dos administradores da sociedade, determine um administrador a praticar ou omitir um ato que configure uma situação de respon-

[109] Paulo Olavo Cunha, cit., pp. 832-834.

[110] Jorge Coutinho de Abreu, cit., Vol. I, 2010, pp. 465-670.

[111] *Ibidem*, pp. 952-964.

sabilidade civil deste para com a sociedade ou sócios, responde solidariamente com ele.

Para alguns autores, o artigo 83.º e, em especial, este n.º 4, consagra uma manifestação do dever de lealdade dos sócios. Subjacente a este preceito está a intenção de proteger o património da sociedade e dos acionistas, a integridade da conduta da administração e a autonomia da formação da vontade da sociedade, face à possível influência de um determinado sócio.

Este preceito pode ter uma larga aplicabilidade na prevenção da extração de benefícios privados, uma vez que em certos casos esta é difícil de ocorrer sem a "cumplicidade" da administração da sociedade ou, pelo menos, parte dela[112]. Importa referir que os administradores estão expressamente vinculados ao dever de lealdade previsto no artigo 64.º n.º 1 al. b) que será, na medida do artigo 83.º n.º 4, aplicável aos sócios, ainda que não se professe a existência de um dever de lealdade específico destes.

(xv) Remuneração dos sócios gerentes[113]

Como referimos, a autoatribuição de um salário elevado é uma forma comum de BPC. Embora sem paralelo no regime das SA, existe para as SQ uma norma que estabelece que as remunerações dos sócios gerentes podem ser reduzidas pelo tribunal, a pedido de qualquer sócio, quando forem gravemente desproporcionadas (quer em relação ao trabalho prestado, quer tendo em conta a situação da sociedade). Esta redução, prevista no n.º 2 do artigo 255.º, constitui uma importante salvaguarda por parte dos restantes sócios, nos casos em que o sócio gerente detenha o controlo, podendo desta forma, salvo nos referidos casos em casos em que a deliberação seja abusiva (al. b) do n.º 1 do artigo 58.º), fixar a sua própria remuneração num montante exagerado.

(xvi) O acionista controlador como administrador de facto

No sentido da limitação da extração de BPC pelo sócio controlador, existe ainda a possibilidade de aplicação da doutrina do administrador *de facto*. Segundo esta doutrina, é possível aplicar as normas que regulam a responsabilidade civil dos administradores da sociedade (artigo 71.º e

[112] Para uma problematização mais detalhada deste preceito, incluindo a eventual inaplicabilidade aos modelos de governação em que se exige a destituição por justa causa e os casos em que a administração atue ao abrigo de uma deliberação dos sócios (artigo 72.º n.º 5), *v.* José Ferreira Gomes, *Conflitos...*, pp. 75-213.

[113] Paulo Olavo Cunha, cit., pp. 685-686; Jorge Coutinho de Abreu, cit., Vol. IV, 2012, pp. 105-110.

ss. do CSC) a um indivíduo que assume, em termos substanciais, o cargo de administrador, sem que esta assunção *"seja suportada em ato designativo idóneo"*[114].

Nas palavras de Ricardo Costa[115], *"se um sujeito exerce aquelas funções* [de administração] *sem estar regularmente investido(-designado) por alguns daqueles modelos para desempenhar os poderes correspondentes a tais funções, então, numa primeira aproximação*, encontramos um administrador "de facto".

Nestes termos, caso se considere que o sócio controlador, apesar de não ter título bastante, exerce funções próprias dos administradores de direito, poderá ser responsabilizado nos termos em que estes o são, pela violação daquelas normas de conduta[116/117]. A solução jurídica aplicável a uma hipótese destas deverá passar pela sua submissão ao regime da representação sem poderes, previsto no artigo 268.º do CC[118].

(xvii) Deveres de informação[119]

Resulta do artigo 66.º-A n.º 2 do CSC que as sociedades que não elaboram as suas contas de acordo com as normas internacionais de contabilidade devem *"proceder à divulgação, no anexo às contas, de informações sobre as operações realizadas com partes relacionadas, incluindo, nomeadamente, os montantes dessas operações, a natureza da relação com a parte relacionada e outras informações necessárias à avaliação da situação financeira da sociedade, se tais operações forem relevantes e não tiverem sido realizadas em condições normais de mercado"*[120/121].

Ora, a aplicação destes deveres de informação apenas quando as "operações forem relevantes" e "não tiverem sido realizadas em condições nor-

114 Paulo Olavo Cunha, cit., p. 509; Jorge Coutinho de Abreu, cit., Vol. I, 2010, pp. 843-845.

115 Ricardo Costa, *Os administradores de facto das sociedades comerciais*, Almedina, 2014, p. 52.

116 José Ferreira Gomes, *Conflitos...*, pp. 75-213.

117 Poderá aqui, mais uma vez, ser extensível ao sócio o dever de lealdade dos administradores, previsto no artigo 64.º n.º 1 al. b) do CSC.

118 Paulo Olavo Cunha, cit., p. 509.

119 José Ferreira Gomes, *Os deveres de informação sobre negócios com partes relacionadas e os recentes Decretos-Lei n.ºs 158/2009 e 185/2009*, in *CadMVM*, n.º 33, 2009.

120 Norma semelhante, com exceção explícita das operações intragrupo, se aplica às sociedades obrigadas à consolidação de contas e que não elaboram as suas contas de acordo com as normas internacionais de contabilidade (artigo 508.º-F n.º 2).

121 Para uma descrição sistematizada da Norma Contabilística e de Relato Financeiro 5 – Divulgações de Partes Relacionadas, *v.* Jorge Coutinho de Abreu, cit., Vol. I, 2010, pp. 793-799.

mais de mercado", introduz a necessidade de preenchimento destes conceitos indeterminados. Num caso em que estas operações visem beneficiar o sócio controlador, não se pode esperar que seja a própria administração a reconhecer a sua relevância. Assim, esta responsabilidade (e a esperança) recai exclusivamente sobre o revisor oficial de contas, na sua análise das contas da sociedade[122].

Também as normas do artigo 245.º-A n.º 2, por remissão para o Regulamento da CMVM n.º 4/2013[123], e do artigo 246.º do CVM ditam respetivamente obrigações de informação anual e semestral, por parte de sociedades cotadas, sobre negócios que a sociedade tenha celebrado com o controlador. Cumpre notar, no entanto, que o artigo 246.º parece aplicar-se apenas às *"principais transações relevantes (...) que tenham afetado significativamente"* a situação financeira da sociedade, mantendo uma elevada margem de interpretação pela administração.

Cabe ainda notar a ampla aplicação em Portugal, por via do DL 158/2009, de 13 de Julho, das normas internacionais de contabilidade (NIC) compostas pelos *International Accounting Standards* (IAS) e pelos *International Financing Reporting Standards*, adotadas pelo Regulamento (CE) n.º 1606/2002. Estas normas constituem as consideradas melhores práticas contabilísticas a nível internacional, e cujas normas sobre a divulgação de negócios com partes relacionadas parecem atingir os melhores parâmetros de limitação da extração de BPC[124].

(xviii) Regras sobre as ofertas públicas

Estabelece o artigo 187.º do CVM que, nos casos em que um acionista cuja participação numa sociedade aberta ultrapasse, direta ou indiretamente, um terço ou metade dos direitos de voto, deverá lançar uma oferta pública sobre a totalidade do capital dessa sociedade, a não ser que o sócio sujeito a esta obrigação prove que não tem o domínio da sociedade. Neste

122 A ineficácia deste mecanismo é alarmante nos casos em que as SQ não estão obrigadas à designação de um ROC (n.º 2 do artigo 262.º). José Ferreira Gomes, *Conflitos...*, pp. 75-213.

123 Como veremos, este Regulamento determina a obrigatoriedade de as sociedades emitentes de ações admitidas à negociação em mercado regulamentado situado ou a funcionar em Portugal adotarem um código de governo societário emitido por entidade vocacionada para o efeito, nomeadamente o emitido pela própria CMVM.

124 *Ibidem*.

seguimento, o artigo 188.º do CVM estabelece a contrapartida que deverá ser oferecida na referida oferta[125/126].

Estas normas são determinadas pelo princípio da igualdade de tratamento dos sócios, promovendo a repartição do prémio de controlo[127]. No entanto, e como já referimos, normas desta natureza podem ser economicamente ineficientes, aumentando os custos da aquisição do controlo por um agente que poderia trazer melhorias de gestão à empresa, aumentando desta forma os benefícios partilhados. A contrapartida fixada por critérios legais parte do pressuposto, que não sustentamos, de que o valor intrínseco do controlo pertence à empresa, visando permitir aos minoritários beneficiar do prémio de controlo. Se a extração de benefícios *distortionary* e *diversionary* estiver devidamente vedada, o prémio de controlo deverá pertencer ao primitivo controlador, como compensação pelos benefícios privados *idiosyncratic*.

(xix) Princípio "comply or explain"

Para além destes mecanismos legais imperativos, existem outros cuja efetiva aplicação depende da vontade da sociedade em questão. Estes são compostos pelos chamados mecanismos de *soft law*, que são aqueles que representam *"manifestações recomendatórias ou interpretativas com influência na conformação do comportamento dos participantes no mercado"*[128].

É exemplo destes mecanismos o regime constante do *supra* referido Regulamento da CMVM n.º 4/2013, que estabelece a obrigatoriedade de os *"emitentes de ações admitidas à negociação em mercado regulamentado situado ou a funcionar em Portugal"* adotarem o Código de Governo das Sociedades (CGS) divulgado pela CMVM ou *"um código de governo societário emitido por entidade vocacionada para o efeito"* (artigo 2.º)[129]. Por sua vez, cada CGS encerra um conjunto de meras recomendações, *i.e.*, práticas não obrigatórias cuja adoção é considerada relevante do ponto de vista do bom governo das sociedades. Estas recomendações têm como *ratio* o princípio *"comply or explain"* que dita que apenas as aquelas que são cum-

[125] Estas normas resultaram da transposição da Diretiva 2004/25/CE do Parlamento Europeu e do Conselho de 21 de Abril de 2004, relativa às ofertas públicas de aquisição.

[126] Paulo Câmara, cit., pp. 644 e ss..

[127] Ana Perestrelo de Oliveira, cit., §494 e ss..

[128] Paulo Câmara, *Manual de Direito dos Valores Mobiliários*, 2ª ed., Almedina, 2011, pp. 74-77.

[129] Este Regulamento veio revogar o Regulamento da CMVM n.º 1/2010, que estabelecia a obrigatoriedade de as sociedades adotarem o próprio CGS da CMVM, abrindo agora a possibilidade de se adotar um código equivalente emitido por outra entidade.

pridas ou cujo não cumprimento esteja validamente fundamentado, serão consideradas "adotadas". A par do CGS da CMVM, merece nota pela sua relevância o emitido pelo Instituto Português de Corporate Governance (IPCG), que se assume como uma alternativa ao primeiro.

Nos termos da alínea n) do n.º 1 do artigo 245.º-A do CVM, as sociedades sujeitas ao Regulamento da CMVM n.º 4/2013, como é portanto o caso das sociedades cotadas, devem divulgar no seu relatório anual de gestão *"um relatório detalhado sobre a estrutura e as práticas de governo societário"*[130]. É neste relatório que, com referência a cada recomendação, se incluem as menções "adotada" ou "não adotada".

Estas medidas, sendo facultativas, enquadram-se no fator funcional de limitação dos BPC anteriormente referido (cfr. p. 180). Configuram, portanto, mecanismos *"opt-in"*, cuja eficácia depende da importância que o investidor dá a este relatório sobre a estrutura e as práticas de governo societário. Apenas se o cumprimento daquelas recomendações for utilizado como critério decisivo para as decisões dos investidores, as sociedades tenderão a cumpri-los para poder beneficiar do mercado acionista enquanto fonte de financiamento.

Relativamente à limitação dos BPC, o CGS da CMVM contém, entre muitas outras, recomendações no sentido de assegurar que os negócios celebrados entre a sociedade e acionistas que, direta ou indiretamente, nela detenham uma participação qualificada, são realizados em condições normais de mercado e que os que tiverem relevância significativa são submetidos a parecer prévio do órgão de fiscalização. Em todo o caso, cumpre assinalar o elemento de discricionariedade introduzido pela expressão *"negócios de relevância significativa"*.

(xx) Preços de transferência

Conforme anteriormente referido (*supra*, n. 91), a administração fiscal pode ter um papel importante na monitorização da extração de BCP, uma vez que partilha com os sócios minoritários o objetivo de controlar as receitas da empresa e obter uma percentagem das mesmas. Por ventura a mais relevante intervenção da administração fiscal a este nível é o controlo dos preços de transferência. Com efeito, estabelece o artigo 63.º n.º 1 do CIRC que *"nas operações comerciais (...) efetuadas entre um sujeito passivo e qualquer outra entidade, sujeita ou não a IRC, com a qual esteja em situação de relações especiais* (definidas no n.º 4), *devem ser contratados, aceites e pratica-*

[130] A redação deste artigo resulta da transposição para o ordenamento jurídico nacional da Diretiva 2006/46/CE do Parlamento Europeu e do Conselho, de 14 de Junho de 2006, por via do DL n.º 185/2009, de 12 de Agosto.

DSR, ano 8, vol. 15 (2015): 151-195

dos termos ou condições substancialmente idênticos aos que normalmente seriam contratados, aceites e praticados entre entidades independentes em operações comparáveis." Consagra-se assim, para estas operações, um primado das condições gerais de mercado. Os sujeitos passivos de IRC devem divulgar, na declaração anual de informação contabilística e fiscal, a existência ou inexistência de operações com entidades com quem estejam em situação de relações especiais previstas no n.º 4[131].

A monitorização dos preços de transferência é uma forma eficiente de controlar a extração de BPC à custa dos acionistas através da celebração de negócios com partes relacionadas. No entanto, enfrentará sempre o obstáculo de saber quais são os "*termos ou condições* [de mercado] *substancialmente idênticos aos que normalmente seriam contratados, aceites e praticados entre entidades independentes em operações comparáveis*", uma vez que, conforme constatámos (*supra*, n. 28), os economistas podem legitimamente discutir qual o "justo" preço de transferência de uma determinada transação.

(xxi) Eficácia do Direito

Elemento considerado fundamental na limitação de BPC é a eficácia do Direito (*enforcement*)[132]. Ainda que resulte, da análise que temos vindo a fazer, que o nosso sistema jurídico não é isento de críticas quanto à limitação da extração de BPC *distortionary* e *diversionary* (aqueles cuja limitação é desejada), o problema pode estar por vezes na sua aplicabilidade. Se quanto às entidades que se encontram sob a alçada da CMVM, como as sociedades cotadas, existe uma margem de conformação que permite ao regulador uma ação rápida e eficaz quanto a problemas concretos, já nas sociedades em que o regulador não tem jurisdição, o mecanismo de aplicação das normas é, por excelência, o tribunal.

Certos estudos, que versam sobre a proteção dos investidores, colocam Portugal numa boa posição no *ranking* internacional[133]. Porém, constatamos que estes relatórios não focam a eficácia dos tribunais, que consideramos ser um indicador fundamental da efetiva proteção do investidor. Sem o tomar em conta, apenas se avaliará a proteção jurídica teórica (e não prática) do investidor. Se a ineficácia do sistema judicial impedir o fun-

[131] Artigo 63.º n.º 7, 117,.º e 121.º do CIRC.

[132] Nenova, cit., p. 327.

[133] P. ex. Simeon Djankov, Rafael La Porta, Florencio Lopez-de-Silanes e Andrei Shleifer, *The Law and Economics of Self-Dealing* e o relatório *Portugal – Doing Business 2013*. V. José Ferreira Gomes, *Conflitos...*, pp. 75-213.

cionamento dos mecanismos jurídicos tutelares dos minoritários, o sócio controlador poderá, impunemente, extrair BPC à custa daqueles.

IV. Balanço e Conclusão

Com o presente estudo pretendemos demonstrar, em primeiro lugar, a relevância da teoria dos BPC. Esta relevância será tanto maior quanto mais concentrado for o mercado acionista de um determinado país, uma vez que a existência de um sócio controlador é requisito da extração de benefícios privados. É, portanto, nestes casos, que o interesse económico dos sócios minoritários carece de maior proteção, dado que estes investem o seu capital nas sociedades com o propósito de delas extraírem lucros na proporção da sua participação.

Portugal é, como referimos, um caso paradigmático de concentração acionista. Como tal, os BPC assumem grande importância no nosso país e não encontrámos, entre nós, uma abordagem à medida do interesse que lhes reconhecemos.

Ao longo da nossa exposição teórica, argumentámos que apenas aqueles benefícios privados que são extraídos "à custa" dos sócios que não detêm o controlo da sociedade deverão ser limitados. Alicerçados na conceção de Pacces[134] de que os BPC se podem subdividir em *idiosyncratic*, *distortionary* e *diversionary*, defendemos que estes dois últimos tipos de benefícios serão aqueles que diminuem o valor das participações dos sócios minoritários e, portanto, devem ser limitados. Embora a extração de BPC possa ser amplamente influenciada de diversas formas, a lei é o mecanismo indicado para o fazer, através da proteção dos acionistas minoritários, uma vez que esta é livremente moldável pelo legislador.

Defendemos ainda que os benefícios *idiosyncratic* são aqueles que em nada prejudicam os restantes acionistas, não sendo "extraídos à sua custa". Estes, ao invés, são a legítima recompensa por investimentos específicos do controlador na empresa, *i.e.*, pelo seu empreendedorismo.

Este empreendedorismo frequentemente só tem valor económico quando se verifica uma transação da participação do controlo pela qual o alienante recebe um *prémio* face ao valor de mercado das ações. Sem aquela recompensa, o empreendedorismo será desencorajado e é isso que sucede quando a lei exige a sua partilha pelos restantes acionistas. Desta forma procurámos refutar a teoria de que a erradicação dos BPC fomenta o desenvolvimento económico.

134 Pacces, cit., p 10 e ss..

Concluímos, neste sentido que a medida ideal dos BPC assim será aquela em que a extração de benefícios *distortionary* e *diversionary* é impossibilitada, sem que sejam restringidos os *idiosyncratic*.

Analisámos, sob esta perspetiva, aquelas que considerámos serem as normas do ordenamento jurídico português que, direta ou indiretamente, mais influência têm na limitação da extração de BPC. Desta ponderação concluímos que existem alguns mecanismos com relevância nesse sentido, evitando, em certos casos, a obtenção de benefícios, e permitindo, noutros, a reação dos sócios minoritários àquelas práticas do controlador.

No entanto, o âmbito de aplicação destes mecanismos parece-nos insuficiente face à relevância que, em nossa opinião, deve ser reconhecida aos interesses dos sócios minoritários. Para além das falhas pontualmente apontadas na apreciação de cada uma das normas, salientamos que os regimes que analisámos não reconhecem expressamente uma dicotomia, que na prática é muito frequente, entre os interesses dos sócios minoritários e do sócio controlador.

Cremos assim que a falha sistémica se encontra a montante, *i.e.*, o conjunto dos preceitos analisados não tem, na sua origem, uma ponderação da problemática dos Benefícios Privados do Controlo, pelo que as soluções analisadas compõem um regime tutelar dos minoritários que é, em nossa opinião, excessivamente fracionário e incompleto[135].

Não sendo possível, na economia do presente estudo, teorizar um conjunto de medidas cuja aplicação acautelaria a posição dos sócios minoritários face ao recebimento de benefícios privados pelo controlador, certo é que a pertinência que reconhecemos a este tema pede que esse exercício seja feito noutra sede. Pretendemos assim fixar uma sólida base teórica para que esta problemática possa futuramente ser tida em consideração. Não nos abstemos, porém, de retirar as seguintes conclusões:

- A maior fragilidade do nosso sistema jurídico, quanto à limitação dos BPC, consiste na ausência de uma norma que sujeite os negócios celebrados entre o controlador e a sociedade à aprovação pelos administradores não nomeados por aquele[136]. É por via destes negócios que,

[135] Não ignoramos a existência de normas específicas de tutela dos minoritários. Porém, a maioria destas normas estão relacionadas com o direito à informação, sendo pouco relevantes para o problema analisado. *V.* Paulo Olavo Cunha, cit., pp. 118-120.

[136] Este, como referimos, não seria o modelo perfeito, uma vez que os restantes membros da administração podem estar sujeitos a pressões por parte do sócio controlador. No entanto, submetê-los à aprovação pelos sócios minoritários seria demasiado intrusivo na gestão normal da empresa. *V.* José Ferreira Gomes, *Conflitos...*, pp. 75-213.

como vimos, frequentemente se concretiza a extração de benefícios privados pelo sócio controlador.

- Outras estratégias possíveis para confinar a extensão indesejável dos BPC passariam, a nosso ver, (i) pelo reforço do papel e da independência do conselho fiscal das sociedades, quando exista; (ii) pelo fomento do recurso a meios de resolução alternativa de litígios, como seja a arbitragem voluntária, para dirimir divergências entre acionistas, promovendo em particular a efetividade das *supra* elencadas soluções de Direito português; e (iii) pelo fomento de programas potenciadores da literacia financeira dos investidores particulares (que muitas vezes ocupam o papel de acionistas minoritários), quer por parte das entidades reguladoras, quer de associações privadas da especialidade, com especial enfoque na importância dos mecanismos de *soft law*.
- As normas respeitantes às ofertas públicas obrigatórias partem do pressuposto que o valor do controlo é um ativo de todos os acionistas e que a todos deve aproveitar. No entanto, estas normas limitam os BPC *idiosyncratic* do controlador, desincentivando o empreendedorismo, sendo economicamente ineficientes.
- A efetiva aplicação do Direito é gravemente prejudicada pela morosidade dos processos judiciais (sobretudo nos tribunais de comércio) e pelos custos inerentes ao seu acesso, resultando numa dificuldade acrescida da tutela pública do funcionamento das sociedades. Este fator, aliado à insuficiência da aplicação de certas regras criadas para esse efeito, por parte das entidades de supervisão (quando aplicável), facilita a extração impune de BPC *distortionary* e *diversionary*, com natural destruição de valor dos investidores.

Por fim, é com base nestes pressupostos que reforçamos que este tema tem o maior interesse prático em *Corporate Governance*, particularmente em Portugal, e que acreditamos que lhe será dada maior atenção. Ressalvamos porém que, à partida, não se deverá desejar um mercado disperso a todo o custo, devendo este moldar-se segundo padrões de eficiência, uma vez que a proteção devida dos sócios minoritários se encontre assegurada.

Resumo: O presente artigo aborda os problemas relacionados com a celebração de negócios pela sociedade com partes relacionadas (sócios de controlo, grupos de sociedade e gestores sociais), dando conta da diversa legislação existente sobre a matéria e sublinhando a particular importância dos deveres de informação enquanto mecanismos de proteção da própria sociedade e respetivos *stakeholders*.
Palavras-chave: Negócios com partes relacionadas; deveres de informação; conflitos de interesse.

Abstract: This article addresses the issues concerning the transactions between the corporation and related parties (controlling shareholders, corporate groups and their directors), giving an account of the diverse laws on the subject and stressing the particular importance of disclosure duties as mechanisms of protection of the corporation itself and its respective stakeholders.
Keywords: Related-party transactions; disclosure duties; conflicts of interest.

JOÃO REGÊNCIO *

Negócios com partes relacionadas e deveres de informação

* Advogado e Assistente Convidado no Instituto Superior de Contabilidade e Administração de Aveiro

1. Introdução[1]

A temática dos conflitos de interesses tem-se assumido como um dos temas mais relevantes nas discussões acerca da governação societária (*corporate governance*). E particular importância têm assumido, neste contexto, os conflitos emergentes na celebração de negócios pela sociedade com partes relacionadas.

Partes relacionadas, para este efeito, serão todos os sujeitos que, mercê da especial ligação que têm com a sociedade – seja através de uma relação orgânico-funcional (de gerência ou administração), seja de socialidade –, se encontram numa posição que lhes permite estabelecer relações com a sociedade (designadamente contratuais) em condições não equitativas[2]. Nesta aceção, serão partes relacionadas os sócios de controlo ou

[1] Nota prévia: todos os artigos citados sem indicação específica pertencem ao Código das Sociedades Comerciais [CSC] atual, aprovado pelo DL n.º 262/86, de 2 de Setembro.

[2] Com noção idêntica àquela que adotámos, cfr. Coutinho de Abreu, "Negócios entre sociedade e partes relacionadas (administradores, sócios) – sumário às vezes desenvolvido", in *Direito das sociedades em revista*, ano 5, vol. 9, Março de 2013, p. 13. V. também a definição de *related party* prevista na Section 11.1, b) das UKLA (United Kingdom Listing Authority) Listing rules.

DSR, ano 8, vol. 15 (2015): 197-236

sociedades integradas no mesmo grupo e ainda os membros do órgão de administração[3].

É perante estes sujeitos que se justificam especiais preocupações e cuidados relativamente às transações concluídas com a sociedade, já que são eles quem, se não mais incentivos têm para instrumentalizar a sociedade em benefício próprio, pelo menos em melhor posição estão para o fazer.

O que está em causa nos negócios celebrados entre a sociedade e partes relacionadas é, no essencial, um conflito latente entre o próprio interesse social[4], por um lado, e os interesses individuais dos gestores sociais e/ou dos sócios de controlo, por outro; de tal modo que os concretos termos negociais que interessam às partes (sociedade e sócios/gestores) são diametralmente opostos: quanto mais vantajosa for a transação para a sociedade, menos vantajosa será para a contraparte no negócio[5].

A circunscrição da figura de "parte relacionada" aos sócios controladores prende-se com o facto de assumirmos que o risco de extração de benefícios privados não existe, pelo menos em termos reais, relativamente a todo e qualquer sócio. No caso dos sócios (muito) minoritários, por exemplo, é o próprio princípio maioritário que se encarrega de lhes limitar a ação[6]; isto é, independentemente dos incentivos que aqueles possam ter para agirem em detrimento da sociedade (e do interesse social), a verdade é que não dispõem de meios suficientes para lograrem tal desiderato. Ao contrário do que acontece com os sócios ditos de controlo.

[3] Mais ampla é a noção de 'partes relacionadas' para efeitos das normas de contabilidade (principalmente a IAS 24, norma internacional de contabilidade, adotada pela UE através do Regulamento (CE) n.º 1126/2008 da Comissão, de 3 de Novembro de 2008, e a NCRF 5, norma contabilística e de relato financeiro do SNC, aprovado pelo DL n.º 158/2009, de 13 de Julho) – para as quais remetem os arts. 66.º-A/2 e 3-*a)* e 508.º-F/2 e 3-*a)*) do CSC –, e que impõem especiais deveres de informação a cargo da sociedade, na elaboração das demonstrações financeiras. A maior amplitude da noção de "partes relacionadas" para esse efeito permite, de facto, alargar o espectro informativo relativamente aos negócios concluídos pela sociedade com as entidades ditas com ela relacionadas. Sem embargo, torna assaz difícil a identificação do regime substantivo aplicável a esse tipo de negócios, dado o vasto número e tipo de sujeitos que podem estar em causa. Optámos, por isso, no presente artigo, por restringir o conceito de 'partes relacionadas' ao seu *núcleo duro* (sócios de controlo, grupos de sociedade e gestores sociais).

[4] Sobre o sentido e alcance do 'interesse social', cfr. João Regêncio, "Do interesse social", in *Revista de direito das sociedades*, ano V, n.º4, 2013, pp. 801-818.

[5] Cfr. Coutinho de Abreu, "Negócios...", p. 13.

[6] Cfr. Iman Anabtawi/Lynn Stout, "Fiduciary duties for activist shareholders", in *Stanford law review*, vol. 60, n.º 5, Março de 2008, p. 1306.

Apesar de a legislação pátria não definir, *expressis verbis*, o que seja um sócio de controlo[7], só acederão àquele estatuto os sócios que, em termos concretos, possam exercer uma influência *dominante* (v. art. 21.º do Código dos Valores Mobiliários [CVM]) ou *qualificada* (tendo como referência o poder de influência de que todo e qualquer sócio, pelo simples facto de o ser, dispõe) relativamente ao governo da sociedade[8]/[9]. E tal poder decorrerá, fundamentalmente, quer da detenção da maioria dos direitos de voto, quer do direito de designar e destituir livremente (isto é, independentemente da existência de justa causa[10]) a maioria dos gerentes e administradores[11].

[7] Ao contrário do que sucede, por exemplo, com a legislação brasileira. V. art. 116.º da Lei das sociedades por ações brasileira (Lei n.º 6.404/76, de 15 de Dezembro): "Entende-se por acionista controlador a pessoa, natural ou jurídica, ou o grupo de pessoas vinculadas por acordo de voto, ou sob controle comum que: *a)* é titular de direitos de sócio que lhe assegurem, de modo permanente, a maioria dos votos nas deliberações da assembléia-geral e o poder de eleger a maioria dos administradores da companhia; e *b)* usa efetivamente seu poder para dirigir as atividades sociais e orientar o funcionamento dos órgãos da companhia".

[8] Definindo sócio controlador ou dominante como "o sócio com possibilidade de exercer influência determinante na vida societária", cfr. Coutinho de Abreu/Elisabete Ramos, "Responsabilidade civil de administradores e de sócios controladores", in *Miscelâneas n.º 3 do IDET*, Almedina, Coimbra, 2004, p. 50. V. também, a propósito, a definição de controlo dada pelo art. 5.º, §1 do Code des Sociétés belga: "Par *contrôle* d'une société, il faut entendre le pouvoir de droit ou de fait d'exercer une influence décisive sur la désignation de la majorité des administrateurs ou gérants de celle-ci ou sur l'orientation de sa gestion".

[9] Parece que o (mero) controlo económico não basta para afirmar um sócio como controlador. Nesse sentido, cfr. o Acórdão do STJ, de 3 de Maio de 2000, Proc. 99S324 (Relator: Diniz Nunes): "Se existe uma relação entre sociedades comerciais que passa sobretudo por um controlo em termos económicos de uma das sociedades sobre a outra – em situação de recuperação de empresa – que subsiste em função das encomendas que a primeira lhe proporciona, inexiste uma relação jurídica de domínio (total ou parcial) ou de subordinação (...)".

[10] Só não será assim nas sociedades em nome coletivo, onde os sócios-gerentes só podem ser destituídos com justa causa, salvo cláusula estatutária que disponha de forma diversa (v. art. 191.º/5). Também nas sociedades em comandita, tratando-se de sócio comanditado que exerça a gerência, a deliberação para a sua destituição sem justa causa tem de ser aprovada por dois terços dos votos pelos sócios comanditados e dois terços dos votos dos sócios comanditários (art. 471.º/1). Nestes casos, o sócio controlador não tem poder para, por si só, destituir livremente estes gerentes.

[11] De facto, podendo escolher pessoas da sua confiança para ocuparem o órgão de administração, naturalmente que a influência do sócio sobre os termos da gestão social aumentará sobremaneira. Não é, de resto, alheia a este entendimento o facto de, entre nós, o legislador ter previsto a responsabilização solidária do sócio, sempre que a pessoa por ele designada seja responsável e tenha havido culpa *in eligendo* (v. art. 83.º). A jusante, o próprio direito de livre destituição dos gestores sociais exerce igualmente uma força

No caso dos *grupos*, todas as sociedades que integrem o seu perímetro estarão abrangidas pelo conceito de 'parte relacionada', na exata medida em que todas atuam seguindo as ordens e instruções do sócio de controlo (sociedade dominante ou diretora). A participação de uma sociedade noutra sociedade encerra, de facto, um particular risco de desalinhamento entre aquilo que são os interesses (objetivamente considerados) da sociedade-mãe (e respetivos *shareholders*) e aqueloutros (também objetivamente considerados) da sociedade dominada. É dizer, também aqui existem conflitos de interesses a merecer tutela e atenção.

Por fim, é também facilmente apreensível a razão pela qual os gerentes e administradores integram o conceito de "partes relacionadas". Sendo eles quem representa a sociedade (v. arts. 192.º, 260.º e 261.º, 408.º e 409.º) e sendo eles parte do órgão a quem cumpre definir os termos da gestão da sociedade (e, em princípio[12], decidir quais os contratos a celebrar em cada momento por aquela), torna-se evidente a posição privilegiada que ocupam no seio da sociedade, a justificar especiais cautelas.

Sucede não raras vezes que os próprios *insiders* (sócios e gestores) promovem, de forma isolada ou concertada, práticas descapitalizadoras da sociedade em que participam (normalmente quando lhes é já evidente que a mesma se encontra em situação económica difícil), liquidando-a abusivamente em detrimento dos credores sociais. Sendo este tipo de práticas levada a cabo, amiúde, através da celebração de negócios com a própria sociedade, urge acautelar mecanismos que protejam o interesse da sociedade e o interesse dos credores.

persuasiva assinalável: pairando sempre suspensa sobre a cabeça dos gerentes e administradores uma espada de Damocles a ameaçar com a destituição, crescem os incentivos para que alinhem a sua atuação segundo os interesses (porventura extra-sociais) dos sócios controladores.

De igual modo, a detenção da maioria dos direitos de voto permitirá que o sócio possa definir qual o interesse (concreto) da sociedade e, em decorrência, qual o sentido da atuação dos gestores (*maxime* nos tipos societários em que seja lícito os sócios deliberarem sobre matéria gestionária [v. arts. 246.º e 259.º, 189.º/1, 474.º]). Tudo isto direito que, aliados àqueloutro de designar a maioria dos gerentes ou administradores (cuja competência cabe, em princípio, a quem detenha a maioria dos votos), investem um sócio numa posição inequívoca de controlo e influência relativamente à gestão da sociedade.

12 Não será assim, nas sociedades por quotas, quando o contrato preveja que a celebração de certos contratos depende de prévia deliberação dos sócios (art. 246.º/1), ou, no silêncio dos estatutos, quando esteja em causa a alienação ou oneração de bens imóveis ou de estabelecimento comercial (art. 246.º/2-c)).

2. Regras substantivas aplicáveis aos negócios com partes relacionadas

A regra é de que os benefícios resultantes da atividade social deve ser repartida pelos sócios, na proporção das respetivas participações sociais: seja, a montante, através da distribuição de dividendos (art. 22.º); seja, a jusante, através do produto de liquidação (art. 156.º). Do mesmo modo, a atividade de gerentes e administradores é convenientemente remunerada pela sociedade, nos termos aprovados pelos sócios (v. arts. 192.º/5, 255.º/1 e 399.º/1)[13]. Desta sorte, qualquer forma de utilização indevida dos bens sociais ou de apropriação dos mesmos é, por si só, ilícita. No que tange aos próprios sócios, a instrumentalização da sociedade através do exercício abusivo de poder pelo controlador rompe, de resto, com o equilíbrio necessário que existe entre eles (*princípio da igualdade de tratamento dos sócios*) e coloca em causa o *fim comum* que todos transpuseram para a nova pessoa jurídica aquando da sua constituição[14].

O CSC prevê, é certo, um regime próprio aplicável aos negócios celebrados entre a sociedade e os administradores. Não obstante, o mesmo não sucede relativamente aos negócios celebrados com sócios, para os quais o ordenamento jurídico nacional não prevê um qualquer regime geral (com exceção da proibição genérica de *insider trading*, no caso das sociedades abertas [art. 378.º CVM]), mas tão-só algumas normas com efeitos circunscritos, seja a certos tipos de sociedades (sociedade por quo-

[13] Só não será assim nas sociedades anónimas que sigam o modelo dualista (art. 278.º/ /1-*c*)), onde a remuneração dos administradores é fixada, salvo cláusula estatutária em contrário, pelo conselho geral e de supervisão ou por uma comissão de remuneração (art. 429.º).

[14] Nessa linha, o próprio *Codigo Commercial Portuguez* de 1833 dispunha mesmo, no seu art. CLXXII, que "a venda dos effeitos sociaes para fins particulares de um socio pod[ia] motivar a dissolução da sociedade". A esse propósito, v. o comentário do Autor do *Codigo*: "este facto pode qualificar-se d'alguma sorte como furto. É em todo o caso quebra de boa fé, base do contracto; e a fraude o destroe. Elle dá por tanto direito ao socio ou socios restantes a pedir a dissolução, no que cabe ao arbitrio do julgador (...). O socio apezar de ter um dominio e posse conjuncta em todo o fundo social, isto todavia não lhe dá o direito de appropriar-se de todo ou parte desse fundo para fim seu particular: o seu direito é egual ao dos mais socios; é geral; é simples e restrictamente para fim social, por que foi para que se associou, e so isso o que se estipulou, e se entendeu estipular pelo acto de contrahir uma sociedade". (cfr. José Ferreira Borges, *Jurisprudencia do contracto-mercantil de sociedade, segundo a legislação, e arestos dos códigos, e tribunaes das naçoens mais cultas da Europa*, 2ª edição, Typ. Da sociedade propagadora dos conhecimentos uteis, Lisboa, 1844, p. 154, nota 163).

tas unipessoal e sociedades integradas em grupos), seja a certos tipos específicos de negócios (regime das quase-entradas). Vejamos.

2.1. Negócios entre a sociedade e administradores.

Dispõe o art. 397.º/1 que "é proibido à sociedade conceder empréstimos ou crédito a administradores, efetuar pagamentos por conta deles, prestar garantias a obrigações por eles contraídas e facultar-lhe adiantamentos de remunerações superiores a um mês"[15]/[16].

A proibição deste tipo de contratos não constitui nenhuma originalidade lusa. Em França, por exemplo, o artigo L225-43 do *Code de Commerce* proíbe este tipo de contratos entre a sociedade e administradores (no âmbito das *sociétés anonymes*) e o artigo L223-21 proíbe a sua celebração entre a sociedade e gerentes ou sócios (quanto às *sociétés à responsabilité limitée*). Nos EUA, por sua vez, a razão para se proibirem os empréstimos a administradores tinha raízes históricas: os empréstimos eram utilizados frequentemente pelos administradores para comprarem ações da própria sociedade; na medida em que estes passavam a deter participações sociais, cresciam os incentivos a que desenvolvessem práticas não consentâneas com o seu dever de lealdade, nomeadamente dirigidas a inflacionar o preço das próprias ações[17]. Além disso, os empréstimos eram também uti-

[15] Regime idêntico existe para os contratos entre as instituições de crédito e os membros dos seus órgãos de administração ou de fiscalização (art. 85.º do Regime geral das instituições de crédito e sociedades financeiras, aprovado pelo DL n.º 298/92, de 31 de Dezembro) e para os contratos entre empresas públicas locais e respetivos sócios (art. 41.º/2 do Regime jurídico da atividade empresarial local, aprovado pela Lei n.º 50/2012, de 31 de Agosto).

[16] O CSC não contém nenhuma norma equivalente à do art. 397.º (referente às sociedades anónimas) para os demais tipos societários. Ainda assim, porque são idênticos os conflitos de interesses e riscos emergentes da contratação com os gestores sociais em todos os tipos de sociedades, aquele artigo deve ser-lhes aplicável (por analogia). Tal solução vai, de resto, de encontro ao preceituado no artigo 2.º do CSC: "Os casos que a presente lei não preveja são regulados segundo a norma desta lei aplicável aos casos análogos...". Nesse sentido, cfr. Coutinho de Abreu, "Negócios...", p. 20. Em sentido contrário, defendendo não ser possível a aplicação analógica do art. 397.º às sociedades por quotas, sendo, antes, aplicável o regime geral previsto no art. 261.º CC, cfr. Raúl Ventura, *Sociedades por quotas*, vol. III; Almedina, Coimbra, 1991, pp. 176 e 177; cfr. Paulo de Tarso Domingues, "A vinculação das sociedades por quotas no código das sociedades comerciais", in *Revista da Faculdade de Direito da Universidade do Porto*, ano I, Coimbra editora, 2004, pp. 302 e 303.

[17] Cfr. Luca Enriques/Gerard Hertig/ Hideki Kanda, "Related-party transactions", in *The anatomy of corporate law: a comparative and functional approach*, 2nd edition, Oxford University Press, 2009, p. 169.

lizados muitas vezes como formas de compensação discreta (*stealth compensation*), já que, não raras vezes, os gestores nunca os chegavam a pagar e as próprias sociedades perdoavam o débito[18/19].

A razão fundamental para se proibirem aquele tipo de negócios será, talvez, pela dificuldade que os demais administradores terão para avaliar convenientemente se é do interesse da sociedade contratar, dada a posição delicada em que se encontram por terem de decidir sobre a contratação ou não com um seu par[20/21]. As vantagens para a sociedade decorrentes daquele tipo de contratos não são suficientes para o risco que os mesmos representam para ela[22]. Daí a sua proibição pura e simples. Parafraseando Raúl Ventura, trata-se de *prevenir a tentação, eliminando a oportunidade*[23].

Quanto aos demais contratos a celebrar pelo administrador com a sociedade, é necessária a aprovação prévia por deliberação do conselho de administração – na qual o administrador que seja parte no contrato não pode votar (arts. 397.º/2 e 410.º/6) –, precedida de parecer favorável do órgão de fiscalização. Quando tais procedimentos não sejam cumpridos, são os contratos nulos, nos termos do art. 397.º/2. Só não será assim quando esteja em causa um ato compreendido no próprio comércio da sociedade e nenhuma vantagem especial seja concedida ao contraente

18 *Idem, ibidem*, "Related-party...", p. 169.

19 A regra no direito norte-americano já não é, no entanto, a da proibição de empréstimos ou garantias pela sociedade aos administradores. De acordo com o §143 da *Delaware General Corporation Law*, quadro de referência do direito societário norte-americano, a prestação daquele tipo de auxílios aos administradores é permitido sempre que, de acordo com a ponderação efetuada pelo conselho de administração, seja *razoavelmente expetável* que os mesmos possam beneficiar a sociedade.

20 No acórdão Cumberland Coal and Iron Co. v. Parrish, de 1875, o Supremo Tribunal de Maryland aventou idêntica explicação para a rigidez daquela regra: "[when a contract is made with a director], the remaining directors are placed in the embarrassing and invidious position of having to pass upon, scrutinize and check the transactions and accounts of one of their own body, with whom they are associated on terms of equality in the general management of all the affairs of the corporation". Cfr. Harold Marsh Jr., "Are directors trustees? Conflict of interest and corporate morality", in *The business lawyer*, vol. 22, n.º1, Novembro de 1966, p. 37.

21 Diferente é a solução consagrada pelo art. 154.º, §2-b) da Lei das sociedades por ações brasileira (Lei n.º 6.404/76, de 15 de Dezembro), que permite ao administrador "tomar por empréstimo recursos ou bens da companhia, ou usar, em proveito próprio, de sociedade em que tenha interesse, ou de terceiros, os seus bens, serviços os créditos" quando tal seja autorizado pela assembleia geral ou pelo conselho de administração.

22 Cfr. Luca Enriques/Gerard Hertig/ Hideki Kanda, "Related-party...", p. 170.

23 Cfr. Raúl Ventura, *Estudos vários sobre sociedades anónimas – Comentário ao Código das Sociedades Comerciais*, Almedina, Coimbra, 1992, p. 554.

administrador (como seja o caso de contratação mediante contratos de adesão ou segundo cláusulas contratuais gerais).

Quando não exista conselho de administração, mas tão-só administrador único (v. art. 278.º/2, 390.º/2 e 424.º/2), os negócios a celebrar por este com a sociedade não poderão, logicamente, ser aprovados por deliberação do conselho (que não existe). Deverão, nesse caso, ser aprovados por deliberação dos sócios[24/25]. Ao estabelecer um regime de controlo preventivo dos negócios celebrados com administradores, o legislador entendeu ser necessária a intervenção de um órgão deliberativo autorizador[26]. A opção pelo conselho de administração residirá, muito provavelmente, na pouca onerosidade que a aprovação por esse órgão acarreta, quando comparado com a assembleia geral. Inexistindo este, porém, a intervenção de um órgão deliberativo não deve ser dispensada.

Neste tipo de contratos, a sociedade será representada pelo número de administradores necessários para a sua vinculação (v. art. 260.º e 408.º). Exceção feita às sociedades anónimas com estrutura dualista (art. 278.º/1-*c)*), que ficarão obrigadas por dois membros do conselho geral e de supervisão (arts. 441.º/1-*c)* e 443.º/1). Tratando-se de sociedade com administrador único, a mesma será, naturalmente, representada pelo próprio

[24] Nesse sentido, cfr. Coutinho de Abreu, *Responsabilidade civil dos administradores de sociedades*, Cadernos n.º 5 do IDET, 2ª edição, Almedina, Coimbra, 2010, p. 27 e nota 44; e em "Negócios...", pp. 16 e 17.

[25] A obrigatoriedade de aprovação das transações com administradores pelo colégio dos sócios é a regra para a generalidade das sociedades no Reino Unido, tanto no que respeita a operações de crédito – empréstimos e prestação de garantias (*section* 197 do *Companies Act* 2006) –, como quando estejam em causa *ativos substanciais* da sociedade (exceto numerário) – entendendo-se como tal os que *1)* excedam 10% do capital próprio da sociedade e sejam superiores a £5.000; ou *2)* excedam £100.000 (*sections* 190 e 191 do *Companies Act* 2006). Relativamente às demais transações concluídas com administradores, apesar de não ser exigível a sua aprovação pelos sócios, impende sobre o administrador em causa o dever de *divulgar* previamente ao conselho de administração o interesse, direto ou indireto, que o mesmo tenha no negócio em causa (*section* 177 do *Companies Act* 2006). Já relativamente às sociedades cotadas, a regra é a da obrigatoriedade de aprovação dos negócios pelos sócios (section 11.1 das UKLA Listing Rules), com exceção das transações de menor dimensão. Impondo também a obrigatoriedade de consentimento pelos sócios das transações entre administradores e as respetivas sociedades, v. o art. 148.º/4 da Lei das Sociedades da República Popular da China (aprovada na Quinta Sessão do Comité Permanente do Oitavo Congresso Nacional Popular, em 29 de Dezembro de 1993 [e revista em 1999, 2004, 2005 e 2013]).

[26] Cfr. Coutinho de Abreu, "Negócios...", p. 17.

administrador, que assumirá concomitantemente a veste de contraparte do negócio[27/28].

A rigidez deste regime, sobretudo quando comparado com a inexistência de um quadro geral relativo aos negócios celebrados entre a sociedade e sócios de controlo talvez seja justificada pelo facto de os sócios (o controlador incluído) terem normalmente uma parte considerável da sua riqueza investida na sociedade – da qual são credores residuais (*residual claimants*) – e, por isso mesmo, terem um interesse financeiro próprio na performance social; o que não sucede com os gestores[29].

2.2. Negócios entre a sociedade e sócios de controlo.

a) Regime das quase-entradas

Nos termos do art. 29.º CSC, a aquisição de bens por uma sociedade anónima ou em comandita por ações a um seu fundador ou sócio (diretamente ou por interposta pessoa), antes da celebração do contrato de sociedade ou até dois anos após o registo do mesmo ou do aumento do capital social, deve ser previamente aprovada por deliberação da assembleia geral – na qual o sócio em causa não poderá votar (art. 29.º/3 e 384.º/6-*d)*) –, quando o contravalor dos bens adquiridos exceda 2% ou 10% do capital social, consoante este seja igual ou superior a 50.000€. A deliberação da assembleia geral deve ser precedida pela verificação dos bens por um revisor oficial de contas independente e deve ser registada e publicada (art. 29.º/3). O próprio contrato de aquisição de bens está sujeito à forma escrita, sob pena de nulidade (art. 29.º/4).

A finalidade deste regime é a de obviar a entradas em espécie dissimuladas. O regime das entradas em espécie é particularmente rigoroso, mor-

[27] Não será assim, reiteramos, quando se trate de sociedade anónima com estrutura dualista (art. 278.º/1-*c)*), casos em que a sociedade ficará obrigada por dois membros do conselho geral e de supervisão (arts. 424.º/2, 441.º/1-*c)* e 443.º/1)

[28] Julgamos que, nestes casos, se mantém a aplicabilidade do art. 397.º CSC, em detrimento do art. 261.º do Código Civil (*negócio consigo mesmo*). Destarte, faltando a aprovação do contrato pelo colégio dos sócios, o contrato celebrado com o administrador único será nulo, nos termos do art. 397.º (artigo que, de resto, não distingue os casos em que a sociedade é representada pelo próprio administrador contraparte do negócio ou é, antes, representada por outros administradores) e não apenas anulável, como previsto no art. 261.º do Código Civil. No mesmo sentido, cfr. Soveral Martins, *Os poderes de representação dos administradores de sociedades anónimas*, Studia Iuridica 34, Boletim da Faculdade de Direito da UC, Coimbra Editora, pp. 269-271.

[29] Cfr. Luca Enriques/Gerard Hertig/ Hideki Kanda, "Related-party...", p. 179.

mente por se impor que os bens sejam avaliados por um revisor oficial de contas independente[30] (art. 28.º). Com tal exigência, consegue assegurar-se que o capital social corresponde, *objetivamente*, às entradas dos sócios (ou, pelo menos, que não lhe é inferior), não se permitindo, do mesmo passo, que aqueles possam atribuir *ad libitum* um valor aos bens que constituem as suas entradas que não tenha qualquer correspondência com a realidade.

O regime imperativo da verificação das entradas em espécie perderia o seu sentido útil se fosse deferido aos sócios a possibilidade de, logo após a celebração do contrato de sociedade, venderem bens à sociedade por um preço discricionariamente determinado. De facto, qualquer sócio que pretendesse obstar à avaliação dos bens, bastar-lhe-ia realizar uma entrada em dinheiro, vendendo de seguida à sociedade o bem com que efetivamente nela pretendia entrar. Daí o regime tão restritivo previsto no art. 29.º. Note-se, de resto, que aquela regulamentação releva sobretudo para os sócios controladores: são estes que mais poder têm para induzir a sociedade a celebrar com eles um contrato que sirva o desiderato de mascarar as suas entradas *in natura*.

O regime previsto no art. 29.º tem, no entanto, um âmbito de aplicação muito reduzido. Desde logo, só se aplica a contratos celebrados com sociedades anónimas ou em comandita por ações (e isto não obstante a sua inserção sistemática na Parte Geral do CSC)[31]. Quanto ao âmbito temporal, o mesmo também se circunscreve ao *período de nojo* balizado entre o período anterior à da data da celebração do contrato de sociedade e os dois anos seguintes ao registo definitivo do mesmo ou do aumento de capital. Relativamente ao seu âmbito material, aquele regime não se aplica à aquisição de bens em Bolsa, em processo judicial executivo ou compreendidas no objeto da sociedade[32] (art. 29.º/3). Daquele regime ficam

[30] O ROC que proceda à avaliação dos bens não poderá, durante dois anos contados da data do registo do contrato de sociedade, exercer quaisquer cargos ou funções profissionais nessa sociedade ou em sociedades que com ela se encontrem em relação de domínio ou de grupo (art. 28.º/2).

[31] Cfr. Paulo De Tarso Domingues, comentário ao artigo 29.º CSC, in AAVV (coord. Coutinho de Abreu), *Código das sociedades comerciais em comentário*, vol. I, IDET, Almedina, Coimbra, 2010, p, 468.

[32] De facto, seria ir longe de mais a imposição de um regime tão restritivo para transações compreendidas no objeto social (como sejam, p. ex., os casos em que uma sociedade pudesse adquirir matérias-primas a um seu acionista, pelo simples facto de ele ter essa qualidade). Cfr. Paulo de Tarso Domingues no seu comentário ao artigo 29.º CSC, in AAVV (coord. Jorge Coutinho de Abreu), *Código das sociedades comerciais em comentário*, vol. I, IDET, Almedina, Coimbra, 2010, p, 469, nota 15.

também excluídas as transações de pequeno valor (inferiores a 2% ou 10% do capital social, consoante o montante em que o mesmo se cifre), bem como (por maioria de razão) as aquisições gratuitas[33].

Se o negócio em causa não for reduzido a escrito, será nulo (art. 29.º/4). Se não for precedido de deliberação dos sócios, será (apenas) ineficaz relativamente à sociedade (art. 29.º/5), embora seja lícita a ratificação mediante posterior deliberação do grémio social.

b) Negócios entre a sociedade por quotas unipessoal e o sócio único

Aplicável aos negócios celebrados entre a sociedade por quotas unipessoal e o seu sócio único é o art. 270.º-F.

Nos termos deste artigo, os negócios jurídicos celebrados entre o sócio único e a sociedade *devem servir a prossecução do objeto social* (n.º 1), devendo observar a forma escrita, se forma mais solene não for exigida (n.º2). Além do mais, prescreve-se ainda um dever de publicidade dos próprios negócios, devendo os documentos onde os mesmos constem ser patenteados conjuntamente com o relatório de gestão e os documentos de prestação de contas, sendo também consultáveis, a todo o tempo, por qualquer interessado (n.º 3). Por fim, prescreve o n.º 4 do art. 270.º-F, que "a violação do disposto nos números anteriores implica a nulidade dos negócios jurídicos celebrados e responsabiliza ilimitadamente o sócio".

O regime previsto neste artigo mais não é do que disciplina da *situação de perigo* existente relativamente às sociedades unipessoais. Este tipo de sociedade desempenha um papel importante na economia empresarial, sobretudo por permitir a um sujeito isolado exercer uma atividade económica escudado com a limitação da sua responsabilidade em face das dívidas sociais. No entanto, as sociedades unipessoais encerram também um particular perigo: não existindo outros sócios que possam controlar o andamento da atividade social, aumenta o risco de o sócio-único instrumentalizar a sociedade. Por maioria de razão, quando este desempenhe concomitantemente as funções de gerente, poucas são as formas de controlar os abusos cometidos. Nesta última situação, o regime previsto no art. 270.º-F apresenta-se mesmo como uma manifestação do princípio geral da proibição do contrato consigo mesmo, embora com um regime específico (relativamente ao disposto no art. 261.º CC) [34].

[33] Cfr. Paulo de Tarso Domingues, comentário ao artigo 29.º CSC, in AAVV, *Código...*, p, 469.

[34] Cfr. Maria de Fátima Ribeiro, "O âmbito de aplicação do art. 270.º-F, n.º4, do CSC e a responsabilidade 'ilimitada' do sócio único", in *Direito das sociedades em revista*, ano 1, vol. 2, Almedina, Outubro de 2009, p. 204.

O primeiro requisito para a admissibilidade de negócios entre o sócio e a sociedade é de que os mesmos *sirvam a prossecução do objeto social*. Trata-se de uma especialidade relativamente ao regime comum: normalmente, a validade de qualquer ato jurídico-societário depende apenas do respeito pelo fim lucrativo da sociedade; quanto às cláusulas relativas ao objeto social, o seu efeito é circunscrito ao campo da vinculação daquela no ato em causa. No âmbito da sociedade unipessoal, os requisitos de validade são, pois, mais apertados: o próprio contrato tem de servir a realização do objeto. O sócio único constituiu a sociedade para o desenvolvimento de certa atividade económica. Não lhe é, pois, permitido realizar negócios que ultrapassem esses limites por si fixados. Se o quiser fazer, terá de alterar primeiro os estatutos, fixando novo objeto à sociedade.

Em termos gerais, dir-se-á que um negócio serve a prossecução do objeto social quando o mesmo seja *necessário*, útil ou *conveniente* ao seu desenvolvimento[35]. E essa avaliação deve ser feita em termos objetivos: um gestor diligente, criterioso e ordenado (v. art. 64.º/1-*a)*) teria, em vista ao desenvolvimento da atividade social, praticado o negócio em causa? Se a resposta for afirmativa, o requisito previsto no n.º 1 do art. 270.º-F está cumprido[36].

Na eventualidade de a sociedade estar a desenvolver uma atividade que não tenha correspondência com aquele que está fixada nos estatutos sociais (art. 9.º/1-*d)* e 11.º), qual é o objeto social que deve ser tido em conta para estes efeitos: o objeto real ou o estatutário? A resposta terá de ser inequívoca: só releva este último. O objeto social deve constar obrigatoriamente do ato constituinte da sociedade, sendo livremente alterado pelo sócio único. Fixado aquele, devem os órgãos da sociedade não exceder esse objeto, nem tão pouco praticarem factos que com ele não tenham qualquer conexão (art. 6.º/4). O facto de a sociedade não exercer uma atividade compreendida no objeto social é até fundamento para que se requeira a sua dissolução administrativa (art. 142.º/1-*d)*). Dito isto, não se perceberia como é que o incumprimento do dever de prossecução do objeto social (ou a sua alteração) pelo sócio único, poderia beneficiá-lo: ao sócio único bastaria invocar, quando o negócio fosse posto em causa, que o mesmo se enquadraria no objeto real ou *de facto* (recordemos que é o próprio sócio a decidir quais as atividades que, efetivamente, a sociedade exercerá), obviando, desse modo, à sanção de nulidade prevista.

[35] Cfr. Cassiano dos Santos, *A sociedade unipessoal por quotas. Comentários e anotações aos artigos 270.º-A a 270.º-G do Código das Sociedades Comerciais*, Coimbra Editora, Coimbra, 2009, p. 111.

[36] *Idem, ibidem*.

Além da necessidade de prossecução do objeto da sociedade (*requisito material*)[37], os negócios celebrados entre o sócio único e a sociedade devem observar a forma escrita, quando forma mais solene não seja obrigatória (*requisito formal*), e, ser patenteados conjuntamente com o relatório de gestão e os documentos de prestação de contas[38], estando disponíveis, a todo o tempo a qualquer interessado[39] (*requisito de publicidade*). A violação dos requisitos material, formal e de publicidade implica a nulidade dos negócios[40] e responsabilizam ilimitadamente o sócio (art. 270.º-F/4)[41].

Note-se, porém, que a responsabilidade ilimitada do sócio se refere *exclusivamente* aos prejuízos causados com a execução do negócio nulo[42]. Destarte, a responsabilidade do sócio tem como limite a reposição do *statu quo ante*, isto é, a situação patrimonial em que a sociedade se encontra-

[37] Note-se que se o negócio cair fora da capacidade jurídica da sociedade, constituindo uma liberalidade ou um ato jurídico gratuito, a sanção também será da nulidade, nos termos gerais (art. 6.º CSC e 294.º CC).

[38] Os documentos que suportem os referidos negócios devem, pois, ser anexados ao relatório de gestão e às contas do exercício (arts. 270.º-F/3 e 65.º/1), sendo registados e publicados com estas últimas (arts. 3.º/1-*n)* e 70.º/1-*a)* do Código Registo de Comercial).

[39] Segundo Cassiano dos Santos (*A sociedade unipessoal...*, p. 113), atentos os interesses em jogo – por um lado, a conveniente transparência do negócio e, por outro, a proteção do segredo empresarial –, "interessados são apenas aqueles que detêm e comprovam um interesse juridicamente atendível, à face do regime societário. Devem considerar-se interessados, para efeitos do preceito em análise, todos aqueles que tenham um crédito sobre a sociedade ou que estejam numa relação pré-negocial da qual possa vir a resultar um crédito ou responsabilidade da sociedade".

[40] A nulidade pode ser invocada a todo o tempo, inclusive pela própria sociedade (*v.g.*, depois de o sócio único transmitir a sua participação social a terceiro e este tomar conhecimento do negócio). Cfr. Maria de Fátima Ribeiro, "O âmbito...", p. 211, nota 23.

[41] Considerando ser de difícil aceitação que a nulidade seja o efeito sancionatório para o negócio que não foi apresentado com o relatório de gestão e os documentos de prestação de contas ou que não foi disponibilizado para consulta por qualquer interessado na sede da sociedade, cfr. SOVERAL MARTINS, "Código das sociedades comerciais – alterações introduzidas pelo Decreto-lei n.º 257/96, de 31 de Dezembro", in *Revista jurídica da Universidade Moderna*, ano 1, n.º 1, 1998, pp. 313 e 314.

[42] Cfr. Maria de Fátima Ribeiro, "O âmbito...", p. 212-213 e 235; Cfr. Cassiano dos Santos, *A sociedade unipessoal...*, pp. 115 e 116; cfr. Pereira de Almeida, *Sociedades comerciais. Valores mobiliários e mercados*, 6.ª edição, Coimbra Editora, Coimbra, 2011, p. 422. Diferentemente, cfr. Ricardo Costa no seu comentário ao artigo 270.º-F CSC, in AAVV, *Código...*, pp., 343 e 344, que advoga que o sócio-único será responsável ilimitadamente (ainda que a título subsidiário relativamente à sociedade) *por todos os* débitos contraídos a partir daquele negócio *nulo* pela sociedade. No entanto, esta responsabilização só será afirmada quando o negócio seja nulo por violação do n.º 1 do art. 270.º-F (estar fora do objeto social).

ria caso o negócio não tivesse sido celebrado[43]. Solução diferente, que impusesse um regime de responsabilidade ilimitada a todos os débitos sociais a partir do momento da celebração do negócio nulo, seria manifestamente desproporcionada (*maxime*, quando esteja apenas em causa simples violações do dever de publicidade do negócio) e injustificada (em certos casos pode nem existir nenhum dano para a sociedade e para terceiros decorrente do negócio em causa[44]), prejudicando grandemente os credores pessoais do sócio único. Um dos efeitos perversos e indesejados de tal entendimento, poderia ser, além disso, a proliferação de sociedades plurais fictícias (*rectius*, com sócios de favor), que foi, de resto, o que se pretendeu evitar com a introdução das sociedades por quotas unipessoais (cfr. Preâmbulo do DL 257/96, de 31 de Dezembro, ponto 2)[45].

c) Os grupos de sociedades

No caso dos grupos de sociedades é normal que, sob a batuta da sociedade-mãe[46], seja promovido relacionamento intensivo (designadamente através de transações) entre as sociedades que integram o seu perímetro. Sucede até, por vezes, que a *holding* decide pela criação de algumas filiais precisamente com a intenção de que as demais sociedades do grupo contratem com elas, beneficiando desse modo, de economias de escala e vantagens que são partilhadas por todas as sociedades.

O regime de grupos previsto no CSC contém disciplina relevante aplicável aos contratos celebrados entre as sociedades participantes. De facto, o CSC consagra o direito da sociedade controladora dar instruções vinculantes à sociedade subordinada, mesmo que desvantajosas (art. 491.º e 503.º/1 e 2)[47]. Como contrapartida, a sociedade controladora passa a

[43] Solução idêntica é prevista no art. 16.º/3 da Ley de Sociedades de Capital espanhola, aprovada pelo Real Decreto Legislativo 1/2010, de 2 de Julho, que dispõe, que durante o prazo de dois anos a contar da celebração dos contratos entre sócio único e sociedade, o sócio responderá perante a sociedade pelas vantagens que, direta ou indiretamente, tenha obtido em prejuízo daquela como consequência daqueles contratos.

[44] Cfr. Maria de Fátima Ribeiro, "O âmbito...", p. 214.

[45] Cfr. Maria de Fátima Ribeiro, "O âmbito...", p. 224 e 225.

[46] A imagem do *grupo* enquanto *orquestra sinfónica*, na qual cada músico-sociedade toca o seu instrumento, sob a batuta do maestro-sociedade mãe é devida a JAEGER, "Le società del grupo tra unificazione e autonomia", in *I gruppi di società. Atti del convegno internazionale di studi, Venezia 16-17-18 novembre 1995*, Rivista delle società, Dott. A. Giuffrè editore, Milão, 1996, p. 1433, nota 21.

[47] Entendendo a direção do grupo pela sociedade-mãe não configura um mero *direito*, mas antes um *poder-dever* que impende sobre a sociedade de cúpula, cfr Fábio Ulhoa Coelho, "O poder de controle sobre companhias abertas concorrentes no direito brasileiro", in *Direito das sociedades em revista*, ano 4, vol. 8, Out. 2012, p. 51.

ser responsável pelas obrigações da sociedade subordinada, (arts. 491.º e 501.º), sendo ainda obrigada a compensar as perdas anuais das sociedades subordinadas, quando a relação de grupo termine ou seja declarada insolvente a sociedade subordinada (arts. 491.º e 502.º), bem como a garantir lucros aos sócios não controladores que eventualmente coexistam (art. 501.º).

Nesse sentido, os negócios concluídos entre sociedades do mesmo grupo, ainda que manifestamente prejudiciais para uma das sociedades contratantes (p. ex., que fornece mercadorias abaixo do próprio preço de custo) não serão nulos, nem tão-pouco nulas as instruções para contratar naqueles precisos termos emitidas pela sociedade-mãe. A sua validade é afirmada na medida em que sirvam os interesses (lucrativos) da sociedade dominante ou das outras sociedades do grupo (v. arts. 503.º/3 e 504.º/1). Em contrapartida, reiteramos, deve a sociedade-mãe compensar as perdas que decorram da execução daqueles contratos para a sociedade-filha ou subordinada (art. 502.º e 503.º/4).

Note-se, no entanto, que o âmbito de aplicação daquelas regras se circunscreve aos grupos que sejam constituídos por domínio total (arts. 488.º a 491.º) ou por contrato de subordinação (arts. 493.º a 508.º). De fora ficam todos os grupos (de facto) – p. ex., de sociedades em relação de domínio simples (art. 486.º) –, ou os grupos (de direito[48]) constituídos através de contrato de grupo paritário (já que o art. 492.º não faz qualquer remissão para o art. 501 e ss.), não prevendo o CSC para estes quaisquer mecanismos de tutela específicos.

De assinalar, por fim, que também do ponto de vista fiscal, os negócios intra-grupo merecem um tratamento específico (embora se trate de um regime que não contende diretamente com a validade ou invalidade dos negócios em causa). Com a constituição de várias sociedades em jurisdições fiscais diversas, uma das formas típicas de planeamento fiscal dos grupos consistia, precisamente, na manipulação de preços nas relações intra-grupo, de modo a efetivarem a transferência dos lucros para territórios com regimes fiscais mais favoráveis e frustrando, dessa forma, créditos tributários que eram efetivamente devidos noutros países[49].

[48] Serão *grupos de direito* todos aqueles que se constituam através de um dos mecanismos adrede previstos no Capítulo III (Sociedades em relação de grupo) do CSC, a saber: por domínio total (seja ele inicial ou superveniente), por contrato de grupo paritário ou por contrato de subordinação. Todos os demais grupos (*hoc sensu*, cadeias de sociedades submetidas à direção económica unitária de uma delas) serão *grupos de facto*.

[49] Cfr. Alexandra Coelho Martins, *O regime dos preços de transferência e o IVA*, Cadernos IDEFF n.º 10, Almedina, Coimbra, 2009, p. 20.

Como forma de corrigir as distorções relativas à deficiente valorização das operações intra-grupo, o Código do IRC (CIRC) veio qualificar as empresas que integrem o perímetro do grupo (sendo agora indiferente tratar-se de um grupo *de direito* ou *de facto*) como 'entidades com relações especiais' (art. 63.º/4, alíneas *e)* e *f)*), sujeitando-as a um regime especial de determinação dos *preços de transferência*. A regra é de que as operações comerciais, incluindo, designadamente, operações ou séries de operações sobre bens, direitos ou serviços, bem como as operações financeiras, efetuadas entre duas entidades em situação de relações especiais, devem ser contratados, aceites e praticados termos ou condições substancialmente idênticos aos que normalmente seriam contratados, aceites e praticados entre entidades independentes em operações comparáveis (art. 63.º/1 CIRC), de acordo com um princípio da plena concorrência (*arm's lenght principle*). Deste modo, devem as sociedades do grupo adotar métodos idóneos para a determinação dos preços de transferência, podendo a Direção Geral dos Impostos, qual tal não aconteça, proceder a correções no que respeita à determinação do lucro tributável das sociedades em causa (art. 68.º/8 a 12 CIRC, art. 77.º/3 da Lei Geral Tributária e art. 3.º/2 da Portaria n.º 1446-C/2001, de 21 de Dezembro).

De forma a proporcionar às empresas uma base de segurança e certeza jurídica, é também possível aos grupos a celebração de acordos prévios sobre preços de transferência, com duração máxima de 3 anos (art. 138.º do CIRC). Os acordos em causa podem ser celebrados apenas com a Direção Geral dos Impostos – sendo então denominados de *acordos unilaterais* –, ou ser celebrados também com a administração fiscal de outro ou outros países, no âmbito do procedimento amigável previsto em convenção destinada a evitar a dupla tributação nos impostos sobre o rendimento –*acordos bilaterais ou multilaterais* (art. 2.º da Portaria n.º 620-A/2008, de 16 de Julho).

d) Negócios entre a sociedade e sócios (regime geral)

Como já antecipámos, o CSC não prevê um regime geral aplicável aos negócios celebrados entre a sociedade e sócios. Sem embargo, existem alguns institutos de Direito das Sociedades que poderão desempenhar um papel determinante nesta matéria.

Os primeiros mecanismos que deveriam servir de travão à prática de negócios abusivos são, desde logo, os deveres de cuidado e lealdade que impendem sobre os administradores (v. art. 64.º1-*a)* e *b)*)[50], e que

[50] Quase todos os ordenamentos jurídico-societários modernos reconhecem hoje a existência de um dever geral de lealdade dos gerentes e administradores. Com consagração expressa, v., *inter alia*, o art. 226.º da Ley de Sociedades da Capital espanhola, aprovada

impõem, se não a contração nos melhores termos possíveis para a sociedade, pelo menos a não realização de negócios danosos para aquela. Ao celebrarem um negócio injusto para a sociedade, os gestores sociais (pelo menos os que participem e/ou caucionem o negócio [v. art. 72.º/3]) violarão, normalmente, quer o seu dever de lealdade, quer o seu dever de cuidado (mais concretamente, o dever de tomarem decisões substancialmente razoáveis[51]).

Do mesmo modo, é também de afirmar a existência de deveres de lealdade dos próprios sócios, a impor que cada um não atue de modo lesivo ao interesse social[52]. Assim, ao contratarem com a sociedade, devem os sócios comportar-se com correção (*fairness*), quer no que toca ao processo negocial, quer no que concerne aos termos concretos do próprio contrato[53/54]. A violação destes deveres pode conduzir, não só à responsabi-

pelo Real Decreto Legislativo 1/2010, de 2 de Julho, o art. 148.º da Lei das Sociedades da República Popular da China e a *section* 172 do *Companies Act* de 2006. O dever de lealdade dos gestores sociais decorre do seu dever de administração (é, por assim dizer, um dever funcional). Não se confunde, porém, com este: um gestor leal, pode não administrar corretamente; um bom gestor, pode nem sempre ser leal (cfr. Carneiro da Frada, "A business judgement rule no quadro dos deveres gerais dos administradores", in *Revista da Ordem dos Advogados*, ano 67, vol. 1, Jan. 2007).

51 Sobre os deveres legais gerais dos administradores, cuja proposta taxinómica seguimos em texto, cfr. Coutinho de Abreu, *Deveres de cuidado e de lealdade dos administradores e interesse social, in* Colóquios n.º 3 – Reformas do Código das Sociedades, do IDET, Almedina, 2007, p. 15-47

52 A despeito de não existir uma disposição expressa nesse sentido (ao contrário do que acontece com os gerentes e administradores – v. art. 64.º/1-*b)*), deve afirmar-se a existência de deveres de lealdade por parte dos sócios. Tal entendimento encontra conforto, de resto, em vários artigos do CSC: *inter alia*, arts. 58.º/1-*b)*, 83.º, 180.º, 181.º/5, 214.º/6, 242.º/1, 251.º, 291.º/6, 384.º/6 e 477.º. Nesse sentido, Cfr. Coutinho de Abreu, *Curso de Direito Comercial*, Vol. II – Das Sociedades, 5ª edição, Almedina, Coimbra, 2015, p. 281 e ss.; cfr. Armando Triunfante, *A tutela...*, p. 179 e ss. Em sentido diverso, alguns A. entendem que aquilo que sói dizer-se como deveres fiduciários (*hoc sensu*, de lealdade) não passa de uma subespécie de deveres dos administradores que se aplica (apenas) aos sócios controladores que atuem como *shadow directors* (cfr. Iman Anabtawi/Lynn Stout, "Fiduciary duties...", p. 1273).

53 Essa é a regra também no direito norte-americano, estando os contratos celebrados entre a sociedade e os sócios controladores sujeitos ao *"entire fairness test"*. A existência de aprovação prévia do negócio por administradores independentes ou pelos restantes sócios terá, no entanto, como efeito a inversão do ónus de prova relativamente à justeza do negócio, que passa a caber ao autor da ação. Cfr. Jens Dammann, "Corporate ostracism: freezing out controlling shareholders", in *The journal of corporation law*, vol. 33, n.º 3, 2008, p. 687 e 688. De acordo com o Delaware Supreme Court, "the concept of fairness has two basic aspects: fair dealing and fair price. The former embraces questions of when the transaction was timed, how it was initiated, structured, negotiated, disclosed to the directors, and

lidade civil dos gerentes ou administradores (arts. 72.º e 78.º), como dos próprios sócios (art. 83.º)[55], bem como à destituição com justa causa dos primeiros (v. arts. 257.º/6 e 403.º/4) ou à exclusão dos segundos (v. arts 186.º e 474.º, 241 e 242.º)[56].

how the approvals of the directors and the stockholders were obtained (...). However, the test for fairness is not a bifurcated one as between fair dealing and price. All aspects of the issue must be examined as a whole since the question is one of entire fairness". (Weinberger v. UOP, Inc. 457 A-2d 705, 711 (Del. 1983)).

[54] Note-se que o próprio sócio controlador também tem certos incentivos no sentido de negociar em termos justos com a sociedade: desde logo, porque dessa forma consegue adquirir os ativos sociais pretendidos, ao mesmo tempo que está seguro de que (em princípio) não conseguirão atacar os negócios em causa; depois, porque sendo sócio controlador, parte do que pagou vai agora receber a título de distribuição de dividendos. Cfr. DAVID CHIVERS/BEN SHAW, *The law of majority shareholder power. Use and abuse*, Oxford University Press, Oxford, 2008, p. 101.

[55] Também no direito brasileiro se prevê a obrigação do acionista controlador responder pelos danos decorrentes de atos praticados com *abuso de poder*. Para o efeito, nos termos do art.. 117.º, §1, alínea *f)* Lei das sociedades por ações brasileira, constitui uma modalidade de exercício abusivo de poder "contratar com a companhia, diretamente ou através de outrem, ou de sociedade na qual tenha interesse, em condições de favorecimento ou não equitativas". Algumas das hipóteses que consubstanciam este tipo de abuso de poder foram, posteriormente, definidas pela Comissão de Valores Mobiliários brasileira na Instrução n.º 323, de 19 de Janeiro de 2000 (v., em especial, os pontos IV a VII). Juntamente com o sócio controlador responderão solidariamente os administradores ou fiscais que pratiquem qualquer ato ilegal que permita a atuação abusiva do acionista controlador (art. 117.º, §2).

[56] A exclusão dos sócios está especificamente prevista para as sociedades em nome coletivo (art. 181.º/5, 186.º e 196.º/2, aplicáveis também às sociedades em comandita simples *ex vi* art. 474.º) e para as sociedades por quotas (arts. 204.º, 212.º, 214.º/6, 241.º e 242.º). Um dos fundamentos legais de exclusão previstos para aqueles tipos societários é, precisamente, a violação grave e culposa das suas obrigações para com a sociedade (art. 186.º/1-a)) ou o comportamento desleal ou gravemente perturbador do funcionamento da sociedade, que lhe tenha causado ou possa vir a causar-lhe prejuízos relevantes (art. 242.º/1). Neste espectro cairão, certamente, as práticas reiteradas de negócios abusivos pelos sócios (por norma, os controladores), através dos quais estes se apropriem indevidamente dos ativos sociais. Uma vez que o CSC não prescreve um regime de exclusão dos sócios para a sociedade anónima e em comandita para ações, torna-se legítima a interrogação sobre a possibilidade de exclusão de sócios nesses tipos societários. Quando as ações sejam ao portador, por definição, a sociedade não conhece nem tem a possibilidade de conhecer a todo o tempo a identidade dos seus titulares (v. art. 52.º/1 Código dos Valores Mobiliários [CVM]); ademais, o acionista a excluir poderia, facilmente, transmitir as suas ações, mesmo antes de ser deliberada a sua exclusão, ou reingressar na sociedade, mesmo após ter sido excluído. Daí que, nesses casos, faça pouco sentido sequer pensar no instituto da exclusão. Não, assim, porém quando as ações sejam nominativas. Aí, assumindo (ou podendo assumir) algum relevo a figura dos sócios, não nos repugna que se lance mão do regime da exclusão, aplicando-o analogicamente em todos os casos de comportamento

Quando o sócio controlador seja, concomitantemente, gerente ou administrador, estará, naturalmente, adstrito a um dever de lealdade qualificado (enquanto sócio e enquanto gestor social) e a um especial dever de cuidado[57]. Ademais, nesses casos passará também a estar sujeito ao regime legal específico estabelecido para os negócios entre a sociedade e os administradores (art. 397.º).

Outro instituto importante nesta matéria é a própria capacidade de gozo das sociedades, que é limitada pelo fim lucrativo (art. 160.º CC e 6.º CSC). Destarte, os negócios gratuitos celebrados pela sociedade com sócios são, em regra[58], nulos (art. 294.º CC). Do mesmo modo, serão igualmente nulas as deliberações, quer dos sócios, quer do órgão de administração, que determinem a sociedade à sua prática (art. 56.º/1-*d)* e 411.º/1-*c)*).

O facto de uma transação respeitar os limites definidos pela própria capacidade de gozo não é por si só, no entanto, suficiente para afirmar a validade ou eficácia de um negócio. Isto porque existem limites específicos aos poderes de representação e vinculação dos gestores sociais que jogam também aqui um papel determinante (nos dizeres dos artigos 260.º e 409.º/1 do CSC, os gestores vinculam a sociedade apenas quando atuam

abusivo e reiterado dos sócios (Nesse sentido, cfr. Coutinho de Abreu, *Curso...*, pp. 400 e 401; Carolina Cunha, "A exclusão de sócios (em particular, nas sociedades por quotas)", in *Problemas do direito das sociedades*, IDET, Almedina, Coimbra, Julho de 2002, p. 233. Admitindo apenas a exclusão de acionistas em sociedades anónimas e em comandita por ações quando as causas que a fundamentem estejam previstas nos estatutos, cfr. Pedro Pais de Vasconcelos, *A participação social nas sociedades comerciais*, 2ª edição, Almedina, Coimbra, 2006, p. 354 e 355).

[57] Cfr. Pedro Pais de Vasconcelos, *A participação...*, p. 366: "o sócio gestor está vinculado ao dever de lealdade enquanto sócio e, bem assim, aos deveres de diligência (de cuidado) e de lealdade como gestor. Estes deveres não se somam, mas cada um agrava o outro. Se os deveres de diligência e de lealdade do gestor se intensificam pela sua qualidade de sócio, também o dever de lealdade dos sócios se torna mais exigente pela cumulação com o exercício do cargo de gestão".

[58] Não serão nulas, p. ex., as garantias reais ou pessoais prestadas pela sociedade ao sócio controlador, quando exista justificado interesse próprio da sociedade (art. 6.º/3). Será assim, p. ex., quando o sócio controlador seja, concomitantemente, o cliente mais importante da sociedade (determinante da maior parte da faturação da sociedade) e a prestação da referida garantia seja essencial para que aquele consiga aceder a crédito essencial para a sua sobrevivência e manutenção do seu perfil de cliente. Sobre o tema, cfr. Coutinho, *Curso...*, pp. 188-190; cfr. Soveral Martins, "Capacidade e representação das sociedades comerciais", in *Problemas do Direito das Sociedades*, Almedina, Coimbra, 2002, p. 474-476.

dentro dos poderes que a lei lhes confere)[59]. Relevam particularmente, neste âmbito, as situações de *abuso dos poderes de representação* pelos gerentes e administradores. São dois os grupos de casos que a doutrina apresenta para ilustrar esta figura: o *abuso evidente* e a *colusão*.

No primeiro caso, os gestores sociais atuam de forma consciente em detrimento da sociedade, por exemplo através da celebração de contratos manifestamente prejudiciais para aquela. Sendo, no entanto, tal intenção e prejuízo decorrentes do negócio *evidentes*, seria exigível que a contraparte (*in casu*, o sócio) os (re)conhecesse[60]. Quando sejam celebrados negócios nestes termos, os mesmos serão ineficazes relativamente à sociedade, por aplicação analógica do art. 269.º do Código Civil, podendo, todavia, ser ratificados por meio de deliberação dos sócios[61/62]. Note-se, no entanto,

[59] São, de facto, várias as limitações legais ao poder de representação dos gerentes e administradores: seja exigindo um número mínimo de gestores para que a sociedade fique vinculada (v. arts. 261.º/, 408.º/1, 431.º/3 e 478.º); seja impondo que os seus atos sejam precedidos de consentimento ou autorização de outro órgão (v., *inter alia*, os arts. 29.º, 74.º/2, 100.º/2, 120.º, 133.º, 246.º, 319.º/1); seja porque os gerentes ou administradores não gozam de poder representativo em determinadas matérias (*v.g.*, o art. 441.º/1-*c)* e os arts. 75.º e 76.º, quando sejam designados representantes especiais); seja ainda porque, no caso das sociedades em nome coletivo ou em comandita simples, os gerentes não podem praticar atos que ultrapassem o objeto social da sociedade (art. 192.º e 474.º). Como nota Soveral Martins, quando a lei exija a intervenção prévia de outro órgão, o ato praticado pelos gestores sociais sem que tenha havido intervenção daquele é, via de regra, ineficaz em relação à sociedade (com solução expressa, v. art. 29.º/5). Só não será assim quando a própria lei estabeleça expressamente sanção diversa (*v.g.*, são nulos os contratos celebrados entre a sociedade e administradores quando não sejam precedidos de parecer favorável do conselho fiscal – art. 397.º/2). A sanção (-regra) da ineficácia dos atos praticados decorre da falta de um *pressuposto* para o exercício dos poderes de representação (a intervenção exigida); poderes esses que, ainda assim, competem aos gerentes e administradores (caso assim não fosse, estaríamos perante atos nulos, por violação da norma que atribui a competência a outro órgão). Diferente é a situação, no entanto, quando tenha havido a referida intervenção (por regra, deliberação dos sócios), mas a mesma sofra de algum tipo de invalidade. Nesses casos, os direitos adquiridos por terceiro de boa fé encontram proteção no art. 61.º/2 (se é verdade que a nenhum terceiro será lícito invocar a ignorância da norma que impõe a intervenção prévia de outro órgão (v. art. 6.º do CC), já não lhe será exigível, no entanto, aferir da validade do seu conteúdo. Na medida em que o terceiro confirme a existência de deliberação que legitime a atuação dos gestores sociais, os direitos por si adquiridos de boa fé devem ser protegidos). Cfr. Soveral Martins, *Os poderes de representação dos administradores de sociedades anónimas*, Studia Iuridica 34, Boletim da Faculdade de Direito da UC, Coimbra Editora, pp. 179-186).

[60] Cfr. Coutinho de Abreu, *ibidem*.

[61] Cfr. Raúl Ventura, *Sociedades...*, p. 176; Coutinho de Abreu, *Curso...*, p. 562; cfr. Soveral Martins, *Os poderes...*, pp. 263 e 264; Paulo de Tarso Domingues, "A vinculação...", p. 304.

[62] A atribuição de competência aos *sócios* (e não a outro órgão) para ratificar negócios celebrados com falta de poderes (aos quais é equiparado o regime de abuso de representação,

que o sócio que seja contraparte no negócio não poderá votar nessa deliberação, uma vez que se encontra numa situação de conflito de interesses (v. arts. 189.º/1, 251.º/1-*g)*, 384.º/6-*d)*, 474 e 478.º). Ainda que venha a ser aprovada pelos votos da maioria dos consócios, a deliberação que ratifique este tipo de negócio abusivo será sempre inválida, seja por violação do dever de lealdade dos sócios, seja por corporizar um tipo de deliberação abusiva (art. 58.º/1-*a)* e *b)*)[63].

Note-se, ademais, que sempre que o negócio ratificado ponha em causa a satisfação dos créditos de alguns credores, poderão estes lançar mão de mecanismos tendentes a invalidar o negócio em causa (não a deliberação), seja através do instituto da impugnação pauliana (arts. 610.º e ss. CC)[64], seja requerendo judicialmente a restituição dos bens indevidamente recebidos, nos termos do art. 34.º/3 do CSC – estão em causa, efetivamente, *atribuições contratuais* a alguns sócios não permitidas por lei e que acarretam um prejuízo objetivo, quer para a própria sociedade (já que influencia negativamente o resultado do exercício anual), quer para os demais sócios (que não partilham do benefício garantido ao sócio controlador por meio da transação realizada)[65]. Do mesmo modo, será de afirmar a responsabilidade dos gerentes e administradores – seja civil (art. 72.º), contra-ordenacional (v. art. 514.º) ou criminal (v. art. 224.º do Código

nos termos do art. 269.º CC), é feita, *expressis verbis*, para as sociedades em nome coletivo: "a sociedade não pode impugnar negócios celebrados em seu nome, mas com falta de poderes, pelos gerentes, no caso de tais negócios terem sido confirmados, expressa ou tacitamente, por deliberação unânime dos sócios" (art. 192.º/3). Ainda assim, julgamos valer a mesma solução para os demais tipos societários. Este entendimento encontra conforto, de resto, em diversos artigos do CSC (260.º/2, 409.º/2 e 470.º/4).

63 Cfr. Coutinho de Abreu, *Curso...*, p. 562.

64 Um dos requisitos para se lançar mão da impugnação pauliana é, precisamente, que o devedor (*in casu*, a sociedade) e o terceiro (o sócio) tenham agido de má-fé. Nos termos do art. 612.º/2 CC, "entende-se por má-fé a consciência do prejuízo que o ato causa ao credor". Ora, bem se vê que, tratando-se de um abuso evidente do poder de representação, o sócio terá (ou, pelo menos, seria exigível que tivesse) consciência do prejuízo causado com o negócio à própria sociedade e, lateralmente, aos credores.

65 Cfr. Fátima Gomes, *O direito aos lucros e o dever de participar nas perdas nas sociedades anónimas*, Almedina, Coimbra, 2011, pp. 290-295. Admitindo igualmente a qualificação de uma contrato concluído entre a sociedade e um acionista como distribuição encapotada de lucros, cfr. João Dias Lopes, "Governo da sociedade anónima e negócios com acionista de controlo"; in Revista de Direito das Sociedades, ano V, n.º 1/2, 2013, pp. 104 e 105, nota 86. De acordo com Luca Enriques/Gerard Hertig/ Hideki Kanda ("Related-party...", p. 162)., também na Alemanha e Reino Unido, as transações concluídas entre a sociedade e sócios controladores são, amiúde, caracterizadas pelos tribunais como distribuições ilegais de dividendos.

Penal) – à qual acrescerá, eventualmente, a responsabilidade do próprio sócio de controlo (art. 83.º/4).

O outro caso típico de abuso do poder de representação é denominado de *colusão*. Aqui estará em causa a colaboração consciente e intencional entre os gestores sociais e os sócios, tendente à conclusão de um negócio em prejuízo da sociedade e em benefício destes últimos[66]. A maioria dos negócios deste jaez violará, em princípio, a própria capacidade de gozo da sociedade, sendo, por isso, nulos. Poderá, no entanto, nem sempre assim suceder. Imaginemos que a gerência vende um ativo da sociedade ao sócio controlador por um preço irrisório (ainda que não tão baixo que se possa dizer violador da capacidade de gozo desta), sendo intenção do sócio vender, posteriormente, o bem a um terceiro e repartir o lucro com os gerentes que 'facilitaram' o negócio[67].

Uma das soluções possíveis para situações deste tipo seria, à imagem da solução preconizada para os casos de abuso evidente, a da ineficácia do negócio relativamente à sociedade, por abuso de representação por parte do gerente ou administrador (art. 269.º CC)[68]. Estando, porém, em causa um *abuso qualificado* (a atuação conluiada das partes em prejuízo da sociedade)[69], afigura-se-nos preferível afirmar a nulidade de tais negócios, nos termos do art. 281.º CC[70/71]: o fim do contrato é comum a ambas as partes (gestores e sócios) e é contrário à lei (às partes não é lícito atentarem, ainda menos de forma concertada, contra o património social).

Além das invalidades dos próprios negócios, reiteramos, os gerentes ou administradores que os praticarem respondem civilmente perante a socie-

66 Cfr. Coutinho de Abreu, *Curso...*, p. 561.

67 Exemplo retirado de Paulo de Tarso Domingues, "A vinculação...", p. 303, nota 130.

68 Nesse sentido, cfr. Raúl Ventura, *Sociedades...*, p. 176; cfr. Paulo de Tarso Domingues, "A vinculação...", p. 304. Essa é também a solução prevista no direito italiano, que consagrou no art. 2384, 2§ do Codice Civile o instituto da *exceptio doli*, prevendo a não vinculação da sociedade quando o administrador e o terceiro ajam intencionalmente em seu prejuízo. Entre nós, parece ter sido também essa a solução prevista pelo legislador no art. CXLI *do Codigo Commercial Portuguez* de 1833: "cada socio individual pode dispor dos effeitos sociaes, e comprar outros para beneficio da firma; e qualquer destes contractos por nocivos que seja a' sociedade, uma vez completo, dá acção ao vendedor contra a firma, salvo o caso de dolo, ou fraude, ou conluio do vendedor".

69 Cfr. Coutinho de Abreu, *Curso...*, p. 562.

70 Art. 281.º CC: "Se apenas o fim do negócio jurídico for contrário à lei ou à ordem pública, ou ofensivo dos bons costumes, o negócio só é nulo quando o fim for comum a ambas as partes".

71 Considerando serem tais negócios nulos por violação dos bons costumes, cfr. Soveral Martins, *Os poderes...*, p. 258 e Coutinho de Abreu, *Curso...*, p. 562.

dade (art. 72.º), em ação proposta pela própria sociedade (art. 75.º)[72], pelos sócios (art. 77.º) ou em ação sub-rogatória intentada pelos credores sociais (art. 78.º/2). Do mesmo modo, também o sócio controlador poderá ter de responder solidariamente com os gerentes ou administradores, nos termos do art. 83.º do CSC.

Por fim, caso a sociedade venha a ser declarada insolvente, os negócios prejudiciais celebrados com sócios de controlo poderão também ser resolvidos pelo administrador de insolvência, quando tenham sido praticados dentro dos dois anos anteriores ao início do processo de insolvência e tenha havido má fé da contraparte (sendo esta presumida sempre que a contraparte do negócio seja um "pessoa especialmente relacionada com o insolvente" [conceito que inclui quer os sócios de controlo, quer as sociedades integradas no grupo e os administradores; v. art. 49.º/2-*b)* e *c)* do Código da Insolvência e da Recuperação de Empresas (CIRE)] – arts. 120.º e 123.º do CIRE. A exigência de má fé torna-se, no entanto, dispensável quando estejam em causa transmissões gratuitas de bens da própria sociedade (art. 121.º/1-*b)* do CIRE).

e) Descapitalização provocada e desconsideração da personalidade jurídica[73]

Quando a celebração de negócios entre sócios e sociedades tenha como efeito a descapitalização da mesma (normalmente a preceder a sua liquidação *de direito*), pode não ser suficiente a sucessiva invalidação dos concretos negócios celebrados, nem tão-pouco a responsabilização dos sócios e/ou gerentes. Desde logo, tratando-se de uma descapitalização intensiva, poderão ser muitíssimos os negócios em causa, o que obrigaria os credores sociais a desdobrarem-se na propositura de ações judiciais, na mesma medida em que fossem tendo conhecimento da prática daqueles negócios

[72] A ação de responsabilidade proposta pela sociedade depende de deliberação dos sócios, tomada por maioria simples (art. 75.º/1). Se a ação for proposta sem que tenha havido prévia deliberação dos sócios, o juiz suspenderá os termos da causa, dando um prazo para que a deliberação seja tomada, sob pena de absolvição do réu da instância (art. 29.º CPC).

[73] A doutrina costuma distinguir dois 'grupos de casos' de desconsideração da personalidade jurídica: os casos *de imputação* – determinados conhecimentos, qualidades ou comportamentos de certos sócios são imputados à sociedade e vice-versa –, e os casos *de responsabilidade* – o princípio da irresponsabilidade dos sócios pelas dívidas sociais (nas sociedades por quotas, anónimas ou relativamente aos sócios comanditados) é derrogado. É neste último tipo de casos que se integra a problemática da descapitalização provocada das sociedades. Sobre o tema, cfr. Coutinho de Abreu, "Diálogos com a jurisprudência, II – Responsabilidade dos administradores para com credores sociais e desconsideração da personalidade jurídica", in *Direito das sociedades em revista*, ano 2, vol. 3, Março de 2010, p. 55 e ss.

lesivos. Depois, porque os bens em causa (juntamente com as indemnizações emergentes da responsabilidade civil dos sócios e gerentes) entrarão sempre na sociedade, pessoa esta que os sócios não querem normalmente manter e sobre a qual estão a atentar, situação suscetível de criar aos credores dificuldades manifestas na obtenção da garantia do seu crédito[74]. Pelo menos nestes casos mais extremos, importa, pois, ponderar a admissibilidade da desconsideração da personalidade jurídica, enquanto mecanismo de responsabilização direta dos sócios pelas dívidas sociais.

A despeito do CSC não prever expressamente uma cláusula geral de desconsideração[75], são várias as normas que constituem afloramentos desse instituto entre nós: art. 84.º (responsabilidade ilimitada do sócio único, em caso de insolvência da sociedade e uma vez provada a mistura de patrimónios), 180.º/4 (no exercício por conta própria de atividade concorrente, considera-se a participação do sócio em, pelo menos, 20% do capital social de outra sociedade de responsabilidade limitada), 254.º/3 (no exercício por conta própria de atividade concorrente, considera-se a participação do gerente em, pelo menos, 20% do capital social de outra sociedade de responsabilidade limitada), 270.º-F (responsabilidade ilimitada do sócio único), 477.º (aplicação do regime previsto no art. 180.º às sociedades em comandita simples).

Assim, quando os sócios empreendam de forma continuada negócios abusivos com a sociedade em que participam, será lícito refletir sobre a possibilidade de desconsiderar a personalidade jurídica desta, fazendo-os responder *diretamente* perante os credores sociais. Note-se que a desconsideração da personalidade jurídica é bem distinta da declaração de nulidade ou anulação dos concretos negócios que corporizaram a descapitalização do património social. Neste último caso, atacam-se bens determinados. Nos casos de desconsideração obtém-se, ao invés, a responsabilidade pessoal dos sócios, sem recurso a especificação de bens.

[74] Cfr. Coutinho de Abreu, "Diálogos com a jurisprudência...", p. 60.

[75] Ao contrario do que sucede, p. ex., na Ley de Sociedades Comerciales argentina (Ley n.º 19.550), que dispõe no art. 54.º/3: "La actuación de la sociedad que encubra la consecución de fines extrasocietarios constituya un mero recurso para violar la ley, el orden público o la buena fe o para frustrar derechos de terceros, se imputará directamente a los socios o a los controlantes que la hicieron posible, quienes responderán solidaria e ilimitadamente por los perjuicios causados". Do mesmo modo, v. também o art. 20.º, 3§ da Lei das Sociedades da República Popular da China: "Where the shareholder of a company abuses the independent status of the company as a legal person or the limited liability of shareholders, evades debts and thus seriously damages the interests of the creditors of the company, he shall assume joint and several liability for the debts of the company".

É hoje mais ou menos pacífico que a personalidade jurídico-societária não se pode afirmar como um dado absoluto. De facto, seria inadmissível que os sócios pudessem praticar todo o tipo de abusos e, ainda assim, estivessem protegidos pela *armadura jurídica* (Francesco Ferrara[76]) que decorre da alteridade jurídico-societária. Pelo contrário, deve ser afirmado o princípio de que os sócios devem ser responsabilizados *diretamente* pelo uso ilegítimo da figura sociedade. Tal corresponderá, de resto, a afirmar a já tão propalada relação entre poder e responsabilidade: quanto maior o poder, maior a responsabilidade; quando haja abuso de poder, *a fortiori*, maiores serão ainda as exigências de responsabilidade.

A sociedade existe pelos e para os sócios, sendo deles instrumento. Quando, porém, o uso que dela aqueles façam seja abusivo (nos dizeres do art. 334.º CC, quando exceda os limites impostos pelo fim social ou económico do direito de constituir e fazer funcionar a sociedade[77]) torna-se mister que se desconsidere a *persona,æ* (à letra, a máscara) societária, acedendo diretamente aos atores(-sócios) que se movem no palco social[78]. No fundo, está apenas em causa o princípio geral de que nenhum instrumento jurídico pode ser utilizado para fins contrários à lei, agora transposto para o campo societário.

O *privilégio* da limitação da responsabilidade dos sócios, que decorre naturalmente da alteridade jurídico-societária (os sócios não respondem pelas dívidas da pessoa jurídica 'sociedade', da mesma forma que não respondem, em princípio, pelas dívidas de qualquer outra pessoa) assenta no pressuposto de que a sociedade atua de acordo com uma lógica e interesse próprio (e o interesse social 'lucrativo' comporta, naturalmente, a satisfação constante das obrigações assumidas pela sociedade). Destarte, perante comportamentos abusivos dos sócios importa indagar qual a resposta à pergunta: quem realmente atuou foi a pessoa jurídica ou esta foi mero ins-

[76] Cfr. "La teoria della persona giuridica", in *Rivista di diritto civile*, ano II, 1910, p. 786.

[77] Com idêntica definição do abuso do instituto jurídico-societário, cfr. Coutinho de Abreu, *Curso...*, p. 168.

[78] Cfr. Rolf Serick, *Forma e realtà della persona giuridica*, Dott. A. Giuffrè ed., Milão, 1966, p. 273: "Se si abusa della forma della persona giuridica il giudice può, al fine di impedire che venga raggiunto lo scopo illecito perseguito, non rispettare tale forma, allontanandosi quindi dal principio della netta distinzione tra socio e persona giuridica. Esiste abuso quando, attraverso lo strumento della persona giuridica, si cerca di eludere una legge o dia sottrarsi ad obbligazioni contrattuali o di danneggiare fraudolentemente dei terzi". No extremo oposto, advogando a tese geral de abolição da desconsideração da personalidade jurídica, dada a sua aleatoriedade e arbitrariedade, promotoras da insegurança jurídica, cfr. Stephen Bainbridge, "Abolishing LLC veil piercing", in *University of Illinois law review*, vol. 2005. n.º 1, 2005, p. 78 e 96.

trumento nas mãos de outra pessoa[79]? Pelo menos nos casos de descapitalização provocada (intensiva) não será difícil concluir que não é verdadeiramente a sociedade que atua (até porque nem tem capacidade para tal). São apenas os sócios (ainda que o façam sob a *forma* societária)[80]. Daí que se determine que, nesses casos, eles devem responder diretamente perante os credores (antes de se levantar o véu da pessoa jurídica, estará em causa determinar até onde ele chega e se já foram ultrapassadas as suas últimas linhas)[81]. A desconsideração será, nestes casos, mais do que a negação da autonomia da sociedade, um mero reconhecimento de que aquela já não dispunha dessa qualidade.

Estando uma sociedade em crise (seja ela atual ou iminente), sobre os sócios não impende qualquer dever de a recapitalizar[82]. Podem, por exemplo, dissolvê-la (os gerentes ou administradores devem mesmo, em certos casos, sujeitar essa hipótese a deliberação dos sócios [v. art. 36.º/1 e 3-*a)*], devendo, noutros casos, requerer mesmo a declaração de insolvência da própria sociedade [art. 18.º e 19.º do CIRE]). Não é permitido aos sócios, no entanto, atentarem contra a própria sociedade, dissipando o seu património em detrimento dos próprios credores sociais (nalguns casos para novas sociedades constituídas para a prossecução de idêntica atividade)[83].

Não é, no entanto, qualquer tipo de abuso que deve conduzir à desconsideração da personalidade jurídica. Deve, antes, tratar-se de um abuso qualificado e reiterado (o que interessará não será tanto a existência de um ou dois atos de descapitalização, mas o conjunto uniforme de atos de tentativa de aniquilamento da sociedade[84]). Até porque, em último termo, sempre concluiremos que todos os comportamentos (abusivos ou não) da sociedade se reconduzem a comportamentos das pessoas naturais. Daí que estabelecer como regra que a resolução dos problemas relativos às práticas abusivas dos sócios passa pela sua responsabilização direta

[79] Cfr. José Lamartine Corrêa de Oliveira, *A dupla crise da pessoa jurídica*, Ed. Saraiva, São Paulo, 1979, p. 613.

[80] Note-se que também os gerentes poderão ser responsabilizados, embora em sede de responsabilidade civil, quer perante a sociedade (art. 72.º), quer perante os credores sociais (78.º).

[81] Segundo Menezes Cordeiro (*O levantamento da personalidade coletiva no direito civil e comercial*, Almedina, Coimbra, 2000, p. 153) o instituto da desconsideração "traduz uma delimitação negativa da personalidade coletiva".

[82] Coutinho de Abreu, "Diálogos com a jurisprudência...", p. 57.

[83] *Idem, ibidem*.

[84] cfr. Ricardo Costa, "Responsabilidade dos gerentes de sociedades por quotas perante credores e desconsideração da personalidade jurídica", in *Cadernos de Direito Privado*, n.º 32, Outubro/Dezembro de 2010, p. 63.

seria, se não absurdo, pelo menos excessivo[85]. Além disso, é a própria segurança jurídica a aconselhar moderação na aplicação deste instituto, que deve configurar a *exceção* (necessária) à *regra geral* da limitação da responsabilidade[86].

Deve, pois, o instituto da desconsideração ter uma natureza subsidiária[87], sendo admissível apenas quando se mostre *necessário* (p. ex., a descapitalização além de intensiva foi total e a sociedade, à data da propositura da ação condenatória, já está em liquidação) ou *conveniente* (a sociedade vai deixar de existir, pelo que não faz grande sentido fazer com que os bens ingressem de novo no seu património).

f) A necessidade de regimes preventivos

Os regimes previstos no CSC são essencialmente repressivos, visando quer a invalidação dos negócios abusivos celebrados, quer a reparação da situação patrimonial da sociedade através de indemnizações pagas àquela pelos administradores e/ou sócios. São, no entanto, pensáveis vários mecanismos de controlo preventivo deste tipo de negócios, que resultariam – pelo menos aparentemente – numa forma mais efetiva de tutela dos sócios minoritários, mormente se atentarmos nos elevados custos de litigância em que estes incorrem se pretenderem recorrer aos tribunais[88].

Uma das formas de controlo possível seria através da exigência de aprovação prévia da transação pelo órgão de administração, precedido, ou não, por um parecer favorável do órgão de fiscalização[89] (um regime, de resto,

[85] Cfr. Pedro Cordeiro, *A desconsideração...*, p. 31, nota 21.

[86] Cfr. Rolf Serick, *Forma e realtà...*, p. 298.

[87] Cfr. Acórdão do Trib. da Relação de Lisboa, de 3 de Março de 2005 (Proc. 1119/2005-6; rel. Jesus Roque): "Não se pode deixar de ter em conta que seja qual for a interpretação que se faz do instituto da desconsideração da personalidade jurídica das Sociedades Comerciais, ele será sempre um meio de oferecer uma garantia suplementar aos credores e não um meio de transposição total do risco do credor social para aquele que comete o abuso. Trata-se de uma nova obrigação que tem um fim próprio que consiste em responsabilizar a Sociedade e o "homem oculto", pela mesma dívida, mas este subsidiariamente, porquanto apenas em cada caso, como se disse, se lhe dá autonomia conceitual e relevância jurídica prática. Na verdade, o interesse prático da responsabilidade pela desconsideração, está em dar uma garantia complementar aos credores em caso de abuso, permitindo-se, ao mesmo tempo, a manutenção da personalidade jurídica do ente social e a sua autonomia patrimonial para além do caso concreto".

[88] Cfr. OECD, *Related party transactions and minority shareholder rights*, OECD Publishing, Paris, 2012, p. 34.

[89] A propósito da intervenção prévia do órgão de fiscalização, v. a Recomendação V.2 do Código de Governo das Sociedades da CMVM 2013: "o órgão de supervisão ou de fiscalização deve estabelecer os procedimentos e critérios necessários para a definição do nível

semelhante àquele que vigora para os negócios entre a sociedade e administradores [art. 397.º]) ou por deliberação autorizativa do próprio colégio dos sócios[90]. A aprovação da transação pelo órgão de administração é o regime vigente na Bélgica[91] e em França[92] para alguns negócios com acionistas.

Subjacente a esta opção está, de resto, o entendimento de que a intervenção colegial do órgão de administração constitui um mecanismo eficaz de controlo, fiscalização e acompanhamento da atividade social[93]. Assumirá grande importância, para o efeito, a figura dos administradores independentes.

Nos termos do ponto II.1.7 do Código de Governo das Sociedades da CMVM 2013, "(...) considera-se independente quem não esteja associado a qualquer grupo de interesses específicos na sociedade nem se encontre em alguma circunstância suscetível de afetar a sua isenção de análise ou de decisão (...)".

relevante de significância dos negócios com acionistas titulares de participação qualificada – ou com entidades que com eles estejam em qualquer uma das relações previstas no n.º 1 do art. 20.º do CVM –, ficando a realização de negócios de relevância significativa dependente de parecer prévio daquele órgão".

[90] João Dias Lopes defende, no âmbito das sociedades anónimas, que o dever de lealdade dos administradores impõe que estes promovam um duplo controlo preventivo dos negócios a celebrar entre a sociedade e o acionista de controlo: desde logo, através de uma deliberação colegial do órgão de administração, que deve ser requerida nos termos do art. 406.º, alínea *n)* (salvo tratando-se de matéria estatutariamente sujeita a deliberação dos sócios ou que integre competências delegadas na comissão executiva); num segundo nível, através da sujeição do negócio a consentimento do colégio dos sócios, nos termos do art. 373.º/3, após emissão de um parecer sobre os termos da transação por revisor oficial de contas independente. Cfr. "Governo...", pp. 103 e 152 e ss.

[91] Nos termos do art. 524.º do *Code des Sociétés* belga, os negócios celebrados entre uma sociedade cotada e uma sociedade relacionada (p. ex., que seja sua sócia controladora), desde que não sejam realizados em condições normais de mercado e representem mais do que um por cento dos ativos líquidos da sociedade, devem ser previamente submetidos à apreciação de uma comissão composta por três administradores independentes, assistida por especialistas. Após a elaboração de um parecer fundamentado por aquela comissão, compete ao conselho de administração decidir sobre a realização do negócio.

[92] Nos termos dos arts. L225-38 e L225-40 do *Code de commerce* francês, os negócios entre a sociedade e acionista que disponha de uma fração de direitos de voto superior a 10% ou entre aquela e algum dos seus administradores devem ser submetidos a autorização prévia do conselho de administração, devendo ser ulteriormente aprovados pela assembleia geral. Isentas deste tipo de controlo serão as operações correntes ou aqueloutras concluídas com aqueles sujeitos em condições normais de mercado (L225-39).

[93] Cfr. Pedro Maia, *Função e funcionamento do conselho de administração da sociedade anónima*, Studia Iuridica 62, Coimbra editora, 2002, pp. 211 e 212.

A independência de que se fala é tanto em relação aos demais administradores (em princípio os ditos executivos), como relativamente aos sócios de controlo (relevando de forma particular os administradores que sejam eleitos pelos acionistas minoritários, segundo as regras especiais de eleição previstas no art. 392.º).

Note-se, porém, que os administradores que são "desinteressados" ao abrigo da lei podem, no entanto, não o ser de facto[94]. Os administradores independentes podem ser sérios e controlar. Mas isso não tem propriamente que ver com o facto de serem "independentes". Até porque, na verdade, podendo eles ser livremente destituídos, não se vê como possa existir efetiva independência. Note-se, de resto, que não são apenas os gerentes ou administradores que sejam designados pelos sócios de controlo que estão sujeitos a grande pressão para não se oporem aos interesses daqueles. Tal acontece também com os ditos independentes:

> "In essence, this strain of thought was premised on the notion that when an 800-pound gorilla wants the rest of the bananas, little chimpanzees, like independent directors and minority stockholders, cannot be expected to stand in the way, even if the gorilla putatively gives them veto power. Lurking in the back of the directors' and stockholders' minds is the fear that the gorilla will be very angry if he does not get his way. As a result, we cannot fully trust the traditional protective devices that the law uses to validate interested transactions".
>
> (LEO E. STRINE JR., "The inescapably empirical foundation of the common law of corporations", in *Delaware journal of corporate law*, n.º 27, 2002, p. 512)

Mais do que a aprovação pelos administradores independentes, importará também que estes participem na transação[95]. Na medida em que con-

[94] Cfr. MELVIN EISENBERG, "Self-interested transactions in corporate law", in *The journal of corporation law*, n.º 13, vol. 4, 1988, p. 1003.

[95] Parece ser esta a solução prevista no quadro do direito italiano, para as operações mais relevantes. De facto, de acordo com o *Regolamento recante disposizioni in materia di operazioni con parti correlate*, adotado em Março de 2010, pela Commissione Nazionale per le Società e la Borsa (Consob), que veio concretizar o disposto no art. 2391-bis do Codice Civile, as sociedades abertas ou com ações admitidas à negociação em mercado regulamentado devem prever mecanismos internos que assegurem a correção e justeza das transações concluídas com partes relacionadas, designadamente, no que respeita às *operações de maior relevância* (definidas no art. 3.º/1-b) e no Anexo 3 ao citado *Regolamento*), através da emissão de um parecer não vinculativo por um comité *exclusivamente* formado por administradores independentes – prévio à aprovação do negócio pelo conselho de administração –, devendo aqueles, ademais, participarem na fase de negociação e preparação da transação, com acesso a informação completa e tempestiva sobre os termos da mesma (art. 8.º/1-*b)* e *c)*).

sigam, pelo menos, tornar mais difícil e oneroso para o sócio de controlo a extração de benefícios privados, da sua ação já se terá retirado algum efeito útil[96].

Outro dos mecanismos tendentes a evitar práticas de *tunneling*[97] pelos sócios controladores, seria através da exigência de aprovação prévia de todos os negócios mediante deliberação do próprio grémio social (na qual o sócio contratante estaria impedido de votar). Este é o regime previsto no Reino Unido, para as sociedades cotadas, onde se exige a aprovação pelos sócios de negócios que envolvem acionistas com mais de 10% dos direitos de voto da sociedade[98].

Pelo menos aparentemente, esta solução parece ser mais adequada, além de ser também a que melhor se justifica. São os sócios quem deve aprovar este tipo de negócios, porque também são eles que sofrem a descapitalização que eventualmente advenha da sua execução. Por outro lado, não existe a mesma suspeição relativamente aos sócios minoritários que existe em relação aos gestores, que podem ser destituídos a qualquer momento[99].

Uma das formas possíveis seria a exigência de unanimidade dos sócios na aprovação dos negócios. Esta perspetiva parte do princípio de que, quando todos os elementos do grémio social consentem com o negócio, não existe risco de se prejudicar nenhum membro[100]. Ainda que tal

[96] Cfr. Jay Dahya/Orlin Dimitrov/John Mcconnell, "Does board independence matter in companies with a controlling shareholder?", in *Journal of applied corporate finance*, vol. 21, n.º 1, 2009, p. 68.

[97] O termo *tunneling* foi cunhado originalmente para caracterizar a expropriação dos acionistas minoritários na República Checa, realizada pela remoção dos ativos sociais através de um túnel subterrâneo. Atualmente, o conceito é utilizado para referir, em termos genéricos, a atuação abusiva dos sócios controladores, no sentido de obterem vantagens económicas à custa do património social (também designadas como *benefícios privados de controlo*), vantagens essas que não são partilhadas com os demais sócios na proporção das suas participações sociais. Cfr. Simon Johnson *et alia*, "Tunneling", in *The American Economic Review*, vol. 90, n.º 2, 2000, p. 22.

[98] V. Section 11.1 das *UKLA Listing rules*. Excetuam-se, no entanto, as transações de menor dimensão: aquelas que tenham um índice de relevância igual ou inferior a 0,25% (conforme descrição prevista na Section 10) estão dispensadas de qualquer mecanismo prévio de aprovação (Section 11.7, *i)*); por sua vez, as que tenham um índice de relevância superior a 0,25%, mas inferior a 5%, devem ser notificadas previamente à UK Listing Authority, juntamente com um parecer de um auditor independente que ateste que o negócio em causa é *fair and reasonable*, devendo ulteriormente a informação relativa à transação ser incluída nas contas anuais (Section 11.8).

[99] Cfr. Steven Haas, "Toward a controlling shareholder safe harbor", in *Virginia law review*, n.º 90, vol. 8, 2004, p. 2290.

[100] Cfr. Zohar Goshen, "The efficiency...", p. 401.

pudesse acontecer, sempre funcionaria a regra *volenti non fit injuria*. Por outro lado, quanto maior é o número de sócios a apoiar o negócio, maior a probabilidade de se tratar de um negócio eficiente para a sociedade[101].

Na prática, porém, este sistema atribui um direito de veto a cada sócio. Pode mesmo suceder que certos negócios, a despeito de reunirem um grande apoio dos sócios e de serem efetivamente necessários e eficientes para a sociedade, não possam ser realizados por falta de adesão de apenas um sócio. É verdade que, em casos desse tipo, talvez fosse possível arguir a anulabilidade da deliberação de não aprovação do negócio, motivada pelo voto abusivo daquele sócio que votou negativamente (v. art. 58.º/ /1-*b)*). Mas a ser assim, perder-se-ia uma das grandes vantagens deste tipo de aprovação *ex ante* (a saber, a desnecessidade de recurso aos tribunais), além da dificuldade que muitas vezes existirá para provar o carácter abusivo do próprio voto (votar contra um negócio eficiente para a sociedade não é, necessariamente, votar em termos abusivos). Mesmo que tal fosse possível, quando a deliberação viesse a ser anulada, muito provavelmente a oportunidade de negócio já se tinha perdido.

Existem ainda outros inconvenientes que desaconselham a exigência de aprovação por todos os sócios. Desde logo, o próprio processo de voto é demorado e dispendioso, o que pode conduzir a que muitos sócios, ou não votem, ou confiem cegamente na decisão suportada pelos administradores (com o correspondente risco de erro na avaliação sobre a justeza, ou não, do negócio)[102]. Ademais, dado o défice de informação acessível e acedida, em termos práticos, pelos sócios, muito poucos serão aqueles que participarão nas assembleias em termos devidamente informados e esclarecidos. Outro dos inconvenientes é o risco de *holding out* pelos sócios minoritários, isto é, de votarem estrategicamente, opondo-se à realização dos negócios, como forma de pressionarem o sócio controlador a proporcionar-lhes um qualquer benefício em troca do seu consentimento (*quid pro quo*)[103].

Em suma, parece que a exigência de unanimidade não é conciliável com o desiderato de se preservar todas as transações eficientes[104]. Tal seria resolvido (ou, pelo menos mitigado), no entanto, através da exigência de aprovação dos negócios pela (simples) maioria dos votos dos sócios não controladores.

[101] *Idem, ibidem*, p. 402.

[102] *Idem, ibidem*, p. 416.

[103] *Idem, ibidem*, p. 402, nota 23.

[104] Cfr. ZOHAR GOSHEN, "The efficiency...", p. 402.

São ainda assim, no entanto, demasiados os encargos se quisermos que se analisem todos os negócios individualmente, pelo menos naqueles casos em que os sócios e a sociedade negoceiem entre si amiudadas vezes[105]. Para obviar a tais inconvenientes, a solução bastará (parece) restringir a aprovação de negócios que se realizem acima de certos valores[106].

3. O papel dos deveres de informação

Os deveres de informação desempenham um papel fundamental na governação das sociedades, mormente servindo como limite aos benefícios privados de controlo[107]. A publicidade dos negócios entre a sociedade e os sócios ou administradores desencoraja a instrumentalização daquela por estes, permitindo que os mecanismos do mercado funcionem (através da desvalorização das participações sociais, de restrição no recurso ao crédito, *etc.*) e, bem assim, que os sócios não controladores e os credores possam reagir convenientemente, seja atacando os próprios negócios abusivos, seja assacando responsabilidades aos sócios de controlo ou administradores pela extração dos benefícios indevidos. Do mesmo modo, a transparência e a informação dissipam a suspeita relativamente aos negócios celebrados, reforçando a confiança no mercado[108].

105 Jens Dammann, *op. cit.*, p. 708: "(...) an ongoing business relationship means that the controlled corporation and its controller will constantly strike deals of some type or another, and it would be unrealistic to expect the independent directors or the shareholders to get involved every time".

106 É esta a solução prevista nas *UKLA Listing rules* (v. nota 98). Interessante também é a proposta de Coutinho de Abreu ("Negócios...", p. 25.): *i)* os negócios que sejam de valor superior a certo montante (*v.g.*, 1% do capital próprio da sociedade), devem ser autorizados por deliberação do órgão de administração, precedida de parecer favorável do órgão de fiscalização (quando exista); *ii)* quando os negócios sejam de valor superior a outro montante (*v.g.*, 5% do capital próprio da sociedade, devem ser autorizados pela própria assembleia geral, sob proposta do órgão de administração e parecer favorável do órgão fiscalizador (quando exista). Com idêntica solução diferenciada para a aprovação dos negócios com partes relacionadas, v. também o *Statement of the European Corporate Governance Forum on Related Party Transactions for Listed Entities*, de 10 de Março de 2011, disponível em http://ec.europa.eu/internal_market/company/docs/ecgforum/ecgf_related_party_transactions_en.pdf.

107 José Ferreira Gomes, "Os deveres de informação sobre negócios com partes relacionadas e os recentes decretos-lei n.ºs 158/2009 e 185/2009", in *Cadernos do mercado de valores mobiliários*, n.º 33, Agosto de 2009, p. 135.

108 Cfr. Dominique Schmidt, *Les conflits d'intérêts dans la société anonyme*, Joly editions, Paris, 2004, p. 36: "la connaissance de l'existence du conflit contrecarre l'action clandestine. La transparecence dissipe le soupçon".

A imposição de deveres de informação, se não cumpre uma função mais importante do que a existência de normas substantivas, terá pelo menos a mesma importância no cumprimento do desiderato de limitação dos benefícios privados. Isto porque os mecanismos substantivos, seja de proibição ou limitação de negócios com sócios ou administradores, seja de tipo sancionatório relativamente a práticas abusivas, não cumprirão qualquer efeito útil se os mesmos negócios nunca chegarem a ver a luz do dia. Como sói dizer-se, *conhecimento é poder*[109]: reduzindo a assimetria informativa entre as partes contratantes e os sócios não controladores e o público, estes passam a estar em condições (*hoc sensu*, a ter o *poder*) de reagir perante os negócios abusivos[110].

É verdade que mesmo a imposição da obrigação de divulgar todos os negócios entre sociedades e partes relacionadas, nunca será, por si só suficiente. Desde logo porque é sempre necessário apurar quais os negócios que representam efetivamente uma forma de expropriação da sociedade; empresa que comporta assaz dificuldades. As mais das vezes, os investidores não conseguem antecipar (numa visão de médio/longo prazo) os efeitos nocivos de contratos entre partes relacionadas e sociedade, só logrando avaliar convenientemente os riscos quando a execução desses contratos se repercute negativamente na contabilidade social – fenómeno também conhecido como *miopia do mercado* (*market myopia*[111]). Apesar disso, a divulgação será sempre melhor do que a permanência dos negócios a penumbra.

Se o mercado funcionasse de forma perfeita, não seria necessário impor às sociedades qualquer dever de informação. Isto porque seria expectável que estas divulgassem voluntariamente toda a informação necessária, como forma de afirmação da qualidade dos seus produtos. Não obstante, trata-se de uma lógica que não funciona no âmbito de negócios com partes relacionadas, e em particular com os sócios de controlo. É que se é verdade que a sociedade internaliza os benefícios da divulgação dessas transações (seja através do acesso a capital a mais baixo custo, seja pela subida do valor das suas participações sociais) – benefícios esses que são partilhados por todos os sócios –, por sua vez é o sócio de controlo quem

[109] Cfr. George Stigler, "The economics of information", in *The Journal of Political Economy*, vol. LXIX, n.º 3, Junho de 1961, p. 213.

[110] Cfr. José Ferreira Gomes, "Conflitos de interesses entre accionistas nos negócios celebrados entre a sociedade anónima e o seu accionista controlador", in *Conflito de interesses no direito societário e financeiro – um balanço a partir da crise financeira*, Almedina, Coimbra, 2010, p. 177.

[111] Cfr. Comissão Das Comunidades Europeias, *Impact assessment on the proportionality between capital and control in listed companies*, de 12/12/2007 [SEC (2007) 1705], p. 32.

tem de suportar sozinho os custos relativos a essa mesma divulgação (como sejam aqueles que estão associados à limitação da sua capacidade para extrair benefícios privados adicionais, ou ainda aqueles que decorrem da própria revelação dos seus negócios ao mercado, como seja o prejuízo para a sua reputação)[112]. Daí que seja natural que o sócio controlador use a sua influência sobre o órgão de administração para assegurar que esse tipo de informações não seja divulgada (pelo menos aquela que diga respeito aos negócios abusivos)[113].

A publicação de informações *exatas, completas e oportunas* sobre o desenvolvimento da própria sociedade é apta a promover, por um lado, a proteção dos investidores, e, por outro, a eficiência do próprio mercado. Quanto aos primeiros, só a informação fidedigna sobre a situação financeira da própria sociedade, sobre os resultados esperados, a situação dos seus produtos nos mercados onde são transacionados, as suas responsabilidades previstas, ou ainda os *curricula* dos seus gestores permitem uma avaliação conveniente sobre quais os riscos de um investimento eventual[114]. Por sua vez, a informação permitirá, no seio do mercado, uma adequada formação dos preços das participações sociais (em especial, dos valores mobiliários), bem como a promoção da igualdade de oportunidades quanto a decisões de investimento, mercê da redução do espaço de utilização de informação privilegiada[115].

Note-se, todavia, que, se a falta de informação (ao qual se equipara a prestação de informações inexatas ou incompletas) tem efeitos negativos no funcionamento do próprio mercado, o mesmo sucede com o seu excesso[116]. Desde logo, devido aos elevados custos necessários ao trata-

[112] Cfr. José Ferreira Gomes, "Os deveres...", p. 121.

[113] *Idem, ibidem.*

[114] Cfr. José Ferreira Gomes, "Os deveres...", p. 109. Dando conta, porém, da eventual impreparação dos destinatários da informação para, a partir da mesma, tomar decisões esclarecidas, cfr. Cfr. Paulo Câmara, "Conflito de interesses no direito financeiro e societário: um retrato anatómico", in *Conflito de interesses no direito societário e financeiro – um balanço a partir da crise financeira*, Almedina, Coimbra, 2010, pp. 66 e 67: "Com efeito, frequentemente as prescrições informativas assentam numa presunção de capacidade do investidor ou acionista para ter acesso à informação, poder compreendê-la e agir, em tempo útil, em conformidade com a informação disponível – o que, fazendo fé nos números nacionais sobre literacia financeira, em muitos casos (*v.g.*, informação financeira, informação sobre transações entre partes relacionadas) pode não suceder".

[115] Cfr. José Ferreira Gomes, "Os deveres...", p. 109

[116] Nas palavras de Frank Knight (citado por George Stigler, "Nobel lecture: The process and progress of economics", in *The journal of political economy*, vol. 91, n.º 4, Agosto de 1983, p. 540), "Truth in society is like strychnine in the individual body: medicinal in special conditions and minute doses; otherwise and in general, a deadly poison".

mento e filtragem de toda a informação. Depois, porque havendo excesso de informação, aquela que é verdadeiramente relevante corre o risco de passar despercebida. Daí que se torne imperioso que a informação tornada pública seja a correta e de qualidade.

Relativamente aos negócios celebrados entre as sociedades e partes relacionadas existem diversas normas que impõem a divulgação de informações.

As sociedades cujos valores mobiliários estejam admitidos à negociação num mercado regulamentado devem elaborar as suas contas individuais e consolidadas em conformidade com as normas internacionais de contabilidade [NIC] (art. 4.º do Regulamento (CE) n.º 1606/2002, do Parlamento Europeu e do Conselho, de 19 de Julho de 2002, relativo à aplicação das normas internacionais de contabilidade, art. 4.º/1 do DL n.º 158/2009, de 13 de Julho, e art. 2.º/1 do Regulamento da CMVM n.º 11/2005, de 3 de Novembro). Trata-se de normas emitidas pelo *International Accouting Standards Board* (IASB) e adotadas na União Europeia (UE) pelo Regulamento (CE) n.º 1126/2008 da Comissão, de 3 de Novembro de 2008, nos termos do citado Regulamento (CE) n.º 1606/2002.

Assim, nos termos da norma internacional de contabilidade IAS 24, aquelas sociedades devem identificar relacionamentos, transações e saldos pendentes, incluindo compromissos, com partes relacionadas nas demonstrações financeiras. Conforme se pode ler logo no ponto 1.º da IAS 24:

> "O objetivo desta Norma é assegurar que as demonstrações financeiras de uma entidade contenham as divulgações necessárias para chamar a atenção para a possibilidade de que a sua posição financeira e lucros ou prejuízos possam ter sido afetados pela existência de partes relacionadas e por transações e saldos pendentes, incluindo compromissos, com tais partes".

Daí que se obrigue à divulgação completa de tais informações. Ademais, só é possível inscrever nas demonstrações financeiras que as transações com partes relacionadas foram feitas em termos equivalentes aos que prevalecem nas transações em que não existe relacionamento entre as partes, se esses termos puderem ser comprovados (ponto 23 da IAS 24).

As sociedades emitentes de ações que estejam obrigadas a apresentar contas consolidadas devem ainda incluir, no seu relatório semestral, "informação sobre as principais transações relevantes entre partes relacionadas nos seis primeiros meses do exercício, que tenham afetado significativamente a sua situação financeira ou o desempenho, bem como quaisquer alterações à informação incluída no relatório anual precedente suscetíveis de ter um efeito significativo na sua posição financeira ou desempenho nos primeiros seis meses do exercício corrente" (art. 246.º/3-*c)* do CVM). Aquelas que não estejam obrigadas a elaborar contas consolidadas devem, no seu relatório semestral, "incluir, no mínimo, informações sobre as principais transações relevantes entre partes relacionadas realizadas nos seis primeiros meses do exercício, referindo, nomeadamente, o montante de tais transações, a natureza da relação relevante e outra informação necessária à compreensão da posição financeira do emitente, se tais transações forem relevantes e não tiverem sido concluídas em condições normais de mercado" (art. 246.º/5-*e)* do CVM). As sociedades com ações admitidas à negociação em mercado regulamentado são ainda obrigadas a indicar, no seu relatório anual sobre a estrutura e as práticas de governo societário, o local dos documentos de prestação de contas onde está disponível a informação sobre negócios com partes relacionadas ou, em alternativa, a reproduzir essa mesma informação no próprio relatório (Regulamento da CMVM n.º 4/2013, de 1 de Agosto).

Nos termos do art. 248.º-B CVM e art. 14.º/1 do Regulamento da CMVM n.º 5/2008, de 2 de Outubro, os dirigentes (membros do órgão de administração ou de fiscalização, via de regra[117]) de um emitente de valores mobiliários admitidos à negociação em mercado regulamentado ou de sociedade que o domine têm também o dever de informar a CMVM, no prazo de cinco dias, sobre todas as transações efetuadas, de valor superior a 5.000€, que tenham como objeto as ações da sociedade emitente ou instrumentos financeiros com esta relacionados.

Quanto às sociedades do sector financeiro, cabe ao Banco de Portugal, ao Instituto de Seguros de Portugal (ISP) e à CMVM a definição do âmbito subjetivo das NIC relativamente àquelas que estejam sujeitas à sua supervisão (art. 5.º do DL n.º 158/2009, de 13 de Julho). As sociedades supervisionadas pelo Instituto de Seguro de Portugal podem optar por elaborar as respetivas contas quer de acordo com as NIC, quer nos termos do Plano de Contas para as Empresas de Seguro [PCES] (art. 2.º do Regulamento n.º 28/2005, de 11 de Abril do ISP). De notar, porém, que o PCES incorpora quase todas as NIC, incluindo a IAS 24 (art. 2.º do Regulamento n.º 110/2007 do ISP).

[117] Nos termos do art. 248.º-B/3 CVM, "para efeito do disposto no n.º 1, consideram-se dirigentes os membros dos órgãos de administração e de fiscalização do emitente e os responsáveis que, não sendo membros daqueles órgãos, possuem um acesso regular a informação privilegiada e participam nas decisões sobre a gestão e estratégia negocial do emitente".

As sociedades sujeitas à supervisão do Banco de Portugal devem elaborar as suas contas de acordo com as NIC (art. 2.º do Aviso do Banco de Portugal n.º 1/2005, de 28 de Fevereiro). As sociedades sujeitas à supervisão da CMVM, que não as emitentes de valores mobiliários (para quem é obrigatória a aplicação das NIC), podem optar por elaborar as suas contas, quer de acordo com as NIC, quer de acordo com o Sistema de Normalização Contabilística (art. 3.º/1 do Regulamento da CMVM n.º 11/2005, de 3 de Novembro.

Por sua vez, as restantes sociedades (não cotadas e/ou de sectores não financeiros) aplicam as Normas Contabilísticas e de Relato Financeiro (NCRF)[118], que constituem uma adaptação das normas internacionais de contabilidade, ainda que dispensem a aplicação de determinados procedimentos e divulgações exigidos naquelas[119]. Todavia, para efeito de divulgação de negócios entre a sociedade e partes relacionadas, a NCRF 5 impõe obrigação idêntica à prevista na IAS 24 (a primeira é, de resto, uma cópia quase integral da segunda).

Por último, estabeleceu-se um regime especial e simplificado para as sociedades de menor dimensão, que *podem* aplicar, conforme os casos, a Norma contabilística para microentidades[120] (NC-ME) ou a Norma contabilística e de relato financeiro para pequenas entidades[121] (NCRF-PE), em detrimento das NCRF (arts. 9.º-C e 9.º-D do DL n.º 158/2009, de 13 de Julho). No âmbito das NC-ME e NCRF-PE já não é, porém, obrigatória a divulgação de transações entre a sociedade e partes relacionadas.

[118] As NCRF estão previstas no ponto 5 do Sistema de Normalização Contabilística (SNC), aprovado pelo DL n.º 158/2009, de 13 de Julho, e foram homologadas pelo Despacho n.º 260/2015-XIX do Secretário de Estado dos Assuntos Fiscais, de 16 de Julho de 2015, e publicadas em Diário da República através do Aviso n.º 8256/2015, de 29 de Julho.

[119] O art. 4.º/2 do DL n.º 158/2009, de 13 de Julho, permite, porém, que as sociedades cujas demonstrações financeiras sejam objeto de certificação legal de contas *possam* elaborar as respetivas contas consolidadas em conformidade com as normas internacionais de contabilidade. Nesse caso, as sociedades cujas contas sejam consolidadas podem também optar por elaborar as respetivas contas individuais de acordo com as NIC (n.º 4 do mesmo artigo).

[120] Nos termos do art. 9.º/1 do DL n.º 158/2009, de 13 de Julho, serão *microentidades* as sociedades que não ultrapassem dois dos três limites seguintes:
Total do balanço: 350.000€;
Volume de negócios líquido: 700.000€
Número médio de empregados durante o período: 10.

[121] Nos termos do art. 9.º/2 do DL n.º 158/2009, de 13 de Julho, serão *pequenas entidades* as sociedades que não ultrapassem dois dos três limites seguintes:
Total de balanço: 4.000.000€;
Volume de negócios líquido: 8.000.000€
Número médio de empregados durante o período: 50.

Para todas as sociedades que não elaborem as suas contas de acordo com as normas internacionais de contabilidade, o art. 66.º-A/2 do CSC prevê a obrigação adicional de divulgação, no anexo às contas[122], "de informações sobre as operações realizadas com partes relacionadas, incluindo, nomeadamente, os montantes dessas operações, a natureza da relação com a parte relacionada e outras informações necessárias à avaliação da situação financeira da sociedade, se tais operações forem relevantes e não tiverem sido realizadas em condições normais de mercado". Dever idêntico é estabelecido para as sociedades obrigadas à consolidação de contas que não elaborem as suas contas de acordo com as NIC, com exceção das operações intra-grupo que não têm de constar do anexo (art. 508.º-F/2 do CSC).

Na grande maioria dos casos trata-se de uma *obrigação duplicada*, uma vez que nas próprias contas já consta informação suficiente sobre os negócios celebrados com partes relacionadas (embora seja mister relevar que a informação agregada é sempre mais valiosa do que a individual: um negócio entre a sociedade e um sócio ou administrador não tem o mesmo peso ou efeito do que dez). Ainda assim, nos casos em que o não seja, o facto de se limitar o dever de divulgação às *operações relevantes e que não tenham sido realizadas em condições normais de mercados* pode levantar alguns problemas: uma vez que tal juízo deve ser feito pelo órgão de administração (que é a quem compete a elaboração das contas e respetivo anexo – art. 65.º), existe o risco de se isentarem indevidamente certos negócios das obrigações de publicidade[123]. A sindicância da avaliação da relevância ou irrelevância dos negócios em causa *pode* e *deve*, porém, ser realizada pelo órgão de fiscalização (arts. 420.º/1-e) e g) [fiscal único e conselho fiscal] e 441.º/1-h) [conselho geral e de supervisão] e 423.º-F-e) e g) [comissão de auditoria]), quando dê parecer sobre as contas do exercício, e sobretudo pelo ROC, aquando da certificação legal das mesmas (art. 451.º e 453.º)[124].

Nas sociedades de pequena dimensão (sobretudo aquelas que não estejam obrigadas a proceder à certificação legal das contas) faz sentido a imposição das obrigações de publicidade previstas no art. 66.º-A[125]?

[122] O anexo é registado e publicado com as próprias contas do exercício (arts.70.º CSC, 3.º/1-*n)* e 70.º/1-*a)* do Código Registo de Comercial).

[123] Defendendo que, por isso, talvez tivesse sido preferível impor-se a divulgação de *todas* as transações com partes relacionadas, cfr. José Ferreira Gomes, "Conflitos...", p. 188, nota 320.

[124] Cfr. José Ferreira Gomes, "Conflitos...", p. 186.

[125] O art. 66.º-A resultou da transposição da Diretiva n.º 2006/46/CE do Parlamento Europeu e do Conselho, de 14 de Junho de 2006, que alterou a Diretiva n.º 78/660/CEE

Tendemos para responder afirmativamente[126]. É verdade que se trata de uma obrigação que acarreta custos para a sociedade (e bem sabemos qual a importância da redução de custos nas pequenas e médias sociedades-empresas). Mas são custos justificados: os negócios com partes relacionadas funcionam como um dos mecanismos mais comuns de diversão da riqueza social. Daí que seja fundamental que possam ser conhecidos (recordemos que *conhecimento é poder*) para, se for caso disso, poderem os interessados julgarem da sua (ir)regularidade. Nos casos em que não seja obrigatória a certificação legal de contas[127], à informação divulgada falecerá credibilidade e fiabilidade (faltará, desde logo, da fé pública ínsita à própria certificação pelo ROC). Mas, ainda nesses casos, o dever imposto pelo art. 66.º-A cumpre um efeito útil: sempre que os gerentes ou admi-

do Conselho, de 25 de Julho de 1987. Nos termos do art. 43.º/1-7) deste último diploma (com a nova redação), as sociedades por quotas, anónimas e em comandita por ações deviam, no anexo às contas, proceder à divulgação das operações realizadas pela sociedade com partes relacionadas nos termos agora previstos no art. 66.º CSC. No entanto, dispunha de uma previsão específica para as sociedades de pequena dimensão: "Os Estados Membros podem autorizar as sociedades a que se refere o artigo 27.º [sociedades que, na data de encerramento do balanço, não ultrapassem os limites quantitativos de dois dos seguintes critérios: *a)* total do balanço- 17.500.000€; *b)* montante líquido do volume de negócios- 35.000.000€; *c)* número de membros de pessoal empregue em média durante o exercício- 250] a omitir as informações previstas no presente ponto, a não ser que estas correspondam a um dos tipos referidos no n.º1 do art. 1.º da Diretiva 77/91/CEE [para Portugal – sociedade anónima], situação em que os Estados-Membros podem limitar a divulgação a, no mínimo, operações realizadas direta ou indiretamente entre: *i)* a sociedade e os seus acionistas maioritários; e *ii)* a sociedade e os membros dos órgãos de administração, de direção e de fiscalização". Em suma, previa-se a possibilidade de isentar todas as sociedades de pequena dimensão da divulgação das operações realizadas com partes relacionadas, com exceção das sociedades anónimas, as quais poderiam, quando muito, proceder a uma divulgação limitada. Apesar de tudo isto, o legislador nacional optou por transpor indiscriminadamente o regime de divulgação previsto nas Diretivas comunitárias para todas as sociedades, independentemente do seu tipo e dimensão. Daí que seja pertinente a questão colocada.

[126] Em sentido contrário, cfr. José Ferreira Gomes, "Conflitos...", p. 187: "Como facilmente se constata, a imposição deste dever às sociedades de pequenas dimensões é manifestamente desadequada (...). Para além do peso imposto desnecessariamente (...) às pequenas sociedades, acresce que a informação divulgada no anexo às contas (como impõe o artigo 66.º-A CSC) será de pouca utilidade para quaisquer destinatários se não for devidamente certificada por ROC. Este será o cenário que se verificará em todas as sociedades que não estejam obrigadas à designação de um ROC e à certificação das suas contas"

[127] *V.g.*, uma sociedade por quotas cujos estatutos não determinem a existência de fiscal único ou conselho fiscal e que, durante dois anos consecutivos, não ultrapasse dois dos três limites previstos no art. 262.º/2, não é obrigada a designar um ROC para proceder à revisão legal das contas.

nistradores cumpram a sua obrigação de divulgação, todos os interessados que não tenham tomado parte no negócio beneficiam do acesso a essa informação; mesmo quando esta não seja exata e/ou completa, pelo menos ficarão alerta para a existência de negócios 'suspeitos'. Por outro lado, a violação da obrigação de divulgação implica a responsabilidade civil dos gestores sociais, quer para com a sociedade, quer diretamente para com os credores sociais (o art. 66-A é, segundo julgamos, norma de proteção destes), nos termos dos arts. 72.º e 78.º CSC.

Resumo: **A presente reflexão pretende apenas servir de (re)início de debate acerca dos "direitos sobre direitos" e de como diferentes concepções acerca da natureza dos bens e do conceito de *Propriedade* podem levar a diferentes resultados, ou até retirar ou acrescentar coerência à lógica do sistema de aquisição, domínio e defesa de titularidade de certos bens, questionando a natureza jurídica das participações sociais e a existência da categoria dos "direitos coisificados", e propondo uma sistematização.**
Palavras-chave: **Coisas; direitos sobre direitos; participações sociais; propriedade; posse.**

Abstract: **This reflection's sole intention is to (re)start the debate about the "property over rights" category, and how different conceptions on the nature of the goods and *Property* rights can lead to different results, or even remove or add coherence to the logic of acquisition, mastery and defense of the ownership of certain assets, questioning the legal nature of shares and the existence of the category of "thing-rights", and proposing a systematization.**
Keywords: **Things; property over rights; shares; property; possession.**

ANTÓNIO MIGUEL ARNAUT*

A *coisificação* de participações sociais: breve reflexão

> *"O interesse que tenho em acreditar numa* coisa *não é prova da existência dessa* coisa*"*
>
> VOLTAIRE

I. Introdução

O presente estudo pretende tratar de um tema que, intimamente relacionado com o objecto de tese que venho "percorrendo"[1], visto de uma diferente perspectiva, poderá revestir-se de elevado interesse prático. É um facto que, apesar da discussão jurisdicional da questão que aqui se apre-

* Mestrando em Ciências Jurídico Civilísticas pela Faculdade de Direito da Universidade de Coimbra

[1] Diga-se, o reconhecimento da posse de coisas incorpóreas, e, consequentemente da susceptibilidade da aquisição por usucapião desses direitos reais de gozo (especiais), porquanto não se reconduzam por completo ao direito de propriedade (geral) regulado no Código Civil (1302.º CC), por força das características diferenciadas da *res* sobre que incidem (1303.º CC).

DSR, ano 8, vol. 15 (2015): 237-273

senta ter cessado, ao que parece, nos anos noventa[2], uma parte da doutrina tem, mais ou menos vagamente, persistido em mantê-la como ponto de passagem obrigatório[3]. Na realidade, para a jurisprudência, esta terá passado a ser uma não-questão, dada a notória prevalência, entre nós, de defensores dos conceitos de *coisa* e de *posse* romanísticos e pandectísticos, por influência alemã, diariamente corroborados pelo nosso julgador. Ora sucede que, por maiores os valores que se reconheçam ao Direito Comparado como parte de uma boa metodologia, não estamos na Alemanha, e em Portugal é vigente o Código Civil Português e o Código das Sociedades Comerciais, aprovados, respectivamente, pelos decretos-lei n.º 47344, de 25 de Novembro de 1966, e n.º 262/86, de 2 de Setembro. Apartada a mera constatação deste facto, duas razões (entre muitas) se devem apontar, uma de cariz formal-positivista, outra de cariz substancial, para a falibilidade de comparações com o modelo germânico a este nível: em primeiro lugar não existe, entre nós, preceito análogo ao §90 do BGB[4], nem o nosso legislador trata os regimes jurídicos que daí decorrem da mesma forma, referindo-se à "Propriedade Intelectual" (veja-se o art. 1303.º CC, e uma pluralidade de referências *realísticas* pelo CPI e CDADC), à propriedade sobre o estabelecimento comercial[5] (veja-se o art. 782.º CPC,

[2] Desde a vigência do Código Civil de 1966 podem-se citar, abordando especificamente o tema sem restrições ideológico-doutrinais (embora chegando a diferentes conclusões), os acórdãos do STJ de 22/02/1984 (Proc. n.º 71093 – *in* BMJ n.º 334, pp. 430 e ss.), de 25/09/1990 (Proc. n.º 79040 – *in* BMJ n.º 399, pp. 493 e ss.), de 10/11/1992 (Proc. n.º 82124 – *in* BMJ n.º 421, pp. 450 e ss.), e de 06/05/1998 (*in* CJ, ASTJ, Ano VI, Tomo II, pp. 71-72), e os Acórdãos da RL de 16/04/1975 (*in* BMJ n.º 247, p.207), de 21/12/1982 (*in* CJ, ano VII, Tomo V, pp. 143-146), e de 24/06/1999 (*in* CJ, ano XXIV, Tomo III, pp. 129-133). É de salientar também um douto acórdão do Tribunal Constitucional, n.º 491/02, onde a propósito de uma questão de (suscitada) inconstitucionalidade do preceituado no art. 490.º n.º 3 do CSC se averigua da analogia entre a "propriedade corporativa" (uma "propriedade necessariamente mediatizada pela organização própria da corporação social ou pela interposição do ente social") e a *propriedade real*, para efeitos de tutela constitucional como direito de natureza análoga aos direitos, liberdades e garantias (cfr. art. 62.º n.º 1 CRP).

[3] Veja-se, entre outros, J. M. Coutinho de Abreu, *Curso de Direito Comercial*, Vol.II (das Sociedades), 2011, 4ª Edição, Almedina, Coimbra, pp. 350 e 351, Alexandre Soveral Martins, *Cláusulas do Contrato de Sociedade que limitam a transmissibilidade de acções – sobre os arts. 328.º e 329.º CSC*, 2006, Almedina, Coimbra, pp. 81-99 e 289-298, e Margarida Costa Andrade, *A locação financeira de acções e o Direito Português*, 2007, Coimbra Editora, pp. 63-82.

[4] "Sachen im Sinne des Gesetzes sind nur körperliche Gegenstände", o que, traduzido à letra, quer dizer "Coisas, na acepção da lei, são apenas objetos físicos".

[5] Veja-se recentemente, em Itália, a decisão das *Sezioni Uniti* da *Cassazione*, considerando o estabelecimento comercial como unidade jurídica, "todo que é mais do que a mera

94.º n.º 3, 1112.º n.º 1 alínea *a*, 1682.º-A n.º 1 *b* CC, etc...), e à clara referência da diferença entre o direito de propriedade sobre coisas corpóreas, "regulado neste código" (art. 1302.º CC), e as restantes propriedades especiais, que atesta, no mínimo, a sua possibilidade teórica e prática para o direito Português; a segunda, de ordem substancial, é o facto de existir, no caso da obra autoral, da invenção patenteável e dos sinais distintivos[6], um cabimento tal na definição jurídica de coisa[7], que não só

soma das partes", susceptível de posse e usucapião – *Sentenza* de 05/03/2014, proc. n.º 5087, disponível para consulta em http://www.cortedicassazione.it/ Notizie/GiurisprudenzaCivile/SezioniUnite/SchedaNews.asp?ID=3358. É de facto importante a valorização do direito comparado, *na medida em que haja analogia entre ordenamentos jurídicos e as suas disposições legais concretas*. Neste sentido e contexto poderemos considerar o ordenamento jurídico italiano mais próximo do nosso, como o francês e o espanhol, ressalvadas que ficam considerações sobre as diferenças entre sistemas translativos de direitos reais.

6 Estes, exceptuando a marca, e no que toca exclusivamente à usucapião, com algumas reservas. Não é, todavia, esse o tema de que se trata. Deixei de fora o estabelecimento comercial apenas por razões de construção teorética, por não o considerar estritamente uma coisa incorpórea, mas uma *coisa composta unitária*, com tratamento misto, objecto de posse unitária e prescrição aquisitiva – onde me parece que os prazos prescritivos a aplicar serão diferentes conforme estejamos perante um estabelecimento funcionando em imóvel próprio ou arrendado, em virtude da sua componente corpórea, que também deve ser tida em conta.

7 "Bem do mundo externo, *sensível ou insensível*, com suficiente individualidade e economicidade para ter o estatuto permanente de objecto de direitos", acrescente-se, *susceptível de apropriação exclusiva* – Cfr. Manuel de Andrade, *Teoria Geral da Relação Jurídica*, Vol. I, 1974, 4ª Reimpressão da 1ª Edição de 1960, Almedina, Coimbra, pp. 259-260, e Orlando de Carvalho, *Teoria Geral do Direito Civil*, obra de recolha coordenada por F. Liberal Fernandes, M. Guimarães e M. Redinha, 1ª Edição, 2012, Coimbra Editora, p.159. Quanto à nota final acrescentada, já me pronunciei noutro trabalho, dizendo que (permita-se a *citação*) "é desta susceptibilidade, ou melhor, da sua teórica inexistência, que resultam os argumentos basilares das teses que reduzem o conceito de coisa à *res unita corporalis*, que podemos apelidar de "corporalistas". Simplesmente estas teses não relevam o facto de o termo «apropriação» não significar "transmissibilidade" necessariamente, devendo ser entendido como *susceptível de senhorio primário* [ou *directo*] *exclusivo/individual* para efeitos jusprivatísticos, porque, como já se deixou entrever, as coisas sujeitas ao domínio público também o são, mas não para o Direito Privado. O critério aqui basilar é a externalidade do bem, é ser algo (individualizável e susceptível de fruição económica) *do mundo externo*, algo cindível, ainda que geneticamente ligado à personalidade donde se autonomiza". No que toca ao Direito de Autor, é clara a orientação de Alexandre Dias Pereira, que sigo, quando diz "numa palavra, acolhemos o argumento ontológico (...) [apenas] como uma condicionante da configuração jurídica do respectivo regime [das coisas incorpóreas]" – Alexandre Dias Pereira, *Direitos de Autor e Liberdade de Informação*, 2008, Almedina, Coimbra, p. 112. Quanto à crítica do conceito legal de *res* (art. 202.º CC) e à sua correcção interpretativa seguindo a distinção bem/coisa, ver, por todos, C. Mota Pinto, *Teoria Geral do Direito Civil*, 2005, 4ª edição com a colaboração de A. Pinto Monteiro e P. Mota Pinto,

o seu regime económico de transmissão e oneração justifica a existência de direitos reais especiais sobre "elas" – coisas incorpóreas –, como a sua própria autonomia *real* (ainda que não palpável), a sua individualidade e economicidade, concretiza a existência *independente de tratamento jurídico* de uma *res*. Deste modo, e contrariamente àquela que parece ser hoje opinião maioritária[8], entendo como Orlando de Carvalho que existe uma "necessidade de transcender essa atitude" e consagrar uma noção ampla de coisa[9], que é a única "que corresponde à verdadeira função do Direito, cujo objecto não é ordenar fisicamente o mundo dos corpos, mas ordenar socialmente a comunidade, em que direitos, estabelecimentos e energias têm o mesmo valor funcional das coisas corpóreas"[10].

Feita desde logo esta inicial, mas necessária, declaração de interesses, cumpre estabelecer o perímetro de raciocínio, até porque, para que exista a possibilidade de resolver um problema, é preciso primeiro colocá-lo da melhor forma possível, e justificar a sua existência. Ora este estudo pre-

Coimbra Editora, p. 341 e ss, ponto 86, e Alexandre Dias Pereira, *Informática, Direito de Autor e Propriedade Tecnodigital*, 2001, Coimbra Editora, ponto 16, 3, 4 e 5, mormente as pp. 134-147, e Oliveira Ascensão *apud* Alexandre Dias Pereira, *Informática...*, *ult.ob.cit*, p. 135 ("Não merece aplauso a solução legislativa. A figura mais genérica é a do bem. Coisa é uma modalidade deste").

[8] Ver, por todos, na vigência do actual Código Civil, J. Oliveira Ascensão, *A tipicidade dos direitos reais*, 1968, Petrony, Lisboa, pp. 260-290, *Direito Civil: Reais*, 2012, 5ª Edição, Coimbra Editora, pp. 38-41, e *Direito Civil: Direito de Autor e direitos conexos*, 2012, Reimpressão da 1ª Edição de 1992, Coimbra Editora, pp. 673-687, e A. Menezes Cordeiro, *Direitos Reais*, 1979, Lex Edições Jurídicas, Lisboa, pp. 191-193, e *Tratado de Direito Civil – III Parte Geral – Coisas*, 2013, 3ª Edição, Almedina, pp. 155-168., e José Alberto Vieira, *Direitos Reais*, 2008, Coimbra Editora, pp. 124-141. No mesmo sentido que estes autores, mas recusando que o art. 1302.º CC enuncie um princípio geral de *corporalidade* do nosso direito das coisas, Penha Gonçalves, *Curso de Direitos Reais*, 2ª Edição, Universidade Lusíada, pp. 73-78 – "(...) em vista de quanto fica dito e apesar de algumas dúvidas que pairam nesta matéria, afigura-se que, face ao nosso ordenamento jurídico-positivo, a tese da necessária corporalidade das coisas enquanto objecto de direitos reais, terá de ser acolhida com algumas e justificadas reservas (...)" cit. p. 78. Não tomando partido na problemática que envolve a corporalidade como princípio geral dos direitos reais, mas tecendo o quadro da problemática discussão doutrinária, veja-se Rui Pinto Duarte, *Curso de Direitos Reais*, 2013, 3ª Edição, Princípia Editora, pp. 30-33.

[9] Mas não "amplíssima", excluindo do conceito de coisa as pessoas, as prestações, as "situações económicas não autónomas" e a própria pessoa, *rectius*, das manifestações da sua personalidade. Para uma sistematização distintiva coerente entre bens coisificáveis e bens não coisificáveis, ver Orlando de Carvalho, *Teoria...*, *ob. cit.*, pp. 157-159. Será retomada esta sistematização posteriormente.

[10] Cit. F. Wieacker *apud* Orlando de Carvalho, *Direito das Coisas*, obra de recolha coordenada por F. Liberal Fernandes, M. Guimarães e M. Redinha, 1ª Edição, 2012, Coimbra Editora, pp. 141-142, nota 2.

tende, acima de tudo, colocar o problema, e propor um possível *logos* que nos permita percorrer o caminho e vislumbrar, ainda que de relance, a meta. Poder-se-ia até dizer, nas palavras de OTTO CARPEAUX, que "um problema está, de início, resolvido, se está bem colocado", mas não chega. No entanto uma proposta mais tratada seria tema para uma tese, e o que se me pede presentemente é brevidade e clareza, para além do necessário rigor jurídico.

O que é, então, uma participação social? É esta uma coisa, objecto de posse? É susceptível, consequentemente, de tutela possessória e usucapião? Se sim, qual a importância prática da questão? Se não, porque não? Por forma a não me exceder, dada a amplitude do tema, focar-me-ei na discussão do acórdão do STJ de 10/11/1992, com referência a outro (por oposição) do mesmo Supremo Tribunal, datado de 25/09/1990, e daí partirei para ulteriores considerações. No processo julgado no acórdão principal interveio, dando parecer[11] no sentido que fez vencimento, ANTUNES VARELA, cuja opinião será, também aqui, e salvo o devido respeito, objecto de sufrágio.

Cumpre, em primeiro lugar, uma descrição abreviada dos acontecimentos versados no primeiro aresto, escusando-me de referir dados que pouco interessem à questão – mas que podem, de todo o modo, ser consultados nas citadas fontes. Numa sociedade por quotas com uma cláusula de amortização obrigatória, constante do estatuto social, em caso de falecimento ou interdição de algum ou alguns dos sócios (cláusula permitida pelo actual art. 225.º CSC, e pelo art. 25.º n.º 1 da Lei das Sociedades por Quotas de 11/04/1901), abriu-se, em 1957, sucessão relativa ao falecimento de um sócio titular de cinco quotas, no valor total de 45.600$00, atribuídas em inventário, em partes iguais, às suas duas filhas, habilitadas como duas únicas herdeiras. A sentença que homologou a partilha data de 1958, vindo mais tarde servir de base a registo na Conservatória de Registo Comercial de Lisboa, lavrado como provisório por dúvidas, e convertido em definitivo a 12 de Outubro de 1977. O autor no processo, que sendo cumprido o estatuído na cláusula[12] limitativa da transmissão *mortis causa* seria único titular de todas as quotas da sociedade, pediu, deste modo, a declaração de nulidade do registo efectuado e o reconheci-

[11] Disponível *in* CJ, ASTJ, Ano I, Tomo I (1993), pp. 265-272.

[12] "Fica, assim, entendido que dado o falecimento ou interdição de algum dos sócios, ao sobrevivo ou não interdito pertencerá todo o activo da sociedade com a correlativa obrigação do passivo" (§único da cláusula segunda). Não se discute sequer as sucessivas alterações que a dita cláusula sofreu ao longo da "vida" da sociedade – evidenciadas no referido parecer de ANTUNES VARELA.

DSR, ano 8, vol. 15 (2015): 237-273

mento dos seus direitos. Contestaram as rés, alegando que, em suma, não tendo havido nenhuma deliberação social de amortização das referidas quotas[13], e sendo elas tratadas pela sociedade autora, durante mais de vinte anos, como sócias (o que consubstanciaria a sua *posse* dos bens cuja titularidade se litigava), tinham adquirido as participações sociais por usucapião. Foi sensível à argumentação o tribunal de primeira instância, que julgou a acção improcedente com base na argumentação das rés. Desta decisão coube recurso para a Relação de Lisboa, que enveredou pelo sentido contrário, dando razão ao recorrente autor. Ambos os julgados tiveram como base a susceptibilidade ou não de posse de quotas sociais com base no Código Civil de 1867 e no actualmente vigente, ou seja, a resposta à pergunta que aqui se coloca, e procurará responder. Neste estado estava o enredo aquando da subida ao Supremo, que, influenciado (como denota) pela douta opinião vertida no parecer junto, decidiu em conformidade.

Outro foi, todavia, o julgamento do colectivo de juízes-conselheiros que, a 25 de Setembro de 1990, concluíram categoricamente: "entendemos que a quota em causa foi adquirida por usucapião". Em causa estava (sem entrar em pormenores) uma nulidade de cessão de quota por ter sido feita por quem não era realmente seu titular, embora o seu nome constasse do registo em virtude de ser esposa do falecido sócio. Seguidamente, foi novamente transmitida a participação ao autor no processo, que pretendia ver a sua *propriedade* reconhecida contra a ré, única herdeira do sócio cuja morte despoletou os factos geradores da controvérsia. Deu-se como provado nas instâncias o exercício *público* e *pacífico* de todos os direitos que cabiam aos respectivos sócios, de forma sucessiva por ambos os cessionários desde 10 de Abril de 1958 (cfr. art. 1256.º CC). Considerou, por fim, o Supremo Tribunal, que, quando "a posse da quota não se baseia em justo título, o prazo para a sua aquisição era – como continua a ser – de dez anos, conforme resulta do artigo 532.º do Código Civil de 1867 e do artigo 1298.º alínea b) do Código Civil actual".

Desta brevíssima introdução pode retirar-se, sem dúvida, que a questão judicanda não é, de todo, despicienda. É que usualmente cometem-se alguns lapsos em relação ao instituto da usucapião: este é uma forma de *aquisição originária*[14] de *direitos* sobre coisas, mediante a posse dessa coisa

[13] Note-se que, à data dos acontecimentos, ainda não era vigente o CSC, que resolveria imediatamente o problema no n.º 2 do art. 225.º.

[14] "Aquisição originária é aquela em que surge um direito *ex novo* que não depende jurídico-geneticamente de um direito anterior: não depende senão do facto aquisitivo", cit. Orlando de Carvalho, *Teoria geral do Direito Civil*, obra de recolha coordenada por F. Liberal Fernandes, M. Guimarães e M. Redinha, 3ª Edição, 2012, Coimbra Editora, pp. 165-166. O direito posterior "não foi adquirido *por causa* [do anterior], mas *apesar* dele", cit. de Car-

por um determinado lapso de tempo, seguidas as regras da prescrição, e serve não só para as aquisições sem qualquer título ou causa (um furto, uma posse contrária ao verdadeiro titular), mas também para aquelas em que o adquirente dispõe de um título *formalmente* válido – onde a prescrição aquisitiva cumpre o propósito de *precludir* a invalidade do negócio ou o exercício pleno do direito de resolução –, ou "fazer prova" da titularidade de um direito real de gozo que se não consegue por si só provar ou de que se não dispõe prova forte (a *diabolica probatio*). Primeiro é preciso estarmos perante uma *res*, no sentido aludido; depois, caracterizar a posse dessa coisa; e, por fim, auferir da possibilidade de aquisição por "prescrição" do direito real de gozo sobre ela incidente. *Hoc opus, hic labor est...*

II. Natureza jurídica da participação social – a coisa que o não é

"Não é metodologicamente correcto partir da natureza jurídica da participação social para o seu regime. Ao contrário, o ponto de partida deve estar no seu conteúdo; a natureza jurídica é uma conclusão"[15]. Certo é que a descrição pormenorizada que se pediria aqui deve ser abreviada, por razões de economia de trabalho[16]. Todavia algumas notas essenciais devem ser deixadas.

Uma das formas mais claras de distinção entre os diversos *tipos* societários que uma sociedade comercial *deve* adoptar (cfr. arts. 1.º n.º 2 CSC[17] e 13.º n.º 2 CCom), para além da limitação ou não da responsabilidade dos sócios, da sua maior ligação pessoal à sociedade, da estrutura organizatória, ou do número mínimo de sócios que deve ter para se constituir, é o do regime de transmissão, quer entre vivos quer *mortis causa*, das participações sociais constitutivas da sua engrenagem. Como é sabido, uma sociedade comercial[18] pode ser constituída como sociedade em nome

los Mota Pinto, *Teoria Geral do Direito Civil*, 4ª Edição por António Pinto Monteiro e Paulo Mota Pinto, 2005, Coimbra Editora, p.360, II.

[15] Pedro Pais de Vasconcelos, *A Participação Social nas Sociedades Comerciais*, 2014, Reimpressão da 2ª Edição de 2006, Almedina, Coimbra, p.389.

[16] Para uma descrição coerente e pormenorizada, ver, por todos, J. M. Coutinho de Abreu, *Curso...*, Vol. II, *ob.cit*, pp. 209-442, Pedro Pais de Vasconcelos, *A Participação Social...*, *ob.cit.*, *passim*, em especial, pp. 367-387, e Paulo Olavo Cunha, *Direito das Sociedades Comerciais*, 2014, Reimpressão da 5ª Edição de 2012, Almedina, pp. 265-482.

[17] Como, doravante, todos os preceitos legais citados sem menção expressa da fonte.

[18] Sem esquecer que é dada a possibilidade a sociedades "que tenham exclusivamente por objecto a prática de actos não comerciais" de adoptarem um dos tipos previstos como obrigatórios, ficando sujeitas ao regime do CSC. Para uma explanação acerca da

colectivo (SNC), sociedade em comandita simples (SCS), sociedade em comandita por acções (SCA), sociedade por quotas (SQ) ou sociedade anónima (SA). Em questão de terminologia, o legislador fala-nos de *partes sociais*, designando as participações das SNC e dos sócios comanditados das SC, quer simples, que por acções[19], de *quotas* para as SQ[20], e de *acções* para as SA e para as participações dos sócios comanditários das SCA[21]. Ao nível da transmissão entre vivos: as *partes sociais* só podem ser transmitidas com o expresso consentimento dos restantes **sócios**, que deve ser reduzido a escrito, bem como a "constituição dos direitos reais de gozo sobre a parte do sócio" (art. 182.º n.os 1, 2 e 3), no caso das SNC, existindo, para as partes dos sócios comanditados das SCS e SCA a necessidade de consentimento por deliberação dos sócios, podendo o contrato de sociedade dispor de forma diversa (art. 469.º n.º 1); as *quotas* são, em regra, livremente transmissíveis/*cedíveis* quando entre cônjuges, ascendentes, descendentes ou sócios, e, nos restantes casos, "não produz efeitos para com a sociedade enquanto não for **consentida por esta**"[22] (art. 228.º n.º 2), sendo certo que estas regras podem ser afastadas pelo estatuto social, abrindo ou fechando mais a sociedade a entradas e saídas de sócios (art. 229.º); o mesmo se aplica às participações dos sócios comanditários numa SCS (art. 475.º); quanto às *acções*, tendo em conta que estas são *valores mobiliários* (art. 1.º alínea *a* do CVM), é necessário atentar na distinção patente ao art. 46.º CVM, entre acções *escriturais* e *tituladas*[23], e entre as *nominativas*

taxatividade dos tipos societários e um apontamento histórico em relação a cada um, ver, por todos, J. M. Coutinho de Abreu, *Curso...*, Vol. II, *ob.cit*, pp. 72-84, pontos 4 e 5.

19 Cfr. arts. 176.º n.º 2, 182.º e 183.º para as SNC, e remissão do art. 469.º (SCS e SCA).

20 Cfr. art. 219.º. Também podem ser assim designadas as participações dos sócios comanditários numa SCS, já que estas seguem o mesmo regime de transmissão, por remissão do art. 475.º.

21 Cfr. arts. 271.º e 478.º.

22 Devendo este consentimento ser dado por deliberação com maioria dos votos emitidos (arts. 230.º n.º 2, 5 e 6 e 250.º n.º 3), dentro de um certo prazo (tanto o consentimento como a recusa e proposta de amortização ou aquisição da quota), sob pena de a eficácia da cessão "deixar de depender dele", tornando-se esta livre (arts. 230.º n.º 4 e 231.º n.º 2 e 3). É exigida ainda, desde a reforma do DL 76-A/2006 (que aditou ao CSC os arts. 242.º-A a 242.º-F), uma outra formalidade para que a cessão seja *eficaz* perante a sociedade: a solicitação da promoção do registo da cessão da quota perante a sociedade (arts. 242.º-A e 242.º-B n.º 1), registo que é feito *por depósito* (art. 53.º-A n.º 3 e 5 alínea a). Faço, com o devido respeito, minhas as palavras de J. M. Coutinho de Abreu, *Curso...*, Vol. II, *ob.cit*, p.369, nota 346. Quanto ao consentimento da sociedade, ao seu pedido e ao seu regime, veja-se J. M. Coutinho de Abreu, *Curso...*, Vol. II, *ob.cit*, pp. 370-373, e Alexandre Soveral Martins, *Cessão de Quotas – alguns problemas*, 2007, Almedina, Coimbra, pp. 29-66.

23 "Os valores mobiliários são escriturais ou titulados, consoante sejam representados por registos em conta ou por documentos em papel". É importante notar que as acções são o

e *ao portador* (arts. 52.º CVM e 299.º CSC)[24/25], sendo a regra a da livre transmissão das acções ao portador, estejam ou não representadas num documento em papel, e da possibilidade de o estatuto estabelecer limitações à transmissão de acções nominativas, através da sua sujeição ao consentimento da sociedade, a outros requisitos, ou com a atribuição de um direito de preferência aos restantes accionistas (arts. 328.º e 329.º)[26]; tal regime é também aplicável às acções dos sócios comanditários de uma SCA (art. 478.º).

E qual o regime da transmissão de acções depois do registo do contrato de sociedade mas antes da sua *representação*? Apesar da *representação obrigatória* que parece resultar do art. 304.º n.º 3 (no prazo de 6 meses), parece inconsequente a previsão da transmissibilidade das participações sociais antes do registo do contrato (art. 37.º n.º 2), se não pudessem ser transmitidas as acções ainda não representadas *depois* deste mesmo registo, ou seja, da aplicação das regras do *tipo*. Mas acontece que também o Código das Sociedades Comerciais não prevê nenhuma forma de transmissão das acções *não representadas*. Como proceder? Seguindo argumentos análogos a ALEXANDRE SOVERAL MARTINS, "tendo em conta o que se pode ler no art. 2.º do CSC, julgamos aplicáveis, por analogia, algumas das normas contidas no regime da cessão de quotas"[27]. Mas não parece que aqui seja de derrogar a regra da livre transmissibilidade de acções. Ou seja, sinteticamente, o regime aplicável à transmissão destas acções não representadas é o dos arts. 228.º n.º 1 e 3 e 328.º, tendo esta de ser realizada por escrito

único tipo de participação social *susceptível de ser representada num título*. A atestá-lo estão os arts. 176.º n.º 2 e 219.º n.º7.

24 "Os valores mobiliários são nominativos ou ao portador, conforme o emitente tenha ou não a faculdade de conhecer a todo o tempo a identidade dos titulares".

25 Para uma abordagem sintética sobre estas distinções e suas decorrências, por economia de trabalho, veja-se ALEXANDRE SOVERAL MARTINS e MARIA ELISABETE RAMOS, "As Participações Sociais", *in Estudos de Direito das Sociedades*, 2013, 11ª Edição, Coordenada por Jorge Manuel Coutinho de Abreu, Almedina, Coimbra, pp. 118-122, ponto 1.3.

26 Quanto à forma de transmissão, ver os arts. 80.º n.º 1, 101.º e 102.º CVM. Veja-se, em relação à discussão da necessidade de *título e modo* para a transmissão de acções o que diz J. M. COUTINHO DE ABREU, *Curso...*, Vol. II, *ob.cit*, pp. 377-381, ponto 3.2.2.2. Não é este o momento de incitar a discussão. Diga-se apenas que se segue o autor citado, mas que se tem dúvidas em relação específica e exclusivamente às acções tituladas nominativas, ou pelo menos à interpretação que poderia ser feita do art. 102.º n.º 1 CVM, apesar do regime dos valores mobiliários ter as suas próprias "formalidades essenciais". É que quem tem que fazer a declaração escrita que se exige é o transmitente (art. 102.º n.º 2 alínea *c*). Não se duvida da *clareza* da letra da lei, mas da justeza da sua solução. Mas, como foi dito, não é questão a ser tratada aqui.

27 Cit. ALEXANDRE SOVERAL MARTINS, *Cláusulas do Contrato de Sociedade...*, *ob.cit.*, p.214.

e comunicada à sociedade, *mas sem necessidade de consentimento*, a não ser que exista no contrato de sociedade uma limitação permitida por lei, com base no preceito citado em último lugar[28].

[28] No mesmo sentido, J. M. Coutinho de Abreu, *Curso...*, Vol. II, *ob.cit*, pp. 376-377, e Alexandre Soveral Martins, *Cláusulas do Contrato de Sociedade...*, *ob.cit.*, p.215. Relembre-se que a participação social se constitui com o contrato de sociedade – é ver os dados dos arts. 992.º/1 e 995.º CC e, de forma "clara como a água" os arts. 23.º/1 e 37.º/2 do CSC (este último até se refere à transmissão de participações sociais *antes* do registo do contrato). No entanto a participação social apenas ganha a índole de *acção*, ou por outras palavras se soar melhor, a *acção só se constitui* (querendo dizer que a participação só passa a seguir o especial regime de "acção") com o *registo do contrato de sociedade* – se não se aceitar a "soma" do anteriormente dito com uma leitura razoável do art. 5.º CSC e com os dados de praticamente todas as normas que prevejam vicissitudes das acções na parte referente às sociedades anónimas, veja-se, concludentemente, o que dispõe o art. 304.º CSC, mormente o seu n.º 3: "os títulos definitivos [pois que o n.º 1 estipula que a sociedade, antes destes, *pode* entregar ao accionista um título – ou títulos – provisório] devem ser entregues aos accionistas nos seis meses seguintes ao registo definitivo do contrato de sociedade ou do aumento de capital". Imagine-se que numa sociedade com três administradores (que são quem tem de representar a sociedade no cumprimento desta obrigação legal perante os seus accionistas), todos os sócios (naquele momento) concordam que não se emitam títulos de acções, e os administradores não o fazem. Quem os pode obrigar a cumprir essa obrigação? O credor dela...que são os mesmos sócios que não querem nenhum título emitido. Acaso alguém negará a existência de acções? Obviamente que não. Simplesmente estas não estão ainda subordinadas às especiais formas de transmissão e vicissitudes dos valores mobiliários – estas acções *não são ainda valores mobiliários*. O art. 1.º/g) CVM refere uma noção tendencial de valor mobiliário, começando pela palavra *documento* – que não tem necessariamente que ser *um papel*, podendo resultar do mero jogo de escrita [quanto ao assunto veja-se o que diz Isabel Vidal, *Da (ir)relevância da forma de representação para efeitos de transmissão de Valores Mobiliários*, texto consultado in http://www.cmvm.pt/CMVM/Publicacoes/Cadernos/Documents/5c73a1962a914525b3a6981cfce3adefIVidal.pdf]. Ora o que *integra* na "vida" da acção o especial regime que se encontra descrito no CVM é a sua representação por uma das formas *taxativas* nele enunciadas – não havendo representação, e na falta de estipulação legal em contrário, até atendendo ao princípio da livre transmissibilidade de acções que resulta do art. 328.º/1 do CSC, os dados do ordenamento jusprivatísticos global, *maxime* o princípio da consensualidade que, apesar de estarmos perante uma posição jurídica complexa, resulta *a contrario* do 328.º/2 CSC, corroborando a lógica encimada pelo 408.º/1 CC para os direitos reais, permitem demonstrar que estas se transmitem sem necessidade de observação de um *modo* específico, apesar de, no que toca à forma, não repugnar a aplicação *ex analogia apenas* dos nos 1 e 3 do 228.º CSC, obrigando à observação de forma escrita e à comunicação à sociedade. Desta forma pretendo dar resposta à ideia contrária, que é mais intuitiva, como parece resultar de quem refere que o registo da acção como valor mobiliário em conta – no caso das escriturais [art. 73.º CVM] – ou por emissão do título – no caso das tituladas [arts. 95.º e 101.º e ss. CVM] – é um registo *constitutivo*. Não é totalmente desprovida de sentido, na medida em que quem a ela se refere diz que este é constitutivo do *valor mobiliário/acção*. Assim dito é totalmente verdadeiro, mas simultaneamente enganoso e óbvio – se o valor mobiliário, em sentido

Por outro lado, e no que toca à transmissão *mortis causa*: quanto às partes sociais dos sócios de uma SNC ou dos sócios comanditados de uma SCS ou SCA (arts. 184.º n.º 1 e 2 e 469.º n.º 2), podem estes optar por continuar a sociedade com o/s sucessor/es do *de cuius*[29], dissolver a sociedade ou liquidar a parte do sócio falecido, pagando "ao sucessor a quem couberem os direitos do falecido o respectivo valor"; no que toca às quotas dos sócios de uma SQ ou dos sócios comanditários de uma SCS (arts. 225.º e 475.º), a regra será a da transmissão livre, podendo o contrato de sociedade estabelecer limites dependentes da vontade da sociedade ou da vontade dos sucessores (art. 226.º), vontade que deve ser efectivamente exercida/declarada no prazo de noventa dias seguintes ao conhecimento do óbito[30]; quanto às acções das SA e dos sócios comanditários de uma SCA, a sua transmissão por morte segue as formalidades previstas nos arts. 101.º n.º 3 e 102.º n.º 3 CVM[31]. Em relação às acções *não representadas*, idênticas considerações às referidas no final do parágrafo anterior devem

estrito, é o documento, então é claro que a sua primeira representação, escritural ou em papel, o constitui. Já é falso que constitua a *acção*. Simplesmente, a representação traz, de forma excludente do regime anterior, um regime de circulação *novo* e vicissitudes *novas* impostas por lei – enquanto houver documento, está claro. Porque não constitui nenhum direito, prefiro referir que este acto *registral* (ainda que privado) **tem um *efeito integrativo de regime*** – nem constitutivo, nem meramente enunciativo, que, segundo as regras do registo predial (normatividade de aplicação subsidiária), seria o seu efeito central. *Valor mobiliário* é o direito/posição jurídica, sim, mas *apenas quando representada* em documento físico ou escritural, pois que, apesar de não ser ele que se *move* no mercado de capitais, é a sua existência que permite, melhor, que exige que se mova de tal forma – e não se argumente com a possibilidade de reforma prevista no 51.º do CVM, pois que em nenhum lado se proíbe que entre o momento da destruição do documento e o momento da sua (re) constituição se transmita a acção, *como acção e não como valor mobiliário, não lhe sendo nesse lapso temporal aplicáveis as regras de circulação do CVM*.

[29] Com consentimento que deve ser dado a proposta dos sócios sobrevivos dentro dos noventa dias contados da data em que tomaram conhecimento da morte do seu sócio, caso contrário a parte não se transmitirá, levando à obrigatoriedade de uma das duas restantes soluções (ver art. 184.º n.º5, 6 e 7).

[30] Aqui se lembra o caso citado no ponto I deste estudo: a sociedade deve adquirir, amortizar ou fazer adquirir por sócio ou por terceiro (arts. 220.º, 225.º n.º 2 e 232.º e ss.) no prazo de noventa dias, findo o qual "a quota considera-se transmitida". O legislador de 1986 não seguiu o entendimento perfilhado no citado parecer de Antunes Varela: "à morte do sócio, o sobrevivo ficava imediatamente investido, por força do pacto, na titularidade da quota (...), ficando os herdeiros deste na posição de meros credores dele". Mas a questão verdadeiramente nem se põe, nem tendo em conta a legislação anterior, porque a posse, a ser exercida, foi *contra* o real titular da quota, com o seu conhecimento, mesmo que ele tenha adquirido a participação por força da cláusula constante do pacto.

[31] Recorde-se a nota 25, e a estranheza que causa a existência destes preceitos e a existência de um *modo* necessário a esta transmissão.

ser aplicadas (arts. 2.º, 225.º e 328.º), pelo que a transmissão será livre, podendo apenas ser sujeita às limitações que a lei permitir.

Um primeiro problema *a latere* com que se depara o intérprete é o da transmissão, tanto entre vivos como por morte, de participações sociais[32] antes do registo definitivo do acto que constitui a sociedade, que, sabemos, é atributivo da personalidade jurídica societária (art. 5.º). É certo que o art. 37.º n.º 2 nos dá a nota que tal operação requer "o consentimento unânime" dos sócios, mas nada refere, de forma clara, em relação à continuação da sociedade com os herdeiros do sócio falecido, ou à forma da transmissão. Havendo várias posições na doutrina nos mais diversos sentidos[33] – que apontam na aplicação do instituto da cessão da posição contratual, da cessão de créditos, da aplicação analógica da cessão de quotas ou do regime do código civil (arts. 995.º e 1001.º CC) – resta tomar, ainda que "prematuramente", uma posição. Parece de afastar, desde logo, a possibilidade de aplicação do regime da cessão de créditos[34], *já que da participação social fazem parte obrigações, não configurando um simples crédito*. Sucede que nesta entidade não existe ainda personalidade jurídica, embora exista já a suficiente *subjectividade* para imputação de direitos e obrigações. Existirá uma resposta unívoca? Não, pois o nosso legislador cria grandes dificuldades à coerência de raciocínio se atentarmos conjuntamente aos regimes das sociedades civis, das associações sem personali-

32 Estou, desde logo, com J.M. Coutinho de Abreu quando este considera que, após o contrato, e analisados os dados legais (veja-se o art. 37.º CSC, mas também os arts. 198.º e 980.º a 1000.º CC), a sociedade já tem a necessária subjectividade jurídica para participar no tráfico. Cit., do A., *Curso...*, Vol. II, *ob.cit*, pp. 125-126: "Ainda que sem personalidade jurídica, a *sociedade-ente*, repita-se uma vez mais, *já existe*. Tem um património próprio, constituído pelo menos por créditos correspectivos das obrigações de entrada e/ou pelos bens resultantes das obrigações de entrada já realizadas. *Pode participar no tráfico jurídico* – aí estão os arts. 38.º-40.º a comprová-lo. E tem, pois, subjectividade-capacidade suficiente para ser sujeito de direitos e obrigações (...)". No entanto é preciso ter em conta que estamos a tratar de uma sociedade comercial, ou civil sob a forma comercial, *in faciendo*. Não obstando à imputação de direitos e obrigações à *entidade*, existem dúvidas de que já existam *partes*, *quotas* e *acções*, *enquanto tais*, como previstas para as sociedades registadas. Ver, quanto a esta questão, Alexandre Soveral Martins, *Cláusulas do Contrato de Sociedade...*, *ob.cit.*, pp. 201-211. No fundo, o que se denota é que "já há participações sociais, e não apenas posições contratuais" (*cit.* p.203). No entanto o A. acaba por lhe aplicar analogicamente o regime da cessão de quotas.

33 Veja-se Alexandre Soveral Martins, *Cláusulas do Contrato de Sociedade...*, *ob.cit.*, pp. 206-207, e notas 21-24. Veja-se também Carlos Mota Pinto, *Cessão da Posição Contratual*, 1970, Atlântida Editora, Coimbra, pp. 82-83, e nota 2, e Raúl Ventura, *Sociedades por quotas*, Vol. I, 1987, Almedina, Coimbra, pp. 572 e ss.

34 Em sentido contrário, Oliveira Ascensão, "As acções", in *Direito dos Valores Mobiliários*, II, 2000, Coimbra Editora, p.77.

dade jurídica e das sociedades comerciais e civis sob a forma comercial (no fundo, as *corporações*)[35]. Parece, no entanto, de salomónica justiça que, atendendo ao argumento legalista de atribuição da personalidade jurídica às SNC conjugado com o previsto no n.º 2 do art. 37.º ("seja qual for o tipo de sociedade visado pelos contraentes"), se aplique por analogia o regime de transmissão das *partes sociais* das SNC (arts. 182.º n.º 2 e

[35] Aliás, convém lembrar, como o faz Pedro Pais de Vasconcelos, as dúvidas suscitadas por Guilherme Moreira em relação à personalidade jurídica das sociedades em nome colectivo. Diz-nos este autor (cit. *apud* Pedro Pais de Vasconcelos, *A Participação Social..., ob.cit.*, pp. 401-402, nota 441) que "a separação que, pelo carácter de autonomia atribuído ao património social, se dá entre este património e o individual dos sócios, e a administração unitária que nas sociedades existe, fez com que o nosso legislador atribuísse às sociedades comerciais individualidade jurídica diferente da dos sócios (...). Seria realmente incompatível o conceito duma individualidade jurídica diferente da de cada um dos sócios, não só quanto a terceiros, mas ainda em relação aos próprios sócios, a responsabilidade ilimitada pelas dívidas da sociedade que a estes é imposta nas sociedades em nome colectivo (...). A individualidade jurídica atribuída às sociedades comerciais significa em princípio, segundo o nosso parecer, que o património comum dos sócios, pela constituição da sociedade, se separa do património individual de cada um deles, no sentido de que fica sendo uma propriedade colectiva, que, pelo fim a que é destinada, goza de uma certa autonomia". Existem aqui, de facto, alguns pontos que fazem ou deviam fazer os juristas pensar. Atendendo à quase igualdade entre o regime das sociedades civis e o das SNC, porque razão têm umas personalidade jurídica e as outras (segundo entendimento maioritário – ver Carlos Mota Pinto, *Teoria Geral..., ob.cit.*, pp. 295-296) não? É que a previsão do regime anterior ao registo (arts. 38.º-40.º) denota que a subjectividade jurídica advém *do contrato*, e apenas se aperfeiçoa com o registo, atributivo da personalidade jurídica plena. E não se pode dizer que o argumento é o da previsão expressa pelo legislador para umas e não para outras: a possibilidade do recurso à analogia aí estaria a contrariá-lo. Simplesmente as sociedades civis simples não recorrem aos tipos previstos no CSC, pelo que não existe regime *in faciendo*, já que é o registo que atribui, àquelas, personalidade jurídica. No topo do bolo encontramos a cereja: para as associações sem personalidade o CC prevê um regime específico (arts. 195.º e ss. CC). Uma possível conjugação de tudo isto seria a de reconhecer às sociedades civis *a mesma subjectividade que se reconhece às sociedades comerciais antes do registo*. Mas o seu regime continua a ser muitíssimo parecido com o das SNC. Terão estas, só porque o legislador o diz, personalidade colectiva, no sentido de serem titulares de direitos de personalidade (arts. 12.º n.º 2 CRP e 160.º CC)? Diz-nos Gulherme Moreira *apud* Pedro Pais de Vasconcelos, *ob. e loc.cit.*, que "a questão está [apenas] formalmente resolvida, porque é opinião nossa que não pode reconhecer-se o direito de personalidade a todas as formas de sociedades civis e comerciais". É esta, aliás, a orientação alemã, que divide entre sociedades de pessoas, sem personalidade, e sociedades de capitais. Quanto à distinção da *Gesamthand* germânica e a pessoa colectiva ver Ferrer Correia, *Sociedades Comerciais – doutrina geral*, 1956, Coimbra, pp. 80-82, ponto 29. Um tema a (re)pensar...

184.º), complementando o previsto no referido preceito[36], *apesar* da diferenciação expressa nos arts. 39.º n.º 2 e 40.º.

Deste excurso podemos retirar, ou pelo menos tentar vislumbrar aquela que será a essência jurídica da participação social: a sua *unidade*. Apesar da diferença de regimes de transmissão e oneração, "a participação social é objecto unitário de direitos reais (...) devendo acrescentar-se não serem autonomamente transferíveis nem a generalidade dos direitos componentes da participação social (...) nem as obrigações nele integradas"[37]. Poder-se-á contestar com argumento de que apenas a visão conjunta das diferentes facetas da participação social a poderão fazer compreender melhor, mas algo surge e resulta muito claro da lei: essa visão conjunta é em si a constatação da unidade legal de cada[38] parte social. Avanço então com a primeira declaração de interesses. Parece, deste modo, que se deve considerar a participação social com Coutinho de Abreu como a unitária posição jurídica que é formada pelo *"conjunto unitário de direitos e obrigações actuais e potenciais do sócio (enquanto tal)"*[39]. Tal ideia não é incompatível com as teorias que vêem na participação social uma relação jurídica ou um *status*: estas estão englobadas naquela. Importante é a conclusão de que a *Mitgliedschaft* é um objecto de direitos[40] já que, para além do ante-

[36] Da mesma forma se vê a similitude quanto ao regime de modificações no contrato (ver arts. 37.º n.º 2 e 194.º)

[37] Cit. J. M. Coutinho de Abreu, *Curso...*, Vol. II, *ob.cit*, p.221. Ver também nota 19. Cfr. no entanto Pedro Pais de Vasconcelos, *A Participação Social...*, *ob.cit.*, pp. 398-340 e 495 e ss., onde o autor propõe uma classificação "plural", que, diz, "é virtuosa". Mas o que é facto é que as participações sociais, no sentido que se tratam, são objecto de direitos, e não parece que sejam os chamados "direitos destacáveis" que atentem contra essa unidade objectiva (até porque são "destacáveis", não "destacados"). Veja-se, sobre esta última temática, Pedro Pais de Vasconcelos, "Direitos Destacáveis – O Problema da Unidade e Pluralidade do Direito Social como Direito Subjectivo", *in Direito dos Valores Mobiliários*, Vol. I, 1999, Coimbra Editora, pp. 167 e ss. Para que seja objecto de direitos subjectivos, como está claro que é, o que é plural tem que se unificar (ou *"e pluribus unum"*).

[38] Já foi visto, cada participação social tem regime diferente consoante o tipo societário. E, no caso das acções, podem existir diferentes categorias (cfr. arts. 302.º CSC e 45.º CVM). Veja-se, por todos, Alexandre Soveral Martins e Maria Elisabete Ramos, "As Participações Sociais", *ob. e loc.cit.*, pp. 121 e 122. Quanto aos direitos especiais que podem fazer parte integrante de uma participação social ver art. 24.º e J. M. Coutinho de Abreu, *Curso...*, Vol. II, *ob.cit*, pp. 211-219.

[39] Cit. J. M. Coutinho de Abreu, *Curso...*, Vol. II, *ob.cit*, p.209.

[40] Veja-se o extenso excurso, de direito nacional e comparado, sobre as diferentes concepções de Pedro Pais de Vasconcelos, *A Participação Social...*, *ob.cit.*, pp. 289-503. A construção de autor assenta no facto de a participação social incidir sobre a parte social, que é a parte do sujeito que é objecto ao mesmo tempo. Não parece o melhor raciocínio, salvo o devido respeito, como se verá adiante.

riormente dito, sobre as participações sociais podem, na sua generalidade, incidir *direitos reais de gozo*[41] (de usufruto[42] – arts. 1467.º e 1490.º CC e 23.º CSC), e *direitos reais de garantia*[43] (de penhor – arts. 23.º n.º 3), tudo factos sujeitos a registo (art. 3.º alíneas *e* e *f* CRCom). São também objecto de penhora (arts. 735.º n.º 1, 774.º e 781.º CPC e 239.º CSC), excepção feita às partes sociais dos sócios de SNC (art. 183.º n.º 1).

Ora sabendo que os vários direitos e obrigações que estão englobados na participação social que é titularidade do sócio (e que lhe confere o dito *status*[44]) não incidem sobre o património social[45], mas interligam o sócio com a sociedade[46] dada a separação dos patrimónios e a interposição do sujeito-sociedade, entra-se na temática já antiga e complexa

[41] Veja-se a referência expressa nos arts. 182.º n.º 3, 214.º n.º8, 233.º n.º 4, 269.º, 293.º, 328.º n.º 2 alínea *c*, 385.º n.º 3, e 462.º. Fica aqui uma referência a uma discussão doutrinal curiosa: quem é o *sócio*, o "titular de raiz" ou o usufrutuário? Parece-me que a melhor interpretação é a de J. M. Coutinho de Abreu, *Curso...*, Vol. II, *ob.cit*, pp. 355-357: "(...) Ele [o usufrutuário] não tem o estatuto de sócio. A participação social não lhe pertence; goza dos direitos integrantes da participação, mas não tem a generalidade das obrigações que a compõem (...). Contudo, a aplicabilidade ao titular ou ao usufrutuário de participação social de preceitos que se referem a sócios não resulta lógico-dedutivamente da qualificação de sócio ou não sócio de um ou outro. É preciso interpretar os enunciados normativos respectivos em e para cada caso concreto e atender a que o usufruto, sendo embora um direito real limitado, atribui amplos poderes societários ao usufrutuário de participação social, com correspondente (temporária) exclusão ou limitação de poderes do proprietário.". Veja-se, a título de curiosidade, Barbosa de Magalhães, *Usufruto de acções, de partes e de quotas sociais, in* ROA, ano 12, 1952, pp. 45-90, e J.G.Pinto Coelho, *Usufruto de Acções, in* RLJ, ano 90, n.º 3097-3117, e ano 91, n.º 3118-3122.

[42] Quanto ao usufruto de participações sociais veja-se Pedro Pais de Vasconcelos, *A Participação Social..., ob.cit.*, pp. 381-385.

[43] Veja-se os arts. 233.º n.º 4, 293.º, 385.º n.º 3 do CSC e 66.º n.º 2, 67.º n.º 1, 68.º n.º 1 alínea *g*, 81.º n.º 1 e 2 e 103.º CVM. Quanto ao penhor de participações sociais, veja-se L. M. Pestana de Vasconcelos, *Direito das Garantias*, 2013, 2.ª Edição, Almedina, Coimbra, pp. 320-330, ponto 24.7.4.

[44] Há alguma posição jurídica que não confira um estatuto?

[45] Ver Alexandre Soveral Martins, "Da personalidade e capacidade jurídicas das Sociedades Comerciais", in *Estudos de Direito das Sociedades, ob.cit.*, pp. 87-90, ponto 2.2.

[46] Ver J. M. Coutinho de Abreu, *Curso...*, Vol. II, *ob.cit*, pp. 209-210, que divide entre *direitos de participação, direitos patrimoniais*, e *direitos de controlo*.

dos *direitos sobre direitos*[47]. Desde a antiguidade[48], com evolução por força das codificações, que se põe o seguinte problema: pode um direito, que é um "referente de que um objecto [*maxime*, um bem] é o referido"[49], ser objecto de outro direito? Quanto à questão já se tinha pronunciado, como é sabido, MANUEL DE ANDRADE, dizendo que "não há obstáculo conceitual à admissão da figura"[50], e identificando institutos como o usufruto de créditos (arts. 1463.º-1466.º CC), o penhor de créditos (681.º n.º 2, 684.º e 685.º CC) e a hipoteca de um usufruto ou domínio directo de um prédio enfitêutico (art. 688.º CC).

As posições têm-se dividido ao longo dos tempos na doutrina a propósito da aceitação[51] ou rejeição[52], mas sempre no tom de que esta é uma questão "problemática em qualquer dos sentidos possíveis"[53]. De facto, os

[47] A ideia que aqui se propõe de *direitos sobre direitos* não deve ser entendida absolutamente, dado que, recorda-se, estamos a falar de complexos unitários de *direitos, obrigações* e *ónus* jurídicos. Importante é que esta designação de "direitos" seja entendida como o *construct* jurídico que traficamos – vendemos direitos reais, cedemos direitos de crédito, transferimos/assumimos obrigações. Nada destas "realidades" é, passe a redundância, real – é uma construção jurídica, e remonta à razão última do direito, que é a convivência e harmonia entre todos os homens. E as participações sociais, embora levem consigo obrigações e ónus, são um *construct* jurídico (complexo) traficável, entrando nesta noção funcional de "direitos", apesar de não configurarem apenas posições de vantagem – e há alguma coisa que configure? *Ubi commoda, ibi incommoda.*

[48] Os Romanos viam os *iura* como *res incorporales, "quod tangi non possunt"*. Ver BIONDO BIONDI, "Cosa corporale ed incorporale", in *Novissimo Digesto Italiano*, 3ª Edição, Vol. IV, 1957, Torino, UTET, pp. 1014-1018.

[49] Cit. JOSÉ ALBERTO VIEIRA, *ob.cit.*, p.133.

[50] Cit. MANUEL DE ANDRADE, *Teoria geral da relação jurídica*, Vol.I, 1974, Almedina, Coimbra, p.197.

[51] Ver por todos MANUEL DE ANDRADE, *Teoria geral…, ob.cit.*, pp. 195-198, e (em sentido ligeiramente distinto) ORLANDO DE CARVALHO, *Direito das Coisas, ob.cit.*, pp. 154-161, nota 5. Diz-nos este último autor, no extracto citado, p.155: "não assumimos nem a atitude de rejeição conceitualista dos que contestam a categoria com o fundamento em que os direitos são direitos e não objectos dos mesmos, devolvendo o problema para o âmbito da cessão limitada ou da aquisição derivada constitutiva, nem a atitude de afirmação positivista-legalista que parte do princípio que tudo é possível ao legislador, inclusive criar arbitrariamente os seus «bens»". Neste sentido me coloco também, embora com reservas nesta última parte: o legislador actual, conhecendo, como é de presumir, o ordenamento jurídico em que "mexe", pode criar bens que não contendam com os princípios base do sistema. Em sequência, a analogia há-de, como expediente criador de coerência e justiça, adaptar os regimes a situações que com elas reportem um carácter comparativo qualificado como de idêntica justiça e razão.

[52] Ver, por todos, A. MENEZES CORDEIRO, *Direitos Reais*, Vol. II, 1979, Imprensa Nacional – Casa da Moeda, Lisboa, pp. 1075 e ss., e JOSÉ ALBERTO VIEIRA, *Direitos Reais, ob.cit.*, p.132-133.

[53] Cit. CARLOS MOTA PINTO, *Teoria Geral…, ob.cit.*, p.338.

argumentos que apontam no sentido da rejeição liminar desta categoria são fortes quanto a alguns casos. Pense-se no penhor de direitos: preceitua o art. 680.º do CC que "só é admitido o penhor de direitos *quando estes tenham por objecto coisas móveis e sejam susceptíveis de transmissão*". A leitura clara desta norma leva-nos a constatar que só há penhor sobre direitos que incidam sobre coisas[54], ou seja, *direitos reais*. No caso do penhor de um usufruto de um telemóvel, sobre que *bem* incide o penhor? Sobre o direito ou sobre a *res*? Não tem pois o titular da garantia o direito de, uma vez não cumprida a obrigação garantida, obter a satisfação do crédito à custa do valor da coisa? Apesar de não ser quem primeiro defendeu tal posição[55], diz-nos José Alberto Vieira, de forma esclarecedora, que "se este objecto é uma coisa corpórea[56], o usufruto ou o penhor de direito não deixa de revestir a natureza de um direito real"[57]. Ora parece que, no caso do direito "sotoposto"[58] ser um direito real, quer sobre coisas corpóreas como sobre coisas incorpóreas[59], o direito sobreposto incide directamente sobre a

[54] Excluindo desde logo os que sejam insusceptíveis de transmissão, ou seja, os *intuitu personae*. Um caso claro é o *direito de uso* (arts. 1484.º-1490.º CC). Outro caso, quanto a mim, duplamente excluído por ser a nua-propriedade autoral, é o *direito moral de autor* (art. 56.º CDADC).

[55] Não cabe no presente estudo, porque extremamente limitado à questão das participações sociais, uma indagação de quem de facto foram todos os autores que perpassaram o tema difícil e curioso dos direitos sobre direitos. Por isso me justifico perante o leitor de que não vi necessidade de uma enunciação exaustiva e cuidada de todos os autores relevantes na matéria. A razão de ser do presente estudo foi o pensamento *desprendido* sobre o tema, evitando citar doutrina e jurisprudência, apesar de considerar relevantíssima, para que a presente reflexão não se estendesse para lá do que era previsto. Deixo, portanto, a advertência que julgo não ser despicienda: não citar não significa não considerar, nem pode fazer presumir não ter lido – pois que presunção facilmente ilidível, por um lado, e, quando por vezes existe muita citação e referência, não se deve também com tal presumir um exímio leitor, mas sim um escritor cuidadoso e sem limitações de espaço. É por uma opção de síntese que o faço.

[56] Aqui se vê bem a conceptualização pandectística de *coisa*. Não vale a pena contestar mais, somente reconhecer a diferença: existe a propriedade geral, regulada no código civil, aplicável às coisas corpóreas. No que toca às coisas incorpóreas em sentido estrito (a obra autoral, a invenção patenteável ou susceptível de modelo de utilidade, os desenhos e modelos, e os sinais distintivos) existem *propriedades especiais* adequadas ao tipo de coisa sobre que incidem, à sua *ubiquidade* e à sua ligação com o *dominus* e com o mercado. Apetece olhar os arts. 1302.º e 1303.º do CC e retorquir com António Gedeão: "Vê moinhos? São moinhos. Vê gigantes? São gigantes".

[57] Cit. José Alberto Vieira, *Direitos Reais, ob.cit.*, p.133.

[58] Utilizando a designação de Orlando de Carvalho, *Direito das Coisas, ob.cit.*, pp. 154-161, nota 5.

[59] A *ratio* de domínio é a mesma: são *entidades do mundo externo com suficiente individualidade, autonomia e economicidade para serem susceptíveis de constituir objecto estável de domínio*

coisa. Mas incide *nos termos da variação de domínio* que o direito sotoposto imprime sobre a *res*. Temos aqui aquilo a que podemos chamar a ***coisificação de direitos imprópria ou meramente aparente***, já que, parece-me, o objecto do segundo direito ainda é a coisa, mas limitado ao âmbito do primeiro. Visto "às avessas", o penhor de coisa seria, então, uma garantia que incidiria sobre o direito de propriedade que sobre ela versa. Atente-se no que diz ORLANDO DE CARVALHO: "a titularidade de um direito configura uma situação vantajosa em ordem a um bem – todo o interesse intende ou postula necessariamente um bem – que, salvo quando esgota virtualmente todo o *posse* do mesmo, coincidindo inteiramente com ele (o que acontece com o direito de propriedade – e daí a confusão entre *res* e *dominium* que já conhecemos desde o direito romano), se oferece, digamos, como uma «variação» sobre um bem"[60], e continua denotando "por fim, que a situação vantajosa, que é o «objecto de utilização» dos direitos sobre direitos, tem, como se disse, que ver com o bem que é objecto do direito sotoposto, daí decorrendo tudo o que se reporta à valorização ou à fruição desse bem e às vantagens que ele por si proporciona, ainda que nos limites do referido direito". Prova disto é que, extinto o usufruto sobre que incidia o penhor, este último mantém-se, permanece *sobre a coisa* nos termos do direito extinto, dependendo, obviamente, da causa da extinção (cfr. art. 699.º n.º 3 CC) – no fundo, se o usufrutuário *renunciar* ao seu direito, o penhor "mantém-se" incidindo sobre a coisa *em termos de usufruto*. Não existe aqui necessidade de coisificação, mas de *variação* do âmbito do direito. **Digo, conceber aqui direitos sobre direitos, ou não, é irrelevante, tanto a nível teórico como prático**[61]. Nestes casos, de forma mais complexa de constatar, mas análoga, se englobará o usufruto de um direito de superfície, a hipoteca de um direito de superfície, e a hipoteca de um usufruto sobre um direito de superfície (art. 688.º n.º 1 alíneas *c* e *e* do CC). Assim também o usufruto ou penhor de direito de autor (arts.

e apropriação exclusiva, apesar das variações de *intensidade* desse domínio (caso contrário não se poderia adquirir um direito de usufruto por usucapião – o que leva a concluir que a ideia de *apropriação* tem em conta a variação dessa intensidade). Aqui se inclui o penhor de direitos patrimoniais de autor (art. 46.º CDADC), que são direitos derivados ou filiais do direito-mãe, o *direito de autoria*, ou *direito de propriedade autoral*, do qual, uma vez separados, "sobra" o direito chamado de *moral*, direito simultaneamente real e pessoal. Infelizmente não é este o "espaço" para aprofundar a questão. Veja-se, no entanto, o que diz ALEXANDRE DIAS PEREIRA, *Direitos de Autor...*, *ob.cit.*, pp. 112 e ss.

60 Cit. ORLANDO DE CARVALHO, *Direito das Coisas*, *ob.cit.*, p.156, nota 5.

61 Podendo até, no caso do exemplo citado (manutenção do penhor depois de extinto o usufruto), confundir as coisas de tal forma que se julgue extinto o direito sobreposto por desaparecimento do seu objecto.

45.º e 46.º CDADC) – que se compreende uma vez que a propriedade autoral é intransmissível por ser uma *propriedade pessoal* – ou penhor de direitos sobre bens de propriedade industrial (arts. 30.º n.º 1 alínea *c* e 356.º n.º 1 alínea *l* do CPI), estes com diferenças tendo em conta a *coisa* sobre que incidem.

O caso muda de figura (aparentemente) quando atentamos ao penhor de créditos[62], por um lado, e ao usufruto de rendas vitalícias (art. 1463.º CC), por outro. Aquilo que sucederia se ignorássemos o direito sotoposto – que é um direito de *crédito* – era um direito com índole real a incidir sobre uma prestação, que, sabemos, é um bem não coisificável, já que o controlo ou domínio sobre ela ou sobre a coisa a que permitirá (em regra) aceder não é directo, mas obstaculizado pela *pessoa* do devedor. Aqui é de facto o *direito* que se movimenta, já que o domínio, no sentido realístico e directo, está impedido[63]. Desta forma o que acontece é que se *coisifica* o direito de crédito, mas apenas para aqueles efeitos, permitindo um mais lato leque de acesso, como garantia ou simples gozo, a prestações no tráfico jurídico. O que aqui se passa é uma ***coisificação de direitos em sentido relativo ou momentâneo***, que conduz a uma simples modificação subjectiva da relação jurídica, adaptando-a à *cessão de créditos* (arts. 577.º e ss. CC). Quanto a este ponto são claros os arts. 681.º n.º 2 e 3 (que deve ser aplicado analogicamente à hipótese de usufruto referida) e 684.º do Código Civil. Aqui deve, portanto, dar-se razão àqueles que defendem que o penhor de um crédito *não é um direito real*, mas um direito a *funcionar de modo real*[64]. Não significa, portanto, a incidência de um direito real sobre

[62] Categoria estranha, tendo em conta o teor literal do art. 680.º CC. Não obstante, parece ser o que resulta claro do art. 681.º n.º 2 CC. Resulta claro, pelo expendido, que se deve restringir a aplicação do art. 684.º CC ao penhor de créditos, quer pelo seu teor, quer pela sua *ratio*. Quanto à figura e às suas hipóteses, ver L. M. Pestana de Vasconcelos, *Direito das Garantias, ob.cit.*, pp. 257-320.

[63] Não faz sentido, pois, "conceber nenhuma propriedade de créditos ou, genericamente, de direitos, noção que, para lá de supérflua – a presumida propriedade de direitos mais não seria do que a titularidade dos mesmos –, desconhece o específico daquela forma de domínio como poder actual e potencialmente total sobre as utilidades previsíveis e imprevisíveis de um bem: como poder de exaurir por sua própria virtude o que se chama a «lógica das coisas». Ora é sabido que nenhum outro direito recobre uma situação de prevalência como essa." – cit. Orlando de Carvalho, *Direito das Coisas, ob.cit.*, pp. 157, nota 5.

[64] De forma sintética veja-se a *ratio* da proposta de distinção entre garantias feita por L. M. Pestana de Vasconcelos, *Direito das Garantias*, 2013, 2ª Edição, Almedina, Coimbra, pp. 58-68 – à anterior e clássica distinção entre *garantias reais/garantias pessoais*, opõe o A. uma mais consonante com a diferença de diretos, distinguindo entre as garantias que reforcem *quantitativamente* a possibilidade de satisfação do crédito (mais patrimónios adstritos à satisfação do crédito, mas sem individualização dos bens possam privilegiar a efectiva

um crédito[65], mas de um direito *de garantia* ou *de gozo/fruição* funcionando como o seu homónimo real, adaptado, logicamente, às características do seu objecto *imediato* – a prestação, no sentido de uma variação sobre a sua importância económica global. Já o seu objecto *mediato* continua da mesma forma – entre este e o seu eventual perceptor continua o sujeito do dever de prestar.

Subsiste a questão: e o usufruto e penhor de que já se sabe serem susceptíveis as participações sociais? São casos de direitos sobre direitos em que sentido? "Os sócios têm a sua participação social, que não se traduz num direito sobre aquilo que constitui o património da sociedade (...). **A atribuição da personalidade jurídica às sociedades comerciais torna necessário que se reconheça o carácter autónomo do respectivo património**"[66]. De facto, e como se vem dizendo até aqui, o complexo unitário de direitos constitutivos das participações sociais surge para

cobrança), e as que representem um seu reforço *qualitativo* (as que afectem concretamente e de forma especial bens em concreto à satisfação do crédito, privilegiando a posição creditória – os que funcionam de *modo real*, ou seja, as *garantias reais*, onde se inserem, como tipo da espécie, os *direitos reais de garantia*). Assim porque a tradicional distinção encontra, na temática que aqui se trata, uma barreira intransponível. "Dizem-se garantias pessoais aquelas em que outra ou outras pessoas, além do devedor, ficam responsáveis com os seus patrimónios pelo cumprimento da obrigação(...). Diversa é a configuração das garantias reais. Em virtude delas, o credor adquire o direito de se fazer pagar, de preferência a quaisquer outros credores, pelo valor ou pelos rendimentos de certos bens do próprio devedor ou de terceiro, ainda que estes venham a ser posteriormente transferidos"- cit. M. J. Almeida Costa, *Noções Fundamentais de Direito Civil*, 2013, 6ª Edição com a colaboração de António Vieira Cura, Almedina, Coimbra, pp. 169-170. Para que melhor se perceba o problema, de índole eminentemente teorética, e para não me alongar mais, veja-se que, p. ex., Menezes Leitão distingue entre *caução, garantias pessoais, garantias reais, utilização da propriedade como garantia* (alienação fiduciária em garantia, reserva de propriedade e locação financeira), *garantias especiais sobre direitos* (penhor de créditos e cessão de créditos em garantia), *garantias especiais sobre universalidades* e *garantias especiais atípicas* – Cfr. L. Menezes Leitão, *Garantias das Obrigações*, 2012, 4ª Edição, Almedina, Coimbra, pp. 21-25, e 85 e ss. No fundo, o que Pestana de Vasconcelos faz é redimensionar (diga-se, de forma coerente, simples, e muitíssimo bem fundamentada) os conceitos de *garantia real* e *garantia pessoal*, alterando a nomenclatura para diminuir a possibilidade de confusão de conceitos.

[65] Como o sugere, ao que penso, erradamente, Maria Assunção Cristas, *Transmissão Contratual do Direito de Crédito – do carácter real do direito de crédito*, 2005, Almedina, Coimbra, *passim*.

[66] Cit. Alexandre Soveral Martins, "Da personalidade...", *ob. e loc.cit.*, pp. 87-88. De facto, "titular dos bens é a sociedade, não são os sócios: o direito destes, no que tenha de patrimonial, dirige-se tão somente à participação no dividendo dos lucros anuais e no activo de liquidação" – cit. Ferrer Correia, *Sociedades Comerciais...*, *ob.cit.*, p.90. Conclui o autor, depois de reconhecer que a sociedade tem personalidade judiciária e até nacionalidade diferente da dos sócios, que "há que atribuir em qualquer caso ao direito dos sócios na

representar a ligação *limitada* entre a pessoa dos sócios e a pessoa da sociedade[67]. Por outras palavras: no mundo existem, antes de mais, *pessoas* e *coisas*. Seguindo a sistematização de ORLANDO DE CARVALHO, quando discorre acerca dos possíveis objectos da relação jurídica (os *bens*)[68], encontramos *bens coisificáveis*, à cabeça dos quais se encontram as *coisas* em sentido próprio (corpóreas, incorpóreas e *mistas*), e *bens não coisificáveis*, à cabeça dos quais as *pessoas*, a que se juntam as *prestações* e as *situações económicas não autónomas*. É importante ficar um pouco por estas paragens. Fala também o Autor da categoria dos *direitos coisificados*, como integrantes de uma noção de coisa em sentido amplo. Como conjugar estes com as ditas situações económicas carecidas de autonomia? "A nosso ver, são estas situações económicas não autónomas que explicam o fenómeno da coisificação de direitos (...)"[69]. Então, se explicam, o que são "direitos coisificados"?

Voltando atrás, para andar em frente: no mundo há pessoas *reais* e coisas *reais*, ou seja, entidades que existiriam *independentemente* da sua regulação jurídica e que é de justiça que o Direito as abarque e reconheça como tais. São *entidades do mundo externo*, a que a ordem jurídica *tem* que dar a dignidade que lhes corresponde, reduzindo-se o espaço de discricionariedade do legislador ao seu regime, respeitado que seja o seu sentido específico e axiológico. Assim se separam, logicamente, as pessoas das coisas: o ser humano tem uma dignidade ético-axiológica que não permite nem legitima uma apropriação! A pessoa é mais que isso[70]. Já a coisa não transporta este peso valorativo – para além de ter importância económica, ser limitada/indivisa e ter suficiente autonomia, é *negociável* sem constrangimentos éticos em relação a ela própria. A dado momento a ordem jurídica sentiu a necessidade de atribuir a entidades colectivas, às organizações (conjuntos de pessoas humanas ou de bens afectados a um determinado "destino", inicialmente) a "qualidade de sujeitos de direito, de autónomos centros de imputação de efeitos jurídicos"[71], criando uma

sociedade a natureza mobiliária (...) a cessão de partes sociais não está sujeita às formalidades exigidas para a transmissão de direitos imobiliários (...)".

[67] Ver, por todos, FERRER CORREIA, *Sociedades Comerciais...*, *ob.cit.*, pp. 80-94. Deixe-se, portanto, de fora a indagação do sentido da atribuição de personalidade colectiva às SNC.

[68] Ver ORLANDO DE CARVALHO, *Teoria...*, *ob. cit.*, pp. 157-159.

[69] Ver ORLANDO DE CARVALHO, *Teoria...*, *ob. cit.*, p.158. O autor identifica com estas os direitos sobre direitos, a que chama de 1.º grau e 2.º grau, como o penhor de créditos, etc...

[70] Ver ORLANDO DE CARVALHO, "Para uma teoria da pessoa humana (reflexões para uma desmistificação necessária)", in *Teoria...*, *ob. cit.*, pp. 247-267.

[71] Cit. J. M. COUTINHO DE ABREU, *Curso...*, Vol. II, *ob.cit*, p.164.

realidade jurídica[72] que, não sendo realidade *mundana*, não é pura ficção. É que, para poderem existir, as pessoas jurídicas, salvo excepções ligadas indelevelmente à personalidade humana (cfr. art. 12.º n.º 2 CRP), têm que ser equiparadas às pessoas reais, tendo capacidade de gozo e exercício de direitos, ressalvadas as limitações impostas por lei ou pela compatibilidade com a sua natureza[73] (um *princípio de equiparação* e de *especialidade do fim* – cfr. arts. 67.º, 160.º n.º 1 e 165.º CC).

Porque é que não existem, então, complexos unitários de direitos e obrigações como as participações sociais nas associações e nas fundações? Porque o seu substrato[74] é *puro e simples*, representando ou uma colectividade de pessoas (os associados) juntas, indistintamente, com vista à prossecução de um fim não lucrativo, mas moral, ou um complexo patrimonial adstrito por outrem à prossecução de um fim de igual índole. As corporações "são auto-organizações para um interesse próprio, ao passo que as fundações serão hetero-organizações para um interesse alheio"[75]. A ligação do sócio à sociedade, dada a sua complexidade, contém elementos pessoais e patrimoniais, e é transmissível (ao contrário da "qualidade" de associado – cfr.art. 180.º CC). O que parece é que, aqui, ao lado da pessoa/subjectividade jurídica, e para fazer funcionar a sua individualidade, simultaneamente separada e ligada ao sócio, surge-nos uma nova entidade: as *coisas jurídicas* ou *direitos coisificados*. Se ser pessoa jurídica significa a susceptibilidade de fruir do regime jurídico (com as devidas ressalvas) das pessoas singulares, ser coisa jurídica significa a *susceptibilidade de ser tratada como coisa, com as necessárias adaptações, e de ser submetida ao seu regime*. Mas, assim sendo, esse tratamento terá que: 1) ser indiciado pelos "dados" do ordenamento jurídico; 2) respeitar a definição de coisa – ter a suficiente autonomia e estabilidade (tendencial perpetuidade); 3) justificar, não apenas uma coisificação relativa ou momentânea nos termos anteriormente explicados, mas plena.

Aqui se chega ao ponto fulcral. É que ao lado das restantes "modalidades" de coisificação de direitos que se vinha descrevendo, no caso das participações sociais salta à vista que não estamos perante uma "banal" posição jurídica à qual se aplica o regime da *cessão da posição contratual* (arts.

[72] "A personalidade colectiva não é, pois, ficção (as pessoas jurídicas são tratadas «como se» fossem homens); é realidade – não realidade social-antropomórfica, mas realidade jurídica, criação (recente) do direito" – Cit. *Idem*, p.165. Ver também Manuel de Andrade, *Teoria geral…*, *ob.cit.*, pp. 45-55 e 113-124.

[73] Ver Carlos Mota Pinto, *Teoria Geral…*, *ob.cit.*, p.318-321, ponto 80.

[74] Ver Manuel de Andrade, *Teoria geral…*, *ob.cit.*, pp. 56-66.

[75] Cit. Ferrara *apud* Manuel de Andrade, *Teoria geral…*, *ob.cit.*, p.70.

424.º a 427.º CC). Estamos perante uma posição *duradoura*[76] não afectada nas suas componentes essenciais pela caducidade[77] nem prescrição extintiva – a participação social existe *a se*, existe para durar, não prescreve por falta de "uso". Este complexo de direitos e deveres que não prescreve (na sua unidade), que é transmissível (ainda que com limitações), e que é susceptível de *direitos reais* como o usufruto ou penhor, denota uma autonomia e individualidade tais, que me parece poder-se afirmar que estamos perante uma ***coisificação de direitos plena ou absoluta***. De facto, a forma de domínio destes direitos é análoga à do direito de Propriedade, podendo dizer-se que sobre eles incide isso mesmo: cada sócio é *proprietário* da sua parte[78]. No entanto urge fazer a seguinte indagação: estarão todas as participações sociais – as *partes* antes do registo, as *partes sociais* das SNC e das SC, as *quotas* das SQ e SCS, e as *acções* das SA e SCA –, atento o seu regime, coisificadas no sentido de que a autonomia que a lei lhes confere (e não a pessoalidade[79]) as destaque claramente no tráfico[80]? Já me parece duvi-

[76] Ao contrário das posições resultantes de um contrato de compra e venda ou mútuo.

[77] Ao contrário das posições resultantes de um contrato de locação (cfr.arts. 1025.º e 1051.º CC), mandato (cfr.art. 1174.º CC), renda vitalícia (cfr. arts. 1238.º e 1240.º) ou contrato de trabalho (cfr. arts. 343.º e ss. CT)

[78] Isto não significa que *a soma das partes* seja o mesmo que a pessoa sociedade: a pessoa sociedade é titular de um património próprio, pode adquirir participações próprias (cfr. arts. 316.º e ss.), e não é necessário o envolvimento de todas as partes para que o todo se pronuncie (cfr. art. 251.º). Por estas e outras razões, a sociedade-pessoa não fica, por isto, *objectificada*, mas sim uma realidade entre sujeitos. Objectificada é a ligação jurídica entre ambos. Em sentido aparentemente contrário, ver Pedro Pais de Vasconcelos, *A Participação Social...*, *ob.cit.*, pp. 370-374.

[79] O direito moral de autor é um caso de uma *propriedade pessoal*. E o direito de uso ou habitação, sendo inegavelmente um direito real, é um direito pessoal e intransmissível sobre coisas corpóreas.

[80] O caso problemático aqui está, como é bom de ver, nas partes sociais antes do registo definitivo e nas partes sociais das SNC. É que em comparação com o regime das sociedades civis, as únicas diferenças são a forma a que está sujeita a transmissão (art. 995.º n.º 2 CC e 182.º n.º 2 CSC), a expressa previsão da possibilidade de incidirem direitos reais de gozo sobre a parte social (art. 182.º n.º 3), e a (também) expressa previsão da existência de um direito de preferência para os restantes sócios do direito aos lucros e à quota de liquidação *destacados* em execução (art. 183.º n.º5). Isto chegará, sabendo que, como nas sociedades civis, só pode ser transmitida a parte com o *expresso* consentimento dos *restantes sócios*? Em conformidade com o que venho dizendo, *sim*. Até para as sociedades civis, *ainda que não dotadas de personalidade colectiva* pelo argumento legalista. Simplesmente esta é (cfr.arts. 182.º, 183.º, 184.º, 191.º e 194.º) uma propriedade muito restrita, quase intransmissível. E aos restantes direitos reais que sobre elas possam incidir aplicam-se as mesmas regras (art. 182.º n.º 3). Esta conclusão leva a que o facto de considerarmos as *partes sociais* como *res de iure* não justifique a admissibilidade da aplicação do regime total das coisas, *maxime*, da usucapião. É que a ligação dos sócios *entre si* é aqui tão forte, que

doso. Verdadeira coisificação, no sentido de existência autónoma perante todos (*excepto* perante a sociedade, que nalguns casos necessita de consentir na transmissão) só se encontra nas *quotas* e nas *acções*, que são, aliás, as *espécies* mais relevantes no nosso tráfico jurídico. Nas sociedades por quotas e por acções, também por razões de limitação da responsabilidade (cfr. arts. 197.º n.º 3 e 271.º), existe uma separação entre os sócios e a sociedade que legitima este regime, pese embora a necessidade de consentimento, em regra, *da sociedade* na venda de quotas a pessoas "afastadas" (cfr. art. 228.º n.º 2).

É sabido que é a titularidade de uma quota ou acção que dá acesso à qualidade de sócio, ao *status* corporativo. Sendo o direito que sobre elas incide, nesta construção, o de propriedade (*corporativa*), será ou não possível possuir uma participação social? Em breves traços: a *posse* é a situação de facto com relevância jurídica que se traduz na *mera possibilidade de exercício de poderes de facto nos termos do direito real sobre que versa*. Para que exista posse[81] é necessário um exercício *constante* e *material* de poderes de facto? Não. Basta, como explicita Heck[82], que a coisa se desloque para dentro de "certa órbita de senhorio ou de interesses", que o comportamento do sujeito revele uma "expressão de uma autoridade fáctica" (cfr. art.

estes têm que consentir *expressamente* (art. 217.º CC) que outrem adquira essa qualidade – o que poderia só de si não ser um obstáculo – e deliberar *por unanimidade* a admissão de novo sócio (art. 194.º n.º 2). Os "dados" do ordenamento jurídico levam, aparentemente, a afastar essa possibilidade.

[81] Esta posição dominial encontra-se cristalizada na nossa ordem jurídica segundo o *sistema subjectivo*, representado na figura de Savigny (por oposição ao *objectivo*, de IHERING). A posse "subjectivista" é, então caracterizada pela prevalência do *animus* (intenção de agir como titular do direito real) sobre o *corpus* (exercício de poderes de facto que denota uma vontade de domínio), na relação entrelaçante que os junta – não existe *corpus* sem *animus*, nem *animus* sem *corpus* –, o que resulta, na prática, na existência de mecanismos de tutela possessória (arts. 1276.º e ss. CC) unicamente para a situação de posse, e não já de mera detenção, sendo o elemento diferenciador o *animus* – ver a diferença entre *"animus possidendi"* e *"animus detendendi"* referida por Orlando de Carvalho, "Introdução à Posse", *in Direito das Coisas, ob.cit.*, pp. 268-270, ponto 2 Pode-se dizer que a posse tem duas facetas: a *dominial*, de posse como entrada de uma coisa em certa esfera de domínio, isto é, o exercício de poderes de facto sobre a coisa com referente num direito real; e a *funcional*, onde a posse aparece ligada à usucapião, como "ordenação dominial provisória", como "sombra" de um futuro direito, uma "contínua força de subversão e de contestação do direito real" – cit. *idem*, pp. 261 e 263. Para finalizar esta caracterização, a posse pode ser *titulada* ou *não titulada* (conforme se funde, ou não, em *título* idóneo à aquisição do direito real), de *boa* ou *má fé*, *pública* ou *oculta* (conforme seja ou não possível dela conhecer pelo verdadeiro titular do direito real), *pacífica* ou *violenta* (no que respeita ao modo de aquisição). Cfr. arts. 1258.º a 1262.º CC.

[82] P. Heck *apud* Orlando de Carvalho, "Introdução à Posse", *ob. e loc.cit*, p.262.

1257.º n.º 1 CC). Mas permita-se-me ir mais longe[83]: a posse é o enchimento de um direito real, é o comportamento de domínio nos termos do direito que legitima o domínio. A propriedade, no fundo, é o *direito à posse nos seus termos*. Aplicando o raciocínio às participações sociais, posse de uma (por exemplo) quota, será o comportamento como sócio, participando em assembleias gerais, votando deliberações, levantando lucros distribuídos. Com carácter absoluto de continuidade? Não. Mas com suficiente constância para que tal se revele, para a sociedade, uma "expressão de autoridade fáctica"[84]. Aliás, não é dado novo na jurisprudência a admissibilidade de posse de quotas e acções para dedução de embargos de terceiro[85]. E tem sido pacífico na doutrina[86] que as acções tituladas (o *papel*, portanto) são susceptíveis de posse e usucapião. Ora sabendo que a participação social é um complexo jurídico e não um pedaço de papel onde competentemente foi *representada*, "parece fetichismo do papel afirmar a propriedade para as acções tituladas e negá-la para as acções escriturais e outras participações"[87].

[83] "Onde não há posse, evidentemente, é na hipoteca, nos privilégios e nos direitos reais de aquisição (...)" – Cit. Orlando de Carvalho, "Introdução à Posse", *ob. e loc.cit*, p.272. Há sim. Mas ela é tão momentânea que não tem relevância prática. Ou até pode ter – num contrato de compra e venda com reserva de propriedade com eficácia real – configurando um *direito real de aquisição* – como dar tutela possessória ao mero detentor que é o adquirente sob reserva que é mero detentor? É que esse direito, se usado, levá-lo-á a adquirir com *prevalência* sobre todos os outros. O que justifica a extensão analógica da tutela – ele comporta-se já como sendo *futuro* proprietário. *Ergo*, naquele momento, ele *possui* em termos de um direito real de aquisição – cuja verdadeira posse se consubstancia apenas no momento em que ele satisfaz a condição que o leva a adquirir a propriedade. Se um mero detentor como um locatário, que não *possui* expectativa de vir a adquirir pelo facto de o ser, tem direito a tutela da "posse", porque não terá um já quase proprietário a quem ela foi entregue pelo actual *dominus*?

[84] É curioso que Menezes Cordeiro, autor que entende que "a posse, enquanto controlo material, só surge no domínio das coisas corpóreas", considere que "as inerentes normas podem ser aplicadas fora do estrito campo das coisas corpóreas" e que "parece admissível a tutela possessória do estabelecimento comercial ou de participações sociais" – Cit. A. Menezes Cordeiro, *A Posse: perspectivas dogmáticas actuais*, 2014, 3ª Reimpressão da 3ª Edição de Outubro de 2000, Almedina, p.81.

[85] Cfr. Acórdão RL de 16/04/75 (in BMJ n.º 247, pp. 207-208), Acórdão RL de 21/12/82 (in CJ, ano VII, tomo V, pp. 143-147), Acórdão STJ de 22/02/84 (in BMJ n.º 334, pp. 430-436), Acórdão STJ de 06/05/98 (in CJ ASTJ, ano VI, tomo II, pp. 71-72) e Acórdão RL de 24/06/99 (in CJ, ano XXIV, tomo III, pp. 129-133) – este último muito curioso, quanto a acções escriturais.

[86] Cfr. Pedro Pais de Vasconcelos, *A Participação Social...*, *ob.cit.*, pp. 373-374, e nota 398. Ver também, quanto à posse de títulos de crédito e valores mobiliários, Rui Pinto Duarte, *ob.cit.*, 348-350.

[87] Cit. J. M. Coutinho de Abreu, *Curso...*, Vol. II, *ob.cit*, p.351.

"Sucede, efectivamente, que, nestes [nos títulos de crédito], a natureza do seu regime jurídico, afirmado com particular nitidez na íntima, *embora não indissolúvel* (sublinhado meu), conexão entre o título e o direito que nele se incorpora, faz que se lhe apliquem, em vastos sectores da sua disciplina, os princípios que dominam a doutrina geral das coisas"[88]. A qualidade de sócio, *rectius*, a titularidade da participação social é, de facto, dominável[89]. E é-o não como coisa incorpórea *strictu sensu*[90], que sabemos

[88] "Ora, considerados como coisas os títulos de crédito, ou ao menos certas espécies deles, e, em virtude dessa qualificação tornados susceptíveis de penhor, comodato, usufruto, etc., não repugna aceitar que possam ser igualmente objecto de posse e usucapião. Neste sentido tem já sido doutrinado e julgado [ver, da altura, Acórdãos do STJ de 13/11/34 (in *Colecção Oficial*, ano 33.º, p.260) e de 21/02/36 (in *Colecção Oficial*, ano 35.º, p.61)]. Mas, admitido a usucapião de títulos de crédito, por via de uma sua como que «coisificação» legal, diga-se então que o alargamento desta instituição não abrange apenas os direitos de crédito incorporados em títulos mas todos os direitos em que tal incorporação se verifique, inclusivamente certos direitos sociais, que antes se configuram como estados pessoais e de cujo conteúdo fazem parte poderes de variada natureza sem exclusão de alguns de carácter não patrimonial" – Cit. J. Dias Marques, *Prescrição Aquisitiva*, Vol. I, 1960, Lisboa, p.153.

[89] Neste sentido, J. Dias Marques, *Prescrição Aquisitiva*, *ob.cit.*, p.153 (curioso que este autor, no entanto, não aceite a usucapião de bens de propriedade intelectual – *idem*, pp. 162-163); A. Palma Carlos, «Parecer», in CJ, ano VIII, tomo I – 1983, pp. 7-9; Orlando de Carvalho, "Introdução à Posse", *ob. e loc.cit*, p.274, J. M. Coutinho de Abreu, *Curso...*, Vol. II, *ob.cit*, p.351; Alexandre Soveral Martins, *Cláusulas do Contrato de Sociedade...*, *ob.cit.*, p.294; Margarida Costa Andrade, «A cessão de quotas no direito comparado», in *Cessão de quotas*, IDET, Colóquios n.º 4, pp. 102-105, nota 83; João Carlos Gralheiro, *Da Usucapibilidade das Quotas Sociais*, in ROA, ano 59, Vol. III, pp. 1147-1148; e Jorge Simões Cortez, «As Formalidades da Transmissão de quotas e acções no Direito Português», com a colaboração de Inês Pinto Leite, in *Questões de Direito Societário em Portugal e no Brasil*, disponível em http://www.mlgts.pt /xms/files/Publicacoes/Artigos/2012/formalidades_transmissao_quotas_accoes_Direito_Portugues_dos_principios_a_pratica.pdf, pp. 324-325, nota 29.

[90] Apesar de propugnar, se bem percebi, pela mesma lógica aqui explanada, Carolina Cunha, *Letras e Livranças: Paradigmas actuais e Recompreensão de um Regime*, 2012, Almedina, Coimbra, pp. 443-448, acaba por, depois de uma recompreensão do regime dos títulos de crédito, e da sua distinção dos *valores mobiliários*, dizer que estes são *coisas incorpóreas* com todas as letras (cfr. pp. 446-448). Ora apesar de concordar com o raciocínio de fundo – a A. diz mesmo que "o valor mobiliário não é um produto da actividade espiritual do homem; não é uma criação do engenho ou da sensibilidade que reclame a tutela do direito numa dupla vertente patrimonial e pessoal, através do reconhecimento de certos poderes ao sujeito criador; também não se encontra previsto no elenco dos bens jurídicos objecto de propriedade industrial; tal como em boa medida sucede com o ***estabelecimento*** (a que muitos assinalam, igualmente, o estatuto de ***coisa incorpórea***) é a *dinâmica do tráfico jurídico que reclama que o valor mobiliário seja tratado como coisa*" – não posso aceitar que 1) haja o mesmo raciocínio para o estabelecimento que para as participações sociais ou outros direitos coisificados – o estabelecimento não é o tal *construct* jurídico de que falei,

desde logo serem objecto de domínio[91], nem tão pouco *impura* ou *composta unitária*, mas como coisa jurídica, como direito coisificado. Poderia o legislador desfazer o que construiu? "Podia. Mas não era a mesma coisa"...

III. Usucapião de quotas e acções

"As necessidades que explicam e solicitam, de um modo geral a usucapião – correspondentes ao interesse social de que seja assegurada «a consolidação ou estabilização de relações de soberania meramente factual, sempre que se prolonguem por determinado período de tempo, variável em função das características que essas relações em cada caso revistam» – também concorrem com toda a evidência, no caso da quota social"[92]. De facto, a usucapião[93], classicamente denominada de *prescrição aquisitiva*,

mas realidade, com misto corpóreo, de ideação e engenho (incorpóreo) e com posições jurídicas que lhe estão *naturalmente associadas*, sendo este uma verdadeira *coisa em sentido restrito*, apesar de complexa, ou melhor, *composta unitária*; 2) os valores mobiliários sejam nomeados, sem mais, *coisas incorpóreas*, ou até *direitos coisificados em sentido absoluto*, sem que se faça distinção entre os vários tipos – são-no as acções, e talvez até as unidades de participação, mas quanto aos restantes é duvidosa essa classificação. Discordâncias pequenas que, no contexto deste raciocínio e dos que lhe estão adjacentes podem fazer toda a diferença. No mais concorda-se com a Autora, inclusivamente na recompreensão de um regime (dos títulos de crédito) que ainda adopta certos esquemas interpretativos que me parecem gerar mal entendidos (dê-se o exemplo de muitos autores considerarem que o *endossado/endossário* de uma letra adquire o direito a título originário – por força da característica da *abstracção* –, o que, salvo o devido respeito, me parece incorrecto).

91 Para além dos autores recorrentemente citados, ver por todos (e com a "propriedade" que largamente se lhe reconhece) Ferrer Correia, «Sobre a projectada reforma da legislação comercial portuguesa», in *Temas de Direito Comercial e Direito Internacional Privado*, 1989, Almedina, Coimbra, pp. 45-56, pontos 11-14.

92 Vasco da Gama Lobo Xavier, *in* parecer inédito, *apud* João Carlos Gralheiro, *ob. e loc.cit*, p.1147.

93 Permita-se, mais uma vez, a "citação" do que já escrevi (in *Posse e Usucapião de Estabelecimento Comercial*): "O instituto da *usucapião*, palavra constituída por *usus*, que significa «posse», e *capio*, que significa «adquirir» (ou seja, «adquirir pela posse»), remonta ao direito romano, estando inclusivamente regulado na Lei das XII Tábuas, onde já aí cumpria «a finalidade de transmitir certeza jurídica a situações de facto prolongadas no tempo». Pode definir-se hoje a usucapião como a forma de aquisição originária, fundada em posse pública e pacífica, durante um certo lapso de tempo, em que a prescrição opera em dois sentidos, extinguindo ou comprimindo o direito real de gozo do anterior titular, e constituindo um novo direito na esfera do possuidor dotado de *animus dominandi*. Desta expressão retiramos quatro ideias: só se podem usucapir direitos reais de gozo; a usucapião é de facto uma aquisição originária pois surge um direito *ex novo* que não depende jurídico-geneticamente de um direito anterior; à *usucapio* (...) aplicam-se as regras da pres-

como modo de aquisição originária de direitos, recobre a faceta *funcional* da posse. Como criadora de justiça e segurança jurídicas, a *usucapio* tem a si associado como que um princípio de *ubi commoda, ibi incommoda*, no sentido de que quem tem a comodidade de dominar uma coisa, e dela tirar aproveitamento económico e pessoal, tem que ter a incomodidade de assegurar o seu uso e zelar pela manutenção do seu direito – como na gíria popular, "quem vai ao ar, ...". Ao lado desta faceta, que não deixa de ser *sancionatória* (se alguém não sabe onde está o seu carro, convém que desconfie que lho furtaram...), este instituto recobre o importante e prático expediente de tornear a *diabolica probatio* e de tornar certas posições jurídicas, atormentadas de vícios substanciais que levariam à declaração de nulidade do título que as gerou, certas e seguras, tornando-se no *título* que contesta o "puxar do tapete" da invalidade. É que (cfr.art. 1259.º n.º 1) a posse titulada, que reduz consideravelmente o tempo necessário à prescrição aquisitiva, tem essa característica desde que se funde em "modo legítimo de adquirir, *independentemente, quer do direito do transmitente, quer da validade substancial do negócio jurídico*". Ou seja, para que se reduza o tempo necessário à aquisição é necessário um *título formalmente idóneo a produzir os efeitos translativos*. É neste sentido que o instituto vem a ter suma importância na temática vertente. Assim a usucapião funciona como causa preclusiva da invalidade (cfr. art. 286.º CC – "é invocável a todo o tempo"), obrigando à tempestiva propositura de acção judicial, por forma a suspender o prazo prescritivo. Isto assume, aceitando a linha que aqui se propõe, particular relevância quanto aos direitos patrimoniais de autor, ao usufruto de direito de autor[94], aos direitos de propriedade industrial[95],

crição (art. 1292.º CC e ss.), estando sujeita a um lapso temporal, previsto para cada caso, consoante a coisa a que o direito se refere (o que se vai usucapir são direitos sobre coisas, *rectius*, reais, e não coisas, estando excluídos certos direitos – art. 1293.º CC); e, por fim, que *não é toda a posse que leva à usucapião, mas apenas a pública e pacífica* (arts. 1297.º e 1300.º CC), sendo que os requisitos de título e boa fé apenas fazem variar o tempo que tem que durar a posse para operar efeitos prescritivos. Desses efeitos se diz, por sua vez, *tantum possessum quantum praescriptam*, ou seja, prescreverá a favor do possuidor tudo o que ele possuir, da forma como possuir (no que refere ao direito em causa). Isto é, *para haver usucapião tem que haver posse*, não operando em situações de mera detenção (cá está o subjectivismo de Savigny)."

[94] "Quase" que defende esta posição Orlando de Carvalho, *Direito das Coisas, ob.cit*, p.153, nota 4. Vejam-se, no entanto, as sábias críticas de Alexandre Dias Pereira, *Informática..., ob.cit*, p.328, *in fine*, nota 570. No caso das participações o problema, que me parece torneável, da *ubiquidade pura* do bem não se põe.

[95] Ver, lá por fora, a título de curiosidade, Anne Pélissier, *Possession et meubles incorporels*, 2001, Éditions Dalloz, Paris, pp. 250-252, que considera o instituto da preclusão por tolerância uma forma de prescrição aquisitiva do direito à marca, ainda que limitada, como

e ao estabelecimento comercial[96]. Podem-se, desde logo, e para além da inversão de título possessório (art. 1265.º CC) e aquisição paulatina da posse (art. 1263.º alínea *a* CC), *tradicionais* formas de usurpação[97], descortinar uma situação de aquisição originária e duas situações de aquisição *derivada* da posse cuja relevância importará testar: 1) casos em que, por problemas sucessórios, alguém domine uma *res* que ainda não adquiriu formalmente por uma irregularidade no processo ou ainda que a sonegue à herança, começando a usar como própria; 2) casos de venda inválida, quer com título formalmente idóneo à aquisição, quer nos casos da sua inexistência.

É este o momento de retornar às situações fácticas dos arestos referidos na introdução. Retomando o tema das participações sociais, já foi visto que estas são susceptíveis de posse, nos termos de uma propriedade "mediatizada", ou nos termos de pelo menos um direito real "menor": o usufruto. Já se sabe também que estes são bens susceptíveis de penhora (arts. 774.º e 781.º CPC) e que tem sido prática na jurisprudência aceitar a dedução de embargos de terceiro (art. 342.º CPC)[98]. Haverá dados no sistema jurídico que permitam constatar que às quotas e às acções se aplica a usucapião[99]? Por estranho que pareça, existem dados legais concretos

admite. Mas acrescenta: "Lorsque le meuble incorporel circule, la question de la titularité des droits dont il est l'objet se pose dans les mêmes termes que pour les meubles corporels. L'aplication aux meubles incorporels des modes d'acquisition fondés sur le possession reserves aux meubles corporels n'est donc pas inique. *Au contraire, il nous est apparu que l'acquisition instantanée des meubles incorporels permettait de résoudre les conflits de titularité résultant des transferts de droits privatifs sur les meubles incorporels*". – cit. *idem*, p.252, ponto 473.

[96] Ver, aparte do já referido e citado, em julgado perto de casa, o Acórdão RC de 16/03/2010, Proc.160/07.0TBGVA.C1, disponível em www.dgsi.pt. Ver também F. Gravato Morais, *Alienação e oneração de Estabelecimento Comercial*, 2005, Almedina, Coimbra, pp. 75-76.

[97] São as tradicionalmente imaginadas quando falamos de usucapião de coisas corpóreas (e talvez por isso se não fale mais…). Para uma explicação clara destas formas de aquisição originária da posse, ver por todos Orlando De Carvalho, "Introdução à Posse", *ob. e loc. cit.*, pp. 293-312, ponto III.

[98] Para os quais é legitimado unicamente o *possuidor em nome próprio*. Ver, por todos, J. Lebre de Freitas, *A Acção Executiva*, 6ª Edição, 2014, Coimbra Editora, pp. 320-334, pontos 16.4.1 e 16.4.2. "Os embargos de terceiro, como meio de oposição à penhora, mantêm-se na lei civil configurados como um *meio possessório*, paralelo às acções de prevenção, manutenção e restituição da posse (…)", cit., *idem*, p.321.

[99] Cabe aqui uma referência a um Anteprojecto de Luís Pinto Coelho, disponível in BMJ n.º 88 – 1959, pp. 139 e ss., onde o A. prevê *expressamente* a situação de posse (arts. 53.º e 54.º da parte da "Posse relativa a bens diversos das coisas corpóreas") e usucapião (arts 21.º a 23.º da parte da "Usucapião de direitos com objecto diverso das coisas corpóreas") de títulos ao portador e participações sociais. Para lá do que, de resto, é igual ao vigente

que suportam expressamente esta posição[100]. Se os fundamentos de justiça e certeza da *usucapio* e tudo quanto até agora foi dito não bastassem, o actualmente vigente art. 94.º do Código do Notariado (epigrafado de "Justificação para fins de registo comercial") remete expressamente, no seu n.º 3, para o n.º 2 do art. 89.º do mesmo diploma, onde se lê "quando for alegada a usucapião baseada em posse não titulada...", abrindo *expressamente* espaço à aquisição de quotas por via de usucapião, na previsão de um processo notarial de justificação para o efeito.

Sumamente eram esses, aliás, os argumentos de ANTUNES VARELA, no parecer que juntou ao caso que apenas de forma aparente deixei para trás[101]. As acções representadas em título já seriam susceptíveis de propriedade, posse e até usucapião[102]! Mas a *quota*, por ser insusceptível de representação em título (art. 219.º n.º7), como não se pode representar num pedaço papel, já não satisfaz tal requisito de tangibilidade. E, para o autor, no caso concreto, não só o sócio supérstite tinha adquirido as quotas por força de uma cláusula limitativa constante do pacto social cuja legalidade não se questiona ("Fica, assim, entendido que dado o falecimento ou interdição de algum dos sócios, ao sobrevivo ou não interdito pertencerá todo o activo da sociedade com a correlativa obrigação do pas-

no nosso CC, chega mesmo a prever os prazos de seis meses ou dois anos para prescrição das acções ao portador, conforme a posse fosse titulada e de boa fé ou independentemente disso, respectivamente (art. 21.º). Seria uma boa adição ao nosso Código Civil, se me é permitida a opinião. Já sobre a longevidade exagerada dos prazos de prescrição aquisitiva num momento histórico em que a informação corre à velocidade da luz, julgo não valer a pena comentário.

100 Quem o denota é FERNANDO NETO FERREIRINHA, *As escrituras de justificação para fins de registo comercial*, texto publicado em anexo ao Boletim dos Registos e do Notariado n.º 4/2003, disponível em http://www.irn.mj.pt/sections/irn/legislacao/publicacao-de-brn/docs-brn/2003/brn-4-de-2003/, p.15: "No caso de estabelecimento de novo trato sucessivo a justificação consiste na afirmação, feita pelas mesmas pessoas (cfr. art. 94.º n.º 1 CN), das circunstâncias em que se baseia a aquisição originária da propriedade ou do usufruto das participações sociais, com dedução dos actos modificativos da sua titularidade qua a tenham antecedido e das subsequentes, devendo a escritura reconstituir as sucessivas transmissões [cá está a provável relevância do instituto quanto às participações sociais – nota minha], com especificação das suas causas e identificação dos respectivos sujeitos, e indicar ainda, relativamente àquelas a respeito das quais se afirme a impossibilidade de obter o título, as razões de que resulte essa impossibilidade e as circunstâncias de facto que determinam o início da posse, bem como as que consubstanciam e caracterizam a posse geradora da usucapião". Com o mesmo argumentário, JOÃO CARLOS GRALHEIRO, *ob. e loc.cit*, pp. 1149-1150.

101 Recordo, o Acórdão do STJ de 10/11/1992 (Proc. n.º 82124 – *in* BMJ n.º 421, pp. 450 e ss.).

102 Cfr. Nota 82.

sivo"), como o comportamento contínuo e mais que público das rés como sócias desde 1957 não releva em termos jurídicos[103], apesar de provado na instância. Três notas quanto ao caso: 1) É sabido que quando se constitui uma SQ fica a pertencer a cada sócio apenas uma quota (art. 219.º n.º 1 CSC e, coincidente na substância, art. 4.º LSQ[104]), e que, mesmo no caso de unipessoalidade superveniente[105], seria necessário um acto de unificação[106] para que houvesse apenas uma quota, que não sucedeu no caso – a coisa sobre que incidia o *corpus* e o *animus possidendi* não deixou de existir. Ora não há motivos para julgar que não poderiam as rés adquirir aquela participação por se encontrar unificada com uma das/as do autor, *rectius*, já não existir enquanto tal; 2) É absolutamente irrelevante o argumentário da transmissão automática das participações para o sócio supérstite com base na cláusula pactuada[107], contanto que se prove a posse das referidas quotas – a posse, nestes casos, é sempre contra o verdadeiro titular do direito real, *quem quer que ele seja*; 3) Não é tão líquido como aponta ANTUNES VARELA que a posse e a prescrição aquisitiva não pudessem recair sobre coisas incorpóreas ou direitos coisificados na

[103] Diz o A. na nota 10 do «Parecer – Usucapião – quotas de sociedade», *ob. e loc.cit.*: "Só confundindo lamentavelmente as coisas, misturando alhos com bugalhos, para usar a linguagem do povo, se pode estranhar, como se faz na sentença de 1ª instância que possa haver propriedade sobre o papel que é a acção de uma companhia e não possa igualmente haver legalmente, nem posse, nem propriedade, de uma quota social ou posição dum sócio de sociedade em nome colectivo". Permita-se discordar, com a devida vénia.

[104] Quanto a este, ver, por todos, RAÚL VENTURA, *Sociedades por quotas, ob.cit.*, pp. 370 e ss.

[105] Que seria permitida (anteriormente ao CSC) por leitura *a contrario* do art. 42.º LSQ, que remetia para os números do art. 120.º CCom e o seu §4. A unipessoalidade originária só veio a ser introduzida no nosso ordenamento jurídico pelo Decreto-lei 257/96 de 31 de Dezembro – para uma contextualização ver RICARDO COSTA, *A Sociedade por quotas unipessoal no Direito Português*, 2002, Almedina, Coimbra, pp. 25-99.

[106] Questão hoje resolvida pelo art. 219.º n°s 4 e 5. Antes do CSC, no entanto, era questionada a possibilidade de poder sequer haver unificação, sendo que brotava do texto legal uma *unificação ope legis* no caso de aquisição simultânea de várias quotas "no mesmo acto pela mesma pessoa" (art. 8.º §3 LSQ). Sobre a questão ver, por todos, RAÚL VENTURA, *Sociedades por quotas, ob.cit.*, pp. 379-382, pontos 6 e 7. Note-se também que a transformação de uma sociedade pluripessoal numa unipessoal requer declaração, junto dos serviços de registo (cfr.art. 270.º-A n.º 3).

[107] No sentido da possibilidade (duvidosa) desta eficácia, RAÚL VENTURA, *Sociedades por quotas, ob.cit.*, pp. 523-536, ponto 2. A questão hoje está resolvida por força do disposto no art. 225.º n.º 2 CSC – "quando, por força de disposições contratuais, a quota não for transmitida para os sucessores do sócio falecido, deve a sociedade amortiza-la, adquiri-la ou fazê-la adquirir por sócio ou terceiro; *se nenhuma destas medidas for efectivada nos noventa dias subsequentes ao conhecimento da morte do sócio por algum dos gerentes, a quota considera-se transmitida.*"

vigência do Código de Seabra – em primeiro lugar, o art. 474.º do referido diploma definia a posse[108] como sendo *"a retenção ou fruição de qualquer cousa ou direito"*, e, quanto à prescrição aquisitiva, preceituava no art. 505.º que *"pelo facto da posse adquirem-se cousas e direitos"*; em segundo lugar, ao argumento ainda hoje subsistente de que os direitos reais só podem recair sobre coisas corpóreas[109], junta o argumento da vaguidade do conceito de coisa (art. 369.º do Código de Seabra, actual 202.º CC) que, já se vê, não impediu, nunca, uma conceptualização de *coisa* genericamente aceite[110] como modalidade restrita de bem. Assim, e tendo em conta que nesse tempo se aceitava a ideia de Propriedade Intelectual ao lado da Propriedade em geral[111], tais argumentos não podem proceder.

Tudo quanto foi dito para concluir, salvo melhor e mais avisada opinião, pela fraca decisão do nosso Supremo Tribunal no aresto em consideração, o mesmo tribunal que a 25 de Setembro de 1990[112], no caso que envolvia uma venda de quota nula por ter sido feita por quem não era o verdadeiro titular[113], admitiu a usucapibilidade das mesmas. Sigo, como se vê, esta última orientação – "o artigo 1251.º do Código Civil actual [1302.º e 1303.º CC] não afasta, segundo cremos, a viabilidade de uma posse sobre coisas imateriais"[114]. Só que este último acórdão aplica, para o seu caso *sub iudice*, o prazo de dez anos (art. 1298.º alínea *b* CC) por entender que a posse "não se baseia em justo título" – e não há dados que permitam concluir se o título de transmissão era *formalmente* válido ou não, o que reduziria o prazo prescricional, em caso de má fé, para quatro anos (art. 1298.º alínea *a* CC). *Assim, tanto para as quotas como para as acções ainda não representadas em títulos, não se vislumbram mais obstáculos à*

[108] Ver, quanto ao regime do velho Código, L. Cunha Gonçalves, *Da Propriedade e da Posse*, 1952, Edições Ática, Lisboa, pp. 183 e ss.

[109] Cfr. José Alberto Vieira, *Direitos Reais, ob.cit.*, p.132-133.

[110] Cfr. Manuel de Andrade, *Teoria Geral..., ob.cit.*, pp. 259-260.

[111] Cfr. L. Cunha Gonçalves, *Da Propriedade..., ob.cit.*, pp. 78-93, pontos 5 e 6.

[112] Relembrando, Acórdão STJ de 25/09/1990 (Proc. n.º 79040) *in* BMJ n.º 399, pp. 493 e ss.

[113] O que, já sabemos, não preclude a caracterização da posse como *titulada*, que se abstrai do direito do transmitente – art. 1259.º CC.

[114] Um brevíssimo apontamento para outros ordenamentos jurídicos, quanto à objectividade de coisas incorpóreas: em França ver o que escreve Anne Pélissier, *Possession et meubles incorporels, ob.cit., passim*, e AA:VV., "Le droit et l'immatériel", in *Archives de Philosophie du Droit*, tomo 43, 1999, Éditions Sirey, Dalloz, Paris, *passim* – mormente o texto de Pierre Catala, "L'immatériel et la propriété", pp. 61-63; por Itália, Luigi Ferrara, *L'esecuzione forzata nel diritto d'autore*, 1904, Luigi Pietro Tip. Editore, Napoli, pp. 33 e ss., e Davide Messinetti, *Oggettività giuridica delle cose incorporali*, 1970, Soc. Tip. Multa Pacis, Roma, pp. 205-237 (Oggettività giuridica dei «valori»).

sua coisificação e pertinente aplicação do instituto da usucapião[115]. Saliente-se que a temática tem bastante interesse prático para as hipóteses representadas nos arestos "percorridos" – basta procurar acções de declaração de nulidade (por vícios substanciais) de uma transmissão, entre vivos ou por morte, que só tenham sido intentadas, pelo menos, quatro anos depois do início da *participação*[116] (posse) na sociedade, satisfeitos os requisitos formais do título ("deve ser reduzido a escrito" – art. 228.º n.º 1), como se viu. Ainda quanto às quotas não se deve olvidar outra temática que pode assumir relevantíssimo interesse prático: as *quotas únicas* das sociedades unipessoais. Não deixam estas, desde logo, de ser sociedades por quotas, tratando-se de um subtipo daquelas[117]. Aliás, a sua regulamentação encontra-se inserida nesse mesmo capítulo – arts. 270.º-A a 270.º-G. Ora, o regime da transmissão apenas "pressupõe a pluralidade de sócios" (cfr. art. 270.º-G) no que toca ao consentimento – a cessão será, efectivamente, livre. Não custa imaginar casos de sociedades unipessoais que tenham por objecto a exploração de um estabelecimento comercial, onde a usucapibilidade da quota única poderia *simplificar a aquisição originária de estabelecimento*[118] – o prazo, havendo má fé, em caso de estabelecimento funcionando em imóvel próprio, reduzir-se-ia de vinte (art. 1296.º CC) para dez anos (art. 1298.º alínea *b* CC). E, no caso de transmissões padecendo de vícios geradores de nulidade, *idem*.

Por fim atente-se nas acções representadas em papel ou registos em conta[119]. O problema aqui prende-se com a importância prática da apli-

[115] No mesmo sentido A. Palma Carlos, "Parecer", in CJ, ano VIII, tomo I, pp. 7-9.

[116] Posse/participação essa que intende um reconhecimento tácito da sociedade, requisito de eficácia (art. 228.º n.º 3).

[117] Como denotam Ricardo Costa, *A Sociedade por quotas unipessoal…*, *ob.cit.*, pp. 277 e ss., e Cassiano dos Santos, *A Sociedade unipessoal por quotas*, 2009, Coimbra Editora, pp. 46-49, ponto 3, não existe uma verdadeira "transformação" da sociedade por quotas pluripessoal em unipessoal, o que pressuporia uma mudança do tipo, mas uma alteração do contrato social – ver Parecer do Conselho Técnico da Direcção-Geral de Registos e Notariado, Proc. n.º CN60/99 DSJ-CT.

[118] Numa lógica similar/paralela aos casos de equiparação da compra e venda de empresa à transmissão de participações sociais únicas ou de controlo – ver, por todos, Ferrer Correia e Almeno de Sá, "Oferta pública de venda de acções e compra e venda de empresa", in CJ, 1993, tomo IV, pp. 16 e ss. Para os autores relevante é a "aquisição de uma posição dominante na empresa". No mesmo sentido, J. M. Coutinho de Abreu, *Da empresarialidade – as empresas no direito*, 1999, Almedina, Coimbra, pp. 342 e ss.

[119] Ou seja, *Valores Mobiliários* – "direitos ou posições jurídicas representados por registos em conta ou por documentos em papel, que são emitidos em conjuntos homogéneos e se transmitem segundo regras próprias", cit. J. M. Coutinho de Abreu, *Curso…*, Vol. II, *ob.cit*, p.224.

cação da *usucapio* tendo em conta a existência do art. 58.º CVM que tutela o adquirente de boa fé de valores mobiliários, e a diferença de regimes e controlo registrais entre as quotas[120] (e acções não representadas – como denota a revogação dos arts. 326.º e 327.º do CSC com a entrada em vigor do CVM) e as acções que, pela sua representação, estão sujeitas às regras específicas de transmissão[121] de valores mobiliários (arts. 80.º n.º 1, 101.º n.º 1 e 102.º n.º 1 do CVM) – que resulta claramente da lei consubstanciarem um sistema aquisitivo de direitos (considerados e tratados de forma análoga aos) "reais" *do título e do modo*, em excepção ao regime geral da consensualidade da eficácia translativa real (art. 408.º n.º 1 CC), ou seja, remetendo para a doutrina da venda obrigatória, só produzindo efeitos obrigacionais entre as partes enquanto não for cumprida a formalidade modal que faz desencadear a produção do efeito translativo[122]. A dificuldade, como explicita Alexandre Soveral Martins[123], é a de que "estando as acções representadas por títulos ou por registos em conta, o exercício dos direitos inerentes a essas acções dependerá da legitimação activa para tal", que, existindo, "é porque se terão cumprido as regras de circulação dos valores mobiliários em causa". Caso haja essa legitimação (arts. 83.º e 104.º CVM), apesar da falta dela no alienante, "o n.º 1 do art. 58.º do CVM protege o adquirente, desde que estejam preenchidos os respectivos pressupostos", ou seja, estar o adquirente de boa fé e ter adquirido

[120] Depois das reformas no registo das quotas de 2006 a 2008, "actualmente, não só a intervenção do notário é considerada facultativa, como o facto translativo, que ainda tem de ser levado a registo, não passa pelo controlo da legalidade por um conservador do registo comercial, sendo apenas depositado junto de uma conservatória, depois de uma das partes ter solicitado à sociedade [que, relembre-se, é condição de eficácia perante a sociedade do negócio – art. 242.º-A] que o promova (...). Deixou-se nas mão desta o controlo do cumprimento de um conjunto de princípios, até então da competência do conservador." – cit. Margarida Costa Andrade, «A cessão de quotas no direito comparado», *ob. e loc.cit.*, pp. 54-56. Esta falta de controlo, vigente desde o Decreto-lei 76-A/2006, aumenta consideravelmente as hipóteses de relevância prática do tema. Lembre-se que o registo é feito *por depósito*, ou seja, por "mero arquivamento dos documentos que titulam factos sujeitos a registo (art. 53.º-A n.º 3 CRCom), e promovido pela sociedade (art. 242.º-B), que opera, em teoria, o controlo da legalidade (art. 242.º-E). Ver também, quanto à reforma mencionada, A. Menezes Cordeiro, "Do registo de quotas: as reformas de 2006, de 2007 e de 2008", in *Revista de Direito das Sociedades*, Ano I (2009), n.º 2, Almedina, pp. 293-326.

[121] Sobre estas e sobre a conexão com o negócio subjacente por via do princípio da causalidade (ao contrário dos sistemas de *modo*, onde vigora o princípio da abstracção), com mais desenvolvimento, ver, por todos, Alexandre Brandão da Veiga, *Transmissão de Valores Mobiliários*, 2010, Almedina, Coimbra, pp. 27-68.

[122] Neste sentido, J. M. Coutinho de Abreu, *Curso...*, Vol. II, *ob.cit*, pp. 379-381.

[123] Alexandre Soveral Martins, *Cláusulas do Contrato de Sociedade...*, *ob.cit.*, pp. 289-298, ponto 33.

de acordo com as regras de transmissão aplicáveis[124] – "e não é possível [*rectius*, necessário] adquirir por usucapião o que já se *adquiriu* por outra via"[125]. Quanto a este problema cumpre dizer que nem sempre a legitimação legal[126] para o exercício de direitos sociais é tida em conta na prática, que é sempre mais "imaginativa" que a imaginação do legislador. O certo é que o art. 58.º CVM não é um título de aquisição, mas de protecção do adquirente de boa fé, sendo uma norma que torna desnecessária a aplicação do art. 291.º CC, uma norma *especial de tutela do adquirente de boa fé*. E, questionando a importância prática destas soluções, mormente quanto a acções de declaração de nulidade (em virtude do art. 294.º CC) ou resolução por incumprimento[127], também aqui se podem verificar os problemas e as necessidades explicitadas para as quotas e acções não representadas, e as necessidades de *usucapião confirmativa ou tabular* – apesar de o adquirente estar protegido contra a falta de legitimidade, não está protegido contra vícios do registo nem contra outras causas de invalidade ou resolução do contrato que serviu de base à transmissão das acções.

Infelizmente, não cabe neste breve estudo uma análise de todos os tipos de valores mobiliários – apesar de se deixar desde logo entrever que

[124] Ver, de forma desenvolvida, Alexandre Brandão da Veiga, *Transmissão de Valores Mobiliários*, *ob.cit.*, *passim*, mormente pp. 123-126.

[125] Cit. Alexandre Soveral Martins, *Cláusulas do Contrato de Sociedade...*, *ob.cit.*, p.296. Não é tão líquida assim esta falta de importância presumida da usucapião – é que, uma vez invocada, escusa o adquirente de provar a boa fé para efeitos de aplicação do disposto no art. 58.º n.º 1 CVM. O argumento dá para os dois lados.

[126] Lei essa que também leva a confundir a "posse" do título com a dos direitos "*inerentes*" – ver art. 104.º n.º 1 CVM.

[127] Veja-se, quanto à diferença entre modo e forma, a título de exemplo, o caso do Acórdão do STJ de 15/05/2008 (Proc.08B153), disponível em www.dgsi.pt. No caso as empresas autoras pediam a declaração de nulidade de uma venda de acções tituladas ao portador, realizada por escrito (com título formalmente idóneo), por não ter havido a *traditio* necessária (art. 101.º n.º 1 CVM). Conclui, e bem, o nosso Supremo Tribunal que "um contrato de compra e venda de acções ao portador não deixa de ser válido pelo facto de o transmitente não ter feito a entrega", já que esta não contende com a validade, mas com a eficácia real do contrato (é um *modo*). Assim, as autoras teriam ao seu dispor a possibilidade de exigir o cumprimento pontual do contrato. Foi dada na presente reflexão, de facto, preponderância a dois arestos que têm mais de 20 anos. Porquê? Porque o autor não consultou jurisprudência? Não. Porque nos mais recentes o tema aqui proposto não é abertamente discutido, por se julgar questão sem relevância e maioritariamente descartada, como ficou dito na introdução. O que aqui importa é denotar como um câmbio nos parâmetros de reflexão poderia levar a uma alteração das conclusões jurisdicionais e da realização da justiça material. Para além disso, todos os diálogos com o passado, quando proponham algo de realizável, razoável e justo, *são prospectivos*. Até porque o passado, por definição, já passou...

a categoria dos direitos coisificados não caberá bem, por exemplo, nas *obrigações*[128], que consubstanciam a emissão de valores que têm como base *meros direitos de crédito*, e não estruturas jurídicas complexas de base, como as acções; já no caso das *unidades de participação* de fundos de investimento, talvez se justifique mais; e assim sucessivamente... –, reflexão que remeto para posteriores escritos, o que pode (e deve) implicar uma recompreensão do sistema de valores mobiliários e títulos de crédito como tradicionalmente é visto. Mas sublinhe-se que não se utiliza o argumento corporalista de susceptibilidade de aquisição por via de usucapião dos títulos nominativos e ao portador por causa da suposta incorporação no papel – a posse tem é que ser exercida sobre o direito social coisificado, revelando publicamente o comportamento como sócio. Simplesmente o regime dos valores mobiliários merece um estudo mais aprofundado destas questões que não aqui não cabe. Remeto, desta forma, para a casuística a resolução destas problemáticas, reconhecendo no caso concreto o *prius* metodológico de todo o desenvolvimento do Direito. Facto é que, apesar de em vários momentos a jurisprudência nacional ter tocado (ao de leve) nesta questão, apenas nos já longínquos arestos a que se deu prevalência na presente reflexão o fez com mais profundidade, e relativamente à específica questão da aquisição originária de participações sociais por via de usucapião. Não se deve, no entanto, subestimar a importância que temática pode ter para os casos de nulidade e resolução possivelmente precludidas pela usucapião, bem como para os litígios decorrentes de transmissões destas *mortis causa*.

Muito se diz acerca da "desvirtuação" dos institutos da posse e usucapião pela sua aplicação a coisas incorpóreas e complexas, que, pelos vistos, num mundo em plena era electrónica, não sensibiliza a maioria da doutrina. Os institutos romanísticos devem ser preservados, e não existe possibilidade de analogia ou adaptação a estes bens que representam, economicamente, mais de 25% do PIB mundial. É preciso, salvo o devido respeito por opiniões contrárias, compreender e actualizar os verdadeiros fundamentos da usucapião (e talvez rever os prazos prescricionais para

128 Havendo, no entanto, na doutrina, quem chegue a concluir, no meu entender, erradamente, que os direitos de crédito, *afinal*, são direitos reais, por uma interpretação positivista do art. 202.º do CC – vide Maria Assunção Cristas, *Transmissão Contratual do Direito de Crédito..., ob.cit, passim*. Aqui julgo que a doutrina, apesar das grandes diferenças evidenciadas relativamente à ponderação e regime das *coisas incorpóreas*, e à aceitação de *direitos coisificados*, é relativamente consensual. A diferença entre direito real e direito de crédito é óbvia – os primeiros incidem *directa e imediatamente* sobre coisas, os segundos sobre prestações. As características e o *valor material e temporal* do bem a que ambos os direitos se referem são justificação bastante para diferenças de regime e de abordagem.

efeitos aquisitivos, se o legislador entender que a questão tem dignidade suficiente...), que surge, como sempre, *virtuoso* e não desvirtuado, ligado à luta contra a inércia dos titulares de direitos. Não se nega que a posse, no domínio das coisas incorpóreas puras, deva ser actualizada no sentido de estabelecer um critério mais apertado de publicidade que a teoria da impressão do destinatário (art. 236.º CC) e da regulação da possibilidade de vários possuidores simultâneos em locais distintos sem relação entre eles, por força da ubiquidade da *res*[129]. Mas não fica por isso descaracterizado o instituto possessório. Pelo contrário, fica reforçado e com uma importância actual – importância que o legislador deve ter reconhecido quando instituiu o art. 55.º do CDADC (preceito que me parece, por restrição analógica, apenas aplicável ao direito moral), pois, que se saiba, não há necessidade de se excluir expressamente a usucapião de direitos que não são reais, como afirma a maioria da doutrina...

Em conclusão, o estudo desta matéria requer uma abordagem mais abrangente do que a que aqui foi feita, pois os diversos regimes dominiais das coisas, as que "são" e as que não sendo assim são tratadas, devem adaptar-se às características legais de transmissão, oneração, extinção de direitos, registo e controlo de legalidade de cada "tipo", uma vez que estas podem bloquear de tal forma a lógica prática que aqui se seguiu, que esvaziem a problemática de sentido. Termino, de forma poética, fazendo não só um apelo à atenção quanto ao tema, no qual tenho "fé" na "prova" que comecei a delinear, mas dizendo com Fernando Pessoa: "*Toda a teoria deve ser feita para poder ser posta em prática, e toda a prática deve obedecer a uma teoria. Só os espíritos superficiais desligam a teoria da prática, não olhando a que a teoria não é senão uma teoria da prática, e a prática não é senão a prática de uma teoria. Quem não sabe nada dum assunto, e consegue alguma coisa nele por sorte ou acaso, chama «teórico» a quem sabe mais, e, por igual acaso, consegue menos. Quem sabe, mas não sabe aplicar – isto é, quem afinal não sabe, porque não saber aplicar é uma maneira de não saber –, tem rancor a quem aplica por instinto, isto é, sem saber que realmente sabe. Mas, em ambos os casos, para o homem são de espírito e equilibrado de inteligência, há uma separação abusiva. Na vida superior a teoria e a prática completam-se. Foram feitas uma para a outra*"[130].

[129] Fiz uma tentativa disso mesmo em *A concepção de obra autoral como coisa incorpórea e algumas suas possíveis repercussões*, trabalho apresentado no Mestrado em Ciências Juridico-Civilísticas pela Faculdade de Direito da Universidade de Coimbra, na cadeira de Direito de Autor.

[130] In "*Palavras iniciais da Revista de Comércio e Contabilidade*".

Textos para publicação

A Revista aceita a apresentação de textos inéditos para publicação, sujeita a parecer favorável da Comissão de Redação e à disponibilidade de espaço.

Cada texto não deverá exceder 75.000 carateres (contando espaços e incluindo notas de rodapé) e deverá observar as seguintes regras gráficas:

- Nomes de autores referidos em texto: em carateres normais
- Nomes de autores referidos em notas: em maiúsculas pequenas
- Títulos de livros (monografias e obras coletivas): em itálico
- Títulos de textos inseridos em revistas e em obras coletivas: entre aspas, em carateres normais
- Nomes das revistas: em itálico
- Sinal de aspas primacialmente usado: « » (as chamadas aspas francesas ou baixas)
- Ausência de espaço entre uma palavra e um sinal de pontuação
- Uso das abreviaturas adotadas pela Revista (v. lista inserida nas primeiras páginas)
- Os textos deverão ser enviados por correio eletrónico para *dsr@almedina.net* ou por via postal para:

DSR – Direito das Sociedades em Revista
Secretariado da Redação
Edições Almedina, SA
Rui Dias
Rua Fernandes Tomás, n.os 76-80
3000-167 Coimbra

ALMEDINA

DIREITO DAS SOCIEDADES EM REVISTA

DIRETOR: PEDRO PAIS DE VASCONCELOS
JORGE MANUEL COUTINHO DE ABREU
RUI PINTO DUARTE

CUPÃO DE ASSINATURA

NOME

MORADA

CÓD. POSTAL – LOCALIDADE

TELEFONE Nº CONTRIBUINTE

PROFISSÃO

EMAIL

2 NÚMEROS AVULSO **€40**

ASSINATURA (2 NÚMEROS/ANO) **€35** (DESCONTO DE **12,5%**)
COM IVA E DESPESAS DE ENVIO INCLUÍDOS

DESEJO ADQUIRIR A ASSINATURA DA REVISTA
DIREITO DAS SOCIEDADES EM REVISTA (2 NÚMEROS) DO ANO 2 0

DATA – –

ASSINATURA

ESTE CUPÃO DEVERÁ SER ENVIADO PARA
ASSINATURA DA REVISTA DIREITO DAS SOCIEDADES EM REVISTA – JOAQUIM MACHADO, S.A.,
Rua Fernandes Tomás, n.ºs 76, 78, 80, 3000-167 Coimbra, ou via email para assinaturas@almedina.net.

PARA ESCLARECIMENTOS ADICIONAIS
Telefone: 239 851 903 Fax: 239 851 901 Email: editora@almedina.net

ALMEDINA

MB MULTIBANCO
movimenta a vida

AUTORIZAÇÃO DE DÉBITO DIRETO (ADC)

ENTIDADE | 1 | 0 | 6 | 4 | 4 | 4 | NÚMERO DE AUTORIZAÇÃO

Na rede Multibanco poderá definir: A Data de expiração da autorização | O montante máximo de débito autorizado

AUTORIZAÇÃO DE DÉBITO EM CONTA PARA DÉBITOS DIRETOS

NOME

EMAIL

Por débito na nossa/minha conta abaixo indicada queiram proceder ao pagamento das importâncias que lhes forem apresentadas pela empresa EDIÇÕES ALMEDINA SA

IBAN/NIB: PT 50

CONTRIBUINTE FISCAL

DATA ____ - __ - __

ASSINATURA(S) CONFORME BANCO

BENS/SERVIÇOS	VALOR	REGULARIDADE[1]	INICIA A MÊS	INICIA A ANO	TERMINA A MÊS	TERMINA A ANO

[1] REGULARIDADE: MENSAL, TRIMESTRAL, SEMESTRAL, ANUAL

PROCEDIMENTOS

· Preencher completamente e assinar Autorização de Débito, de acordo com a ficha de assinatura de Banco. No caso de ser empresa carimbar ADC com carimbo da empresa.
· Remeter a ADC para:
EDIÇÕES ALMEDINA SA, Rua Fernandes Tomás, n.ºs 76, 78, 80, 3000-167 Coimbra, ou via email para sdd@almedina.net.
· Qualquer alteração que pretenda efetuar a esta autorização bastará contactar as EDIÇÕES ALMEDINA SA por qualquer forma escrita
· Também poderá fazer alterações através do Sistema Multibanco, conforme se apresenta seguidamente, ou no sistema de home banking, caso tenha essa opção. Também neste caso agradecemos informação escrita sobre as alterações efectuadas.
· Esta autorização destina-se a permitir o pagamento de bens/serviços adquiridos à nossa empresa e só poderá ser utilizada para outros efeitos mediante autorização expressa do(s) próprio(s)
· Dos pagamentos que vierem a ser efectuados por esta forma serão emitidos os recibos correspondentes.

INFORMAÇÕES

Através do Sistema Multibanco, relativamente a esta autorização de Débito em Conta, poderá, entre outras, efetuar as seguintes operações:
· Visualizar a Autorização Débito em Conta concedida;
· Actualizar os Dados Desta Autorização de Débito em Conta;
· Cancelar esta Autorização Débito em Conta;

Em cumprimento do aviso 10/2005 do Banco de Portugal, informa-se que é dever do devedor, conferir, através de procedimentos electrónicos, nomeadamente no multibanco, os elementos que compõem as autorizações de débito em conta concedidas.

PARA ESCLARECIMENTOS ADICIONAIS
Telefone: 239 851 903 Fax: 239 851 901 Email: sdd@almedina.net